北部吴语研究

钱乃荣 著

上海大学出版社
·上 海·

图书在版编目(CIP)数据

北部吴语研究/钱乃荣著. —上海：上海大学出版社，2003.5（2016.8 重印）

ISBN 978-7-81058-175-2

Ⅰ.北... Ⅱ.钱... Ⅲ.吴语-方言研究 Ⅳ.H173

中国版本图书馆 CIP 数据核字(2003)第 036047 号

北部吴语研究

钱乃荣 著

上海大学出版社出版发行

（上海市延长路 149 号 邮政编码 200072）

（E-mail:sdcbs@citiz.net 发行热线 56331131）

出版人：郭纯生

*

江苏句容市排印厂印刷 各地新华书店经销

开本 890×1240 1/32 印张 13.25 字数 375 000

2003 年 5 月第 1 版 2016 年 8 月第 2 次印刷

印数:1 051～2 150

ISBN 978-7-81058-175-2/H·084 定价：40.00 元

前　　言

当我实地调查了吴语区40余地方言，出版了《当代吴语研究》一书和收集了大量明清以来吴语文献资料以后，就着手对吴语语音、词汇和语法的各种现象开始作微观的比较分析。我的一个原则是，在分析研究中，所用的语料尽量是自己亲自调查得来的或尽量经过本人核实过的，这样写的文章可以避免错误，自我感觉比较踏实。因此本书的28篇论文都是在此情况下写成的。

这28篇文章就单篇来看，都是分别集中一个论题或对一两个方言现象作个案探讨，这样做有利于论述的深入穷尽；但实际上各篇的论述内在是互相联系的，必须汇总起来一起看更有意义。有的问题，从范围甚广的吴语中怕说不仔细，忽略了自己不了解的东西，这就须尽量小心，单从我的母语上海方言来研究，可以谈得深入点、准确点，可以避免自说自话不及其余。我自己调查的方言多偏于北部吴语，即太湖片吴语和台州片吴语，对南部吴语虽然读过不少别人的调查报告，但是总觉得不能驾轻就熟、自由自在地随便引说。因此本书的文章中虽也涉及南部吴语的一些地点，但多以自己调查过的为主。有些文章里虽也分析到南部吴语，但是我主要的还是论述北部吴语，因此我应该保守一点，本书还是取名《北部吴语研究》为好。

最后我要感谢本书“参考文献”上的那些作者，我的研究也是建立在他们的研究或语料的基础上的。

本书出版得到上海大学出版基金资助，特此感谢。

钱乃荣

2002年10月29日记于上海徐家汇听雨阁

目　　录

吴语声调系统的类型及其变迁…………………………………（1）
吴语中的“来”和“来”字结构………………………………………（26）
吴语中的虚词“仔”……………………………………………（36）
吴语中的虚词“咾”……………………………………………（57）
吴语中的“个”和“介”…………………………………………（69）
现代吴语中的是非问和反复问句……………………………（87）
吴语中的 NPS 句和 SOV 句…………………………………（97）
北部吴语的代词系统……………………………………………（114）
北部吴语的特征词………………………………………………（127）
老派上海方言的连读变调………………………………………（159）
上海方言的历史沿革……………………………………………（176）
上海方言音变的微观……………………………………………（187）
上海市郊音变的词扩散…………………………………………（202）
上海地区方言音变的语法扩散…………………………………（224）
上海方言音变的双向扩散………………………………………（238）
上海方言的反复体………………………………………………（248）
上海方言的结构助词……………………………………………（263）
上海方言的否定词和否定句……………………………………（285）
上海方言中的虚拟句……………………………………………（294）
上海方言 150 年来授受类双及物结构形式的变迁……………（312）
上海的洋泾浜语…………………………………………………（318）
上海方言词语中的商务气息……………………………………（324）
从上海话流行语中看到的………………………………………（330）

关于苏州方言连读变调的意见…………………………………………（341）
苏州方言的语气助词………………………………………………………（358）
苏州方言动词“勒浪”的语法化…………………………………………（373）
宁波方言新派音系分析……………………………………………………（384）
杭州方言的基本面貌和语法特点………………………………………（393）

参考文献………………………………………………………………………（410）

吴语声调系统的类型及其变迁

前　　言

本文讨论吴语地区声调系统的特征，尤其是双音节词连读调发展变化的规律。

本文的论述以以下几个论点或结论作为依据：

1. 声调附丽于语音词上。在说话的句子中，音段是组成一块一块讲出来的。每两个停顿之间的语音块就是一个语音词，它可以是单音节、双音节或多音节的。每个语音词都有一个独立的声调，就某一地点来说，语音词的声调类型是有限的，它们一起构成了该方言的一个声调系统。具体的分析可参见五台(1986)。

2. 很长时期以来，声调发展的总趋势是合并。许多论文都说明了汉语的声调最早可能只是音段特征的伴随现象，后来超音段特征出现了。吴语声调至今仍带有某些音段特征，如入声韵带韵尾ʔ，许多地点的声调阴高阳低决定于声母的清浊。至少从中古以来，吴语的声调发展的历史总的趋势是合并，由复杂变为简单，具体的分析可参见潘悟云(1982)。

3. 声调的归并在各地的发展是不平衡的。它有地域上的推移，如双音节调北片后字音前附，南片前字音后附；也有社会因素形成的差异，如在一般的情况下，交通线上、发展地区合并快，像大城市上海现在单音节声调已合并为五个，而在130多年前却是八个(见J. Edkins，1853)；僻乡发展慢，像上海郊县奉贤、松江农村里单音节声调至今仍有八个，连读调也十分复杂。

4. 古吴语的声调可以从现代吴语声调系统基础上拟测。关于吴语单音节古声调系统的拟测,本文赞同丁邦新先生的分析,大致如下:阴平 55,阳平 22,阴上 35,阳上 13,阴去 42,阳去 21,阴入55,阳入22。具体论证见丁邦新(1984)。笔者有许多事实可以进一步证实上述结论,具体讨论见《当代吴语研究》(钱乃荣,1992,20—24 页)。鉴于以上的拟测,在吴语各地的单音节声调和连读调中,凡是接近或等同拟测调型的声调型式,即被认为是保存较古老的形式。

5. 单音调和连读调并行发展。从历时来看,汉语最早以单音节词为句子中的自由形式,随着汉语词汇的双音节化发展,才产生超音节的连读调。笔者认为,连读调一旦形成,即与单音调并行,独立地发展。它们有互相影响和作用的一面,更有它们自身的发展归并。从当今共时的平面上看,就不能说哪个是"本调",哪个是从"本调"而来的"变调"。从吴语中已调查的材料中看,多数地点双音节连读调发展归并较缓,单音节调合并较速,三音节调归并比双音节调较速,有的场合可以比单音节调还快。比如绍兴方言单音节调部分古阳上字归入阳去,阴上字声调完全独立,而阳上开头的双音节调仍完全独立,阴去和阳去开头的三音节词却都有一些读阴上和阳上开头的三音节调,合并呈现交叉的情况。也有的地点或者某地点的某些调类组合连读调归并快于单音节调。比如上海市区阴入开头的双、多音节连读调归并入阴去,但单音节调阴入并未归入阴去。

6. 声调既然落实到每个语流中的词,因此调类是采取"词汇扩散"的形式归并的。由于各个方言里的声调类型极为概括简单,无论在单音调或连读调中,调类合并中的词汇扩散现象极为常见,如凡有某个单音调向另一个声调合并的地点,都有一些字读原调,一些字读并入调,一些字两读。关于"词汇扩散"的理论参见王士元(1982)。

本文所用的语料均系本人田野工作所采集。南汇县城惠南镇的双音节连读调分析参用了陈忠敏(1987)中的意见。

鉴于 **5** 所述,本文在各地点田野工作时所用的调查表格的设计不用以一地的几个"本调"组成"调类组合"进而调查"变调"的办法,而是用单字的中古音声调系统进行组合,不管该地单音节调是否合并,一律用中古四个声调各分清浊，共八类的字调查单音节调，由它们排列组合的 8×8 的表格形式调查双音节词的连读调，三音节调的调查表也以同样的方法处理。

为了简化手续和利于对比，我们的调查表格中所选的词必须符合以下的原则：

(1) 调查单音节声调，所选之字必须都能在吴方言中单用，剔除像“尊、普、柱、阵、帽”之类的字，但不避用僻用词，因为可以观察音变的缓速与词的使用频率的关系。

(2) 双音节词、多音节词，必须既是口语词，又是吴语地区的通用词。当然另外还选一些本地特别的口语词作为补充调查，除“小称变调”、“专用式变调”外，各地都没有发现新增加的调型。

双音节词各种调类组合都列有十几个词供读。有的地方在一个调类组合中有 **A**、**B** 两种或多种的连读型式，就必须再增加词条。表 1 举一二例词说明之。代码 **1 2 3 4 5 6 7 8** 分别代表阴平、阳平、阴上、阳上、阴去、阳去、阴入、阳入八个单音节调，**X** 代表任意单音节调。调类代码一律用黑体字表示，以区别于表示调值的数字。

单音节词声调，简称单音调；双音节、多音节词声调，简称为双音调、多音调。

表 1

前字＼后字		**1**	**2**	**3**	**4**	**5**	**6**	**7**	**8**
1	全清	医生	高楼	辛苦	风雨	相信	方便	资格	中学
	次清	秋收	天堂	青草	亲近	车票	天地	清洁	亲热
2	次浊	梅花	羊毛	门口	零件	蓝布	年画	颜色	邮局
	全浊	平安	长城	团长	传染	群众	程度	头发	成熟
3	全清	火车	好人	火腿	表演	广告	本地	宝塔	手续
	次清	普通	口粮	厂长	处理	考试	草帽	口吃	坦白

续表

前字 \ 后字		1	2	3	4	5	6	7	8
4	次浊	雨衣	野蛮	冷水	旅社	野菜	眼泪	满足	礼物
	全浊	上天	市场	稻草	道理	像片	部队	罪恶	静脉
5	全清	细心	戏台	信纸	靠近	志气	性命	戏曲	秘密
	次清	快车	透明	痛苦	跳远	唱片	退路	庆祝	派别
6	次浊	认真	嫩芽	外省	疗养	浪费	梦话	面色	闰月
	全浊	地方	地球	队长	号码	代替	地洞	大雪	事实
7	全清	作家	发明	作品	黑市	百货	脚步	隔壁	积极
	次清	出操	客人	铁板	尺码	客气	出路	赤脚	确实
8	次浊	肉丝	业余	木板	落后	热气	绿豆	蜡烛	热烈
	全浊	实心	别人	局长	杂技	白菜	服务	及格	集合

一、吴语声调系统的类型

1.1　单音调的类型

1.1.1　吴语单音调的一般模式

当代吴语绝大部分地区都保留中古音声调系统的平、上、去、入四大声调类型。由于吴语的声母分清浊，在大部分地区，清音声母总比相对应的浊音声母发音偏高，所以吴语各地区声调普遍地区分阴调类和阳调类。

大多数地区都有七至八个声调。如宜兴、常熟、绍兴、嵊县、温州、无锡（老派）、昆山（老派）、松江（老派）、湖州双林（老派）、金华（老派）都是八个声调，平上去入各分阴阳；靖江、常州、苏州、杭州、衢州、余姚（老派）、宁波（老派）都是七个单音调。这些地区多数是古全浊上声归阳去，古次浊上声有的归阴去（如靖江），有的大部归阴去，其余归阳去（如衢州），有的全部浊上字都归阳去（如宁波）。

1.1.2　单音调的异化

下面是四个地点上八个单音调的调型：

	阴平	阳平	阴上	阳上	阴去	阳去	阴入	阳入
松江	53	31	44	22	35	13	$\underline{55}$	$\underline{33}$
绍兴	52	31	335	113	33	22	$\underline{55}$	$\underline{23}$
常熟	52	223	44	31	324	213	$\underline{55}$	$\underline{23}$
无锡	$^{5}44$	14	323	33	34	213	$\underline{55}$	$\underline{23}$

八个调型比较整齐和古老的地方，如松江和绍兴，如果不考虑浊声母开头的音节比清声母开头低一些这个特征，我们也可以说松江、绍兴的声调只是四个。常熟的平声和上声的阴阳调就不平行，至于无锡阴阳调的调型相差就更为严重，我们认为那种阴阳调型的异化现象是语音发展变化的结果，变化的原因将在第 2 节中探讨。

1.1.3　单音调的进一步分化

在湖州、吴江、嘉兴一带，古次清（送气音）声母字的声调从清声母中分化出来与全清声母对立，非上声的次浊声母字也会从浊声母字中分化出来与全浊声母对立。吴江地区被认为是吴语中声调最多的地区，如吴江的黎里镇阴平 44，阳平 24，全清阴上 51，次清阴上 334，阳上 32，全清阴去 413，次清阴去 324，阳去 213，全清阴入$\underline{55}$，次清阴入$\underline{34}$，阳入$\underline{23}$，共 11 个声调。嘉兴全清阴上为 44，次清阴上为 324，次浊阳入归阴入$\underline{54}$。湖州次浊阳去归入阴去 335，湖州的双林镇次浊阳入归入阴入$\underline{54}$。长江北部的启东吕四有九个单音调，其中全浊阳平是 113，次浊阳平并入阴去是 334，全浊阳入是$\underline{23}$，次浊阳入是$\underline{55}$，全清阴入是$\underline{34}$。在有的方言中，单音调和双音调的调类归属也可以有分歧。如常州方言中次清阴入开头的双音调从 71—74 的调类组合归入阳入，而在单音调中没阴入字调归入阳入。又如双林单音调次浊阳上并入阴上，但双音调中仍留在阳上内。（参见钱乃荣，1992a，以下同。）

以上这类分化现象在近代没有继续发生，可见都是比较早就存在着的。也许分化在最初的时候也只是平行的调型，到后来才慢慢异化为不同调型的。如离黎里不远的吴江县城松陵镇全清阴上是51，次清阴上是42，浊上是31，还是平行的三个调子；到了黎里，次清阴上变成升调334，到了芦墟，次清阴上并入次清阴去312去了。

1.1.4 单音调的合并

合并有两种，一种是阳调类或阴调类内部的合并，称为**A**类合并。最早发生的是阳上归并入阳去，全浊阳上归入阳去在大部分地区都已完成，现在正在中青年中归并的有宜兴、溧阳两地(有些字24＞31)。次浊全浊上声一起归入阳去的有松江(22＞113)、盛泽(22^3＞212有的字)、无锡(33＞213许多字)、金华(312＞24)。奉贤老派次浊阳上有许多字仍读上声22，全浊阳上已并入阳去113，新派全部并入阳去，表现了阳上声调归并阳去的过渡概貌。阳平归入阳去的有江阴(31＞223)、余姚(31＞113)、无锡(14＞213)、宁波(255＞213)。另外，阳上阳去归入阳平的有周浦(323，25＞113)、阳去归阳平的有双林(24＞113)、诸暨王家井(22＞233)。各地阳声调的归并，以低平升调取胜，这与现代浊声母起始时都有一个由低上升的调头有关。阴声调的合并，阴上归入阴去的有上海(44＞334)、江阴(45＞435部分字)、嘉兴(44全清＞334)；阴去归入阴上的有宝山罗店(44＞434)、昆山(512＞52)、苏州(412＞51有的字)；阴去归入阴平的有宁波(44＞52)；阴平归入阴去的有黄岩(433＞44)。这些合并都是在当代老中青三代中进行的，**A**类合并是吴语声调合并的主流，而且当今越演越烈。

B类合并是阳声调跨向阴声调的合并。主要发生在次浊阳调类字中，趋向是阳调并入阴调。如吕四的次浊阳平并入阴上。一般情况只发生在上声字中，如丹阳后巷、靖江、江阴、常州、黄岩、杭州都是次浊上声字归阴上。这些读法可能在较古的时候已形成，因为那时候上声调很高，阴阳平行差别还不明显，次浊声母不带浊流就可以与阴上同调。**B**类合并如果发生在全浊阳调类字，那就意味着浊声母的清化，吴语中浊声母的清化一般是发生不久的现象。如金华阳平字老年人都读213，阴平435，现在青年中许多阳平字声母已清化，声调也上升为阴平声调。金华的许多浊上字读为阴上声调，历史较长些，阴上为$^{5}44$，阳上同阳去 24，调型差异很大。

1.1.5 吴语各地的入声声调一般很稳定，主要特征为喉塞音“ʔ”(旧松江府地域有 ʔ 和 k 两个)和短促，清高浊低，各地调值大致相同。有的地方如永康变成舒声，且并入上声；温州的入声调独立，但是舒声，不过在双音节连读调 **7X**、**8X** 中，前面的音节还保留着促声，说明连读调中残留古形式。金华、溧阳现在许多入声字开始读成舒声；有的地方在某些连读调的后字音节上促声变为舒声，那是受同型的舒声后字连读调的同化，如奉贤奉城双音调调类组合 **27**、**28**、**87**、**88** 中部分变为舒声，无锡的 **17**、**18** 都变为舒声。这说明入声的变舒有时与连读调的类型化有关。

1.1.6 综上所述，吴语的单音调的古老形态可能是平上去入四个，各分阴阳，由于调型相同，从音值上不易区分，从音位的角度也不必区分。后来阴阳调异化不断扩大，有的地区同时次清、次浊声母也有所分化。到了随后的年代，一方面各个声调调型相异更大，另一方面相近的声调开始合并。并得最甚的地区如上海、宁波新派都只有五个单音调，它们都不外乎遵循“1.1.4”中所述的两种合并方式合并。从宁波老中青三代的单音调归并历程中，我们可以看出一些吴语单音调简化的规律：宁波老派阴平 52，阳平 255，阴上 325，阳上＞阳去 113，阴去 44，阴入$\underline{55}$，阳入$\underline{23}$。后来阴去的字逐步跑到阴平去，阳平的字逐步跑到阳去去，最后余下五个声调。上海新派的声调阴平 52，阴去 334，阳去 223，阴入$\underline{55}$，阳入$\underline{23}$，如果把声母清浊和韵尾舒促都考虑在内，实质上已经归并为两个声调了：一个是降调，一个是平升调。宁波也同此。

1.2 双音调的类型

1.2.1 比起单音调来，吴语各地双音节连读调的差别就大得多。有的毗邻两地单音调相同，双音调可以很不相同。如上海郊县奉贤的西乡和东乡单音调都是八个，而且调值都相同，但连读调可以有三分之二以上不同(见钱乃荣：奉贤东西乡的语音同言线，复旦大学中国文学语言研究所编《语言研究集刊(一)》，又见钱乃荣，1985)。

两个音节连在一起读，可以读得比较松，因而调型曲折比较大；也可以读得紧密一些，曲折部分彼此受到牵制而改直；或者更进一步，出现重心，非重心部分轻读；甚至发生一个音节的声调延伸出去覆盖包裹另一个音节。因此，连读调在各地就呈现出多种类型。

1.2.2　A型：靖江型

这种型式堪称初连型，一个语音词中两个音节的连读调等于或几乎等于组成音节的单字声调之和。见表2。

靖江：　　　　　　　　　　　　　　　　　　　　　　**表2**

前字＼后字		1	2	3	4	5	6	7	8
1	44	44＋44 44＋34 55＋31	44＋23 44＋44	44＋34 44＋44	44＋52 44＋34 44＋44	44＋52 44＋34	44＋52 44＋34	44＋5 44＋3	44＋5 44＋3
2	223	24＋31 22＋34	24＋23 22＋34	24＋34 22＋34	24＋23 22＋34 22＋52	22＋52 22＋34	22＋52 22＋23	22＋5	22＋5
3	334	33＋44 35＋31	35＋23 33＋44	35＋34 33＋44	35＋34 33＋44 33＋52	35＋34 33＋44 33＋52	33＋52	33＋5	33＋5
4	次浊334	35＋31 33＋44	35＋23 33＋44 35＋31	35＋34 33＋44 35＋31	24＋23 22＋52	33＋44 22＋52	33＋44 22＋23 22＋52	33＋5	33＋5
	全浊31	31＋34	31＋23	31＋34	31＋31 31＋23	31＋31	31＋31 24＋31	31＋3	31＋3
5	51	52＋34 35＋31少	52＋34 35＋31	52＋34	52＋34 52＋41	52＋41 35＋31	52＋41 35＋31	52＋4 35＋3	52＋4 35＋3
6	31	31＋23 24＋31少	31＋23	31＋34	31＋31 31＋23	31＋31 35＋31少	31＋31 24＋31少	31＋4 24＋3	31＋4 24＋3

续　表

前字＼后字		1	2	3	4	5	6	7	8
7	$\underline{55}$	5＋31	5＋23 5＋31	5＋34 5＋51 5＋31	5＋34 5＋51 5＋31	5＋51	5＋51	5＋5 5＋3	5＋5 5＋3
8	$\underline{34}$	$\underline{42}$＋31 2＋23	4＋23 2＋23 4＋31	4＋23 2＋23	4＋23 2＋23 4＋31	2＋51 4＋23 4＋31	2＋51 4＋23 4＋31	2＋5 4＋3	4＋5 4＋3

靖江的单音调尽管规则而整齐（只有古次浊阳上字归阴上，全浊阳上字归阳去），但双音调在各调类组合中有许多词汇扩散的现象，如 **11** 的连读调是 44＋44，这个调型已扩散到 **12**、**13**、**14** 中去了。把表中的这种扩散现象滤去再来观察，我们可以看到靖江的连读调型式有以下三种：

（1）相当于前字的单音调加后字的单音调，如：调类组合 **11** 是 44＋44，**12** 是 44＋23，**13** 是 44＋34，**15** 是 44＋52，**17** 是 44＋5，**22** 是 24＋23，**23** 是 24＋34，**25** 是 22＋52，**27** 是 22＋5，**32** 是 35＋23，**33** 是 35＋34，**53** 是 52＋34，**66** 是 31＋31，等等。

由于靖江双音调重音稍偏于前字音节，因此后字的声调表现出两种现象，**a.** 有时阴、阳相混，如 **32** 的 35＋23 和 **33** 的 35＋34，实际音差不大，可以看作一个音位，即看成同型的连调。**b.** 后字声调的派生，如 **53** 是 52＋34，**54**、**52**、**51** 也可以变成 52＋34，于是就形成了扩散形式的蔓延，造成每个调类组合里有纷杂的几种调型。最终将可能导致合并，如 **77** 的 5＋5 扩散到 **78**，**78** 的 5＋3 扩散到 **77**，使 **77** 调型同于 **78**。

（2）一种在靖江声调系统中不占主流的连调型，如 **31**、**51**、**52** 中的 35＋31，**21**、**41** 中的 24＋31。它们已发展为 **B** 型调（见后文分析）。

（3）还有一种连调型，如 **31** 至 **35** 的 33＋44，**21** 至 **25** 的 22＋34。这种调型实际上是前字单音调的延伸形式：334＞33＋44，223＞22＋34，它是 **D** 型调。

由此可见，一个地方的连读调类型并不仅是单纯的一种模式，我们之所以称 **A** 型模式是靖江型，只是因为靖江的声调模式主流是初连型。

与靖江相似的地点是衢州，下面是衢州方言的双音词连读调表：

衢州： **表 3**

前字＼后字		1	2	3	4	5	6	7	8
1	434	35＋31 43＋53	35＋31 43＋53	43＋35	43＋53	43＋53	43＋31	43＋5	34＋2
2	323	22＋23	13＋31 22＋53	22＋35	22＋53	22＋53	22＋53	22＋5	22＋2
3	35	35＋31 43＋53 55＋31少	35＋31 43＋53	35＋53	35＋53	35＋53	35＋53	35＋5	24＋2
4	次浊 53	55＋31	55＋31	55＋35	55＋31	55＋31	55＋31	45＋5	45＋2
	全浊 31	45＋31	45＋31	45＋35	45＋53	45＋53	45＋53		
5	53	55＋31	55＋31	55＋35	55＋53 55＋31	55＋53 55＋31	55＋53 55＋31	55＋5	55＋2
6	31/53少	45＋31	45＋31	45＋35	45＋53	45＋53	45＋53	45＋5	45＋2
7	5	5＋31	5＋31	4＋35	4＋53	4＋53	4＋53	4＋5	5＋2
8	<u>12</u>	2＋31 2＋33	2＋31 2＋33	2＋35	2＋53	2＋53	2＋53	2＋5	2＋2

除了 55＋31 这种连读调型之外，衢州 **X3**、**X4**、**X5**、**X6** 的连读调后字与单音调完全相同，前字除有的调类组合出现 45 外，也同于单音调。**A** 型调是占衢州调型绝对优势的调型。

X1、**X2** 的连读调型式一般都是后字为降调（31/53）的连读调型，属 **B** 型连读调式，至于 55＋31 的型式则是 **D** 型。

尽管 **X1**、**X2** 的连读调型式更像前重式，但衢州方言的连读调总的来说可以初见后字决定连调型式的端倪，这是与靖江不同的地方。

1.2.3　B 型：松江型

这种型式可称复杂型，因为调型多而杂，根据重心在前字音节抑或后字音节上之别可分成前重式复杂型和后重式复杂型两种。常熟、溧阳、绍兴、金华等地都属于前重型，黄岩属后重型。

B 型的连读调是连调发展的第二阶段，即一个语音词中至少有一个音节的声调跟它作为单音节语音词时的声调不同，整个语音词的声调也跟所有单音节调不同，它是连调充分异化的形式。下面是松江方言双音词连调表：

松江：　　　　**表 4**

<table>
<tr><th colspan="2">后字
前字</th><th>1</th><th>2</th><th>3</th><th>4</th><th>5</th><th>6</th><th>7</th><th>8</th></tr>
<tr><td>1</td><td>53</td><td colspan="3">44＋52</td><td>44＋52
55＋31</td><td colspan="2">55＋31</td><td colspan="2">55＋2
53＋2</td></tr>
<tr><td>2</td><td>31</td><td colspan="2">22＋52</td><td colspan="2">22＋52
24＋31</td><td colspan="2">24＋31</td><td colspan="2">24＋2</td></tr>
<tr><td>3</td><td>44</td><td colspan="4">35＋31
44＋44</td><td>44＋44</td><td>44＋44
35＋31</td><td colspan="2">35＋2</td></tr>
<tr><td>4</td><td>22</td><td colspan="3">24＋31</td><td>24＋31
22＋23</td><td colspan="2">22＋23</td><td colspan="2">24＋2</td></tr>
<tr><td>5</td><td>35</td><td colspan="3">55＋31</td><td>55＋31
44＋44</td><td colspan="2">44＋44</td><td colspan="2">35＋2</td></tr>
<tr><td>6</td><td>13</td><td colspan="3">23＋22</td><td>23＋22
22＋23</td><td colspan="2">22＋23
23＋22</td><td colspan="2">24＋2</td></tr>
<tr><td>7</td><td>5</td><td colspan="2">4＋52</td><td colspan="2">4＋44</td><td colspan="2">4＋34</td><td colspan="2">4＋2</td></tr>
<tr><td>8</td><td>3</td><td colspan="2">2＋52</td><td>3＋44</td><td>3＋44
2＋34</td><td colspan="2">2＋34</td><td colspan="2">3＋2</td></tr>
</table>

统观全部的连调型式只有 **33** 组合是 **A** 型，但却不是该调类组合的主流型式，而是 **35**、**55** 组合调型的扩散，**35**、**55** 组合才应用 44＋44

型式。阴去单音调是 35,它的连调式反而是 44 平调,阴上单音调是 44,它的连调式反倒是 35 开头。这也许就是阴上、阴去最终并为一个调型的起因吧,现在松江的中青年语音调中阴上单音调都已有大量字并入阴去了。

另外,我们还应注意到,在连调中,前字同类声调的阴阳调之中的平行现象。**11** 是 44+52,**21** 是 22+52,**31** 是 35+31,**41** 是 24+31,**71** 是 4+52,**81** 是 2+52。

B 型连调往往保留声调的古老型式。由于松江型声调是前重式的,后字阴阳差别消失。我们看连调在前字上的调型能启发我们探求古老声调的面貌,如阴平 44,阳平 22,阴上 35,阳上 24,阴入 4,阳入 2。松江型连调的前字音节声调与靖江、衢州的单音节调大致相同,而正与本文前言中古声调的拟测相同。松江的去声是 **D** 型声调,所以古阴去应为 51 或 53,阳去应为 31 或 232(凡阳调 31 实际上都有一个很短的上升调头,严式为^{2}31)。

值得一提的是:许多地点的阴去、阳去单音调尽管都已变为升调或平调,但在双音调的阴去横行中居然都出现古老型式 55+31,如上海老派、周浦、惠南、奉城、无锡、江阴、常州、苏州、余姚、宝山罗店、嵊县等地;绍兴为 43+31,黄岩为 33+31,可见古吴语的去声确是降调。

黄岩方言的双音调体现较多的浙南后重式复杂型的特点。

黄岩: **表 5**

<table>
<tr><th colspan="2">后字
前字</th><th>1</th><th>2</th><th>3</th><th>4</th><th>5</th><th>6</th><th>7</th><th>8</th></tr>
<tr><td>1</td><td>533</td><td>35+51</td><td>35+51</td><td colspan="2">35+31
33+51</td><td colspan="2">33+44</td><td>33+4</td><td>33+3</td></tr>
<tr><td>2</td><td>311</td><td>25+51</td><td>22+51</td><td>23+31
22+51</td><td>23+31</td><td colspan="2">22+44</td><td>23+4</td><td>23+3</td></tr>
<tr><td>3</td><td>533</td><td>33+31
31+13</td><td>55+31
34+31
31+13</td><td>33+31
33+51</td><td>33+31</td><td>33+44</td><td>31+13
33+44</td><td>31+4</td><td>31+3</td></tr>
</table>

续　表

<table>
<tr><th colspan="2">后字
前字</th><th>1</th><th>2</th><th>3</th><th>4</th><th>5</th><th>6</th><th>7</th><th>8</th></tr>
<tr><td rowspan="2">**4**</td><td>533</td><td rowspan="2">23＋31
21＋13</td><td rowspan="2">55＋31
21＋13</td><td colspan="2" rowspan="2">23＋31
21＋51</td><td rowspan="2">21＋44</td><td rowspan="2">21＋13</td><td rowspan="2">21＋4</td><td rowspan="2">21＋3</td></tr>
<tr><td>311</td></tr>
<tr><td>**5**</td><td>44</td><td>33＋31</td><td>31＋13
33＋31</td><td>33＋31
33＋51</td><td>33＋31</td><td colspan="2">33＋44</td><td>33＋4</td><td>33＋3</td></tr>
<tr><td>**6**</td><td>113</td><td colspan="4">22＋31
21＋13</td><td colspan="2">23＋44</td><td>23＋4</td><td>23＋3</td></tr>
<tr><td>**7**</td><td>5</td><td>3＋31
3＋13</td><td>4＋51
3＋13</td><td colspan="2">3＋31</td><td>3＋44</td><td>3＋13</td><td>3＋4</td><td>3＋3</td></tr>
<tr><td>**8**</td><td>12</td><td>2＋31
2＋13</td><td>2＋51</td><td colspan="2">2＋31</td><td>2＋44</td><td>2＋13</td><td>2＋4</td><td>2＋3</td></tr>
</table>

黄岩的特点不同于松江，在于相对而言，后字的地位比较重要，如 **X7** 的 **7** 为 4，**X8** 的 **8** 为 3，后字不像松江型那样不分阴阳，从后字音节的调型来看，44、13、51、31 都较接近于单音调，而前字的调子比较随意和单调。

1.2.4　C 型：无锡型

这种型式是简单型，前重式和后重式的区别因此也已经很分明。前重式如无锡、宁波、黎里、江阴、宝山霜草墩，后重式如温州、永康。下面是前重式无锡方言的双音调表：

无锡：　　　　　　　　　　　　　　　　　　　　　　**表 6**

<table>
<tr><th colspan="2">后字
前字</th><th>1</th><th>2</th><th>3</th><th>4</th><th>5</th><th>6</th><th>7</th><th>8</th></tr>
<tr><td>**1**</td><td>^{5}44</td><td colspan="8">21＋23</td></tr>
<tr><td>**2**</td><td>14</td><td colspan="6">24＋31</td><td colspan="2">24＋2</td></tr>
<tr><td>**3**</td><td>323</td><td>45＋55</td><td colspan="4">45＋55
55＋31</td><td>45＋55</td><td colspan="2">45＋5</td></tr>
</table>

续　表

<table>
<tr><th colspan="2">后字
前字</th><th>1</th><th>2</th><th>3</th><th>4</th><th>5</th><th>6</th><th>7</th><th>8</th></tr>
<tr><td>4</td><td>33</td><td colspan="2">22＋55</td><td>22＋55
21＋23</td><td>22＋55
21＋23
55＋31</td><td>21＋23
55＋31</td><td>21＋23
22＋55</td><td>22＋5
55＋3</td><td>22＋5</td></tr>
<tr><td>5</td><td>34</td><td colspan="3">55＋31</td><td colspan="2">55＋31
33＋55</td><td>55＋31</td><td colspan="2">55＋3</td></tr>
<tr><td>6</td><td>213</td><td colspan="2">22＋55
21＋23少</td><td colspan="3">22＋55
21＋23</td><td></td><td colspan="2">22＋5</td></tr>
<tr><td>7</td><td>5</td><td colspan="2">4＋55</td><td colspan="3">4＋34</td><td>4＋34
4＋55</td><td colspan="2">4＋5</td></tr>
<tr><td>8</td><td><u>23</u></td><td colspan="2">2＋55</td><td colspan="4">2＋34
2＋55</td><td colspan="2">2＋5</td></tr>
</table>

C 型前重式的特点是：

（1）多数调类组合的调型是：前字定调，后字附着。前字能区别各调类地位，后字不论原来是什么单音调，全部跟在前字后面读一个调，如 **1X** 都是 21＋23，**2X** 都是 24＋31。

（2）在一些调类组合中，难以找出连读调与单音调之间的关系，如阴平单音调是^{5}44，而 **1X** 却是低调 21＋23，但有些调类组合可以看到与单音调的关系，如阳平调是 14，而 **2X** 调是阳平调加上一个添补形式 31 低降调，这是连读调中很常见的现象，比较稳定的阳去调是 213，**6X** 中也有 21＋23 调，就是单音调的延伸形式，这是 **D** 型调型。

（3）**3X** 有 **5X** 的调型，**4X** 有 **6X**、**5X** 的调型，连读调型已呈现横行间合并前的扩散形态。

C 型后重式的特点是：

（1）前字附着，后字定调。前字的阴阳声调高低差别也近乎消失，永康的前字音节调型 43 和 32、42 和 31 大致听感差异甚微，已失去音位区别作用。全部调型只有 7 种类型：

a. 43＋44，b. $\begin{cases}55+51\\21+51\end{cases}$，c. 43＋31，d. $\begin{cases}44+54\\21+54\end{cases}$，e. 42＋54，f. $\begin{cases}43+22\\21+22\end{cases}$，g. 42＋24。

（2）**X3**、**X4**、**X7**、**X8** 调型相同全部是 43＋31，**X1** 调型全部是 43＋44，**X5**、**X6** 中只有 44＋54、31＋54 和 42＋24 三个调型，**X2** 只有 55＋51、21＋51、43＋22 三个调型。

（3）后字音节声调的特点除平声外，上去入声都是阴、阳同调或近于同调，因此后重式的连读调型往往比前重式简单。温州方言也是典型的 **C** 型后重式，可参见郑张尚芳文（1964）。

下面是后重式的永康双音调表：

永康： **表 7**

前字 ╲ 后字		**1**	**2**	**3**	**4**	**5**	**6**	**7**	**8**
1	44	43＋44 55＋51$_{\text{少}}$	55＋51	43＋32	43＋31	44＋54	44＋54	43＋32 44＋31$_{\text{少}}$	43＋31
2	322	43＋44	21＋51	32＋32 21＋51$_{\text{少}}$	32＋31	21＋54	21＋54	32＋32 21＋54$_{\text{少}}$	32＋31
3	434	43＋44	43＋44 31＋24	43＋32	43＋31	42＋54	42＋24	43＋32	43＋31
4	323	32＋44	21＋22	32＋32	32＋31	31＋54	31＋24	32＋32	32＋31 31＋24
5	$\underline{54}$	43＋44	43＋22	43＋32	43＋31	42＋54	42＋24	43＋32	43＋31
6	214	32＋44	21＋22	32＋32	32＋31	31＋54	31＋24	31＋32	32＋31
7	434	43＋44	43＋22	43＋32	43＋31	42＋54	42＋24	43＋32	43＋31
8	323	32＋44	21＋22	32＋32	32＋31	31＋54	31＋24	32＋32	32＋31

1.2.5　D 型：上海型

这种型式是延伸型。前字的声调覆盖后字音节，后字失去调子共用前调，连读调同于单音调。见表 8。

上海新派：　　　　　　　　　　　　　　　　　　　　**表 8**

<table>
<tr><th colspan="2">单音调</th><th colspan="2">双 音 调</th><th colspan="2">三 音 调</th><th colspan="2">四 音 调</th></tr>
<tr><td>**1**</td><td>52</td><td>**1X**</td><td>55＋31</td><td>**1XX**</td><td>55＋31＋31</td><td>**1XXX**</td><td>55＋33＋33＋31</td></tr>
<tr><td>**5**</td><td>334</td><td>**5X**</td><td>33＋44</td><td>**5XX**</td><td>33＋55＋33</td><td>**5XXX**</td><td>33＋55＋33＋31</td></tr>
<tr><td>**6**</td><td>223</td><td>**6X**</td><td>22＋44</td><td>**6XX**</td><td>22＋55＋31</td><td>**6XXX**</td><td>22＋55＋33＋31</td></tr>
<tr><td>**7**</td><td>55</td><td>**7X**</td><td>$\underline{33}$＋44</td><td>**7XX**</td><td>$\underline{33}$＋55＋31</td><td>**7XXX**</td><td>$\underline{33}$＋55＋33＋31</td></tr>
<tr><td>**8**</td><td>$\underline{23}$</td><td>**8X**</td><td>$\underline{11}$＋23</td><td>**8X**</td><td>$\underline{11}$＋22＋23</td><td>**8XXX**</td><td>$\underline{22}$＋55＋33＋31
$\underline{11}$＋22＋22＋23</td></tr>
</table>

注：① **2**、**4** 并入 **6**，**3** 并入 **5**，**2**、**4**、**3** 开头的双、三、四音调也如此。
　　② 双、三、四音调中逢入声字发音短促，调型不异。

上海的单音调是五个，双音调只有四个，前字阴入的连读调并入前字阴去的连调型式，连调合并快于单音调。

常州、苏州、吴江盛泽、宝山罗店的双音节调都是 **D** 型；也有些地方是准 **D** 型，即有少数调类组合的调型表面上看并不完全单音调化，但只需加一小规则的描写，就可解释。这些地方有杭州、宜兴、昆山、嘉兴、余姚、南汇周浦、湖州、湖州双林等地，比如杭州的连读调表如下：

杭州：　　　　　　　　　　　　　　　　　　　　　　**表 9**

<table>
<tr><th colspan="2">后字
前字</th><th>1</th><th>2</th><th>3</th><th>4</th><th>5</th><th>6</th><th>7</th><th>8</th></tr>
<tr><td>**1**</td><td>323</td><td colspan="2">32＋23</td><td>33＋51</td><td>33＋51
32＋23</td><td colspan="2">32＋23</td><td colspan="2">32＋5</td></tr>
<tr><td>**2**</td><td>212</td><td colspan="2">21＋51</td><td>22＋51</td><td>22＋51
21＋23</td><td colspan="2">21＋23</td><td colspan="2">21＋5</td></tr>
</table>

续　表

<table>
<tr><th colspan="2">后字
前字</th><th>1</th><th>2</th><th>3</th><th>4</th><th>5</th><th>6</th><th>7</th><th>8</th></tr>
<tr><td>3</td><td>51</td><td colspan="6" rowspan="2">55＋31</td><td colspan="2" rowspan="2">55＋$\underline{31}$</td></tr>
<tr><td rowspan="2">4</td><td>次浊 51</td></tr>
<tr><td>全浊 113</td><td colspan="6">23＋51</td><td colspan="2">23＋$\underline{51}$</td></tr>
<tr><td>5</td><td>334</td><td colspan="6">34＋51</td><td colspan="2">34＋$\underline{51}$</td></tr>
<tr><td>6</td><td>113</td><td colspan="6">23＋51</td><td colspan="2">23＋$\underline{51}$</td></tr>
<tr><td>7</td><td>5</td><td colspan="2">5＋31</td><td>4＋51</td><td>4＋51
3＋23</td><td colspan="2">3＋23</td><td colspan="2">4＋5</td></tr>
<tr><td>8</td><td>$\underline{12}$</td><td colspan="2">1＋23</td><td>2＋51</td><td>2＋51
1＋23</td><td colspan="2">1＋23</td><td colspan="2">2＋5</td></tr>
</table>

杭州 **D** 型的特点是：

（1）在 **1X**、**2X**、**7X**、**8X** 中，后字为 **3**、**4**（次浊）、**7**、**8** 的连读调受到 **3** 和 **7** 影响，后字音节带上 51 或 5。

（2）**6X**（包括全浊开头的 **4X**）是在前字音节声调相对缩短的基础上后加一个高降调或中降调。**71**、**72** 并入 **31**、**32**，**75**、**76** 并入 **15**、**16**。

二、关于声调系统演变过程的探讨

2.1　连读调的自身发展演变

2.1.1　吴语连读调历时发展的历史概貌可以从它分布的地域平面上反映出来。我们认为吴语中的连读调大致应经历上一节记述的“**A** 型＞**B** 型＞**C** 型＞**D** 型”的发展路线，即分“结合——异化——简化——单音调化”四个阶段。从地图上看，**A** 型分布在吴语区边缘，有的是原先环境较偏僻而语言发展比较缓慢的地区，这从声母韵母方面也可以印证。如西缘的衢州保留了成套的、整齐的舌叶音，北缘的靖江古知照三等字都读舌面音，山摄促声韵合口与开口不同韵，如“夺”读

øʔ 韵；东缘的南汇县城惠南方言保留“帮、端、见”三母的缩气音，轻唇音读 ɸ、β，入声韵最为丰富，客 ɑk≠掐 æʔ≠刻 ʌk≠磕 əʔ≠渴 œʔ≠哭 oʔ≠壳 ɒk（声母均为 k‘）。**B** 型字在于吴语区广大农村或小城镇之中，**C** 型在中小城市及其周围占优势，**D** 型限于常州、苏州、上海、杭州这样的大城市。浙南是后重式，浙北、苏南都是前重式。

2.1.2 我们能找到 **A**、**B** 交界型的方言，南汇县城惠南方言便是，下面是陈忠敏先生整理的惠南双音调表（1987），笔者依据自己的调查稍作修改。

惠南： **表 10**

<table>
<tr><th colspan="2">后字
前字</th><th>1</th><th>2</th><th>3</th><th>4</th><th>5</th><th>6</th><th>7</th><th>8</th></tr>
<tr><td>1</td><td>53</td><td colspan="2">44＋53</td><td colspan="4">55＋31</td><td colspan="2">44＋$\underline{53}$</td></tr>
<tr><td>2</td><td>113</td><td colspan="4">23＋44</td><td colspan="2">22＋34</td><td colspan="2">22＋$\underline{33}$</td></tr>
<tr><td>3</td><td>44</td><td colspan="2">35＋53</td><td colspan="2">35＋31
44＋44</td><td colspan="2">44＋44</td><td colspan="2">35＋$\underline{53}$</td></tr>
<tr><td>4</td><td>113</td><td colspan="2">13＋53</td><td colspan="2">13＋31
21＋23</td><td>21＋23</td><td>13＋31</td><td colspan="2">13＋$\underline{53}$</td></tr>
<tr><td>5</td><td>35</td><td colspan="2">35＋53</td><td colspan="2">35＋53
44＋44</td><td colspan="2">55＋31
44＋44</td><td colspan="2">35＋$\underline{53}$</td></tr>
<tr><td>6</td><td>13</td><td colspan="2">13＋53</td><td colspan="2">13＋31
21＋23少</td><td colspan="2">21＋23
13＋31少</td><td colspan="2">13＋$\underline{53}$</td></tr>
<tr><td>7</td><td>$\underline{55}$</td><td colspan="2">$\underline{55}$＋53</td><td colspan="2">$\underline{55}$＋44</td><td colspan="2">$\underline{55}$＋35</td><td colspan="2">$\underline{55}$＋$\underline{53}$</td></tr>
<tr><td>8</td><td>$\underline{23}$</td><td colspan="4">$\underline{22}$＋113</td><td colspan="2">$\underline{22}$＋13</td><td colspan="2">$\underline{22}$＋$\underline{23}$</td></tr>
</table>

惠南的舒声连读调是与松江相似的 **B** 型，但促声为前字的连读调保留了较古老的 **A** 型形式：前字阴入的，后字阴阳相混，而调型和单音调的阴调类相同，分别是 53、44、35、$\underline{55}$；前字为阳入的，后字阴阳也相混，而调型跟单音调的阳调类相同，分别是 113、13、$\underline{23}$。然而离惠南不到 20 公里的周浦方言入声调已经是 **B** 型了。一般来说，入声调是吴语中最难异化的调类，在不少方言中相对稳定和古老。苏州方言是 **D** 型连调，但

在**75**、**76**里还保留着**A**型，像“八卦55＋412、鸽蛋55＋412”(55是阴入单音调，412是阴去单音调)，在老年人口中还有85、86的初连型连调如“白菜23＋412”，但在今中青年中已经并入**8X**的“23＋52”了。

2.1.3 当**A**型过渡到**B**型之后，声调结合紧密了，两个单音调的曲折部分在快速连读时(实验证明连读双音节比单读两个音节语速快得多，上海话阴去单音调为0.72秒，阴去前字的双音调长为0.80秒，见末延保雄，1983)。一旦发生朗读上的拗口，有的减弱其曲折部分，变曲为直；有的一个音节声调取胜，前重式的后音节往往弱化，后重式前音节往往弱化；相近是合并的条件之一，有的相近的调子就开始合并。于是产生像松江、黄岩那样复杂的异化型连调。

(1) 变曲为直　比如绍兴阴上单音调334，前面有一个平调最后才上升，但**3X**的调型是34＋52，前面的音节没有平调部分而直升了。又比如靖江声调阴平严式为433，阳平近于214，但在连读调中变成44和23/24了。像“212”中所述苏州话的“白菜”从“23＋412”发展成“33＋52”，我们在老年和青年中都能找到发音人，有的人能两读。

(2) 部分弱化　当连读开始有了“重轻”的区别之后，轻读的音节的声调就开始弱化。前重式连调后音节一般变为高降调或低降调。如松江方言平声弱化为高降调52，上声、去声、入声弱化为低降调31，见表4。南汇、上海老派则平、入声弱化为高降，上、去声弱化为低降。惠南音**5X**的35＋53型式，就是前字变曲为直(单音调严式为335)、后字弱化的型式。

这种弱化型式在三音调、四音调中表现得更为明显，有时就成为一种“声调的填充格”，如新派上海话**5X**是33＋44，**5XX**就是33＋55＋31，因为前两音节已满足了“344”单音调的延伸，末了一个音节就填补一个低降调。苏州话阴平单音调为44，双音调就采用了55＋31的型式，也同属这种情形。一个调子到了高平调的时候，再要延长下去，从声学的角度来看就会自然降下：高降或低降，高降时压低前平调，低降时抬高前平调。

弱化的另一个重要表现就是非重读的音节阴阳调合并为一，多数是阳调归向阴调，如在前重式的连调表中，我们可以看到许多调类组合后字不分阴阳，连调型相同。

(3) 扩散　某一调型因简易或其他原因，在调类组合中活跃起来，它向周围调类组合的阈中扩释进去，比如松江方言 **25**、**26** 的连调型是 24＋31，后来 **23**、**24** 的少数词也读起 24＋31 来，于是有的一个调类组合中连调型出现几式的情况。松江 31 到 36 的组合中也出现这种词汇扩散的现象。**36** 中 44＋44 是为主的，而 **31** 到 **34** 中 44＋44 型只有少数的词用，慢慢地，比如到青年中，**34** 中的 44＋44 和原来为主的 35＋31 平分秋色了。纷繁的所谓 **A** 式、**B** 式（有的调类组合中甚至有三、四式）似乎很杂乱，然而它却是调型合并的前兆，当一种调型占优势得胜后，**B** 型的连调式就向 **C** 型转变了。

扩散在三音节连读调中表现得更为严重。比如松江、常熟、黄岩等地的三音调表都是一张非常繁杂的表格，就其调型数目来说也只有那么七八个，但是有些调型却在许多调类组合中出现，十分活泼。比如松江 **111**、**112**、**113**、**114**、**117**、**118** 调类组合的连调型是 44＋44＋52，**115**、**116** 是 44＋44＋31，但在 **114** 和 **113** 中也会出现少数的 44＋44＋31 调，**111** 的调型也会跑到理该是 55＋33＋31 的 **151**、**152** 组合中去。得优势的 33＋55＋31、22＋55＋31 调型更是十分横行。原属松江府的上海话到了新派除了阴平、阳入开头的三音调，这两个调型已打平天下局面。因为三音节连读调调类排列组合大大多于双音节组合，所以各地扩散与合并一般都在三音词中先开始，关于三音词中的种种现象及其分析，将专文讨论。

2.1.4　经过扩散和合并后，**B** 型连调就向简单的 **C** 型转化。**C** 型连调的特点是调型少，一个调型一统许多调类组合。在前重式中，往往出现表格中一个横行一个调型。如无锡 **1X** 都是 21＋23，**2X** 都是 24＋31。**B** 型向 **C** 型演化，我们可以看到以下几种形式起着作用：

(1) 简化　调型简化首先在“专用式”中发生。所谓“专用式”，就是一些方言中最常用的、由特殊的语法格式构成的双音节词、三音节词所读的连读调型，例如重叠式（算算、筷筷、趟趟）、动代式（看我）、动趋式（坐起）、数量式（五只）等，以数量式为主（参见张惠英，1979），据笔者调查，**B** 型连调的广大地区都有“专用式”这种语法上一实一虚、语音上典型的重轻型式。“专用式”所用的调型是各地双音调中最简化的调型。陈忠敏列出了距离上海市区 40 余公里的惠南方言的“专用式”与“广用式”对比表(“专用式”限用于 **33**、**34**、**43**、**44**、**53**、**54**、**55**、**56**、**63**、**64**、**65**、**66** 的调类组合)。从表 11 中可见,“专用式”调是广用式中占优势的调型的扩散,即专用式变调是一种简化了的变调型式,本文作者调查记录的奉贤方言“专用式”亦同此。

表 11

<table>
<tr><th colspan="2">后字
连调
前字</th><th>1</th><th>2</th><th>3</th><th>4</th><th>5</th><th>6</th><th>7</th><th>8</th></tr>
<tr><td rowspan="2">3</td><td>广用式</td><td colspan="2" rowspan="2">35＋53</td><td colspan="2">35＋31
44＋44</td><td colspan="2" rowspan="2">44＋44</td><td colspan="2" rowspan="2">35＋$\underline{53}$</td></tr>
<tr><td>专用式</td><td colspan="2"></td></tr>
<tr><td rowspan="2">4</td><td>广用式</td><td colspan="2" rowspan="2">13＋53</td><td colspan="2">13＋31
21＋23</td><td colspan="2" rowspan="2">21＋23
13＋31</td><td colspan="2" rowspan="2">13＋$\underline{53}$</td></tr>
<tr><td>专用式</td><td colspan="2"></td></tr>
<tr><td rowspan="2">5</td><td>广用式</td><td colspan="2" rowspan="2">35＋53</td><td colspan="2">35＋31
44＋44</td><td colspan="2" rowspan="2">44＋44
55＋31</td><td colspan="2" rowspan="2">35＋$\underline{53}$</td></tr>
<tr><td>专用式</td><td colspan="2"></td></tr>
<tr><td rowspan="2">6</td><td>广用式</td><td colspan="2" rowspan="2">13＋53</td><td colspan="2">13＋31
21＋23</td><td colspan="2" rowspan="2">21＋23
13＋31</td><td colspan="2" rowspan="2">13＋$\underline{53}$</td></tr>
<tr><td>专用式</td><td colspan="2"></td></tr>
</table>

这种“专用式”的变调类型已与上海市区(**D** 型)类型颇为相似了。上海市区老派(B 型调)也有专用式调型,最终成为市区 **D** 型调。对此调型的跃迁,笔者称之为“音变的语法扩散”。

(2) 延伸　延伸和扩展是在三、四音调中先起的。比如苏州方言 **1X** 的延伸(详见本书《关于苏州方言连读变调的意见》):

	单音调	双音调	三音调	四音调
1X 式	44	55＋31	55＋55＋31	55＋55＋33＋31

延伸和扩展时，往往会因音节的增多带来声调的一些变化，这些变化很重要，它是造成调型发展的根源之一。

比如上海市区老派的连读调是典型的 **B** 型调，**51—54** 中都有 33＋53 的调型，它在三音节、四音节组合中尤其是四音调中的扩展就与新派的调型很接近了。

	单音调	双音调	三音调	四音调
老派 **5X** 式	334	33＋53	33＋44＋53	33＋44＋44＋31
新派 **5X** 式	334	33＋44	33＋55＋31	33＋55＋33＋31

到了三音调前两个音节，我们就可以看到新派双音调调型的模式。

再有，这种从两音节、三音节到四音节不断扩展延伸的模式一旦倒过去引申到从单音调到双音调这一段同步采用，于是就形成 **D** 型连调。

2.2 单音调和连读调的互相影响

2.2.1 **D** 型连调式的取胜与大城镇交际频繁、五方杂处、语速加快等等社会因素有关。从手头的材料可以充分证明这一点。苏州是 **D** 型的，而吴县却是 **C** 型的；吴江县城松陵、吴江盛泽镇是 **D** 型的，而吴江的黎里镇却是 **C** 型的；上海市区是 **D** 型的，而上海近郊却是 **B** 型的，上海老派也是 **B** 型的。

本文前言说到，连读调和单音调也是互相影响的。上海老派 **B** 型连调如何转变为新派的 **D** 型连调是一个很好的考察课题。下面是上海市区老派双音调表：

上海老派： **表 12**

<table>
<tr><th colspan="2">后字
前字</th><th>1</th><th>2</th><th>3</th><th>4</th><th>5</th><th>6</th><th>7</th><th>8</th></tr>
<tr><td>1</td><td>52</td><td colspan="2">44＋53</td><td colspan="4">55＋31</td><td colspan="2">44＋$\underline{53}$</td></tr>
<tr><td>2</td><td>113</td><td colspan="6">23＋44</td><td colspan="2">22＋$\underline{55}$</td></tr>
<tr><td>3</td><td>44</td><td colspan="2">33＋53</td><td colspan="2">33＋53
44＋44少</td><td colspan="2">44＋44</td><td colspan="2">33＋$\underline{53}$</td></tr>
</table>

续　表

<table>
<tr><th colspan="2">后字
前字</th><th>1</th><th>2</th><th>3</th><th>4</th><th>5</th><th>6</th><th>7</th><th>8</th></tr>
<tr><td>4</td><td>113</td><td colspan="2">22＋53</td><td colspan="2">22＋53
22＋44少</td><td colspan="2">22＋44</td><td colspan="2">22＋53</td></tr>
<tr><td>5</td><td>334</td><td colspan="2">33＋53</td><td colspan="2">33＋53
44＋44</td><td colspan="2">55＋31
44＋44</td><td colspan="2">33＋53</td></tr>
<tr><td>6</td><td>113</td><td colspan="2">22＋53</td><td colspan="2">22＋53
22＋44</td><td colspan="2">22＋44</td><td colspan="2">22＋53</td></tr>
<tr><td>7</td><td>55</td><td colspan="2">44＋53</td><td colspan="4">44＋44</td><td colspan="2">33＋55</td></tr>
<tr><td>8</td><td>23</td><td colspan="6">11＋23</td><td colspan="2">22＋55</td></tr>
</table>

我们在有的老年人和中年人中还记录到几个过渡型：

表 13

前字 \ 后字		X
1	52	55＋31
5	334	33＋53
6	113	22＋53
7	55	44＋53
8	23	11＋23

表 14

<table>
<tr><th colspan="2">后字
前字</th><th>1</th><th>5—8</th></tr>
<tr><td>1</td><td colspan="2">52</td><td>55＋31</td></tr>
<tr><td>5</td><td>334</td><td>33＋53</td><td>33＋44</td></tr>
<tr><td>6</td><td>113</td><td>22＋53</td><td>22＋44</td></tr>
<tr><td>7</td><td>55</td><td>33＋53</td><td>33＋44</td></tr>
<tr><td>8</td><td>23</td><td>11＋23</td><td>11＋23</td></tr>
</table>

我们可以再联系到惠南的专用式连调表，循察简化的路线。惠南的前字 35 和 13 相当于上海的 33 和 22，上海的 33 和 22 微升近似 34 和 23。惠南的专用式似乎就是上海老派到新派连调变化的中间形式。这种广用式向专用式的扩散合并现象，请参见《上海地区方言音变的语法扩散》一文。

上海老派连调的发展路线大致是这样的：

(1) **1X**　44＋53 是较古老的型式，表明上海早期阴平是平调，上、去声后音节的弱化形式是低降 31，55＋31 的调型影响了单音调，使之先变为降调，然后单音调和 55＋31 调并起扩展，使 44＋53 调变为 55＋31。我们在调查时还听到许多老年人 **11**、**12** 组合中有些词 44＋53/55＋31 两读，可见 44＋53 ＞ 55＋31 是最后归并的。

(2) **2X**　**2X** 的 23＋44 调由于与 **65**、**66** 的 22＋44 调调型相近而归并入后者，进而引起阳平单音调向阳去合并(或阳平先并入阳去)，22＋44 又向 **63**、**64** 扩散，起因是阳上先归去，于是 **64** 与 **66** 合并，**4X** 也与 **6X** 合并，阳调类只余下 22＋53 和 22＋44 两个调型，**6X** 就可能形成表 13 或表 14 的局面。由于单音调和三、四音调延伸的作用，22＋53 呈弱势，22＋44 就一统舒声阳调类。尽管如此，我们在市区有些中青年中还能听到如表 14 那样的情况：在后字阴平的组合里仍读 22＋53，有的人(包括笔者)读 **X1** 时，后字 53/44 还是可以任用的。

(3) 这样就接着影响与 **6X** 并行的 **5X** 连调。44＋44 似是 **A** 型调，但它是在 35、36 中先形成，然后扩散到 **33**、**34** 和 **53**、**54**、**55**、**56** 中去的，两个长平调很容易发生异化。然而，33＋53 的前音节 33 近似 34，反映的却是更古老的上声调(J. Edkins 记 1853 年的上海话阴上前字同于当时阴去调 35)，53 是阴平单音调，也是一个 **A** 型调。由于前字音节的 34 或 35 调，导致阴上单音调并向阴去，同时 34＋53 型取胜，形成表 13 的情况。另外，老派 **55**、**56** 中保留的去声古老降调形式 55＋31，到现在还残留在新派极少数词中，如“世界、唱片、算数”。

(4) **7X** 的并入 **5X** 经过的路线大致是 44＋44 ＞ 44＋53 ＞ 33＋53 ＞33＋44，**8X** 保留老式。

上海新派连读调表见表 8。

2.2.2　“浊上归去”在吴语里还能看到它的发展踪迹，陈忠敏先生考察了惠南方言正在老年中演变着的单音调阳上归阳去的现象，也能说明单音调和连读调的相互作用，造成音调的合并。他选 250 个中古浊上字请三位老年人读，读成阳去的一位是 106 个，一位是 101 个，另一位是 97 个。发现古浊上字如能单用，一般保留上声调 113，反之容易读成去声 13。究其原因，与惠南双音调型特点有关，因为连调中多

数 **X4** 和 **X6** 调型相同，如 **14**、**16** 都是 21＋23、13＋31，连调调型相同的、不能单用的古浊上字单音调最容易读成阳去调。陈曾用诱读的方法验证，如请发音人读 **54** 的“号码”的“码”，再读 **74** 的“尺码”的“码”。由于 **54**、**56** 连调行为相同，发音人把“号码”的“码”读成阳去；而 **74** 和 **76** 连调行为不同，发音人把“尺码”的“码”读成阳上。同一个字在不同的双音调环境中诱读出两种不同的单音调值，说明连调行为对单音调的合并影响很大。由于 **4X** 和 **6X** 的连调型完全相同，加上 **4X** 各个组合都有前字为 13（与阳去单音调同型）的调型，所以把阳上字作前字的诱读（如读“户口”的“户”、“俭朴”的“俭”），绝大多数的字都读出了 13 阳去单音调。单音调就这样在连调调型影响下由阳上变为阳去。这种单音调和连读调的连锁反应，恐怕还有“意在声先”的语言心理作用。

吴语中的“来”和“来”字结构

一

吴语中表示人或事物的位置的“来”与普通话中的“在”是同一语素。“在”的声母从“[dz]”变到“[z]”，进一步流音化变作“[l]”。“在”是中古海韵上声字，俗写作平声的“来”字。“来”常可变读为“拉”或促声的“勒”、“垃”等，这些音变都是“在”虚化轻读的结果。

“来”在吴语中的使用有一个逐步语法化的过程。其最初源于动词，表示位置，如：“（末白）大老爷在那里？（花旦白）来楼浪。”（珍珠塔 21 回 187 页）。“来”又可表示达于某点的“到”，如：“爹爹也弗要来娘房里去，哥哥也弗许听个嫂同床。”（山歌 4 卷 337 页）进而虚化作介词“来”，表示时间、处所、范围的“在”，如：“倍且坐子说说看，住来啥场化？”（描金凤 2 回 20 页）表示所起的“从”或所止的“往”，如：“盘缠也不过三块洋钱，勒我搭拿仔去。”（海天鸿雪记 13 回 271 页）“齐家囡儿嫁来齐家去，半夜里番身齐对齐。”（山歌 4 卷 327 页）

“来”的介词用法往往很自然地与名词性词组后的方位词形成“来……里”、“来……浪”、“来……搭”之类的介词结构，“里”、“浪”实际上是由方位名词虚化而来的后置介词，与由方位动词虚化的前置介词“来”一起构成“来”字结构，这种“来”字结构用在动词前面作状语，用在动词后作补语。如：“姐儿来个红帐里做风流。”（山歌 2 卷 309 页）“勿瞒朝奉说，刚刚瀫个浴，忘记来浴堂里哉！”（描金凤 3 回 26 页）“倪大家瞎说瞎说，事体也忘记脱哉，俚倒一径摆勒心浪，特为写信来问勒。”（海天鸿雪记 17 回 293 页）

"来……里"等经常使用以后,抽去了里面的名词性词语,在吴语中形成了4个固定的"来"字结构:(1)"来搭";(2)"来里";(3)"来浪";(4)"来化"。

"来搭"多用作远指,原是"在那儿"的意思,又作"来笃"、"来朵"、"来丟"、"来带"、"来东"和"来拉"等。"搭"的本字可能是表示"地之区处"的"墶",但更可能是表示群集的"[tɑ]"或"[lɑ]",俗写作"搭"或"拉",来自人称代词的复数形态。三称代词从单数到复数是:"吾侬[ŋ̍noŋ]"→"吾伽[ŋ̍nɑ]/吾搭[ŋ̍tɑ]","尔侬[n̩noŋ]"→"尔伽[n̩nɑ]/尔搭[n̩tɑ]","其侬[ɡinoŋ]"→"其拉[ɡinɑ/ɡilɑ]/其搭[ɡitɑ]"。又如"阿姨拉"="阿姨搭",都是"阿姨她们"的意思。[n]、[t]在原有三个带浓重鼻音的先喉塞音声母的吴语中是很容易互相转化的(如永康"打"读"[nã]")。"来搭"在旧苏州一带变读为"[lɛtoʔ]",俗写作"来朵"或"来笃","东[toŋ]"是"朵[toʔ]"的儿化。

"来裏"多用于近指,原是"在这儿"的意思,又作"来俚"、"来哩"。"裏"源自方位名词"裏"。

"来浪"原来表示"在上"的意思。"浪"即"上",声母"[z]"流音化作"[l]"。后虚作"在表面"的意思。

"来化"表示"在内"的意思,又写作"来哈"、"来海"、"来罕"、"来亨"等。"化"可能是表示处所的"许"(陶潜,五柳先生传:"先生,不知何许人也。"),吴语上海等地"几许(多少)"读作"几化"。"罕"、"亨"可看作是"许"的儿化,"海"是儿化后失落鼻音。上海的"里向(里面)"可看成是"里许"(《传灯录》:投子指庵前片石谓雪峰曰:"三世诸佛,总在里许。")的儿化,在无锡读"里亨[hã/hən]",可作旁证。早期英法传教士著作都写作"壗",麦高温1862年《上海方言习惯用语集》中记音为"[hɛn]"或"[hei]",与咸山摄字同韵(这时咸山摄字在上海话中轻鼻音正在失落中),1883年的徐家汇土山湾的《松江话练习教程》中记音为"[hɛː]",和"海"同韵,而与"锯子"的"锯[ke]"("许、锯"同韵)不同韵。不过,也不排斥因发生儿化附加后鼻音而使元音变低的可能性。"海"的语源也可能是表示房舍的"介",如上海的"辣海"在上海南郊读"辣盖","盖"即"介"。

这4类“来”字结构和“来”一样也经常作表示方位的动词和介词用。“来搭”类作动词用，如：“勿得知二朝奉阿来朵屋里？”（描金凤3回25页）作介词用，如：“只见鼻子里向有条小金蛇垃朵鼻孔里钻进钻出，真真奇怪哩！”（文武香球6卷36回41页）“困来笃床浪勿起来哉，算啥个一出！”（海天鸿雪记6回225页）“叫天使捏之宝剑咾挡住拉笃路上。”（苏州土白圣经史记3卷44章1页）“来里”类作动词用，如：“奶奶，采苹来里。”（珍珠塔22回194页）作介词用，如：“倪住家来里夷场浪，索性让俚哚白相相。”（海上花列传32回266页）“来浪”类作动词用，如：“样式事体，有倪勒浪，决不会亏待耐的。”（官场现形记8回116页）作介词“从”用，如：“倪叫老二，刚刚来浪上海来，今朝七点钟到格搭格。”（九尾龟148回983页）作介词“在”用，如：“有仔点勿快活，闷来浪肚皮里，也无处去说啘。”（海上花列传52回439页）“来化”类作动词用，如：“勿多几个人，倪两家头也来海。”（海上花列传18回145页）“来化”类在那时未虚化为介词“在”，故未见作介词例。

二

“来”字结构在介词结构的基础上进一步语法化，成为体助词。它们经常在句中用在动词前表示“进行体”，即表示动作在动态地进行中；用在动词后表示“存续体”，表示动作在静态地延续着。

四种“来”字结构在表示进行体和存续体时，在不少场合带有一些实义。“来搭”类带“在那儿”远指义，如：“对门隔壁个姐儿侪来搭结私情，郇得教奴弗动心。”（山歌1卷276页）“浪子一日独自在门首立地。”（＊浪子奇观2卷12回2页）。“来里”类带“在这儿”近指义，如：“昨夜头算算看，还少五六百两银子，来里打算。”（描金凤1回9页）“来浪”类带“在上”义，如：“咦，个是榻床哉，必定困来上。”（缀白裘4集2卷86页）“来化”类表示“在内”义。如：“（丑）客人，斟来哈哉。”（缀白裘1集4卷217页）“第双鞋子脚着垃壗勿自在。”（＊上海方言习惯用语集86页）“有仔格洞，一径缩勒海仔勿出来哉。”（海天鸿雪记15回279页）它们后来都发生中性化，表示“在”或中性无远近的“在那儿”（不是与“在这儿”相对的“在那儿”)的意思。在近代小说曲艺中,“来化”类还是都用作“在内”义,但在现今的上海话、苏州话里也已中性化作“在那儿”解了,如上海话:“我坐辣海。”“来里”类现正趋于退化。

吴语的进行体和普通话的进行体并不完全对应(宫田一郎认为倒与英语的进行体大致对应,1988)。下面分几点阐述吴语进行体:

1. 表示动作正在进行,与普通话“在 V”同。如:“泥水匠无灰砖来里等,隔窗趁火要偷光。”(山歌 1 卷 279 页)“倪末来浪替耐发极,耐末倒杀死格糟蹋自己格身体,阿要讨气!”(* 九尾龟 66 回 457 页)“叫我通报,我勿肯咯,所以来朵吵闹。”(珍珠塔 2 回 11 页)“挨挨挤挤来观看,军役旁边就动蛮。皮鞭立拉抽开去,跌倒起身原要观。”(十五贯弹词 4 回 429 页)

2. 表示进行,句尾可跟相当于普通话“了”的语气助词“哉”,普通话无此用法,只能译作“在那儿”。如:“‘秋云呢?’那些做手道:‘来浪来哉,来浪来哉。’”(商界现形记 2 回 15 页)“小姐不好哉!老爷奶奶来朵相打哉,快点去劝劝嘘。”(珍珠塔 4 回 38 页)“相公请上,小人拉里叩头哉。”(翡翠园 6 出 21 页)“等我去报拉大官人得知,刘穷来里偷家婆哉。”(缀白裘 3 集 3 卷 169 页)“来浪来哉”可译成“在那儿来了”或“正来呢”。

3. 表示以前进行的事一直持续到现在,可勉强译作“在那儿”或“V 着”。如:“勿壳张当时末来浪答应,骗得倪欢喜煞,到仔故歇原是放仔倪个生,还要说倪敲耐格竹杠。”(九尾龟 45 回 330 页)“禀上老爷,那人胸前还来朵有热气个,如今抬到船边来了。”(珍珠塔 6 回 48 页)“当时末来浪答应”可译成“当时在那儿答应”或“当时答应着”。

4. 表示动作或情况正在准备着不久发生。普通话可译作“在那儿”。如:“玉甫是自家来浪要生病!嗽芳生仔病末,玉甫竟衣不解带个伏侍嗽芳,连浪几夜天勿曾困,故歇也来浪发寒热。”(* 海上花列传 42 回 351 页)“格个断命客人来浪要困快哉,倪勿去管俚。”(* 九尾龟 3 集 2 卷)“来浪要困快哉”可译成“快要睡了”。

5. 否定某种进行状态。整个句子相当于普通话的“别在那儿……了”。如:“佩兰一手拉着秋谷的衣袖,道:‘勿要来浪假痴假呆,搭我去坐来浪。'"(＊九尾龟 44 回 312 页)"耐勿要来里肉痛,我赔还耐末哉。"(＊海上花列传 50 回 425 页)"大阿哥,唔弗要拉哈横撑船。"(缀白裘 1 集 2 卷 94 页)"去罢,去罢,勿要来里瞎缠哉。"(＊海上花列传 48 回 413 页)"勿要来里瞎缠"可译成"别在那儿胡搞了"。

普通话的进行体使用范围窄,以上 2 至 5 的吴语进行体用法在普通话中都没有。

吴语的存续体跟普通话的持续体"V 着"不同。下面分几点阐述吴语存续体:

1. 表示动作完成后形成的状态在延续。有的与普通话的持续体"V 着"相似。如:"搭倪到里向去,好好里坐来浪。"(＊九尾龟 66 回 462 页)"一双鞋子做了六个说,鞋尖头浪绣个大仙鹤,穿来短了寸半巴。拿块木头垫来化,脚后跟上有点硬巴巴。"(双珠球 3 回 21 页)"两个侪跪来搭,直到更深夜尽。"(山歌 8 卷 395 页)"好好里坐来浪"可译成"好好地坐着"或"好好地坐在那儿"。有的与普通话的进行体"正 V 呢"用法相似。如:"小姐勿好嚯,闹了一夜哉,故歇困着来里。"(珍珠塔 11 回 97 页)"故歇困着来里"可译成"这会正睡着(zháo)呢"。有的与"V 着"和"正 V"都不对应,可译作"在那儿"。如:"荣伯伯住来里,吃个一钟寡酒了转去。"(描金凤 7 回 65 页)"又弗是你撒食养来搭个,郸了要你鸟说胚介撒村。"(山歌 9 卷 434 页)"我搬来里子一个月日,你也弗直得来看看张张。"(山歌 8 卷 385 页)"荣伯伯住来里"可译成"荣伯伯住在这儿。"

2. 表示动作的结果保持着。如:"要去看阳宅,咯是两个月前头约来里个,误弗得个。"(白雪遗音 4 卷 869 页)"耐去相信俚,今朝俚又新做仔两个,故歇才叫来浪。"(海天鸿雪记 2 回 199 页)"我故歇刚去看俚,落里晓得俚还勿曾来,我写仔张票头来浪就走。"(海天鸿雪记 2 回 197 页)"写仔张票头来浪就走"可译成"把张票子写了放在那儿就走"。上海话"英文学辣海,以后总归有用场个"译成普通话是"英语学好了记在脑里,以后总有用"。

3. 表示事先已经准备好了或做好了某事。相当于完成体,常与语气助词"哉"相结合。如:"先生,通商厨房叫格菜送来来浪哉,添格四只荤盆野摆好来浪哉，马上侯格花雕野炖热来浪哉。”（商界现形记 8 回 62 页）“四只荤盆野摆好来浪哉”的意思译成普通话是“四只荤盆也已准备好放在那儿了”。上海话“青菜切辣海了，等一歇炒”可译成“青菜切好了放在那儿，等一会儿炒”。“儿子呀，放心，侬个罪饶赦拉哉。”（＊上海土白新约全书 6 章 16 页）“侬个令妹受茶拉蛮？”（＊上海方言习惯用语集 126 页）“侧到对面个村上去，就看见一只缚拉个驴子，还有小驴子一淘拉，解脱之咾牵来。”（＊上海土白新约全书 21 章 48 页）“耐只嘴阿是放屁，说来哚话阿有一句做到。”（海上花列传 2 回 11 页）后两例是用在定语中。“侬个罪饶赦拉哉”可译成“你的罪已经饶赦了”。上海话“剩辣海个饭我吃脱了”的意思是“我把（到吃前）剩在那儿的饭吃了”。

4．肯定某种性质或状态延续着。有的类似“正……着呢”，如：“我里老爷勿空来朵。”（珍珠塔 2 回 10 页）“该两日定归吃酒碰和，闹忙煞来浪。”（海天鸿雪记 3 回 207 页）“唔笃大人阿要几时出来？倪倒牵记煞来里。”（九尾龟 47 回 341 页）有的只能译作“在那儿”，如：“勿要说起，冻杀来里哉！”（描金凤 3 回 24 页）“（末）你抬头，我抬脚。（丑）阿晓得我有点抬头弗起拉里了。”（缀白裘 9 集 4 卷 194 页）“那阿是少来？再拔两根没是哉。拿去，添足来亨格哉。”（缀白裘 5 集 2 卷 100 页）“耐是说倪仰扳耐勿上啘，好仰扳耐格人，倪蛮晓得勒里，耐也勿必再勒倪面孔浪说反话勒装埋虎哉！”（海天鸿雪记 14 回 275 页）“这个是弗消分付，我会拉里。”（缀白裘 8 集 4 卷 202 页）

5．表示存在、具有状态的延续。语义较实，可译作“在那儿”、“在里面”等。如：“弗番道，我还有来里。来，拿去！”（缀白裘 5 集 2 卷 100 页）“里势阿有个把人来朵。”（白雪遗音 4 卷 849 页）“肩浪背一个包古，看来沉重，必然有点财帛来化。”（六美图 7 回 4 页）“我倒看你不出，你竟一肚皮春秋拉合。”（报恩缘 3 出 9 页）“你竟一肚皮春秋拉合”可译成“你竟有一肚子春秋在里面”。

6．表示动作的将来延续，也可作祈使命令用。可译作“在那儿”。如：“耐明早搭倪吃酒，阿要今夜头就住来里？”（商界现形记 2 回 12 页）“天色晚了，我要借住来里哉。”（党人碑 9 出 31 页）“拿点红纸头嵌拉哈子嘿是哉。”（缀白裘 8 集子 1 卷 29 页）“雪香道：‘啥人说嗄？搭我坐来浪。'"(海上花列传6回43页)"阿要今夜头就住来里?"可译成"今夜就住在这儿吗?"。

从近代小说曲艺著作中,我们可以看到"来"字结构从作"在那儿"解到作体助词这种从实用到虚用的过渡。如:"经手是外头请个,其总管是外舅范毓峰来咚管个。"(雪岩外传7回447页)"天色晚了,我要借住来里哉。"(党人碑9出31页)"等我情哥郎来上做介一个推车势,强如凉床口上硬彭彭。"(山歌2卷309页)这三句里的"来"字结构的含义都呈从"在那儿"向"进行体"、"存续体"过渡的中间状态。尤其是从结构上看,"来"字结构经常跟在动词的宾语或补语之后,虚化不够,有的表示"在那儿"、"在这儿"、"在上面"、"在里面",有的中性化为"在那儿"。如:"口渴得势,勿得知猪头罐里阿有茶来罕?"(在内。合欢图70回1页)"老亲娘,别人说点虚头拉浪勾。"(在上。报恩缘33出53页)"(丑)门浪阿有人朵?(杭)合唷,是老童,可是你家大爷来立?"("朵":在那儿;"来立":在这儿。三笑20回231页)"倪自办菜烧好来浪,送过来阿好?"(在那儿。海上花列传42回358页)不过,此种用法是它们继续虚化成语气助词的前兆。

"来"字结构在使用中又能简化,省后字作"来",因此在近代作品中,也有"来"在动词前表示进行体的句子,如:"姑娘正在来想念,柳阴下走出个小书呆。"(白雪遗音4卷816页)也有省前字的情况,如:"垃拉"简作"拉":"垃拉下底有人拉寻侬。"(*上海方言习惯用语集63页)。简化也能出现在表示存续体上,如:"鞋尖头浪绣个大仙鹤,穿来短了寸半巴。"(双珠球3回21页)"有几个女人远远里看拉。"(*上海土白新约全书,1923,118页)"必竟嫁不拉个穷鬼子,只怕连唔也觉得面孔上没趣拉。"(报恩缘3出10页)后两例是"来"字结构"垃拉"省去了前面的"垃",又如:"茶壶里再充点滚水�。"(*上海方言习惯用语集34页)是"拉�"省去了前面的"拉"。

三

"来"和"来"字结构退到句末,会再退一步虚化成为语气助词。

“来”等成为语气助词，在未完全虚化时，表示带有体助词味的语气，可以表示存在的语气，有轻微的“在那儿”的意思，如：“老爷勿要跳脚，非但革庄事体，还有一庄猜勿出革事体来。”（才人福 26 出 58 页）表示现状的语气，如：“俚一定躲在花荫处或是假山石畔，看得伲蛮清爽勒嗨。”（＊西厢记 14 节，597 页）“好拉丢，有信拉里，老爷，老爷请看。”（才人福 26 出 57 页）“现在啥辰光拉哉？”（＊上海方言习惯用语集 161 页）还可表示较近的过去，相当于“来着”，如：“那李公子不是空手上门的，也曾费过大钱来。”（警世通言 32 卷 504 页）“今日熬弗住，打发子人去叫俚，弗知为啥了故歇还弗见来来丢。”（文星榜 18 出 8 页）用在形容词后，肯定某种性状，略带过头的意味，相当于“还……着”，如：“啐！勿识头，真正活个来。介末阿要拖伊出来？”（珍珠塔 6 回 47 页）

完全虚化的“来”或“来”字结构可以表示申明表白的语气，如：“我先到耐公馆里，门上说唔笃三位一淘出来个，勿然还寻勿着来。”（海天鸿雪记 3 回 204 页）“我买来呵三百银子咚，其说话即肯三百。”（雪岩外传 7 回 446 页）表示指明事实的语气，略带夸张，相当于“还……呢”，如：“猪养大子没杀肉卖，狗吃壮子没看山门。唔比猪狗弗如丢来。（“丢”为表示现状，是“来丢”的简化。缀白裘 4 集 1 卷 32 页）“倪刚刚起来勒，吃勿落来里。”（负曝闲谈 18 回 92 页）；表示提醒、警告的语气，如：“还要说来！居去罢。”（缀白裘 1 集 2 卷 98 页）“外国大少，俚连下脚才勿曾付格，要算十二块哚！”（＊负曝闲谈 18 回 91 页）

“来”作语气助词在有的地方变音为“哩”、“列”等，如：“素兰辨识分明，大喜道：‘快点上来涅，倪勿困哩。’”（海上花列传 52 回 438 页。表示现状的语气）“这一枝没，完了法事，我老人家灯笼里要点的列。”（缀白裘 11 集 2 卷 87 页。表示申明、表白的语气）

“来”还有作结构助词、连词等用法，但和本文所述的“来”不是同一语素，在此不作讨论。

四

以下是当代吴语各地的“来”和“来”字结构（集自钱乃荣 1992，当代吴语研究）：

地点	进行体	存续体		
	中性	近	远	中性
苏　州	勒海、勒浪	勒里		勒浪、勒海、勒笃
旧上海	拉、垃拉	垃里	拉、垃拉	垃海、海(在内)
上　海	辣、辣辣、辣海、辣盖			辣辣、辣海、辣盖
宁　波	垃盖	的、来的、来东	盖、来盖	
宜　兴	勒笃	勒荡	勒笃	佬
靖　江	来刚、在荡	来刚、勒刚	来荡	勒刚
崇　仁	勒古	来古、勒古、古	来蒙、勒蒙、蒙	
王家井	来	来客	去客	来去客
常　州	勒头	勒浪	勒头	
无　锡	勒娘、勒勒			勒娘
江　阴	勒鉴			勒鉴、勒鉴头
常　熟	辣浪、辣海			辣浪、辣海
昆　山	勒海、勒浪、勒里			勒海
罗　店	勒浪、浪			勒浪、浪，勒里(乡下)
嘉　兴	化、勒化			勒化、勒海
盛　泽	勒化、勒辣			勒辣、勒化
周　浦	辣、拉、勒拉			拉、勒拉、勒盖、勒浪
松　江	辣辣[læʔlAʔ]、辣			拉、辣辣、辣海、辣盖
杭　州	辣哈、来东			辣哈、辣喝、辣东、来东
绍　兴	来辣亨、来洞			亨、来亨、来埭、来洞、辣亨
余　姚	来葛、来、来浪			浪、来浪、浪葛
永　康	隑拉			拉、个拉、隑个拉、埭
黄　岩	在达			在埭、埭、在介
温　州	是大/带	是里[zɿlei]	是带[zɿt/dɑ]、带	

因为记录用字尽量是用当地的同音字，语音在各地有所变异，用字即有些不同。其中“勒、辣、垃”即上节的“来、拉”，“带、埭、大、的”即上节的“搭”，“洞、荡、东”是“搭”的儿化；“娘”即上节的“浪”；“化、哈、喝、亨（‘化’的儿化）”即“海”，“葛、个、古、隑、盖、鉴、刚（‘介’的儿化）”即“介”，可能同“海”。

本文引例除标＊号者为自摘外，均选自吾友苏州大学石汝杰先生的计算机语料库，谨致谢忱。

吴语中的虚词“仔”

“仔”是太湖片吴语中的一个常用的语助词，以前有多篇重要的文章讨论过“仔”。吕叔湘(1941)最早论述到“仔(著)”的用法，认为“以著字辅助动词，初以表动作之所著，继以表事态之持续(如唐诗‘堆著黄金无买处’)”，“著”和“在”一样又可在句末作语气助词。梅祖麟(1979)认为：吴语中的“仔”字(如“骑仔马寻马”中的“仔”)本字是“著”，即北京话的“着”，表示持续貌。因持续貌和完成貌意义上关系密切，在吴语中又表示完成貌(如“吃仔饭再去”中的“仔”)。他(1988)又引用六朝文献中的例句和赵金铭(1979)所引《敦煌变文集》的例句，提出“著”的最早用法是作方位介词表示“在”和“到”义。作“在”义用是北方话持续貌“著”的来源，作“到”义用是吴语完成貌“著”字的来源。汪平(1984)认为苏州没有表持续貌的后缀，只用几个完全不相干的手段来表持续状态的，如“勒海”用于动词前或后，单音动词重叠四次等。有些动作(如“骑仔马寻马”的“骑马”)既可理解成持续的静态过程，也可理解成瞬时的变动，于是完成貌的“仔”有时可看成持续貌。刘丹青(1996)认为“仔”在苏州话中表示“普通完成体”，这时它不能用在句末，主要用在动宾或动补之间，并且必须具备三个条件中的至少一个才能成句：① 宾语或补语中有数量成分；② 句末有语气助词“哉”；③ 有后续动词短语或分句。至于“常规性完成”的行为是常用虚词“过”来表示(如“我吃过饭哉”)的。石汝杰(1996)提到：“仔”还常用于句末，表示祈使和自己的意志。笔者(1988、1992、1997)对“仔”也有所论及。

以前的多数论述认为吴语的“仔”类似普通话的“了$_1$”，表示动词的完成体，又称实现体。其实吴语的“仔”还有许多其他用法。本文通过引证吴语历史语料，对虚词“仔”进行比较深入的考察，讨论它的各种用法。下文例句后的括号里标明吴语资料的出处,用一个字或字母简称书名。

“仔”,又写作“之”、“子”、“著”或“是”,上海话读作“[tsɿ]”,有段时期里也读“[zɿ]”;苏州话读作“[tsɿ]”。“仔”的用法有以下几种:

1. 表示句子所述的事件在过去发生或实现。

这里的“仔”,大致相当于普通话中的体助词“了”,一般认为是表示“完成体”,也有人改称为“实现体”(刘勋宁,1988)。这种作体助词的用法在吴语中很常见。如:

两只脚污之落去,拔都拔勿起,铳之两铳咾,跌之一交,别痛是脚。(松,P.99)

在多数情况下,它只是说明过去发生了某个动作行为。动作行为在句子要表述的事件的参照时间前(往往也是在说此话之前)发生、实现。如:“伊总算做仔推销员。”说的是“他”做成了推销员,不是做完了推销员,表示的是动作行为的过去发生和实现;又如:“我吃仔饭哉。”说的是“我”吃完了饭,表示的是动作行为的已经完成和实现。所以统称为“实现体”比较合适。与英语的“完成体”相比,英语的完成体是表示动作行为到某一参照时间(说话前或过去某时)为止已经完成,而吴语中带“仔”的动作行为多数不一定是说明完成,因此这些句子译成英语,经常只需译为一般过去时态的句子。

当动词的宾语带有数量词语,动词带数量补语或数量宾语,或者事件本身具有新闻性时,句后不须有语气助词。如:

六岁读起,连今年读之五个年头。(松,P.295)

天灵盖上脱之一块皮。(松,P.33)

后来就教伊写之一张借票。(土,P.80)

箇个人,就到衙门里去,担伲舍弟告之一状。(土,P.82)

还是翠凤做清倌人辰光,搭老鸨相骂,拨老鸨打仔一顿。(海,6回48页)

榻床浪一缸生鸦片烟,俚拿起来吃仔两把。(海,6回48页)

读之七年书咾考之秀才。(艾,P.201)

自此以后,绝子张敏个念头。(缀,2集4卷251页)

弗要眼睛乱乱杀，倒像吃子木螯子个能！（缀，3集1卷24页）

那了，尔个头上打子掌子？（缀，3集1卷26页）

“读之五个年头”，宾语带数量词语，告诉别人确切时间，是一件特定的事；“考之秀才”，宾语是专门名词，“考秀才”也是特别的事。这两件事都具有新闻性。所谓新闻性，即发生的事件是人们不一定预计到的情况或变化，所以，句后可不用表示“变化”或“已然”等的语气助词“哉”。

动词或动宾短语所表示的如果是一般的常规性的行为，句后就要带语气助词“哉”（又写作“者”），以使此行为变为此时具有新闻性来告诉别人。

今年阿是二月里就交仔黄梅哉，为啥多花人嘴里向才酸得来？（海，12回93页）

到明朝早上起来，晓得贼偷之物事者。（土，P. 77）

眼泪就落之下来者。（土，P. 79）

因为漏矾个户荡，颜色吃之进去者。（松，P. 306）

米糠拿出来粜个少咾，价钱大之点者。（松，P. 250）

嘴唇发之白哉。（松，P. 35）

我已经吃了饭了。（新上海话里，“仔”与“哉”都已变作跟普通话相似的“了”了。）

“看电影”、“吃饭”、“发工资”、“做功课”等经常性发生的行为，即“常规性行为”，在说话时用在一般的动宾谓语中，听者便不知是哪一次的事件，不带有“新闻性”，即不是把一件新鲜的、刚发生、完成的事件告诉听者，因此在吴语中不能单说“我看仔电影。”“我老早写仔条子。”“贼偷仔物事。”要使它们成为特定的一件事、具有新闻性告诉听者，必须在全句句尾加上表示“变化”或“已然”的语气助词“哉”（疑问句要带疑问语气助词），说成“我看仔电影哉。”“我老早写仔条子哉。”

如果表示事件已完成并与参照时间已脱离，在吴语里更优势的表达方法是把“仔”改为“过”，把宾语前置于动词，使动作的对象变成定指，或变成话题语，可加提顿助词“末”为标志（即 SVO＞SOV/STV）。因为说这些话时句子表述的事件总是在参照时间之前发生并已与参照时间脱离，符合“经历体”的“V过”的特征，再加上“哉”，于是这种常规性的行为就变成特指的新闻行为告诉听者了。如“我看仔电影哉”通常说成“我电影看过哉。”或“我电影未看过哉。”但“有仔媒人”、“嘴唇发仔白”中的“仔”不能改成“过”，因为事件并没有完成和脱离。

“过”(又作“过歇”)与“仔”也可重叠用，可见两者在此表示的体的语义一致。如：

秀宝笑问：“阿曾用饭嗄？”小村道：“吃过仔歇哉。”(海，2回15页)

还有一种同义表达方法，也让宾语前置动词成为定指，动词后加表示延续的“拉”，再加上表示“已然”的“哉”，“拉哉”结合起来的意思是“到现在说话时间动作行为已完成”，与英语的“现在完成时体”正相对应。如“我看仔电影哉”常说成“我电影看拉哉”，所表达的意思也与实现体几近。由于这种用法不要求事件与参照时间脱离，因此上面实现体的例句都可改写为这种“完成体”。如：“媒人有拉哉。”“嘴唇发白拉哉。”也可与“仔”重叠用，如“有仔媒人拉哉。”

“我饭吃哉。”“我饭吃拉哉。”“我饭吃过哉。”这三个同义句在问“你吃饭了吗？”时都可以答问，其细微差别是：第1句表示吃饭之事已实现，与普通话“了$_1$、了$_2$”合成一个“了”一样，“哉”是“仔、哉”的合一；第2句表示吃饭之事到现在已完成；第3句表示吃饭之事已过去。

动词带数量词语以后，句尾有时也能带“哉”，这是因为这里的“哉”表示的是其他语气。如：

开开箱子来，一看，少之一百两银子者。(土，P. 80)

啊唷，捉脚缚手子半日哉，爽利爽利介。(缀，初集2卷96页)

伊写了两本书了。

此3句里的“哉”(或句尾“了”)是表示“现状”意义的语气。它使句子更舒缓。在苏州话和上海话里，这种情况下的“哉”都可改作“辣海”，或二者重叠，这样表示“现状”的语气更清楚。

吴语中的“仔”经常用在较紧密的动补结构后面，这些补语往往是单音节的“唯补词”。如：

看好之里向个格，小小心心钩。(松，P. 297)

老弟提起，侧令弟碰着之强盗，我亦想着之一件碰着强盗个事体

者。(土,P.73)

到明朝早上起来,晓得贼偷脱之物事者。(土,P.77)

第个人勿快活,一把揪住之伲舍弟。(土,P.81)

吃罢之夜饭,箇个朋友哝,拉床上受事行李。(土,P.77)

看伊勿停个着紧之眼睛。对伊床上个行李望。(土,P.77)

后两例不是"唯补词"作补语,前者是结果补语,后者已与前动素结合成词。

吴语中用"仔"表示过去发生或实现的范围大于普通话的用"了"。下面的句子在普通话里不能加"了",而在吴语中常用"仔"。

如"动+仔+趋向词"的结构,普通话里经常是不用"了"的:

过之二日,银票送之转来者。(土,P.85。银票送回来了。)

教伊担落下来个果子,来收之去。(土,P.35。叫他把掉下的果子,来收去。)

虽然筹哝寻之出来者,到底盘盘货色看,究竟缺勿缺。(土,P.85。虽然筹子找出来了,……)

伊拉无法子,就担之箇包假银子哝,跑子转去。(土,P.92。他们没法子,就拿着这包假银子走回去。)

箇个人听见伊话实在勿能相帮,眼泪就落之下来者。(土,P.79)

看见子走吓,跑吓,竟跑子居去哉。(缀,2集4卷251页)

另外有些场合,如表示工具方式的连动式前边的动词后,普通话也不必用"了",如:

切不可三句说话勿搭对,就板起之面孔,寻相骂,寻淘气。(松,P.313。万万不可几句话对不上,就板起脸来吵架拌嘴。)

泥来真正要和,如同用之水笔来染个能,一和细丝。(松,P.300。要碾得很和,像用水笔染的一样,一点也没有细丝。)

"仔"还可附在动词带的处所介词结构后面,这也是普通话中没有的形式。如:

第只船要带垃火轮船上仔到吴淞。(麦,P.34。这个船要带在轮船上去吴淞。)

帽子哝勿要戴之末,安拉帽架上之。(松,P.70。帽子等不戴后,放在帽架上。）

“仔”还可以放在正句句末，以至用于动词的宾语之后，也表示事件的过去发生或实现，不过这些句子都必须用在叙述过去已发生的事情时。如：

乃味伲舍弟，同伊到镇上去，托拉全盛粮食行里之，伊去寻马者。伲舍弟因此归来之。（土，P. 81。……他去找马了。我弟弟就这样回来了。）

前起头，开过一爿小木作店，后来味关脱之。（土，P. 44。以前，开过一家小木作铺，后来关了。）

就到衙门里去，担银子咾衣裳，领之出来，一齐担去，送拨拉伊个姐妹之。（土，P. 78。就到衙门里去，把银子和衣服领了出来，一起拿去送给他的妹妹。）

约拉箇日子，伊替姓赵个，送马去咾，收银子。箇日马听见之枪响，阿是怕者否？是自伊追上去，送拨拉姓赵个人之。（土，P. 83。……那天马听见枪响，怕了是吗？是他追上去，送给姓赵的人。）

“仔”还能用在两个动词中间，如：

明朝就动身，推头之做生意咾，各人赶之车子转去。（土，P. 75。明天就动身，找个理由说做买卖，各人赶车回去。）

我反对仔去搬咾，伊一直对我有意见。（我反对去搬，所以他一直对我有意见。）

这种用法，“仔”后的动词或动宾、动补结构是名物化的，即作为一个事件来说的。

2. 用在连续动作行为的前面发生的行为中，表示事件在最后的行为发生的那个参照时间之前实现，常有“在……以后”的语义。

它用在全句要告诉听者的那个新闻性行为之前发生的一个或几个动作行为中，经常成为一个表示时间的附属短语，类似英语的时间分词状语，在语义上是后面行为的前提。如：

卖仔地皮要拨方单垃我。（麦，P. 75）

到仔三朝，亲族才担仔锭帛咾去吊。（麦，P. 144）

到之学堂里，读书末勿用心，拿着之笔，七搨八搨。（松，P. 295）

起子头没自然来个，介养性急！（缀，初集2卷92页）

眼镜戴惯仔，除大勿脱。（麦，P.112）

各式各样齐要点，讨之来末，就要种个。（松，P.34）

我来仔倒说我无良心，从明朝起勿来哉。（海，2回12页）

譬方要漂石青石绿，先要拿石青敲碎之，乃末安拉盂钵里。（松，P.302）

教完之，自己心里去猜摩猜摩。（松，P.312）

梃子放满之末，摇纱啥咾勿摇？（松，P.260）

分拉伲手里之味，明朝就动身。（土，P.75）

大家听见之，快活得极。（土，P.80）

稿子临好之，请先生来看。（松，P.299）

一幅画旧之，还好再裱个哩。（松，P.310）

矾纸末，有一样勿取，长远之点，颜色要反黄。（松，P.306）

水泄弗漏皮海兜，收拾子去哉。（缀，2集4卷221页）

夜里静之后来，伲两家头，去杀两个车夫。（土，P.74）

上好仔课，伊就休息一歇。

伊是，吃仔困，困仔吃，懒是懒得来！

“有仔本钱难末可以做生意。”译成英语是：“When one has capital then he can do business.”（麦，P.57）“卖仔地皮要立一章文契垃我。”译成英文是：“In buying your land you must write me out a deed of sale.”（麦，P.75）“南京去过之末，我也要上北京去。”译成英语是：“After going to Nanking, I also wish to go to Peking.”（艾，P.154）“吾吃之饭就来哉。”译成英语是：“Having dined, I came at once.”（艾，P.128）

这里用“仔”的动作的时态是随连动结构的后面动词的动作行为而定的，与行为发生在说此话的前后无关，句子最后的那个动作行为发生在过去、现在或将来的时间是它的参照时间，前面用“仔”的动词只是顺时序表示在后面事件的参照时间之前先实现，它本身的动作可以在过去、当时或将来发生，不像“1.”节的行为必须在说话前发生。如：“要拣钢口好点个，买好之末，早点转来。”（松，P.34）这句话，“买”的动作在说此话后才会发生，但要在后面的动作“转来”的参照时间之前才实现。又如“侬明朝吃仔早饭做生活。”这里，用“仔”的那个动作不能用“哉”，因为它既不表示语气，而行为本身也已有特定性，“吃早饭”的事在“明朝”“做生活”前完成。“仔”可换成“过”（当然不能换成“拉”，因为这儿没有说话时已完成的语义），宾语也可前置强调它，说成“侬明朝早饭吃过再做生活”，当然这不是必须的。

在叙述者说该句话后将会发生的行为中用“仔”，这种情况常用于祈使句，用“仔”的动作也是在后面的动作前发生的。如：

刷布面无得末，就担之点小麦来末者。（松，P. 260）

弗要作亲哉！放子我去罢。（缀，初集196页）

阿弟，吾搭尔虱相公不行居来哉，倒是尔骑子去罢。（缀，2集4卷214页）

在本节的用法里，最后的动作的句末也常见用“哉”，表示“哉”的各种语气。如

动＋仔＋宾，动＋哉：

看见之第个光景，更加疑惑者。（土，P. 74）

箇日马听见之枪响，阿是怕者否？（土，P. 83）

动＋仔，动＋哉：

话完之，听见两个人朝前去者。（土，P. 75）

箇个人听见之，倒尴尬者。（土，P. 77）

乃味伲舍弟，同伊到镇上去，托拉全盛粮食行里之，伊去寻马者。（土，P. 81）

伊舍弟因此归来之，等之㫖多歇，箇个人转来者。（土，P. 81）

一个句子前面几个分句里，动词后带数量词语，均不带“哉”，最后的一个句子的动词用“哉”来结束全句的语气，是常见的形式。如：

有个贼来，拉伊后面墙上，挖之一个洞，到伊屋里，偷脱之十几两银子，还有几件衣裳咾啥，去者。（土，P. 77）

伲先伯父，同之一个朋友，到甘肃去，叫之两部车子，跟之两个人，各人坐之车子咾动身者。（土，P. 73）

有时，前面的动词或分句可以加或不加助词“咾”（“咾”用于上海。

也写作"了"或"勒"，用于苏州）等，跟后面的动词短语或正句构成因果关系。如：

牙齿脱光之咾嚼勿动。（松，P.36）

天热之咾暖帽用勿着者。（松，P.111）

胸膛头塞住之勿好过来。（松，P.40）

耐总是日里看见仔外国人了，吓哉。（海，20回163页）

姐夫末来浪吃夜饭，阿是陪仔耐了，教姐夫夜饭也覅吃？（海，35回294页）

我说个温州城里第一个财主叫做孙汝权——孙半州，忒个发迹得势子了半个温州城才是渠个哉。（缀，3集1卷24页）

"人犯仔罪盖佬要生病咾遭难。"译成英语是："Man has sinned therefor he has disease and suffering."（麦，P.57。"盖"是"这"的意思。"咾"是后置助词，"盖佬"则前置，是"因此"意思。）

用"仔"的前后两个动作可以都只是预料的，如：

到底勿敢话，常怕朋友晓得之吓咾。（土，P.74）

如果带了表示转折的关联词，"仔"的两个动作也能表示转折让步关系。如：

虽然学是两年多，也勿曾会做几化。（松，P.97）

有时，前后两个或几个动词或分句可以都带"仔"，后面的事件承接着前面的事件都在叙述者说话前实现。如：

魔鬼计策用尽仔咾就暂时离开仔耶稣。（麦，P.151）

听子许豆腐个说话，许子海和坊里个啥王十甏哉。（缀，3集1卷19页）

拉虱故搭转弯头撞着子一位朋友，说子两三句说话，竟弗见子冗哉。（缀，2集4卷213页）

上好仔课，伊休息了一歇。

前后两个分句也能构成因果关系。如：

尔多时弗拉江河浪去子，面孔白净子多哈哉！（缀，初集2卷96页）

哩个妮子中子鬼（举）没，我里两个做子头来贺哩哉那！（缀，初集

2卷93页）

门上书仔符，邪神见仔怕个。（麦，P. 145）

我休息仔几日，毛病好了三成。

3. 用于假设提顿短语或分句后，表示可能实现的假设，全句相当于“如果……就”或“只要……就”。如：

砚台上墨勿要忒浓，浓之搨勿开，也勿要忒淡，淡之要化。（松，P. 297）

学稿子，勿许拿尺子来量，量之学勿会个。（松，P. 301）

只要主客做熟之，便当来死。（松，P. 308）

要看好样，学好样，学好之末，自然也有得赏着个。（松，P. 315）

若使买仔，来对为话一声。（麦，P. 59）

学会之雕匠末，寻铜钱容易者。（松，P. 122）

看输来里子，弗为好汉。（缀，3集1卷21页）

俚兄弟冤枉仔俚，好去搭俚爷娘说；俚爷娘冤枉仔俚，再好搭耐王老爷说；耐王老爷再要冤枉俚，真真教俚无处去说哉！（海，34回282页）

天好仔，被头拿出去晒晒！

这里用“仔”的动作分句是虚拟的，事实并没有发生，如“价钱买来忒大仔呒主客个。”（麦，P. 35）的英语译文是：“If you sell at too high a price, you will have no customers.”

“3”节的用法是“2”节用法的引申，它们共同的特征是后续分句的事件要在前面的分句行为发生以后才发生。下面三个句子第一、二句就是介于一般承接用法和虚拟用法两者之间的，第三句虚拟的成分就重了。如：

斤两轻仔，担去退还。（麦，P. 70）

桃树有之五六尺长光景，要去讨水蜜桃个头。（松，P. 274）

菊花叶上有之泥浆末，叶子就要焦脱个。落脱之叶子末，一朵花就无样式者。（松，P. 269）

有时，分句很少假设味，语义就成了直接推论，是“既然……就”的意思。如：

鼻毛长之末，剪脱点。（松，P. 35）

学会之雕匠末，寻铜钱容易者。（松，P. 122）

4. 用在存现句和延续句中，表示动作行为的存续体，即表示动作完成后其状态的延续，相当于普通话“V着”的一种用法。如：

天花板上挂仔一盏灯。

马褂上烧之一个洞，要吊一吊个者。（松，P. 116）

到巡检衙门去打官司，后头跟之好几个人。（土，P. 87）

有一爿成德钱庄，其日来一个人，担之一只手镯，卖拉箇爿庄上。（土，P. 90）

个件衣裳做啥，厌倒拉里向个？着子反生其丑。（缀，2集1卷37页）

台子浪叠了好几本书。

刘丹青(1993)认为，此种场合“表示的行为，实际上都分为两个相连的过程，首先是动态的动作过程，接着是动作完成所造成的静态的持续过程”，“由于多数持续体的动词都存在两个过程，因此不同方言就出现了不同的处理方式。北方话着眼于后一过程，即状态或结果的保持，因此多用跟进行体同样的体标志‘着’。吴方言着眼于前一过程，即动作的完成，因此多用跟完成体同样的体标志‘仔’。”这是不是对近代汉语中从动词“附着”义虚化而来的大量表示“状态持续”的“着”的用法，与当时同时产生的表示完成的“着”(即“仔”)的用法在语义上相衔接过渡的最好的解释呢？在吴语中，这类“仔”也都可以用存续体的专用体助词“拉”(或作“垃”，即“辣海”)代之，如：“天花板浪挂拉一盏灯。”“后头跟辣海好几个人。”此时即着眼于后面延续的过程。所以，“仔”的这种用法是表示“延续”的用法意义。

“拉”是“来”的变体，“来”源自“在”，关于吴语中“来”的用法笔者已在本书《吴语中的“来”和“来”字结构》一文中详述。

5. 跟在前一动词后表示后一动词的方式，也能使许多句子里前一动作静态延续化，相当于普通话的“V着”。这也是所谓“持续貌与完成貌意义上关系密切”由来之一种情形。如：

等伊再勿用心末，告伊跪之咾画。（松，P. 314）

箇个人担之一百铜钱，领之庄上两个人咾去者。（土，P. 91）

我亦跟之伊拉进去。（土，P.）

有个人，牵之马咾立拉。（土，P. 81）

担仔钩子咾钓鱼去哉。（麦，P. 92）

新年里各店家关仔门咾秃孛相。（麦，P. 147）

就养出大儿子来，担布包好仔放垃马槽里向。（麦，P. 150）

一副铺盖，卷之咾担来。（松，P. 69）

照之小样，随意要放几倍，齐可以个。（松，P. 304）

一个史君子，拐带子红娘子逃走到常山，碰着子槟榔。（缀，3 集 1 卷 23 页）

伊拿仔刀叉吃中餐。

"领之庄上两个人去了"就是"领着庄上两个人去了"，也是"领了庄上两个人去了"。"领"的动作发生后就延续下去伴随着"去"；"跪之咾画"，第一动作是"跪"，第二动作是"画"，"跪"的动作发生后就延续伴随着"画"，因此"跪了画"就是"跪着画"。这就形成了一种"伴随"的语法意义。有"连贯承接伴随"的，也有偏于"方式伴随"的。

6. 表示动作行为的将来落定和实现。如：

格味十两银子，倗担来称一称咾，一齐换之现钱味者。（土，P. 91）

箇个银子，换拨拉倗之罢。（土，P. 90）

铜钱放拉身边，随手要用脱之个，勿如存拉帐上罢。（松，P. 301）

阿呀，摇子个半日，船缆弗曾来，等我去解子缆介。（缀，2 集 1 卷 27 页）

罢，等我去自家开子罢。（缀，2 集 3 卷 196 页）

饭没吃子孙家里个，困没困拉王家里子罢。（缀，3 集 1 卷 27 页）

等我拉住子哩介。（缀，2 集 3 卷 200 页）

既然侬勿要了，让我去叫佣人掼脱仔好了！

戴耀晶认为：普通话的体助词"了""在表示未来现实的事件里，只能用在时间在前的事件，既不能用在时间在后的事件，也不能同时用于两个事件。""事件是在参照时间点之前实现了的具有现实性，可以带'了'，在参照时间点之后则不具有现实性，不可以带'了'。"（戴耀

晶,1997)

但是,本节句子里的动作行为不是过去发生或已完成的,而是未然的,也没有动作未来实现的时间参照点。这是吴语中的“仔”不同于上述的普通话“了”的用法,过去也未见有人提到过。这种行为也是具有新闻性的,如果不是特定的名词,后面必须带语气助词,但是它是虚拟的行为。

这种用法在形式上可能是从下面一类的句子逐步过渡来的,请看:

明朝等我查着子哩,罚渠个东道。(缀,2集3卷198页)

今年借子一锭,到开年还子两锭没是哉。(缀,2集4卷245页)

介没,老客人,有个头厢拉虱,住子一夜罢。(缀,2集4卷231页)

既然侬勿马上要用,就让我白相脱仔几日算了!

上面第1句“查”的动作在“罚”的时间之前,但整句话是将来发生的,是在“明朝”这个时间内实现的。这种用法是“2.”节的用法。在第2句里,“借”的行为是在“今年”这个参照时间里实现的,在说话前或后是不清楚的,但总是在明年“还”的动作之前。排比地说下来,则“还”的行为将是“开年(明年)”这个参照时间里实现,这个用法便已把参照时间推至未来,后面再没有事件发生。第3句是行为将持续“一夜”,在这夜的终点时完成。这类句子可能是从“1.”节的“过之二日,银票送之转来者。”这类用法发展而来的。不过,本节句子的事件都已在说话时间之后发生进行了,已淡化了事件将来实现的参照时间,取消了“到开年”、“明朝”之类的本在推测未定中的实现时间,从说话者来说,是隐含即希望事件在将来某时实现的。

因此,这种句子常用于表示祈使和表示推测、商量。如:

伲舍弟话:事体好办个,现在一淌到镇上去,教店家做之保人。(土,P.81)

箇个银子,换拨垃倻之罢。(土,P.90)

乃味伊就教我,担银子衣裳,交代拉伊之味者。(土,P.78)

冲撞子尔了。割开子我个嘴罢!割嚯!(缀,3集1卷21页)

冻又冻,凉又凉,我里囡儿弗要冻杀子个?(缀,3集1卷25页)

阿嫂,我今日走子是非窠来哉!弗如去子罢。(缀,3集1卷22页)

那间弗要叫哩银筝，改子皮海兜罢。（缀，2集4卷221页）

方才买书海剩个三钱银子拉里，兄到酒店里去吃子罢。（缀，4集4卷221页）

哪，请耐吃仔罢。（海，2回13页）

“仔”有时还可以出现在后面的正句中，说明事件是在虚拟的情形下实现的，如：

我若说子渠虱好，误子我里囡儿个终身，说子渠虱弗好，有数说个破人亲，七代贫。阿是弗如去子好？（缀，3集1卷22页）

我借着仔参考书，考试就有仔保证哉。

过两日，我肯定到仔北京哉。

侬勿要末，就送拨我仔哦。

这些都说明事件的参照时间既不等于事件的发生时间，也不等于该句子的说话时间。因此这类句子，最后的动词也能带“仔”。

7. 表示动词行为的所在所至。

这种用法也有落定达到义，相当于介词“在”、“到”或“给”，指明动作实现的终点所在。梅祖麟(1988)文中尚未发现“著”(即“仔”)在上海话中也能作方位介词用，其实作介词用也有的。如：

相当于“在”、“到”的：

个是碰子我窠门里来哉。（缀，初集2卷97页）

箇辰光，做生意个客人味，坐之里面去者。（土，P. 79）

呔，屄养个，脚才搁子台浪哉。（缀，初集2卷97页）

雨落仔我一身，烂泥侪得仔裤脚管浪了。（得：沾。）

伊已经坐好仔凳子浪了。

上面5个例句中，第1例的动词“碰”是动态动词，其动作结果一般不能形成某种状态，后面较多的用例，动词为静态动词，其结果都可形成状态，表示动作后物体附于某处，“仔”字的“附着”意义更为明显。介词“仔”都可作表处所方位的“在”、“到”解。“仔”的这种用法也许证明吴语中“仔”与“在”是相通的，“仔”能作方位介词用。“蜡台安垃台子上。”(M, P. 6)可以改说“蜡台安仔台子上。”

“仔”的这种用法在敦煌变文中已见。赵金铭(1979)认为：这是一种介词化了的动词“着”，其例句都可换成“在”，如：“单于殊常之义，坐着我众蕃之上。（李陵）”刘坚等(1992)更从汉译佛经里找到此种用法。如：

犹如花朵缠著金柱。（佛本行经）

株杌妇闻，忆之在心，豫掩一灯，藏著屏处。（贤愚经）

直到宋代，这种用法还能见到，如：“莫且自家们把这事放著一边。”（三朝北盟会编·燕云奉使录）（以上三例均转引自蒋冀聘、吴福祥1997，462页）“着（著）”虚化后必然轻读，与“在”的语音已差之不远。

相当于“给”的：

庄上个人，担镯头还之伊。（土，P.91）

前几年，我送仔伊交关旧邮票。

另外，“仔”还能相当于“比”，即非但“达到”，还有“超过”的语义。如：

胡椒辣仔姜，老婆亲仔娘。（上海民谚，摘自《中国谚语集成·上海卷》）

以上三种用法（“到”、“给”、“比”）都相当于古汉语虚词“于”的用法。

8. 虚化为表示句尾语气的语气助词。

表示催促、命令，如：

看，看，看。请坐子，尔弗要动，我好看。（缀，2集3卷200页）

脱下来个草挪脱之。（松，P.266）

马桶倒脱之。（松，P.71）

把手拉牢仔！

坐好仔！勿要立起来！

这时，“仔”和“拉”也可换用，如：“吃剩拉个肉要留好拉。”（麦，P.38）也可说“吃剩仔个肉要留好仔。”

吕叔湘曾指出在《传灯录》中已有“著”助命令语气，例如：“卷上帘子著。(20,11)”“退后著，退后著！(17,17)”并说“著”与“在”以及苏州话的“勒”（“勒里”、“勒浪”，即上海话的“拉”、“辣海”）相通。（吕，1941）关于“仔（著）”、“拉（在）”之间的关系和在吴语中的用法，我已在《进行体、持续体和存续体的比较》一文中作初步讨论(钱乃荣,2002)。

表示提醒、警告,如:

米间门锁之,勿要开拉咾拨别人偷之米去。(松,P. 56)

我里囡儿弗要冻杀子个?(缀,3 集 1 卷 25 页)

一顶伞勿要忘记之。(松,P. 65)

门锁好之。(松,P. 63)

勿要吃坏脱仔!

吕叔湘认为唐、宋时,"著"还能表示"晓告",例如:"好去者,望前程万里。"(白雪,前 3.14)

以上两种表示语气的用法都是"6. "节的情况下虚化而成的。

表示现状,如:

看见之小的,满头个火,眼睛蛋出仔,问小的是啥人。(土,P. 89)

担伊一千多两银子味,瞒起仔。(土,P. 42)

有里哉,只说摆渡了跌拉河里子是哉。(缀,2 集 1 卷 44 页)

侬看,鞋带散开仔,快点缚缚好!

这种表示语气的用法是"4. "节的情况虚化后的结果,与"拉(在)"也是相通的。

9. 虚化成为状态状语的语缀。如:

轻轻之一揩,就揩得脱。(松,P. 300)

我躲拉隔壁,偷畔仔看伊两眼。哦,伊生得非常之漂亮。

"轻轻之一揩"即"轻轻一揩(擦)"之意。这种用法见得不多,通常用的同义语缀是"能"、"叫"、"介"、"能介"、"叫介"。(本书《吴语中的"个"和"介"》中再议)

本文所引的例句主要来自上海方言、苏州方言的语料,有 18 世纪的语料,也有 19 世纪末和 20 世纪初的语料,个别例句是自造的当代上海话。上海话和苏州话是吴语的代表,吴语太湖片地区的方言在本文所论及的句法范围内的使用情况与以上所引语料大致相同,只是"仔"的读音在各地有所差异,下面列举一些地点的"仔"的当代读音(摘自钱乃荣 1992 年的《当代吴语研究》;括号中是赵元任 1928 年《现代吴语的研究》所记的读音,即今已变化了的、20 世纪 20 年代时在该地的读音）：

宜兴：tsəʔ　溧阳：tsəʔ　丹阳：tsɛʔ　江阴：tsɜʔ　常州：tsəʔ　无锡：ləʔ（tsəʔ）　常熟：tsᴇʔ　昆山：zɿ　罗店：lɐʔ　周浦：tsɿ　松江：zɿ　黎里：zɿ　盛泽：zɿ（tsɿ）　嘉兴：ləʔ（zɿ）　双林：dᴇ　杭州：ləʔ　绍兴：lɪʔ/dəʔ（deʔ）　崇仁：lʏ　余姚：tsɿ　宁波：lɐʔ（lᴇ/tsɿ）

吴语中的虚词“仔”到底是不是在唐代自表示附着意义的动词“着”虚化而来，吴语中的“仔”是不是兼表“持续体”和“完成体(即实现体)”，吴语的“仔”与普通话的“持续体”助词“着”(即“著”)是不是同一语素，对于这个问题，目前存在着两种不同的看法：梅祖麟(1979,1988)的意见曰是，并从语音演变考证“著”的本字为知母语韵的“著”字，或是知母御韵的“著”，由“附着”的“著”先变为介词“著”，再变为体助词“著(仔)”。但是原为药韵的“着”字怎么变成语韵、御韵字，似乎难以解释。刘丹青(1995)的意见曰否，认为：吴语的“仔”不是持续体助词，因为北京话的体助词“着”“既表动作进行，又表状态持续”，而吴语的“仔”仅表完成体兼“成续体”(即我上文所称“存续体”)，并不表“纯粹的持续体”。刘还从语音上论证，认为“着”的知母语韵字规范写作“著”，这个“著”字在苏州、无锡等地都不与“仔”同韵，“仔”不是语韵字，文献中也找不到“著”作为助词源头的用例，也无法证明其读音为知母语韵。

本文认为体助词的“着”是由表示“附着”动词意义的中古入声药韵字“着”语法化而来的。作体助词时，“着”读音中性化，韵母弱化；表示简称为“实现(即‘完成’)”、“延续”、“伴随”三大类的语法意义。与北京话比，差别在于：北京话中以表示“延续”为主，还有表示“伴随”也常见，表示“实现”的句例很少，其领域为另一个体助词“了”所占领；而在北部吴语中，主要表示“实现”义，“伴随”的用法与北京话大致相同，而“着”的“延续”用法已渐渐地被强势的、自“在”变来的“来”和“来”字结构所替代。现在北京话中以后又进而发展出来的是“持续状态”意义(如：“他正跳着舞呢”一句是“进行”与“持续”的重叠用法)，因此人们习惯把表示“延续”意义的存续体用法与“持续”意义用法统称为“持续体”；在南方，吴语中“着”倾向表示“实现”意义发展，成为“实现体(又称完成体)”的体标记，并在表示“实现”的基础上引申出“时间分句”和“虚拟”等用法。而在普通话里“着”向“持续体”发展，于是“着（即‘仔’）在南北语言中似乎是分道扬镳了。

笔者认为，从“附着”义虚化而来的体助词“着”的“延续”、“伴随”、“实现”三种用法古已有之。

刘坚、江蓝生、白维国、曹广顺1992年的《近代汉语虚词研究》中认为动词“着”的虚化过程，自汉代以后就开始了。在汉译佛经中，已经出现了跟在动词后面的“着”的用例。如：

犹如花朵缠著金柱。（佛本行经，卷二，大藏经，卷四）

宾语是处所，这个时期的“着”前的动词多是一些会产生“附着”状态的“缠、住、覆盖”等。后来，“着”可以跟在表示思想意识、心理活动的动词后了，如：

迦弥尼鬼者著小儿乐著女人。（童子经念诵法，贤愚经，卷一九）

到魏晋南北朝前后，上述用法有广泛的发展。如：

故拥兵马欲坐著孙凤珍宅上，臣为是校沼诛之。（北齐书，武成十二王传，卷一二）

看干湿，随时盖磨著，切见世人耕了，仰著土地，并待孟春。（贾思勰：齐民要术·杂说）

“仰着土地”，指土地翻开后不覆盖，表示“仰”这个状态的延续，已经没有“附着”义了。译成上海话，是“土地摊拉”。这就是存续体。

刘坚等认为这些用法都有一种动作持续或获得结果的意义，“动作的持续状态，实际上也是这类动作的一种结果。”（刘等，97页）

到唐代，“着”发展了“介词”义，如：

应怜脂粉气，留著舞衣中。（杜审言：代张侍御伤美人，全唐诗，735页）

“着”又类似表示结果的“得”、“出”义，进而表示“完成”义。如：

浅色晕成宫里锦，浓香染著洞中霞。（韩渥：甲子岁夏五月，全唐诗，7815页）——“得”义。

黄鹤青云当一举，明珠吐著报君恩。（王昌龄：留别司马太守，全唐诗，1449页）——“出”义。

细看只似阳台女，醉著莫许归巫山。（岑参：醉戏窦子美人，全唐诗,2107 页)——“了”义。

雨中溪破无干地,湿着床头湿着书。(王建:雨中寄东溪韦处士,全唐诗,3431 页)——“了”义。

表示动作结果的“延续”的用法,在《祖堂集》里成为最常用的意义。如:

师曰:“钉钉著,悬挂著。”(祖,1.116)

这句话,译成上海话,即是“师父说:‘钉钉拉,挂拉。’”(今上海话是“师父说:‘钉钉辣海,挂辣海。’”)

在魏晋和唐代,“动$_1$+着+动$_2$”的形式因去掉连词“而”而产生。如:

睿伏面著床席而不起,涕泣交横,哀咽不能自胜。(吴志,《江表传》,卷六一)

多时炼得药,留著待内芝。(高元暮:侯真人降生台记,全唐文,卷七九〇)

刘书认为这是一种“进行态”格式了,“‘著’所表示的持续态用来陈述另一动作进行时的状态”(刘,99 页),笔者认为这种用法不是进行体,而是由“延续”义的用法过渡到了“伴随”的用法。用进行体助词来检验,不能说“正伏面床席不起”、“正留待内芝”(用北京话进行体检验);也不能说“拉伏面床席不起”、“拉留等内芝”;但能说“伏面拉床席不起”、“留拉等内芝”(分别用上海话进行体和存续体检验),而“拉”是上海话表示动作后其状态延续的存续体专用助词,可见这里用的仍然是由“延续”义引申出来的前动作伴随后动作的“伴随”义。又如:

雨来风静绿芜藓,凭著朱阑思浩然。(褚载:题宛陵北楼,全唐诗,7993 页)

皇帝忽然赐匹马,交臣骑著满京夸。(长兴四年讲经文,敦煌变文集)

这种“伴随”义到宋代以后大有发展。如刘书里记的例子:

看著娇妆听柳枝,人意觉春归。(张先:武陵春,全宋词,80 页)

如见阵厮杀,擂著鼓,只是向前去。(朱子语类,卷一二一)

不是大著个心去理会,如何照管得!(朱子语类,卷一六)

就是在“伴随”义上，北京话与吴语至今还用同一个“着”字为体助词。

在宋代，“完成”(即“实现”)义也有继承，如：

又只恐你，背誓盟，似风过，共别人，忘着我。(杨无咎：玉抱肚，全宋词，1202页)

忽然死著，思量来这是甚则剧，恁地悠悠过了。(朱子语类，卷一二一)

且放下著许多说话，只将这四句来平看，便自见。(朱子语类，卷七九)

这里的“著(着)”，用今北京话说都须换完成体助词“了”来说，如“忘了我”、“忽然死了”、“且放下了许多说话”；用老上海话换说，都用“着”，如“忘记仔我”、“忽然死仔”、“暂且放下来仔许多说话”。

综上所述，表示“延续”、“伴随”的语法意义的“着”，北京话和吴语的用法，是与近代汉语的用法一致的，在唐代以前都已经有了。吴语中“着”的“实现体”用法与近代汉语“着”刚语法化时的用法也是一致的，只是在北京话里，原来表示“实现”义的助词后来被“了”替代了。

“着” 在北方话和吴语里表示“延续”的“存续体”用法起源于动词“着”，它与“附着”的语义最接近。所以说“着”在吴语里直接保存着较原始的虚化用法，而普通话中体助词“着”的意义用到后来又有所发展。从最初的“动作后状态的持续”即“存续体”意义又引申出两个新的用法：1. 表示持续，如“他们跳着舞呢。”这类句子是“持续”义和“进行”义的联用，其中的“进行”意义是“正”或表示“当下进行”的“呢”表示的，而“着”表示的仅是“持续状态”的用法意义，上例如不加“呢”或“正”就没有新闻性不能成句，而“进行体”总是具有新闻性的。因此不宜把这种动词的“持续”与“进行体”意义混为一谈。2. 前动作持续反复出现后动作，如：“说着说着哭起来了。”这种用法和“他们跳着舞呢”的用法为唐宋时代时所无，也为现今吴语所无。如果只是两个动作伴随，其间不论是方式关系、目的关系还是仅表示承接关系，如“他站着说”或“饭留着给我吃”，前动词后的“着”，吴语都还是能用“仔”说的(或改用“辣海”说)，这是“仔”表示的“伴随”语法意义。关于普通话体助词“着”不表示"进行"意义的意见可见笔者(2000)另文。

至于体助词"着"的语音拟测,我认为还不如用语音的演变原理来看事实更为合理。动词"着"是重读的,声韵母原来都是明确的。但是一旦语法化变成了虚词,语音就可能有所变化。虚化在语音上的普遍特征是读作"轻声",元音模糊中性化,韵尾辅音失落或加出,甚至声母也会变化。作为"附着"义的"着"应是药韵字,而非鱼韵的"显著"的"著",在吴语中写作"仔"、"之"、"子"等,都是俗字,读作"[tsɿ]、[zɿ]"是韵尾完全失落读成声母延长音的结果。对于虚词,我们不宜用对实词的方法来推论拟定其韵母,把后人写的俗字"仔"看成真字,去查"仔"字为语韵,或查"著"字为御韵,再用考证鱼韵字的金陵古音是"[i]韵或[ɿ]韵",来证明"著"读"[tsɿ]"。我以为,这个圈子绕得太远,如真是这样的话,那你又如何来解释"着"在无锡、常州、溧阳读作"[tsəʔ]"写作"则",在松江、吴江读作"[zɿ]",在绍兴和上海郊区读作"[dəʔ]",在双林读作"[dᴇ]"呢?

吴语中的虚词“咾”

在吴语中，有个常用虚词“咾”，在上海一般写作“咾”，读[lɔ]，在苏州一般写作“勒”或“了”，读[ləʔ]。它有三种用法。一种是在单句中作连接助词用，表示并列、对举、选择、连动、因果等语法意义；第二种用法是在分句中作提顿助词用，提顿罗列、承接、虚拟、因果的话题；第三种用法是作语气助词，表示当然、公认、反驳、提醒警告、劝听商量、申述原因、确认问、追问等语义。下面分述“咾”的各种语法意义。

一、连 接 助 词

1. 并列连接

吴语中的连接词“咾”是助词式的，如连接名词时，“咾”在语音上是连在名词后的，与前面的名词构成一个语音词，像下例这样连读：“神父咾、客人”，而普通话的连词“和”是后连的。所以笔者称它为助词，不称它为连词。

连接名词：

要预备两等样式，神父咾客人，四桌超等，一总相公末，六桌头等。(松，P. 239)

种瓜好起来，比之花咾稻来得好。(松，P. 255)

用干面、猪油，炒好之汤，担加理粉咾肉，加下去，淘饭吃，顶好。(松，P. 219)

连接动词：

世兄淘里好好能，勿要相打咾做闹。(松，P. 141)

革歇拉乱梳头勒打扮，唔为啥勿去帮帮？(报恩缘 27 出 32 页)

连接形容词：

鹃花，有红咾白个颜色，有洋鹃、大鹃。（松，P. 274）

连接方位短语：

七月里要种寒里咾春上吃个生菜，到之冷天，可以扎白生菜。（松，P. 282）

连接数量名短语：

侬去叫伊搭我做一只箱子咾，两根棒，要叫伊做来好点。（沪语开路2页）

住之两个长年咾，三四个忙月，尚且忙起来末，还要叫人个里。（松，P. 218）

犹如约拿三日咾三夜拉大鱼个肚皮里。（上海土话新约全书12章27页）

用在方位短语中一起作定语：

王召集祭司长咾百姓里个读书人，问伊拉基督应该养拉那里。（上海土话新约全书2章3页）

用在介词短语里一起作状语：

求倷到我个搭来，我要拿尊贵咾荣誉加拨倷。（圣经史记3卷44章1页）

多个单位并列，每个单位后都能加"咾"，是列举式的，最后一个往往省略。如：

一家里向有爷咾娘咾小囡咾差囡咾丫头。（艾，P. 206）

也可以两两分举，如：

是请三位先生咾，七个学生子，三个女人咾，四个小囝。——小囝是啥人个？——先生个儿子咾囡。（沪语开路3页）

请伊拉吃牛咾羊，蛋咾橘子。（沪语开路3页）

短语和小句的并列也可用"咾"，如：

用于熟语里：

倒让我拿革革诗，把渠医医看，真正人不知勒鬼不觉，如何吓？（才人福4出21页）

用于主谓短语中：

我今夜再拿羊毛铺拉露天，要羊毛里干咾地上有露水，个夜里神果然实梗做。（圣经史记3卷51章9页）

用于动宾结构联合作谓语：

坟墓周围种个树木咾筑个篱笆。（艾，P.206）

2. 对举连接

有两个女小囡拉客堂里，一个大咾一个小。（派，P.1）

第个山量勿出伊高咾低。（麦，P.69）

3. 选择连接

随侬来咾勿来，横势我有钥匙个。（派，P.2）

倷到究阿去勒勿去？（汪，142页）

吃饭勒吃面裁一样格。（汪，142页）

4. 偏正连接

如引介凭借或时地状语：

衣裳个样子要照第件咾做。（麦，P.62）

倷搭俚笃一淘求末哉，不过一定要照我吩咐倷咾做个。（圣经史记3卷44章1页）

因为伊有拉个身孕，是从圣灵咾来个。（上海土话新约全书第2章2页）

是夜开店革赵小二，忽然黄昏头出去子，直到三更天勒居来。（报恩缘16出58页）

5. 连动连接

一种在语义上是修饰型的。如前边的动词或动词短语表示后边动词的方式：

等伊再勿用心末，告伊跪之咾画。（松，P.314）

炮要对仔伊拉咾打。（麦，P.134）

吹个晨光，众颁行大之声音咾喊末，城墙会得坍下来。（圣经史记3卷46章3页）

与“仔（之）”联用，前边的是表示“在……以后”：

床做好拉末？——做好之咾担来拉哉。（沪语开路2页）

伊上京应试，曾经来过，我里老爷着实勾请子伊一顿勒去勾。（报

恩缘 24 出 16 页）

再者我去问明白仔咾回复侬。（麦，P. 61）

第根铁侬忒我摆拉炉灶里煨红仔咾敲一敲直。（麦，P. 89）

与“仔”联用，前边的动作“伴随”着后边的动作行为，如：

倷要吩咐约书亚坚固倷个心，叫俚领之百姓咾到迦南去。（圣经史记 3 卷 45 章 2 页）

博士听之王个分付咾去哉。（上海土话新约全书 2 章 3 页）

让钱老措仔面勒用点心罢。（海天鸿雪记 11 回 254 页）

另一种是表示前后有关的两个动作，如：

做之十年官咾告老者。（艾，P. 161）

我卖脱点货色咾来个。（土，15 页）

第二日亦备子盛席勒抬到花园里。（报恩缘 24 出 16 页）

既医弗来嘿，阿该应再学两年勒行道？（才人福 6 出 27 页）

让我净净手勒点起香烛来。（才人福 8 出 41 页）

等我来杀杀俚个罨气了再讲罢。（三笑 22 回 263 页）

下例介于连动和并列语义之间：

倪蛮晓得勒里，耐也勿必再勒倪面浪说反话勒装埋虎哉！（海天鸿雪记 14 回 275 页）

在上海话和苏州话里，这种用法后来也可用“来”来连接。如：“花生米要炒来吃。”（方式）“敲只凳来坐坐。”（目的）“日里困来夜里做生活。”（介于连动和并列）

6. 小句连接

再者我等垃屋里咾侬去买。（麦，P. 60）

姐夫末来浪吃夜饭，阿是陪仔耐了，教姐夫夜饭也覅吃？（海上花列传 294 页）

7. 连贯连接

长的连动结构，形成分句，即是连贯关系。如：

用人，有啥人出去末，门要关好；有啥人进来末，要侬来开门。先生进来，门开好拉咾，一个呒啥人拉，侬拉那里？（沪语开路 2 页）

外国人写好之账，拿账簿放拉抽屉里咾，请老年个乡下人，到船上

坐坐。（沪语开路 32 页）

8. 因果连接

表示前后两部分是因果关系，可以用于词、短语或小句之间。如：

女人出来，离开坟墓咾跑，吓咾抖，也勿有一句说话告诉啥人，为之怕咾。（上海土话新约全书 119 页）

人勿是独靠塌饼咾活个。（上海土话新约全书 4 章 6 页）

柴湿咾烧勿着。（松，P. 185）

油颜色里要抢香水，容易干咾勿起亮。（松，P. 304）

牛打车呢脚踏车，牛买勿起咾脚踏车。（松，P. 255）

细来像浆纱丝能咾勿牢个。（松，P. 260）

天热之咾暖帽用勿着者。（松，P. 111）

因为争征仔多年咾国库空虚哉。（麦，P. 136）

原因也可置后，如：

小坭杆，强做强勿要，一碰就坏个咾。（松，P. 310）

侬近来身体勿强个原因，是在因得勿运动咾。（布语，P. 154）

到底勿敢话，常怕朋友晓得之吓咾。（土，74 页）

下面两例介于连动和因果之间：

倘然弄得扳面孔鸭屎臭勒了断，也吃趣得势。（海天鸿雪记 15 回 282 页）

仰我做过子亲老，重谢佰末哉。（描金凤 8 回 71 页）

9. 目的连接

伊拉变之面色，特为要人看得出伊拉，拉禁食咾。（上海土话新约全书 6 章 11—12 页）

因为天国是伊拉个人，若然为之我咾骂俉，害俉，说谎咾话人俉各样恶，俉是有福气个，应该欢喜咾快活得极。（上海土话新约全书 5 章 8 页）

10. 假设连接

倘使天气干燥，日头咾旺，盖末日逐要浇两回水。（松，P. 267）

即使名家咾做勿到，至少画起圣像来，画得勿忒板，也算可以者。（松，P. 317）

万一咾有一两个蚊子飞进来之，我可以点一眼蚊香。（布语，P. 150）

二、提顿助词

吴语中带话题的句子比较多，在话题语后往往附着提顿助词，在提顿助词后形成语音上的一个小停顿，引起听者的注意，书面上就有一个逗号。吴语中常用的提顿助词有“末”、“是”、“呢”、“啊”、“哦”、“啦”、“倒”、“也”，“咾”也是一个重要的提顿助词。

1. 提顿一般话题

人咾有仔病请道士解星安土。（麦，P. 145）

第个生活明朝咾做吪哉。（麦，P. 162）

花咾长者要摘脱点正头，花头咾勿多，正头也可以勿要去摘。（松，P. 267）

2. 提顿罗列话题

啥格赛跑勒，滑冰勒，啥格勒，样样才会。（赵，94 页）

烟勒，茶勒，酒勒，一样样格招待俚。（汪，142 页）

台浪勒，地浪勒，弄得一天世界格水。（汪，142 页）

扫地咾，揩台子咾，理房间咾，伊侪会做。

3. 提顿虚拟话题

等伊再用心点咾，望神父赏一尊圣像拉里伊。（松，P. 314）

我是侬咾，老早去哰。（钱，225 页）

4. 提顿因果话题

一只牛正停咾，要一个人去望车去拉里。（松，P. 25）

人手少咾，种得勿多几亩里。（松，P. 251）

今年雨水多咾，草没花人家勿少。（松，P. 253）

刷布刷得勿好咾，做起布来，纱正断个。（松，P. 260）

那是纺纱快咾，只怕又要经布者。纺得勿多几只筒管拉里，勿好经拉里。（松，P. 260）

昨日，早起里发之五更西咾，天气转得交关高爽。（布语，P. 135）

倪刚刚起来勒，吃勿落来里。（负曝闲谈 18 回 92 页）

小人情极子老，到太老爷台下来叫喊个。（文星榜 22 出 33 页）

本来许大姐个面孔，小姐还勿曾看明白个勒，为子手帕遮子眼乌珠，看勿仔细。个歇辰光二老官看得来爽快了，拿个手帕藏抗过哉。(三笑 27 回 308 页)

就是个个巧货哉那，搭子做阿哥个格外要好了，介勒甘心做妾同为伴，彼此言明罢好事谐。(三笑 26 回 303 页)

三、语气助词

"咾"进一步虚化后，置于句末，表示语气，可以表示下面几种：

1. 当然语气

就是咾。(钱，233 页)

我又吓没办法咾。(钱，233 页)

搿个也勿是我个错咾。(钱，233 页)

2. 公认语气

伊末是先进咾。(钱，233 页)

今朝天气总算勿错咾。(钱，233 页)

伊是大学毕业个咾。(钱，233 页)

3. 反驳语气

我吓没做错咾。(钱，221 页)

我并吓没告诉伊咾。(钱，221 页)

4. 提醒、警告语气

我来咾。(钱，223 页)

饭熟咾。(钱，223 页)

才为仔耐陆老爷哩，勿然是倪定归要搭格只乌龟拼一拼勒！(海天鸿雪记 12 回 260 页)

5. 劝听、商量语气

我现在先回转去咾。(钱，222 页)

6. 申述原因语气

这是表示原因后置连接助词虚化而来的。如：

格末钟走来慢之点者咾。(土，7 页)

总之因为货色少之咾。(土,15 页)

失败几趟勿怕,伊决心大咾。(钱,234 页)

我是安心要搭唔做成个头媒人勾,无奈唔忒性急子点老。(文星榜 8 出 37 页)

明朝天侬看起来收麦好收否?勿见得好收,因为天黑勿过咾。(松,P. 253)

7. 确认问语气

这里的“咾”相当于“是不是”、“对吗”。

犿能讲,倗侪有联络个地址咾?(钱,235 页)

水勿滚个咾?(松,P. 186)

厨房里人有拉否?有拉,啥咾?(松,P. 182)

第个油啥个耗气来咾,恐怕油脚者咾?(松,P. 185)

张大少,明朝阿到倪搭去佬?倪先生勒浪牵记倷呀。(九尾狐 21 回 166 页)

8. 追问语气

哪能咾?侬去哦咾?(钱,236 页)

倪今朝吃仔饭,阿到静安寺、申园、味莼园去白相佬?(九尾狐 9 回 64 页)

我听见说,今夜老丹桂里向,有出出色格新戏勒海,奶奶阿高兴去佬?(九尾狐 8 回 57 页)

9. 指明现状语气

这里的“咾”可看作表示“现状语气”的“辣海”的简略,可用“辣海”类“来”字结构(如:笃)代之。如:“兰芬虽已十六岁,还是小先生勒。”即“兰芬虽已十六岁,还是小先生辣海。”关于“来”字结构用法,请参见本书《吴语中的“来”和“来”字结构》一文。

兰芬虽已十六岁,还是小先生勒。样式事体,有倪勒浪,决不会亏待的。(官场现形记 8 回 116 页)

子文道:“还是今朝勒绍兴来格勒。”(负曝闲谈 17 回 68 页)

只怕个星乡邻朵,瞒俚勿过个,介了自我还勿伏腊个勒。(三笑 23 回 283 页)

我要替管厨房个讨点路菜咾。(松,P.182)

10. 延续语气

这里的"咾"可看作表示时间"延续语气"的"辣海"的简略,可用"来"字结构(如:拉、朵、搭)代之。

侬一只跌断格翡翠押发渠拿出来,说也是掼坏格,定归要敲俚一敲勒。(海天鸿雪记 11 回 255 页)

俚倒一径摆勒心浪,特为写信问勒。(海天鸿雪记 17 回 293 页)

郭大爷格面皮啥落能格厚佬?哪怕城砖笃上去,只算拜年帖子格哉。(九尾狐 16 回 115 页)

耐故歇做青莲阁来浪,阿对劲咾?(商界现形记 1 回 9 页)

难耐该搭阿要来埭把格勒?有仔格洞,一径缩勒海仔匆出来哉。(海天鸿雪记 15 回 279 页)

看格两位朋友面浪,阿要拨点面子倪勒!(海天鸿雪记 14 回 275 页)

实梗说,耐故歇看见仔好格人家人,还要转念头格勒啘。(海天鸿雪记 15 回 283 页)

阿哥,耐归个辰光覅闻见俚笃闲话勒,实头人才气得煞笃。(海天鸿雪记 6 回 226 页)

湘兰道:"陈大人曾阿晓得勒?"质斋道:"就是俚看见仔报勒,写信关照我格。"(海天鸿雪记 16 回 288 页)

问伯扬道:"阿曾吃饭勒?"伯扬道:"吃仔要饿快哉。"(海天鸿雪记 4 回 213 页)

吾里小姐做人真好,借歇夜倒有参汤吃了。(三笑 28 回 318 页)

秋月,自我大爷勒里,找小姐说闲话了,小姐阿曾安逸个勒?(三笑 26 回 301 页)

还分完勒。(赵,96 页)

故歇分到辰光勒。(赵,96 页)

四、"咾"字结构

下面讨论与"咾"构成的短语的语义。

1. 啥咾　为啥咾　做啥咾　啥事体咾

以上几个都是"为什么"的意思。"啥"是"什么"的意思,"咾"在此表示原因语义。如:

梃子放满之末,摇纱啥咾勿摇?(松,P.260)

讲到自家禄,啥咾合勿连?(松,P.308)

伊问我啥咾辞,我亦不提起。(土,61页)

阿要死哟,啥个老支华百叫介。(文星榜11出52页)

老娘娘,啥事务老贼介喊法介?(文星榜13出62页)

自我吃侬勿过活,那啥咿勿会吃子介?(三笑20回237页)

那了介?(三笑28回312页)

"啥咿"即"啥咾","那了介"是"怎么啦"的意思。

2. 咾啥

"咾啥"是"等"的意思。这里"啥"是"什么"的意思,"咾"在此表示连接语义。如:

蛮好,台子咾啥,叫侬个用人来担末哉。(沪语开路3页)

关税咾兵丁咾啥是道台管拉个。(艾,P.207)

3. 格咾　盖咾

"格"、"盖"都和"介"或"个"同义,是"这"的意思,"格咾"、"盖咾"即"因此"。如:

人犯仔罪盖咾要生病咾遭难。(麦,P.57)

长远勿买者,盖咾牵头个家生,拢总齐勿好用者。(松,P.265)

看见我去之,欺我陌生,格咾样样事体,无景致。(土,61页)

五、"咾"的语源

俞光中、植田均(1999)讨论到近代汉语里"了$_0$"的使用情况,他们认为在近代汉语里有三种"了":"了$_0$"、"了$_1$"、"了$_2$"。"了$_1$"、"了$_2$"即学者公认的实现体助词和表示已然或变化语气助词。"'了$_0$'在现代汉语里已经消失。"(俞等,1999,128页)

但是近代汉语的"了$_0$"用法却保存在现今吴语中。根据上文的考察，笔者认为吴语中的虚词“咾”与近代汉语“了$_0$”是同一语素。下面列举近代汉语中“了$_0$”的用法说明之。例多引自俞书。

“了$_0$”的用法是从“了”的“终了”、“了结”实义虚化而来的，如汉代王褒《僮约》：“晨期早扫，食了洗涤。”这里的“了”用的是实义。后来由此虚化为“了$_0$”，表示前后关系，见于唐、五代，如：

辞父娘了入妻房。（敦煌歌辞总编·捣练子，伯三九一）

师云：“送书呈书了退身。”（祖堂集·索引 3.144）

大师说法了，韦使君、官寮、僧众、道俗，赞言无尽。（法海本坛经）

进而表示因果关系，如：

杀子胥了，越从吴贷粟四百万石。（变文·伍子胥）

到宋元明时，这类用法与吴语中的使用语域更近，即下面例句中的“了”几乎都能译作吴语的“咾”来读。表示连动和连贯的用法，如：

你先去，我吃饭了来。（张协状元，四十一出）

甚意思？看我一看了便走？（清平山堂话本·简帖和尚）

哥哥再吃几杯了去。（水浒，24 回）

我自坐一坐了走。（水浒，16 回）

你整整齐齐打扮了来。（水浒，24 回）

客官休要取笑，再吃几碗了，去后面树下乘凉。（水浒，26 回）

表示因果的用法，如：

若不是酒醉后了胆大，景阳岗上如何打得这只大虫！（水浒，29 回）

自是老娘晦气了，鸟撞着许多事！（水浒，24 回）

用于疑问词词尾的用法，像“啥咾”、“那了”，这些实际上也是因果语义的特例。如：

做甚么了便没？（水浒，24 回）

却是如何了起这片心？（水浒，27 回）

你做甚么来哭？（水浒，25 回）

冯梦龙的《山歌》里还有并列连接的用法，如：

丢砖头了搬场子，弗曾听我情哥说一声。（山歌，卷八）

不过，这已是明末的吴语了。

综上可见，吴语的“咾（了）”的主要用法源自“了$_0$”，其他都是它的引申发展了。

吴语中的"个"和"介"

一

"个",是吴语句子中用得最多的一个封闭类词。"个"在近300年吴语的书著中常见写作"个"、"箇"、"個",或"㑚"、"葛"、"格"、"过"、"故"等。

1. "个"是使用面较宽的个体量词。

这是"个"在吴语中最常见的用法。如:

个个臭贼当时使一个计较,立地就用一个机关。(山歌8卷398页)

天上只有半个头月亮,吃不半个头星。(吴歌乙集卷下14页)

拣一个标致的,生个法子,使小弟经一经眼。(肉蒲团1卷4回42页)

随即到了杭州寻个朋友。(描金凤21回190页)

原想要寻个所在安置的,不料他们商议时,却被一个快嘴丫头听见,告诉了畔房小姐。(何典8卷133页)

啰个入娘贼阿是报死呢啥?(描金凤6回73页)

上例的最后一句"啰个"是"哪个"的意思。

除了实指数目"一个"、"半个"等外,量词前的数词"一"常可省去,这时"一个"或"个"用在那些语义上不定指的名词性成分上面,像英语的不定冠词。

"个"的音韵地位是《广韵》古贺切,去声箇韵见母。"个"最早见于书面语是作量词用的,见于《仪礼·士虞礼》:"举鱼腊俎,俎释三个。"郑玄注："个，犹枚也。"又见于《礼记·大学》："若有一个臣，断断兮无他枝，其心休休焉。"吴语中"个"的量词用法源于此。

2. "个"在句首表示定指。

在吴语许多地方，个体量词放在句子开头的名词前，都有表示定指的用法，如普通话"那条毛巾拿过来！"在吴语里可以说成"条毛巾拿过来！""条"的用法可看成"一条"省掉"一"的结果，而吴语中"一"用在句首是常有"那"这样的定指作用的。石汝杰、刘丹青撰文（1985）讨论过这种现象，并认为在声调上是"搿＋量"连读省"搿"的读音。笔者从现今上海话和苏州话使用的情况来看，认为定指用法量词的声调读音为"一"加"量词"的连读变调的后字读法（上海话阳入字"搿"开头的连续后字调 23 是很低的，而量词在句首应读 44），下面是宽义量词"个"的定指用法。如：

个刘穷拜堂有偌法术个，两个老娘家才不拉渠拜杀哉。（缀白裘 3 集 3 卷 165 页）

原来吴下朋友的老妈官，个人是一个哥喇。（笑林广记 2 卷 40 页）

"个刘穷"即是"那个刘穷"。表示定指，不是与近指"这个"对称的"远指"。

3. "个"在句中名词前表示定指。

句首量词定指的用法的泛用，使"个"在吴语里常用在名词前作词头，像英语里的定冠词，带有轻微定指的作用。游汝杰称之为量词的"构词"作用（游 1982）。如：

楼下吊了个牛，楼上放了个油。（绣榻野史 88 页）

须知我用是拳头上立得人，臂膊上走得马，叮叮当当的女儿，又不是个丫头出身，如何受得这口气？（廿年繁华梦 6 回 29 页）

二朝奉来里，快早点开子个牢门。（描金凤 6 回 73 页）

今日倒要把个开口货掼在别人身上，只怕情理上也讲不下去。（何典 5 卷 87 页）

若论我个人品，再陪子个摸鱼公樵柴汉耕田老派我来着末。（六十种曲·运甓记 13 出 46 页）

我为子你个冤家吃子多少苦。（山歌 6 卷 364 页）

丢得落私情咦弗通，丢弗落个私情咦怕老公。（山歌 3 卷 323 页）

热天过子不觉咦立秋，姐儿来个红罗帐里做风流。（山歌 2 卷 309 页）

砚台姐原是牢石人，吃个墨池里郎来污子我个身。（山歌 6 卷 354 页）

小人是项下麦嘴弗知世事了撞子个样无头祸，求个青天爷爷千万没落子我个头。（山歌 5 卷 343 页）

轻轻来到拜台边，拣子老秋个东首，揭起子个裙角，先将左膝压牢交子，然后跪倒。（三笑 4 回 41 页）

第 1 句例句说“楼下吊了”“牛”，“楼上放了”“油”，这“牛”和“油”都是前面提到过的，交际的双方都能将所指对象“牛”、“油”与语境中特定的事物等同起来而区别于其他可能存在的同类事物，因此“个”在这儿起定指的作用。

“个”在这里表示定指，在今上海话中语音上是与前面的动词或代词分成两个语音词读的，与后面的名词也分读。其语音形式与“2.”节句首表示定指相似。

这种词头的用法也可能从量词虚化而来。如下句的“个”，既可看作是数量词“一个”省“一”，又可看作是表示定指的冠词头：

姐儿肚痛呷姜汤，半夜里私房养子个小孩郎。（山歌 1 卷 293 页）

4. “个”表示定指的虚化用法。

“个”表示定指，有时虚化到只是多一个音节作衬字，语音上在今上海话和苏州话里也与前面动词成分结合一起连读。如下面几句里的“个”已无意义：

张开子个老嘴是介一口，竟拿个刘穷吃子下去哉。（缀白裘 3 卷 167 页）

戳破子个灯笼个个眼里火，惯赌囊家要捉头。（山歌 1 卷 292 页）

心中十分忿恨，打算要替那老头儿抱个不平。（九尾龟 43 回 305 页）

让亚白自家去批，看俚批个啥。（海上花列传 61 回 523 页）

5. “个”在量词前表示远指或定指。

“个”也可实化，变成指别词，下接量词，表示远指。如：

所以个日与你相会见，说来了半年，直到如今方才理我，一焉得不疑？（肉蒲团3卷12回22页）

个日脚勒朵山塘浪，撞着子一个秃好老，脸似桃花色最妍，年纪不多只十七八，风姿生就赛天仙。（三笑6回65页）

只见个老姆拉乱窗外头拿个手是介招哩招，瞎得小姐拉乱弗好叫得哩拿个只手得来招我去。（缀白裘5集1卷4页）

上例“个老姆”的“个”是量词的定指用法，“个手”的“个”是定冠词用法，“个只手”的“个”则是指别词用法。

用“个”表示指别，在上海话里不分“远指”和“近指”。如下面两段话分别选自1900年美华书馆的《官话指南》和1908年徐家汇土山湾慈母堂译自《官话指南》的《土话指南》，官话的“这”和“那”，上海话都说成“个”（写作“箇”）。因此，用“个”表示指别，这些指别与其说是“远指”还不如说是“定指”：

（1）官话：你给珠市口儿那个万顺皮货铺里带了去，告诉他们，这是一张假票子，叫他们立刻给换上。

上海话：侬担去拨拉珠市口头，箇爿万顺皮货店里，对伊拉话，箇张假票子，教伊立刻换一张。

（2）官话：您听着这房钱彷佛是太多，您不知道那房子可是顶好，院子又大，地势又好。

上海话：听见之箇个房钱，像煞嫌伊太多，阿晓得，箇座房子，是顶好个，园地味大，地势味好。

又如下面的例句，“个”都应看作是“定指”：

个些说话是华平皮冈吓，老妈头竟当真哉。（三笑9回106页）

老秋介，流水拿个扇腰门关牢交哉。（三笑33回375页）

皇封传命下来，个星亲朋朵，围牢交子二老官，要作《催妆》诗哉。（三笑30回340页）

搅光子个爿隆兴当末看俚阿要讨两头大来。（描金凤10回92页）

咦弗知头硬了钻穿子个板，弗知板里天生个样人。（山歌5卷342页）

耐个人忒啥个心勿足，故歇勠说无法子，倘然有法子教拨耐，赚着

仔三四百洋钱，耐倒再要嫌道少哉啘！（海上花列传58回498页）

由于"个"既能表示量词"个"，又能表示定指词"那"，所以在有的书上，"那个"两字相同。如：

个个两家头换子场化，就寻勿着哉，只好转来张张俚个哉。（三笑3回16页）

个个阿胡子，常远无得吃局到嘴哉。（三笑3回17页）

姜姜伸個手拉棺材里去，個個死人一把扯牢子我。（缀白裘12集4卷226页）

6."个"作连词，表示上下分句或分段的连接。

"个"由指别词"那"向连词过渡，能用作连词"那"承接上文，引进表后果的句子或句段，表示承接或顺推的关系。有时后面跟一个提顿助词"末"，构成"那么"。如：

个野笑杀哉。（三笑1回3页）

故阿好写啥凭据嗄？（海上花列传8回59页）

格是耐自家请愿格，勿关得倪啥事。（九尾龟46回326页）

啥实梗快嗄，个末真正想勿到！（海天鸿雪记3回4页）

耐第歇倒要瞒我哉，故末为啥呢？（海上花列传4回31页）

7. "个"成为定语的标志。

"个"的量词用法可以虚化，"一个"或"那个"简化成"个"，这种"个"可过渡为结构助词，相当于普通话的"的"，使前后的成分构成定心偏正关系。如：

带白毡帽个老娘家，是我里个太公张别古。（缀白裘3卷165页）

我里个楼浪日日轮千轮万个人出进：后生个，老娘家，中年人，少男儿，和尚，道士。（缀白裘8集2卷83页）

"我里个楼浪"可以理解为"我们那个楼上"，也可以理解为"我们的楼上"；"轮千轮万个人"可以理解为"成千成万个人"，也可以理解为"成千成万的人"。

定指用法也能虚化到助词"的"，如：

一夜子钻进我个屋里，走到我个床前。（山歌8卷398页）

咦弗知渠七颠八倒，有头无脑，记错子阿妹个八字；咦弗知渠是添

年减月，将男作女，试我老娘家个眼睛。（开卷一笑2卷195页）

“个床前”可以理解为“那床前”，也可理解为“的床前”。

因此，“个”又形成了典型的领属性的或描写性的、联系偏正结构、做标志定语的助词“的”的用法，如：

湿时节好像海蜇个风味，干时节像荷叶样个蓝班。（山歌9卷407页）

徐大爷个魂灵也拨俚叫仔去哉。（海上花列传5回36页）

想不到老秋搭子堂楼下管茶汤水个张家亲娘一淘坐立朵内灶下长凳浪，看黑二姑娘做新糯米粉个百吊团子。（三笑12回128页）

娇滴滴个鲜花吃你采子红。（山歌6卷353页）

故歇热煞格天气，也做勿出啥格事体。（九尾龟37回270页）

8. “个”构成“个”字结构替代名词。

“个”与普通话结构助词“的”一样，也可省略了定语后的中心词，形成“的字结构”的用法，如：

嫂道池里荷花开个红。（山歌4卷334页）

郝了你弗欢喜子个汤家里个，再说道渠个年纪忒多。（山歌8卷393页）

一只是我个呀，赎身文书末就放来哚拜匣里。（海上花列传58回498页）

从上面的许多例子，我们可以看到：“个”的词头（定冠）、指别、助词、量词四者的用法是相通的。

9. “个”进一步虚化后，用在句尾作语气助词。

(1) 可以表示申明、表白的语气，如：

故是无价事个，有得赚末再好没拨个哉，再要嫌道少，阿有该号人嗄！（海上花列传58回498页）

倪倘然嫁仔人，家主公外头去无淘成，倪也一样要说个啘。（海上花列传57回483页）

拨来人家末，做奶奶，做太太，阿有啥做大姐个嗄。（海上花列传8回65页）

(2) 表示确实、肯定的语气，如：

倍朵异乡人死子娘是苦个。（描金凤 14 回 126 页）

晓得来里个。（描金凤 10 回 92 页）

故歇咿来浪说我啥，我是定归勿活落个哉。（海上花列传 32 回 269 页）

(3) 表示提醒、警告的语气，如：

你是晓得个，热汤只豁得外头皮。（浪史奇观 1 卷 11 回 22 页）

二少爷，耐一径勿来，倒好意思格。（九尾龟 46 回 326 页）

洪老爷要告诉俚哚屋里个呀！（海上花列传 32 回 268 页）

钱先生，我俚说话勿该应说个哉！（描金凤 10 回 92 页）

(4) 表示较近的过去的语气，如：

俚哚拿得去个末，让俚哚自家拿得来。（海上花列传 59 回 501 页）

朴斋勿曾转去，我坎坎四马路还看见俚个哩。（海上花列传 25 回 204 页）

客人个洋钱末，耐管俚陆里来个嗄。（海上花列传 22 回 176 页）

二

本节讨论吴语中另一个封闭类词“介”的用法。

1. “介”在量词前用作指别词。

“介”可作指别词“这”、“那”，和量词结合，构成“指量结构”，在名词前用，如：

嫁着子介个乌龟亡八，生得又麻又瞎又痴又聋。（山歌 8 卷 389 页）

我当初只道你红红绿绿是介件赢钱货，啰得知你滚来滚去到是一个老幺精。（山歌 6 卷 356 页）

虽是霜打风吹九秋末后像子个黄婆子，还有介星老孤身分惹人寻。（山歌 6 卷 371 页）

间边有画弗知个边个字，上头箍紧下销钉。（山歌 6 卷 361 页）

屈来！我吃你介场擦刮了去介。你做人忒弗长情，我有介只曲子在里到唱来你听听。（山歌 9 卷 410—411 页）

2. “介”在形容词前表示程度。

“介”作为指示代词用在形容词前表示“那么”(中性)，有的用作“实介”、“实梗”或“实概”，“实”是词头，或写作“什”、“是”。如：

吃子你个亏，吃子你个亏，狭港里撑船郎了有介多呵推。(山歌2卷304页)

只怕你搭家婆到弗得我介会顽皮。(山歌7卷378页)

我吃你刮又刮得介测赖，铲又铲得介尽情。(山歌9卷410—411页)

郎道姐儿呀，好像新打个篱笆个一夹得介紧，生毛桃要吃教我郎亨拍开来。(山歌2卷304页)

啥实梗快嗄，个末真正想勿到！(海天鸿雪记3回207页)

勿晓得啥事体，实概要紧。(海上花列传3回23页)

“是介”又能用在动词前，表示方式“那么”(中性)，如：

张开子个老嘴是介古都古都，一鱼池个水才吃干哉。(缀白裘3卷168页)

3. “介”用在数量名词组前表示定指“那么”(中性)，如：

我今夜小阿姐，好像莺莺出烧香，身边有我里介一个小红娘。(焦帕记·采真)

别人钻，别人钻，我郎消遣子我介两三番。(山歌8卷389页)

肩头上背子鱼笼，腰里插子个钓杆，左手提子介一簏，右手拿子介一篮。(山歌8卷403页)

大阿哥，再弗是唔虱儿子亦是介一出。(缀白裘初集2卷92页)

4. “介”虚化成为动词的词尾。

虚化之后，虽也表示“这么”、“那么”，但在语音上与前面动词成分结合在一起了，后面也带数量名词组，如：

口里谷谷声做介两声婆鸡叫活像，连连声数介两声铜钱。(山歌8卷399页)

有介一起轻薄后生，捉我摸头摸脚。(山歌9卷410页)

足足里吃你浪搭子介一年。(山歌8卷403页)

拿个后生来说介一番。(山歌8卷404页)

揭袄牵裙复避介点嫌。(山歌6卷354页)

邮得我郎来依样做介个活春图。(山歌2卷504页)

各位朵勿嫌怠慢,吃介三钟苦酒。(描金凤7回65页)

5."介"作连词,表示承接。如:

但见他旋来旋去如转舵。介奇勿奇,巧勿巧?(三笑4回42页)

"介"与提顿话题的助词"末"可组合成固定词"介末",表示承接的"那么"。这种用法与"个"相同。如:

啐!勿色头,真正活个来。介末阿要拖伊出来。(珍珠塔6回47页)

故介末就叫狗咬吕洞宾,勿识好人心。(描金凤10回97页)

介末大爷,比方世界浪,有子个宗秃好老,大爷看见子味那哼呢?(三笑2回11页)

吓!无得花椒?盖嘿多放子点生姜哉。(缀白裘10集3卷132页)

6."介"放在名词性或谓词性成分后,或构成"(像)……介",表示"那样""那么"(中性)、"般"的意思。如:

落来地上好像矗起来介一只刺子莺。(山歌9卷426页)

啊唷,罗刀水介个,点点事体发放勿来算个哉,仰我去嘘!(描金凤14回126页)

7."介"进一步虚化,成为表示状语的结构助词。

这种状况下的"介",常与"能"结合在一起用。其实"能"即"恁",原是"这么"的意思,这里也已虚化,与"介"合成"能介",相当于普通话的"地"。如:

扬子江当中盛饭轻轻哩介铲,铁线身粗慢慢里抽。(山歌1卷284页)

一双眼睛弗住介捉我来关关。(山歌8卷389页)

次日大排筵宴在后堂,管待徐能一伙七人,大吹大擂介饮酒。(警世通言11卷150页)

老尼净了手,向佛前念了血盆经,送汤送水价看觑郑夫人。(警世通言11卷141页)

冷水没头介一淋，石块能介个榼头，对我肚里一塞，硬板刷擦得我性命难存，帘槌再槌得我介要紧。（山歌9卷414—415页）

你无些事干，耍了在个条街上跳灶王个能介奔来奔去。（山歌8卷402页）

扯着字个房帘上铃索声能介响，吓得我冷汗直钻。（山歌8卷398页）

你木蓦好像个讨冷债个能介有多呵今日了明朝。（山歌8卷400页）

有的“介”已虚化得不表示什么意思，徒增一个音节，如：

你也敬得我介如神。（山歌9卷409页）

再惹得我介滋腌，有介骚离离掀格腊个样寡妇，时常捉我捞捞。（山歌9卷408页）

你当先见我颜色新鲜郁亨介喝彩，装扮得花嗓加倍介奉承。（山歌9卷410页）

昨夜郎来热了介忙，今夜无郎冷了介慌。（山歌7卷384页）

“介”的好几种用法都与“个”相混。有的地方读作“介”，有的地方轻读作“个”。如：

偶然看看子介本春画了满身酥，个样出套风流家数侪有来奴肚里，郁得我来依样做介个活春图。（山歌2卷304页）

我里情哥赠我介只曲子，你侬替我唱搭去宣宣。（山歌9卷409页）

郎道姐儿呀，好像新打个篱笆个一夹得介紧，生毛桃要吃教我郁亨拍开来。（山歌2卷304页）

真个拿来推进去。（浪史奇观2卷13回3页）

从上面几个例句可以看出：“介”和“个”都可作指别词，都可表示定指，都可用在“好像……”后，都可用作联系状语的“地”，这些相通的情况在现今上海话中还是如此，如“拿个后生来说介一番”和“拿个后生来说个一番”通用。可以推测为“个”是“介”的轻读形式。

查“介”字，原有两个读音，其一是《集韵》居贺切，去声箇韵见母。它和“个”一样有量词用法。见于《书·秦誓》：“如有一介臣。”《左传·

襄公八年》:“君有楚命,亦不使一介行李告于寡君。”在今浙江嵊县地区我们还可见到“介”的量词用法。陆德明《释文》:“介,字又作个。”《集韵》:“箇,说文仿枚也,或作个、介,通作個。”又:“介,古贺反。”可见《集韵》认为“介、个”是一字。

其二是《广韵》古拜切,去声怪韵见母字。“介,大也,助也。”“《说文》:画也。”这里的用法与本文无关。

8. “介”退到句末,虚化作语气助词。

(1) 表示劝听、商量的语气,如:

大老官朵外势想想介,倒奇怪朵,那啥针勿对线个吓?看看个个老妈头介,……白发苍苍背又驼,襤褸衣裙如丐妇。(三笑3回16页)

(2) 表示催促、命令的语气,如:

你且去介去介。(山歌8卷405页)

(3) 表示疑问语气,如:

吃局索性吃局,困局索性困局,那了烦难介,勿搂得介?(三笑3回17页)

三

以上两节主要引用明清和民国吴语文学资料说明了“个”和“介”的用法,本节将通过近百年来“个”和“介”在上海话中使用的变化来进一步考查此两个字的使用情况。

100年前,传教士著作所记的上海话是标音的,从中可以看到各种用法在旧上海话中的不同或相同的读音。本节引用的旧上海话来自上海土山湾慈母堂1908年第2次印刷的《土话指南》一书。原书的字母标音法已译成国际音标。

1. “个”的量词用法,写作“个”或“個”,读作[kʌ]:

因为现在有个老爷,替我荐一个人拉者。(P.136)

侬看箇个四匣子是物事,箇个味,是我个片子。(P.131)

2. “个”的定指用法,写作“个”,读作[kʌ]:

什介下回我到箇爿栈里去买货色,提起阁下个头,就好者。(P.16)

3. “个”的结构助词用法，写作“个”，读作[kʌ]：

因是上天勿生无饭吃个人个。(P. 4)

侬等一等，我去叫落脱票子个人来，大家当面白话。(P. 20)

侬担四千铜钱个一张钱票去，买之箇个物事。(P. 133)

4. “个”的“的字结构”的用法，写作“个”，读作[kʌ]：

乃末伊拉两个推车子个，望之光咾跑上去。(P. 73)

5. “个”的指别词用法，写作“箇”，读作[ku]：

因为拉箇個几年当中，我若使放之外任官者，就要用箇票银子，所以话明白典几年个好。(P. 23—24)

箇辰光，汛地官听见者。(P. 20)

箇日到我屋里来，对我话。(P. 66)

6. 表示程度、方式用法，写作“什介”，读作[zeʔkɑ]，如：

老兄什介大才情，怪勿得上司自然重托。(P. 19—20)

我看箇个店家，什介能贼形贼状，可疑得极。(P. 75)

是者，什介一话末，我懂者。(P. 33)

7. 表示“这么样、这么着”的用法，写作“什介”，读作[zeʔkɑ]，如：

什介话起来，伲两家头，只得饿煞个者。(P. 4)

虽然什介话，我自家个本分，勿搭浆之末。就是者。(P. 9)

8. 表示连词的用法：“个倒”用法，写作“箇”，读作[ku]：

写个五六年末者，伊亦无啥，箇倒愿意个。(P. 24)

“个是”用法，写作“箇”或“固”，读作[ku]：

箇是实在当勿起，真正劳驾得极者。(P. 20)

固是再好无没者。(P. 16)

“个末”的用法，写作“格”，读作[kʌʔ]，又写作“箇”，读作[ku]：

格末第个几日里，老弟常庄拉屋里否？(P. 17)

箇末就是者。(P. 137)

9. “个”的虚音节用法，写作“个”，读作[kʌ]：

所以话明白典几年个好。(P. 24)

写个五六年末者。(P. 24)

伊想典个几年呢？(P. 23)

解开来让我看个看。(P.21)

10. “个”的语气词用法,写作“个”,读作[kʌ]:

五六年工夫伊肯个味,办味者。(P.24。确实、肯定语气)

箇种卑鄙个生活,我终勿至于个。(P.10。申明、表白语气)

那得咾箇位姓朱个,停之个呢?(P.35。近过去语气)

㑚众位看见伊酒吃个没?——伲倒勿曾留心。(P.97。近过去语气)

综上例可得:“个”的“指别词”和“连词”用法写作“箇”、“固”,都读舒声的“[ku]”,偶作“格”,读入声“[kʌʔ]”;其他用法,都写作“个”,读轻声“[kʌ]”。只有表示程度、方式的“那么”用“什介”,“介”读“[kɑ]”,“什”即词头“是”,有的书中写作“实”。

100年前的上海话里,“个”有两个:在连读字组前字上,读去声,写作“箇”,这个“个”的用法与古字“介”相通;在连读后字上,都读轻声化的“个”,用法同古字“个”。因此,我们可以认为,语素“个”只有一个,重读为“箇 ku”,轻读为“个 kʌ”。此外,“介”在更古老的形式“什介”中还读更老的音为去声“介 kɑ”。

100年后现今的上海话例句自拟,其变化情况如下:

1. “个”的量词用法,读[gəʔ],如:

从前有个木匠,伊带来了两个徒弟。

2. 句首“个”的定指用法,读[kəʔ]或[gəʔ],读[gəʔ]有时实际已是“㪗个”的合音。如:

个人哪能搞头个!

个办法行勿通个。

3. 句中“个”的定指用法和虚化的定指用法,读[gəʔ],如:

嫁着个老公,乃像湿手搭着个干面粉,甩也甩勿脱。

侬看,交关个物事,侪是个物事!

侬个出老!

4. “个”的结构助词“的”的用法,读[gəʔ],如:

伊讲讲自家个身世,就哭了。

昨日温个书白温脱,跑上来个题目就做勿出。

送报个还呒没来咪。

5. “个”的指别词用法，通常写“搿”，读[gəʔ]，用作近指或定指，如：

搿个人勿听闲话，伊个人乖！

搿个辰光侬还呒没养出来！

老上海话里，通常认为“伊个”表示远指，“第个”表示近指，“箇个”英国传教士 Edkins(1853)、Bourgeois(1941,《上海方言语法》，上海土山湾)认为也表示远指，日本人金堂文雄(1938,《上海语名词集》，上海至诚堂书店)认为是中指。他们都以本国的语言衡量上海话，其实“箇个”应作表示定指看更合适；到了新上海话里，与“箇个”对应的“搿个”却是既表示近指又表示定指的(远指为“哀个”或“伊个”)。

6. “个”的表示程度用法，通常写“介”，读[kᴀ]，平声。有时也用与表示方式相同的“搿能介”。如：

介闹猛个地方侬勿去兜兜？

我也勿晓得伊有搿能介好。

7. “个”的表示方式用法，是“搿能介[gəʔnənkᴀ]”，对称为“伊能介”，如：

我告诉侬搿能介做，就要搿能介做，勿好伊能介做！

既然搿能介，我也勿来干涉了。

8. “个”的表示结构助词“地”的用法，写作“介”或“个”，读作[kɑ]或[gəʔ]，如：

侬轻轻叫介走出去。

侬要好好能介听闲话。

伊慢慢叫个立起来。

表示“好像……似的”，用“(像)……能介”或“……介”，也能说“(像)……能个”或“……个”。如：

伊胶水能介得牢我仔勿肯分开了。

侬勿要像煞有介事介勿理勿睬。

侬勿要像煞有介事个勿理勿睬。

9. “个”的连词用法，通常写作“葛”，读[kəʔ]，如：

葛是侬错脱了。

葛倒要想想办法看了。

葛末让我做仔两日再讲。

其实，在这里，“是”、“倒”和“末”一样，都是提顿助词，“葛”代“葛”前的句子作话题。

10. “个”的语气词用法，读[gəʔ]：

伊拉勿来请，我是勿去个。（表示确实、肯定）

标语勿是我写个。（表示申明、表白）

乱穿马路要轧杀个！（表示提醒、警告）

公共场所勿准大声叫个！（表示禁止）

伊啥辰光走个？（表示近过去）

任务重纵重，也勿会叫苦个。（让步的结果）

上海话发展到现在，除了用作表示状语的副词性成分用“介[kʌ]”外，其他的用法实际上都用轻声化的“个”，不过，只有在连词的用法和比较古老的量词定指用法中还保持清声母“[kəʔ]”，这两种用法都在句首。别的全都浊化为“[gəʔ]”，而且都入声化了，这多半是作轻声读后语音含混中性化的结果。

四

本节讨论“个”、“介”在当代吴语各地的表现和分化情况，语料选自《当代吴语研究》（钱乃荣，1992）。

“个”、“介”的声母当代都有清声母 k 和浊声母 g 两种读法，g 是 k 的浊化读音，苏州话和上海话“个个”的前后两个“个”有证据（如现存70 年前的苏州评弹唱片，传教士记的上海话）说明早期都读 k，现代渐渐在浊化为 g 声母的进程中。

1. 当代吴语中结构助词“的”的用法：

读“葛 kəʔ”的地点：宜兴、溧阳、丹阳、江阴、常州、无锡、苏州、常熟、盛泽、余姚、黄岩、衢州、金华。

读“搿 gəʔ”的地点：靖江、昆山、霜草墩、罗店、周浦、上海、松江、黎里、嘉兴、绍兴、崇仁、宁波。

读“的 dɪʔ”的地点：杭州。

读“搿 ge”的地点：温州。

2. 当代吴语中“这个”和“那个”的各地用法：(除“葛”和“搿”外，都直接注音在字后)

	这个	那个
宜兴	葛葛/葛娘 ȵiAŋ 葛	葛边 pi 葛/笃 to 家 ko 葛/过 ku 头 dɤɯ 葛
溧阳	够 kei 葛、葛葛	过 kʌɯ 葛/过 kʌɯ 头 dei 葛
丹阳	葛葛	个 kʌɤ 葛
靖江	志 tsɿ 个 kʌɤ	过 kʌɤ 个 kʌɤ
江阴	己 tɕi 葛/讲 kAᵑ葛	果 kɜɤ 葛
常州	鉴 kᴇ 葛	过 kʌɯ 葛
无锡	意 ʔi 葛	葛葛/过 kʌɤ 葛
苏州	搿葛/搿搿/哀 ʔᴇ 葛/该 kᴇ 葛	关 kuᴇ 葛/弯 ʔuᴇ 葛
常熟	俚 li 葛/五 ɦŋ̍葛	葛葛
昆山	搿搿/该 kɛ 搿	该 kᴇ 搿/搿搿
上海	搿搿/迭 dɪʔ 搿	伊 ʔi 搿/哀 ʔᴇ 搿
松江	搿个 kɯ	伊 ʔi 个 kɯ/哀 ʔɛ 个 kɯ
黎里	葛葛	加 kɒ 面 miɪ 葛
盛泽	葛葛	寄 tɕi 葛/该 kɪ 葛/还 ʔᴇ 有 ɦiɘu 葛
嘉兴	葛葛	哀 ʔᴇᵋ 葛
双林	□kɪʔ□kɪʔ/搿□kɪʔ	葛头 dᵊʏ□kɪʔ
杭州	结 tɕiɪʔ 谷 kɔʔ/葛谷/葛葛	那 ʔnɑ 谷 kɔʔ/拉 ʔlɑ 谷
绍兴	葛个 goʔ/□kɪʔ 个	亨 haŋ 个 goʔ
崇仁	介 kɑ 呵 hɤ	旁 buᶛ介 kɑ 呵 hɤ
余姚	一 ʔɪʔ 个 kou	一 ʔɪʔ 头 dɤ 葛/□gɛ̃ 头个 kou/□gɛ̃ 头葛
宁波	□kɪʔ 或 ɦɔʔ/□岳 ŋɔʔ、□kɪʔ	□kɪʔ 面 mi 一 iɪʔ 或/□面一岳
黄岩	□geʔ□ke	□gᴀ□ke
温州	国 ke 个 kæi	□xe 个 kæi
衢州	□giʔ□gə/□ki 葛/葛葛/葛个 kɤɯ	旁 bɑ~个 kuə/闭 pi 个 kɤɯ
金华	葛葛	没 məʔ 葛
永康	□ᴀ 个 koə/□ku 个	□kə 个 koə

(“葛”的读音为[kəʔ],“搿”的读音为[gəʔ]。)

3. 当代吴语中“这么”（表示程度、方式）的各地用法：

	这么（程度）	这么（方式）
宜兴	让 ȵiAŋ 许 ɕyɥ	让佬 lɑɤ
溧阳	介 tɕie 佬 lɑ^{ɤ}	介佬
丹阳	葛种 tsoŋ 葛/梗 kɛn	葛种葛
靖江	志 tsɿ 念 n͂ĩ（近）/鉴 gæ̃念（中）/过 kʌɤ 念（远）/鉴	志念/鉴 gæ̃念/志腔 tɕʻĩ 调 diɒ（近）/过腔调（远）/□念腔调（中）
江阴	实 zɜʔ 梗 kA^{ŋ}	实梗
常州	鉴 kæ 末 məʔ/鉴种 tsoŋ 佬 lɑɤ/鉴佬	鉴佬/鉴末/鉴种佬/鉴
无锡	熬 ŋʌ/恩 ʔŋ̍熬	恩熬
苏州	实 zəʔ 梗 gĀ/掰丈 zĀ/丈/该 kE 丈/掰郎 lĀ	掰能 nən/葛郎/实梗/掰丈/丈/该丈
常熟	实 kEʔ 介 kɑ 能 nɛ̃ɲ/实能介	实介能/实能介
昆山	掰能 nən/该 kɛ 能	掰能/该能
上海	介 kA/掰能 nəɲ/掰能介	掰能/掰能介
松江	实 zəʔ 茄 gɑ 能 nəɲ/实茄能介 kɑ/介	实茄能/掰能介
黎里	实 zəʔ 介 kɒ	实介
盛泽	惹 zɑ 阿 ɑ 介 kɑ/实 zəʔ 介 kɑ 葛/实介	惹阿葛末 məʔ/实介
嘉兴	介 kɑ	实 zəʔ 茄 gɑ 末 məʔ
双林	介 kɑ	介
杭州	介 kɑ/若 ʮɐʔ 介/尽 dʑɪn 该 kE	若介/介讨 tʻɔ
绍兴	介 ka	实 zəʔ 介/实掰/实掰讨 tʻɑɒ
崇仁	介 kɑ	介掰
余姚	介 kA/实 zəʔ 葛	介/葛毛 mɒ
宁波	格 kɐʔ 末 mɐʔ 介 ka/格毛 mɔ 介/格末/介	格末介/格毛介/格末/介
黄岩	铁 tʻieʔ	添 tʻie
温州	□ʔnʌ/该 ke□nʌŋ	□/该□
衢州	葛能 nən/葛伦 lən	葛能/葛伦
金华	介 kɑ/亨 xAŋ	葛亨葛
永康	亨 hai	亨样 iAŋ 子 tsɿ/亨罗 loə

为了区分清浊声母读音，这里除了只有“个”这个同音字且不读入声 əʔ 韵外，都没有用“个”字记，不过其中“掰”、“葛”、“格”、“过”、“果”、“国”、“kɪʔ”、“giʔ”、“gə”、“tɕi”实际都是“个”，“茄”、“该”都是“介”，“鉴”、“梗”都是“介”的儿化音。“丈”是“实梗”的合音，“惹”、“若”、“实”

都是词头“是”的变音。

从上面三个表里，我们能看到吴语以上地点“个”和“介”的使用虽然语音上各地有些变异，因此代写的方言同音字有些不同，但实际上是具有高度的一致性的。

现代吴语中的是非问和反复问句

一

《现代汉语语法讲话》(丁声树等,1961)把北京话的疑问句分成特指问、是非问、选择问和反复问四种,有的书把反复问包括在选择问中。从现代吴语区各地使用疑问句情况来看,可用点头或摇头来代替答话的是非问和反复问句是用同一种句式表达的,即就一个地点而言,不分是非问和反复问,因而在吴语区似把反复问归入是非问更为合适。

本文所依据的吴语地区 33 处语料均系本人实地采集。这 33 个地点与赵元任《现代吴语的研究》(1928)一书中地点完全相同。它们是:杭州(杭)、绍兴(绍)、嵊县崇仁镇(嵊崇)、嵊县太平乡(嵊太)、余姚(姚)、宁波(宁)、衢州(衢)、诸暨王家井(暨王)、永康(康)、温州(温)、金华(华)、黄岩(黄)、湖州双林(湖双)、嘉兴(嘉)、松江(松)、南汇周浦(南周)、上海市(上)、宝山罗店(宝罗)、宝山霜草墩(宝霜)、吴江盛泽(吴盛)、吴江黎里(吴黎)、昆山(昆)、常熟(熟)、苏州(苏)、无锡(锡)、江阴(阴)、靖江(靖)、常州(常)、丹阳县城(丹)、丹阳后巷乡童家桥(丹童)、金坛西岗(金西)、溧阳(溧)、宜兴(宜),下文都用括号中的简称。在这 33 处,选择问句的表达形式全部与北京话相同(笔者的例句是"你是苏州人还是温州人?")。下面笔者仅用是非问、反复问句或带有是非问、反复问的八种句式来讨论吴语中这一类句子(下文在吴语里统称是非问句或带是非问句)的内部差异以及与北京话形式的异同。这八种句型是：① 一般的是非问句：身体好吗？你有书吗？你是学生吗？② 一般的反复问句：他知道不知道？不知道。③ 否定词后置的反复问句：他是学生不是？他愿意说不愿意？④ 否定形式的反意反复问句：他不来上课，是不是？⑤ 反复问作陈述句的宾语：我不知道他有没有。你去看他在不在。⑥ 完成体、经历体中的是非问、反复问：他来了吗？他还没来。你吃过饭了吗？你有没有做过工人？⑦ 反复问作情态补语：他走得快不快？⑧ 与⑦句作对比的表示可能与否的选择问句：他走得快走不快？

对这八种句型，下面各用一句来进行比较，先列北京话句子，再列吴语中疑问部分表示的方式和各种方式使用的地点。地点上带（　）者，表示在该地该方式少用。

1. 你有书吗？

有勿有：杭、绍、嵊崇、嵊太、暨王

有勿：姚、宁、溧、宜、华、康、衢、温、湖双、南周、（上）

有书哦：嘉、松、常、丹、华、黄、湖双、上、南周、（姚）、（宁）

阿有：吴盛、吴黎、苏、熟、锡、阴、靖、丹童、坛西、宝罗、宝霜、昆、（上）

（"有勿"包括"有啊勿"、"有咾勿"；"有书哦"包括"有书啊"，下文用 Aux 代语助词。）

2. 他知道不知道？

晓（得）勿晓得：杭、绍、嵊崇、嵊太、丹、丹童、华、康、暨王、温、黄、湖双、宁

晓得勿：姚、溧、宜、华、衢、南周

晓得哦：嘉、松、常、上

阿晓得：吴盛、吴黎、苏、熟、昆、锡、阴、靖、坛西、宝罗、宝霜、湖双

（"阿晓得"包括"阿晓得勿晓得"，"晓得哦"包括"晓得 Aux"，"晓（得）勿晓得"包括"晓得 Aux 晓勿得"。）

3. 他是学生不是？

是勿是：杭、绍、嵊崇、嵊太、姚、宁、嘉、常、丹、丹童、坛西、宜、华、暨王、衢、康、黄、湖双

是学生勿：溧、宜、康、温、湖双、南周

是学生哦：松、黄、湖双、上

阿是：吴盛、吴黎、昆、苏、熟、锡、阴、靖、坛西、宝罗、宝霜、(上)

4. 他不来上课，是不是？

是勿是：杭、绍、嵊崇、嵊太、丹、丹童、暨王、华

是勿：姚、宁、溧、宜、华、衢、温、湖双

是哦：嘉、松、常、康、黄、湖双、上、南周、(姚)、(宁)

阿是：吴盛、吴黎、昆、苏、熟、锡、阴、靖、坛西、宝罗、宝霜、上

("是哦"包括"真是哦"，"是勿"包括"是 Aux 勿"。)

5. 我不知道他有没有。

有勿有：杭、绍、嵊崇、嵊太、嘉、坛西、华、湖双、(上)

有勿：姚、宁、宜、华、暨王、衢、温、南周

有哦：松、常、上、南周、(宁)

阿有：吴盛、吴黎、昆、熟、锡、苏、阴、靖、坛西、宝罗、宝霜

有啊呒没：溧、丹、丹童、坛西、华、黄

("有勿"包括"有 Aux 勿"，"有啊呒没"包括"有也呒，有还是没得，有还是n̩则"。)

6. 他来了吗？他还没来。

有勿有来：松、绍、嵊崇、嵊太、暨王 (答：没有)

来了勿：宁 (答：没有)

来了哦：嘉、黄、湖双、上 (答：没有，湖、上可答未曾)

来了末：姚、松、溧、华、康、温、南周 (答：没有、松可答未曾)

来勿曾(文)：常、丹、宜、衢 (答：未曾)

阿曾来：吴黎、吴盛、苏、昆、熟、锡、阴、靖、坛西、宝罗、宝霜 (答：未曾)

("来了勿"、"来了哦"、"来了末"包括"来 Aux 勿"等。)

7. 他走得快不快？

走得快勿快：杭、绍、嵊崇、嵊太、宁、昆、丹童、丹、坛西、华、康、暨王、黄、宜、溧

走得快勿：姚、宜、衢、温、湖双、(上)

走得快哦：嘉、松、常、黄、湖双、上、南周

走得阿快：吴盛、吴黎、昆、苏、熟、锡、阴、靖、坛西、宝罗、宝霜

（“快勿”包括“快 Aux 勿”，“走得……”包括“走 Aux……”，“走得快勿”、“走得快哦”在连读变调上前两音节和后两音节中间有停顿。）

8. 他走得快走不快？

走勿走得快：杭、绍、华、康、暨王、上

走得快勿：姚、衢、温、黄、宜

走得快哦：松、上、南周

阿走得快：吴盛、吴黎、昆、熟、锡、苏、阴、靖、坛西、宝罗、宝霜

走得快走勿快：溧、宜、嵊太、嵊崇、宁、常、丹、丹童、华、康、黄、湖双、（上）

（“走得快勿”包括“走快 Aux 勿”，“走得快走勿快”包括“走得快 Aux 走勿快”。“走得快勿”、“走得快哦”在连读变调上是四个音节连在一起的，中间无停顿。）

以上八句中“阿 V”的“V”前疑问副词在各地读音是不同的，宝山、吴江、昆山、常熟、苏州、无锡、上海读“阿”，江阴读“壹”，靖江、丹阳读“个”，丹阳后巷读“克”，金坛西岗读“葛”。

二

通过各地例句的比较，我们可以归纳出吴语区的一般的是非问句大致有四类形式：

1. V 勿 V　如：杭州、绍兴、嵊县的崇仁太平、诸暨的王家井
2. V 勿　如：宜兴、溧阳、余姚、宁波、温州、永康、衢州
3. V 哦　如：嘉兴、松江、上海、湖州的双林、常州、丹阳
4. 阿 V　如：苏州、吴江的盛泽、黎里、常熟、江阴、靖江、昆山、无锡、宝山的罗店霜草墩

对“勿”字的语源，本文不作考证，它在现代吴语中是一个唇齿音声母，以此可区别于非吴语；多数地方读入声。本文随俗写作“勿”，从余姚、宁波等地来看，认为是“弗”字更为合适；从温州话来看，认为是“否”

字更为合适。

说“V 勿 V”或“阿 V”的地区比较稳定，一般都没有其他三种说法；说“V 勿”和“V 哦”的地区往往有“V Aux 勿”、“V Aux 哦”的说法，有的时候也说“V 勿 V”。我们把 1、2、3 类地区归为一派，4 类地区为另一派。“阿 V”的用法只是在旧苏州府为中心一带使用，吴语区大部分地区不用“阿 V”形式。

1、2、3 类地区句型的分布可能是一种形式的逐步过渡：V 勿 V——V Aux 勿——V 勿——V 哦。“哦”是“勿”与“啊”的合音，与普通话是非问的“吗”相当。横观吴语区是非问句的地域分布，我们可以看到“V 不 V”与“V 吗”之间的联系以及与选择问之间的关系（V 啊勿——V 咾勿——V 还是勿 V，“咾”在吴语中可表示类似北京话“和”的意思或表示相反意义的词或词组的连接，如“来咾勿来”。）3 类地区的是非问句与北京话形式最近，旧嘉兴府城、常州府城、丹阳府城等地都是历史上较发达的地区，语音发展也可旁证。

吴语 1、2、3 类地区的是非问句在地域上的共时差异与古今汉语是非问句的历时发展形式是相通的，如下图示：

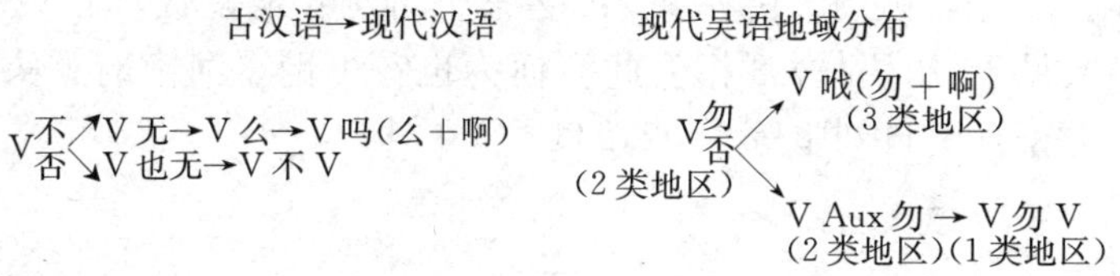

例如：

1. 丙子卜，今日雨不？（商·卜辞）
   二儿可得全不？（世说新语·言语）
   既已告矣，未知中否？（庄子·天地）
   副其旨否？（诗经·甫田）
2. 晚来天欲雪，能饮一杯无？（白居易诗）
   南斋宿雨后，仍许重来么？（贾岛诗）
   让他尽力撕不好吗？（红楼梦 31 回）

3. 行者还曾到五台山也无？（祖堂集 2.30）
皇帝问："诸佛还有师也无？"（祖堂集 4.18）
4. 春草年年绿，王孙归不归？（王维诗）
5. 他管他不管他？（金瓶梅 51 回）
你管他还是管我？（北京话）
1. 他是学生则勿？（宜兴，"他是学生吗？"）
伊晓得勿？（余姚，"他知道不知道？"）
2. 实伊是学生子哇？（松江，"他是学生吗？"）
伊晓得哦？（嘉兴，"他知道不知道？"）
3. 渠是学生啊否？（温州，"他是学生吗？"）
伊来啊没？（周浦，"他来了吗？"）
我勿要得渠有也呒。（也：ɦa，呒m̩，黄岩，"我不知道他有没有。"）
我勿晓则他有啱勿。（宜兴，"我不知道他有没有。"）
4. 身体好勿好？（绍兴，"身体好吗？"）
5. 他走快佬勿？（宜兴，"他走得快走不快？"）
其走得快咾走勿快？（湖双，"他走得快走不快？"）
你管其还是管我？（宜兴、湖双改"他"为"其"。）

"阿 V"用法见于《祖堂集》："善恶二根，可是菩提耶？"（祖堂集 1.137）又见于《唐语林》："相公此行何为也？可记得河南府解头？（唐语林·方正）（引自刘坚等 1992，241 页）。

三

再对吴语完成体、经历体是非问句分析，我们可以看到一些进一步的情况。此种问句的否定答句的否定副词在吴语区有两大派：A 派为"没有（读'呒没、密、呒不'等）"派；B 派为"未曾（读'勿曾、分、文'等）"派。在北方话里，"没有"是较新起的否定副词，"未曾"形式见于古汉语。

上述 4 类地区，1 类属 A 派，4 类属 B 派，但 2、3 类地区，有的属 A 派（如：余姚、宁波、嘉兴、松江、溧阳、永康、温州、黄岩），有的属 B 派

（如：宜兴、常州、丹阳、衢州）。

你有书吗？　他来了吗？他还没来。

2类A派：溧阳　你　有　书勿啦？　他　来末啊？
他　还末　来。

3类A派：黄岩　你　有　书哦？　渠　来号哦？
渠　还　呒来。

2类B派：宜兴　你　有　书勿？　他　来文？
他　还　文来咪。

3类B派：常州　你　有　书哦？　他　来文？
他　还　分来。

可见2、3类地区是“末曾”、“没有”的过渡带。

A派地区问句句型有以下几种：

V末(V过末)
　　V了哦(V过哦)
　　　　勿　　勿
　　V Aux末(V过 Aux末)—— 有勿有V(有勿有V过)

B派地区的句型有以下几种：

V勿曾(V过勿曾)；阿曾V/阿曾V了少(阿曾V过)。

“阿曾”、“勿曾”多用合音。

比如：他来了吗？他还没来。(完成体)

嵊太：伊　有勿有　来力啊？　伊　还　呒谋得　来。
永康：渠　来末啦？　渠　还末来。
松江：伊　来啊末？　伊　还　呒没　来哩。
宁波：其　来勒勿/哦？　其　还　密来。
衢州：其　来文葛？　其　文　来。
常熟：渠　恩　来哉家？　渠　分来葛勒。
江阴：他　英/恩　来勒？　他　还　分来。

经历体是非问句的形式，一般是在完成体形式上加“过”，极少数是改“了”或“曾、了”为“过”。4类地区完成体是非问句疑问形式使用情况如表1：

表 1

完成体用法 \ 类地区 \ 派地区	1类 V勿V←	2类 V勿(V Aux勿)	3类 →V哦	4类 阿V
A派 没有	有勿有V	V末(V Aux末) V了勿	V末(V Aux末) V了哦	
B派 勿曾		勿 曾	V勿曾 (V末、V了哦)	阿曾V 阿曾V了$_{少}$

2、3类地区和4类地区的联系,我们可以从以下事实得到证实:

① 2、3类地区中都有几处(如:宜兴、衢州、常州、丹阳)是用"V勿曾"的地方,属B派,它们的否定答句(如"他还没有来")和4类地区一样用"勿曾V",可见"阿曾V"和"V勿曾"可能有某种联系。

② 3类地区中有些V末、V了哦地点(如:湖州双林、松江、上海、周浦)既可用"没有",又可用"未曾"回答,属AB混合派。

③ 在3、4类地区中有些地方(如:苏州、昆山、上海)有一种过渡说法,苏州有"阿曾V勿曾V"("俚阿曾来勿曾来?");上海有"阿曾V勿曾V"和"V勿曾V"("伊阿曾来勿曾来?""伊来勿曾来?")。

因此,我们是否可以推论说"阿曾V"是从"V勿曾"加"阿"转变过来的:

V勿曾 ——→ V勿曾V ——→ 阿曾V勿曾V ——→
(有的2、3类地区) (有的3类地区) (有的3、4类地区)
阿曾V
(4类地区)

从2类地区向1类地区过渡则是:

V勿曾 ——→ V了勿 ——→ V Aux末/V末 ——→
(有的2类地区) (有的2类地区) (有的2类地区)
有勿有V
(1类地区)

B 派否定副词“勿曾”形式是老的，见于古汉语“未曾”，“阿曾”见于宋代，如：“杨子可曾过这里，可曾见此春风西。”（方岳：白牡丹诗）横观吴语区完成体的表达形式，我们可以了解“没有（‘呒没’）”的由来：

表 2

用法＼地点 项目	(4) 崇仁	(3) 金华	(2) 溧阳	(1) 黄岩	(2) 余姚	(3) 宁波	(4) 周浦
有没有?	有 勿[Vɐʔ]有	有没 [mɐʔ]	有阿无没 [ʌm̩mәʔ]	有也呒 [ɦam̩]	有弗 [vɪʔ]	有弗 [ve]	有哦 [vɑ]
没有来。	呒谋 [mːiʏ]来	味[miẽ] 来/ 没[mɐʔ]来	末[mәʔ]来	呒[m̩]来	呒没 [ʔ m̩mɐʔ] 来	密[mɪʔ] 来/呒没 [mːɐʔ]来	没[mәʔ] 来/勿能 [ʋәʔmәŋ]来
有没有来?（来了吗?）	有勿 [vɐʔ] 有来?	来味 [miẽ]	来末啦 [mәʔlʌ]	来号哦 [ɦɒvʌ]	来浪味 [l ɒ̃ mi]	来了弗/哦 [lɐʔveʔ/va]	来啊吗 [ɦɑʔmɑ]

注：上表内“有没有”横行中“有”字没注音，“没有来”和“有没有来”两横行中“来”字没注音。

从表 2，我们可以看到如下的变化线索：

(1) 有也呒⟶有也呒没⟶有没⟶有勿有。

(2) 呒⟶呒没⟶呒有⟶没有；呒⟶末/没⟶未/密。

(3) V 末⟶V Aux 末/未⟶V Aux 吗；V 末⟶V Aux 勿/V 哦。

四

在一些商业很发达的大城市，在那些普通话影响较大的地方，是非问句的使用会呈现比较复杂的情况。

比如上海是近代快速发展起来的大城市，五方杂居，吴语区的四类是非问句句式都对该地语言发生影响。19 世纪中叶的上海话与松江话一样很稳定，一般的是非问用“V 哦”，完成体是非问用“V 阿末/V 末”，答句用“勿曾”。如：“晓得否[va]？饭用蛮[mæ̃]？勿曾看歇。(Edkins, 1853)”“税单侬收着末。(McIntosh, 1916)”20 世纪初以后，上海话受到旧苏州府话的影响，再加上扩展出去的城区包括原太仓州所属(也从苏州府分出)的宝山县地域内的话影响,“阿 V”形式开始进入上海话。1906 年 McIntosh 在他的书中就辟专栏记载了一些新形式:“拉火车里阿有得吃否?(混合式)”、“夜班车阿有困车个?”当时,“阿曾”用法也进入上海话,所以现今上海的老年人还常用“阿 V”、“阿曾 V”形式。“没有(呒没)”也开始进入上海,赵元任记 20 年代的上海话已记“物曾”和“呒没”两个否定副词了(赵元任,1928)。现今上海大部分人,特别是中青年“V 哦”又重新占优势,完成体是非问用“V 了哦”,答“呒没”(绍兴等城市原用过“勿曾”,现也用“没有(n̩ɲ̊iɤ)”)。尽管由于主要受普通话影响,上海话也说“V 勿 V”,另外“V 勿啦”也说,即吴语是非问句 4 种形式及其混合式都说(如老师上课有问“懂哦”、“懂勿懂”、“阿懂”、“懂勿啦”、“阿懂哦”等),但总有一个占优势的句式,就是土语层的“V 哦”。

这样我们就可以解释,在调查中有的地方方言合作者(尤其是青少年)对同一例句有时会说出两类不同是非问句式的情况,多数是反映了该地近代以来社会联系加强后,语言新层次的叠加。

本文包含的八种句型各地例句过多,不便全部列出,请参见钱乃荣 1992a。

吴语中的 NPS 句和 SOV 句

本文中的"NPS 句"指的是在一个句子(主谓句或无主句)前带有一个话题语的句法话题句,"S"是"sentence","NP"是名词短语;本文中的"SOV"句指的是宾语前置于动词的句子,"S"是"subject","O"是"object","V"是"verb"。文中的例句除个别用当代上海话自造外,均引自以下 5 本吴语著作:

Collection of Phrases in the Shanghai Dialect (1868,简称为"麦")

土话指南 (1908,简称为"土")

Grammaire du Dialecte de Changhai (1941,简称为"布语")

海上花列传 (1892,简称为"海")

九尾龟(1906—1910,简称为"九")

这 5 本书前 3 本记录的是 19 世纪末到 20 世纪中叶的上海方言口语,后两本书中所选的例句都是 19 世纪末 20 世纪初的在上海地区讲的苏州方言口语。上海话和苏州话是吴语的代表,江浙其他地区的吴语在本文所论及的句式范围内的使用情况与以上 5 书大致相同,在当代上海话和苏州话里的这些句式也与以上 5 书基本相同。

在下文所引例句后面的括号里,先注出处,再注普通话译文。

一

在吴语中,有大量的"NPS 句"。如:

一条毛巾,侬要挂挂好。(你要把那条毛巾挂好。)

伲搿个刁先生啊,搿种能做法,我要好好叫批评伊来!(此句有两个类型不同的 NP。对我们那个刁先生的那种做法,我要重重地批评他呢!)

拆迁咾,分房子咾,装修咾,搬场咾,伊忙煞辣海。(此句有4个形式并列、语义递进的NP。他又是拆迁,又是分房,还要装修和搬家,真忙死了。)

句前的"NP",本文称之为话题语,有别于主语、谓语等。话题语大致有以下几种:

1. 提宾式话题。通常像是句子的宾语前置句首为话题。如:

出局衣裳,无娒阿曾拨来耐?(海10回75页。出局的衣服,妈妈给你了没有?)

第块石头侬要凿开来。(麦,P.93。你要把这块石头凿开。)

米价阿是主人家定个?(土32页。是老板定的米价?)

一只帽子,两块洋钱勿肯买。(布语,P.73。那个帽子,两块钱太贵不买。)

第个房子,容易有人租个。(土13页。这个房子是很容易被人租了的。)

鸦片烟倪覅吃。(海5回37页。我们不要吸鸦片烟。)

耐哚意思我也蛮明白来里,我末就依仔耐。(海11回83页。你的意思我也很清楚来着,我就依你吧。)

成功勿成功,我勿关。(布语,P.163。成功与否,与我无关。)

2. 总冒式话题。句子的内容处在前面的总前提下。如:

金鲫鱼啥户荡有买处唔?(麦,P.92。什么地方有买金鱼?)

比方人咾,我寻拉个,我该当要保。(土34页。比如我找好的人,我应当担保。)

对于价钱贵咾强,一眼也勿管个。(布语,P.91。对价钱的贵贱一点也不管的。)

凡是勿会听命个人末,勿会得出命令。(布语,P.61。不会听从命令的人也不会发命令。)

一件味,旧年秋天城里有爿钱庄被劫。(麦,P.55。一件是去年秋天城里头有家钱铺被劫。)

做小生意,只要勤勤谨谨亦为长铜钱个。(麦,P.121。只要勤快又谨慎，做小买卖也会生钱的。）

照阁下话拉个，我去告诉我个朋友。（土35页。我按您所说的去告诉我的朋友。）

3. 复指式话题。句中有代词或别的词与它同指。如：

箇对瓶，我嫌伊太大，侬担之转去罢。（土22页。这对瓶子，我嫌太大，你拿回去吧。）

伲两家头，现在大家侪无啥做，可以做做啥味好呢？（土4页。我们两人现在都没事做，做些什么才好呢？）

城西面，江老爷，阿是伊要造房子？（土267页。是不是城西的江老爷要造房子？）

格号呒拨良心格众生，啥人来说俚介？（九21回156页。这号没良心畜生，谁来说他呀！）

一只钟侬去开开伊。（你去把那个钟开一下。）

物事伲倒勿要啥哉，不过帐浪一对嵌名字戒指要八钱重哚。（海12回94页。我们倒不要什么东西了，只是账上一对嵌名字的戒指要重8钱呢。）

4. 领属式话题。主语隶属于话题，话题加"的"可变成主语的定语。如：

前日阁下，送拨我个茶叶，旨味极好，多谢多谢。（土3页。前天您送我的茶叶，味道极好，多谢多谢。）

外国纸两板爿才可以写字。（麦，P.112。外国纸张的正反面都可以写字。）

第块地主人家姓啥？（麦，P.75。这块地的主人姓什么？）

阁下白话声音太小，别人家听起来，勿清爽个。（土4页。您呐说话声音太小，别人好些个听不清楚。）

老弟动身个日子，定当拉味？（土17页。老弟还没定规日子起身哪？）

我今朝朋友来仔交关。（今天我有许多朋友来了。）

5. 范围式话题。说明部分内容在话题所提的范围里。如：

人话说话，总要老实。（土3页。每个人说话，总要诚实。）

侬打仗打过歇几次？（麦，P.131。你打过几次仗？）

耐哝鬼戏装得来阿像嗄，只好骗骗小干件。（海12回96页。你装鬼戏装得像吗，只好骗骗小孩。）

从前个皮鞋敲花个算时髦个。（布语，P.132。在从前的皮鞋中，打上花的那种算时髦的。）

油啥价钱一斤？（麦，P.11。一斤油卖什么价钱？）

第根绳粗细正好唔？（麦，P.11。这根绳子，粗细正好吗？）

第个生意本少利多。（麦，P.122。这件买卖本少利多。）

王先生几点钟大殓？（布语，P.168。王先生是几点钟大殓？）

线粉干中国人用场大勿大？（麦，P.96。中国人粉丝用处大不大？）

松江鲈鱼，28元一斤。（松江鲈鱼，一斤卖28元。）

海鲜，生鱼片我最欢喜吃。（在海鲜里，我最喜欢吃生鱼片。）

6. 时地式话题。限定时间处所背景，像状语。如：

现在鱼个行情强伊贵？（麦，P.91。现在鱼的行情便宜还是贵？）

端午节，有划龙船，看个人兴猛得极。（麦，P.148。端午节，有划龙船，看的人热闹极了。）

清明节阎王放鬼还乡。（麦，P.148。清明节里阎王放鬼还乡。）

起初头末，铜钱赌来少。（布语，P.145。开始时，钱赌得少。）

箇几年里向咊，生意倒怪好。（麦，P.57。这几年里，生意倒不错。）

书房里，箇只钟勿走者。（土35页。书房里的那只钟停了。）

陆秀宝搭，耐为啥连浪去吃酒？（海12回97页。你为啥连着去陆秀宝那儿喝酒。）

7. 关涉式话题。说明内容仅与话题相关，或话题只提供一个事件框架。如：

事体末，有王老爷来里，教俚多勠管帐。（海9回71页。那事，有王老爷在，叫你别管。）

书侬要照外国钉法会唔？（麦，P.103。按外国的方法钉书，你会吗？）

我个朋友梅先生，伊个夫人昨夜头过世哉。（布语，P.132。我的朋友梅先生，他的夫人昨晚去世了。）

第趟个瘟疫有行情行市个人死脱。（布语，P. 60。这次瘟疫里有许许多多人死了。）

第趟个风潮，受着患难个人勿少。（布语，P. 132。这次台风，受难的人不少。）

辩趟高考，还好语文复习了好。（这次高考，幸亏语文复习得好。）

中国人开张拣选好日子。（麦，P. 147。中国人开张要选好日子。）

8. 条件式话题。话题构成说明部分的条件。如：

名家书画，人家悠年宿久个藏拉个。（麦，P. 119。名家书画，人家年深月久藏在那儿的。）

一万末，勿到也差勿多笃哩。（九 37 回 269 页。一万的话，不到也真差不多呢。）

生个葡萄，我一只也勿要吃；熟个呢，我来吃吃看。（葡萄，生的我一个也不要吃；熟的我来吃吃看。）

勿贵末，买仔去，嫌贵末勿要买。（麦，P. 26。不贵就买去，嫌贵就别买。）

包租末，我常怕一时上头租勿出。（土 13 页。包租的话，我怕一时租不出去。）

去叫船末，船钱先讲定当仔。（麦，P. 110。要去叫船的话，船钱先讲定了。）

做和尚末，俗话吃佛着佛。（麦，P. 140。如果做和尚，俗话说吃着佛穿着佛。）

勿高兴仔，公园里勿去了！（要是不快活，公园里也就不去了！）

还有小囝衣裳，侬也要一齐净。（还有孩子衣服，你也要一起洗。）

话题语与后面的句子之间有一个小停顿，吴语中经常在话题语后紧跟一个提顿助词“末[məʔ]”作话题标志。话题语和后面的核心句构成了话题和说明的关系，话题是交谈中起注意力定向作用的成分，它限定谈话的取域。话题由定指(identifiable)或通指(generic)的成分构成。发话人使用某个名词性成分时，如果语料受话人能够将所指对象与语境中某个特定的事物等同起来，能够把它与同一语境中可能存在的其他同类实体区分开来,这个名词性成分就是定指成分。名词性成分的所指对象如果是整个一类事物,这个名词性成分便是通指成分(参见陈平,1987)。如:"第号物事,消场倒难哩!(海1回6页。这类东西,销路倒难着呢!)""物事伲倒勿要啥哉,不过帐浪一对嵌名字戒指要八钱重哚。"前句的话题是定指成分,后句的话题是通指成分。而句子所提供的新信息以及句子的重心一般都在话题后面的核心句上。

话题语与主语在语法功能和语义上有以下的不同:① 主语与句子的核心谓语之间构成主谓结构,在语义上有施事、受事等一定的选择关系,但话题与句子的核心(谓词或名词)之间无需有选择关系,即话题不必是谓语成分的论元,不构成向心结构。有的话题独立性很强,不与句子里面的任何成分发生句法语义上的联系,话题与述题的联系可以很松散,尤其是那种"关涉性话题"句子,如"那场火,幸亏消防队员来得快"中,"那场火"与"来"、"快"、"消防队员"都无语义选择关系。② 主语名词可以把句中指称相同的名词改为代词,或者整个加以删略,也可以由于改为被动句而在句子中移动;话题名词除非同时兼任主语,否则不具有这种句法功能(参见汤廷池,1978)。

话题语与主语如有语义联系,它们有时是施受、领属、类属、度量、总分、时地、条件等关系。

复句也可用话题语在前提顿,如:

箇个看园个人,伲要替伊去寻个呢,阿是伊各人自家去寻个?(土34页。这看管园子的,是我们给他找啊,还是他各人找呢?)

第桩婚约本人到赞成个,不过伲个爷娘极反对。(布语,P.54。这门婚约本人倒赞成的,不过我的父母极其反对。)

第个人心直来死个,想啥话啥。(布语,P.62。这个人心直得很,想到什么说什么的。)

会钱末,也是俚赚得来洋钱去合个会,耐倒勿许俚用。(海3回19页。会钱么,也是他用赚来的钱去合的会,你倒不准他用。)

话题语的标志,通常用提顿助词"末"。如上句。

少数场合也用"是"、"呢"、"咾"、"啊"、"啦"、"仔",如:

婆妈是,伊凶来像只雌老虎。(婆婆她凶得像个母老虎。)

戒指是勿错，倪探仔俚一只勒浪。（九 8 回 61 页。戒指不错，我们捋下一只在那儿。）

王老爷是再要好也无拨，就勿晓得沈小红搭倪前世有啥多化冤家对头。（海 12 回 94 页。王老爷再要好也没了，就不知道沈小红跟我们有多少冤家对头。）

主人家咾，伊送去几化礼？（对主人家，他送去多少礼？）

万一咾有一两个蚊子飞进来之，我可以点一眼蚊香。（布语，P. 150。万一有一两个蚊子飞进来了，我可以点一点儿蚊香。）

人咾有仔病请道士解星安土。（麦，P. 145。人们有了病痛就请道士来解星安土。）

坐呢，伊吃没坐相；立末，又吃没立相。（他坐没坐的样子，站又没站的模样。）

记好仔，侬就勿会忘记脱。（记下了，你就不会忘掉。）

用功点呢，功课就好点。（用功点儿，功课就好一点儿。）

人啦，自家今朝勿晓得明朝个。（人啊，自己今天不知道明天的。）

"是"与"末"可配合用：

秀宝眼睛一瞟，冷笑道："耐个闲话是白说脱个啘，啥人来听耐嗄！"朴斋洋嘻嘻的道："勿听末就罢。"（海 13 回 105 页。秀宝眼睛一瞟，冷笑道："你的话都是白说的，谁来听你呀！"朴斋洋嘻嘻地道："不听算了。"）

闲书末，伊还会看看；正经书是，一点也看勿进去。（闲书他还会看看，正经书一点也看不进去。）

"末"等提顿助词不是必要的，如下句"王家"后没有"末"：

王家向来是做生意人家，张家末历代是做官个。（布语，P. 83）

大量句子中省却助词"末"，停顿也可很小，新派说话尤其如此。

有时话题语与主语重合。如：

伊末，正垃拉预备嫁妆。（布语，P. 95。他，正在准备嫁妆。）

性子末非常之温和咾有耐心。（布语，P. 84。性情非常温和，而且有耐心。）

李小姐真是有福气，爷娘末双全，天资交关聪明。（布语，P. 141。李小姐真是有福气，父母双全，天资又很聪明。）

最好个料作做长衫个末，就是夏布。（布语，P. 139。做长衫的最好的布料，就是夏布。）

张家太太，真是个有本事人。（布语，P. 133。张家太太，真是个有能耐的人。）

汤老爷末也晓得点俚哉。（海 7 回 51 页。汤老爷，也对他晓得点儿了。）

香香面孔末碍啥，耐看鬓脚也散哉。（海 6 回 48 页。接个吻有啥关系，你看鬓脚也散了。）

上海滩浪个人末也匆是做一个倌人，倌人末也匆是做一个客人。（九 108 回 705 页。上海滩上的人也不是结交一个妓女，妓女也不是做一个客人生意。）

耐格人末实头少有出见格！总规瞎三话四，吪拨一句真闲话。（九 187 回 1 154 页。你这个人实在少见！总是胡言乱语，没有一句真话。）

动宾短语和主谓短语也可作话题。如：

交之秋末，啥人再要吃冰呢？（布语，P. 162。过了立秋，谁还要吃冰块呢？）

现在造房子，大概用钢骨水门汀造个。（布语，P. 144。现在造房子，大概用钢筋水泥造的。）

一口书橱漆好拉蛮，侬去问问看。（麦，P. 98。一只书橱漆好了没有，你去问问。）

雷响响来，我拨伊弄觉。（布语，P. 92。雷声真响，我被它弄醒。）

耐金大少多赏点末，顶好哉唲。（九 15 回 111 页。你金大少爷多赏点的话，最好也没有。）

话题后，也能带名词句。如：

伊拉拜个末，释迦牟尼咾观世音。（麦，P. 139。他们拜的，释迦牟尼和观世音。）

侬第几个？（布语，P. 59。你是第几个？）

用“末”等还能引出表示假设条件小句的话题。如：

粗心之末事体做匆好哉。（布语，P. 97。粗心的话，事情就做不好了。）

有闲话末，响响落落搭俚说。（海 9 回 72 页。有话就直直率率对他说。)

倘使要定做末,价钱要贵一眼。(布语,P. 149。如果要定做,价钱就要贵一点儿。)

日头出来之末,雾露要散哉。(布语,P. 144。太阳出来后,雾就要散了。)

上船之后来发起大风来末,我要更加疰船哉。(布语,P. 146。上船后发起大风来,我更要晕船了。)

金大少身浪呒拨洋钱末,倪有来浪。(九 15 回 111 页。金大少爷身上没有钱的话,我们有着。)

耐要去末,等倪翠凤转来仔了去。(海 7 回 50 页。你如果要去,等倪翠凤回来后去。)

落起雨来呢,我就勿去了。(要是下起雨来呢,我就不去了。)

耐今朝无拨啥事体末,我搭耐去坐车子,阿好?(海 11 回 88 页。要是你今天没什么事的话,我和你去坐车子好吗?)

这类句子常常是表示虚拟语气的问句。如:

我勿碰和末,叫啥局哩?(海 10 回 104 页。假如我不打麻将,还叫什么局呢?)

伲坍仔台末,耐沈小红阿有啥好处?(海 12 回 94 页。倘使我们丢了面子,你沈小红有没有好处?)

耐个主意勿差,耐搭我还清仔债末,该搭勿来哉,阿是?(海 11 回 83 页。你的主意不错,你给我还清了债的话,这里不来了,是不是?)

倘然我故歇放罗老爷去仔,晚歇俚转来就要埋冤我哉啘。(海 7 回 52 页。倘使我这会儿放罗老爷去的话,待会儿他回来就要埋怨我了啊。)

用"末"等还能引出表示背景条件的话题。如:

王先生出去之末,伊个夫人吃之一包红头自来火自尽。(布语,P. 8。王先生出去以后,他的太太吃了一包红头火柴自杀。)

箇两样小物事烧好之,侬可以担几样来。(土 22 页。等这两件小物件烧得了,你可以拿几样儿来。)

风停之末就要落雨哉。(布语,P. 97。风停之后就要下雨了。)

吃仔酒末就台面浪约好两个朋友,散下来一淘到小红搭去,阿是蛮好？（海9回74页。喝了酒，就约好两个桌上朋友，散下席来一起到小红那儿去，敢情好吧？）

我要死末关耐啥事嗄？（海10回78页。我要死，管你什么事？）

后来搭王老爷要好仔末，有个把客人阿要动气勿来哉了，倪末去请哉啘。（海10回80页。后来跟王老爷有交情了，有一两个客人要生气不来了吧，我们就去请啊。）

侬要照第个样子咾会做唔？（麦，P. 86。要照这个样子，你会做吗？）

我有洋钱末，昨日我拿仔来哉，为啥要庄个去拿？（海13回99页。我有钱，昨天拿来了，怎么要庄个去拿？）

蒋月琴搭做四五年末，来里倪搭做起来阿会推扳嗄？（海7回51页。蒋月琴那儿做四五年后，在我们这儿做起来会差吗？）

耐晓得罗老爷有长性末，为啥勿巴结点哩？（海7回51页。你知道罗老爷有恒心，为什么不勤恳点啊？）

刚刚搭倪反末，也是耐；故歇末，也是耐。耐格人……！（九36回260页。刚才跟我们反对，也是你；现在呢，也是你。你这个人啊！）

“末”还能引出表示目的、因果的话题。如：

为仔洪老爷是王老爷朋友末，倪得罪仔洪老爷，连带倪王老爷也有点难为情，好像对勿住朋友哉啘。（海12回93页。为了洪老爷是王老爷朋友关系，我们得罪了洪老爷，连带我们王老爷也有点难为情，好像对不起朋友了呀。）

我为子坐来里，倘忙耐有啥闲话勿好搭洪老爷说哉啘，阿对嗄？（海12回94页。我因为坐在这儿，也许你有什么话不便和洪老爷说了吧，对吗？）

伊块冷落户荡咾出熟有限个。（麦，P. 77。那块是冷落地方，所以收益有限。）

有人生仔病咾，许神许佛还愿个。（麦，P. 139。有人生了病，所以许神许佛还愿的。）

先打破仔一角城头咾，兵丁就蜂进城个。（麦，P. 135。因为先把城头一角打破了，士兵就拥进城的。）

一个可以上场做生活个者，还有一个新来咾，勿局拉哩。（土36

页。一个可以上场做活了，还有一个新来的，所以还不行呢。）

复句、句群中，往往共用一个话题，也经常会转移话题。如分别见于下面两句：

还有一样末，转来个辰光，趁带便，到侬认得拉个裁缝店里，替我问问看，定做拉个一件衣裳好没？（土 134 页。还有一件事，回来时，顺便到你已认识的裁缝店里，替我问问看，定做的那件衣裳好了没有？）

登勿完箇多化房子味，阁下可以自家登之几间；多下来味，担来再租拉别人个宛。（土 13 页。您若是住不了那么些间房子，您可以自己住几间；多下来的，拿来转租给别人的呀。）

下面一句，第 2 个分句的话题，已不是定指成分“第个花洋布”，而是通指“花洋布”了。

第个花洋布，我嫌忒火气，还要素色点。（麦，P. 96。这花洋布，我嫌它太火气，还是要素色一点的。）

二

在吴语中，还有不少“SOV 句”。如：

大家饭侪吃过了。（大家都吃过饭了。）

我回信收到，票子买定，出门个行李预备好了。（我收到了回信，买定了车票，准备好了外出的行李。）

宾语前置于动词，往往需要以下的条件，常常用于以下的句式中：

1. 非新闻性的寻常行为句中。

陈述句里的非新闻性的寻常行为句，在普通话里必须在“SVO”的句尾加上语气助词“了”等，如：“我吃了饭了。”如果句子带有某种新闻性要告诉别人，就不必在宾语后带“了”，如：“我吃了两碗饭。”“我参加了救灾会。”在吴语里，寻常行为句要用“SOV”句型，带新闻性的句子除非要突出宾语可用“SOV”句外，一般是用“SVO”句（关于新闻性的提法，参见刘丹青，1995。）前者如：

王老爷，耐酒倒要去吃哚，耐勿去吃酒，倒拨沈小红哚好笑。（海 9 回 74 页。王老爷，你倒要去喝酒来着，你不去喝酒，反倒被沈小红她们笑话。）

否定词通常用在前置宾语后，如：

耐相好末勿攀，说倒会说得野哚！（海1回8页。相好你不攀，话倒很会说的呢！）

2. 表示动作在以前曾经发生或已经实现完成的经历体、完成体句中。如：

世兄史记读过歇否？（土8页。世兄读过史记吗？）

荡搭公馆里，倗前头货色来卖歇否？（土22页。这儿公馆里，以前你们来买过货吗？）

侬木作头做仔几年哉？（麦，P.174。你做过几年木匠了？）

伲花田也勿曾铲好拉哩。（布语，P.125。我们还没铲好棉花田呢。）

侬主意定当拉末？（布语，P.161。你拿定主意了没有？）

3. 表示动作的开始或继续下去的起始体、继续体句中。如：

大家小菜先吃起来。（大家先吃起菜来。）

伊拉歌还辣唱下去。（他们唱歌还在唱下去。）

4. 表示动作完成后形成的状态延续着的存续体句中。如：

倪自办菜烧好来浪，送过来阿好？（海42回358页。我们把自办菜做好放在那儿，送过来好吗？）

我羊毛衫还着辣海。（羊毛衫我还穿着。）

5. 表示动作长时或短时反复进行的反复体句中。如下面第1句因“O”非定指是长时反复，第2句因“O”为定指是短时反复。如：

伊一个人觉困困，书看看，广播听听，气功做做，倒也蛮乐惠。（他一人睡睡觉，看看书，听听广播，做做气功，倒也很自在。）

我跳板浪踏踏，看看会勿会坍下去。（我踩踩跳板，看看会不会塌下去。）

6. 动词后带补语句中。如：

我自家想想，衣裳末着完哉，头面末当脱哉，客人末一个也无拨哉，倒欠仔一身债。（海10回81页。我自己想想，衣服穿完了，首饰当掉了，客人一个也没有了，倒欠了一身的债。）

伊拉房子是已经买着，场末已经搬好。（他们已经买到房子，搬好了家。）

7. 是非问句中。如：

侬压风琴会否？（布语，P. 167。你会弹风琴吗？）

侬八字出拉末？（布语，P. 96。你拿出八字了没有？）

第个小囝痘子种过歇拉蛮？（麦，P. 118。这个孩子种过痘子没有？）

8. 双宾语句中。如：

我一首诗写拨侬。（我写给你一首诗。）

伊人末嫁拨侬，心是勿带拨侬个。（她嫁给了你，但没带给你心。）

以上句式的共同特征，是"SOV 句"中的"O"代表的都是定指或通指的信息。如："侬件外套勿要忘记穿。"句中的"件外套"是定指成分；"侬茶吃一杯。"句中的"茶"是通指成分。

前置宾语实际上成为在主语后出现的话题语，如果要加"末"标记，则可加在"O"后。如：

其实倪翠凤脾气末有点，也看客人起。（海 7 回 51 页。其实倪翠凤是有点儿脾气，但也看客人而定的。）

下面这句话，句前的两个 NP，都是已知信息，都可以充当或认为是话题语，可以互换位置，由此可见，"SOV 句"中的"O"和"NPS 句"中的"NP"可以被认定是几乎同等的成分，只是用了提顿助词"末"后，把其中的一个定为话题了。

所用个人末样样事体侪会得做个。（布语，P. 74。所用的人，件件事情都会做的。）

→样样事体末所用个人侪会得做个。

→所用个人样样事体末侪会得做个。

施事主语后，大都带的是受事话题，不过也能带时地式话题和其他话题。如：

第个生活明朝哓做呒哉。（时地。麦，P. 162。这个活儿就明天做吧。）

老弟今朝舍下来味，对我有啥话头否？（时地。土 29 页。老弟今天到我家来，有什么话对我说吗？）

侬眼蚕豆吃光伊！（复指。你把这些蚕豆吃完吧！）

中国纽子一付末五粒板数。（范围。麦，P. 102。中国的一副纽扣是五个。）

我今朝客人末来仔交关。(施事。今天我来了很多客人。)

消防队员搿场火是来得快。(关涉。这场火消防队员来得快。)

耐有工夫末晚歇来一埭。(假设条件。海 4 回 30 页。你若有空,待会儿来一次。)

倪有转局末,来得晏点,呒拨转局来得早点。(假设条件。九 36 回 262 页。我们如有转局就来晚些,没有转局就来早些。)

倪人末勒浪替俚笃碰和,心浪末勒浪牢记仔耐,晓得耐故歇辰光一定要来快哉。(总冒。九 36 回 260—261 页。我们人在跟他玩牌,心上在惦记你,知道你这会儿一定快要来了。)

吴语中,"SVO 句"和"SOV 句"的变换,有时就看说话人要强调什么。如:

啯,侬晓得否,不过要修只钟呢,还是表亦要修个。(土 36 页。是了,可是您知道,是尽收拾钟啊,还是也要收拾表呢?)

这句话里,主语是"侬",第 2 分句主要说"修",第 3 分句则强调"表"。

三

吴语中存在着大量省却施事主语的话题句。下面的例句里,施事主语可以加在半字空格中,或者放在句首。

现在 夜作做否?(麦,P. 36。现在做夜工吗?)

外国房子 造过歇唔?(麦,P. 74。造过外国房子吗?)

船逆风咾 摇大里勿上。(麦,P. 20。船碰上逆风,很难摇上去。)

烟咾酒末 侪勿吃个。(布语,P. 91。烟和酒都不吃的。)

洋盘末 切勿要去买个。(布语,P. 91。千万别去买洋盘货。)

酒末,只管去吃。(海 9 回 73 页。酒只管去喝。)

双宝一根末 让俚用仔,我再拿一根出来拨来双宝。(海 10 回 76 页。双宝的一根让他用了,我再拿一根出来给双宝。)

看俚哚台面摆好仔末,再来。(海 3 回 24 页。看他摆好了桌面后再来。)

有闲话末 好说个啘。(海 9 回 69 页。有话好说的呀。)

问问伊拉看 可以强一眼否？（布语，P. 170。问问他们，可以便宜点吗？）

先去淘淘看咾，来买吒哉。（麦，P. 27。先去了解了解看，再来买吧。）

一进之小学读书末，比之勿曾进幼稚园个小囝，来得活泼咾肯读书。（布语，P. 142。这些小孩一进小学读书，比起没进过幼儿园的小孩，要活泼，肯读书。）

从最后一句例句中可以看出，吴语的句子不注重有没有施事主语，该句里省了的主语实际上通过"比之……"一句的名词短语的中心语"小囝"表现出来了。

伊回打仗，对敌胆大咾两面杀伤仔多化。（麦，P. 34。那次打仗，因为对敌人胆大，所以双方杀伤了好多人。）

债末教王老爷去还清仔。（海10回81页。那债，叫王老爷去还清了。）

这类句子中的话题语在实际运用中常与受事主语难以划界。如：

说是勿多歇送得去，榻床末排好，灯末也挂起来哉。（海5回34页。说是一会儿送去，榻床排好了，灯也挂起来了。）

这句话，有了"末"，"榻床"、"灯"似乎都是话题语，如果省了"末"，它们就可被认为是受事主语。又如：

衣裳净好拉哉。（麦，P. 53。衣服洗好了。）

这句话是受事主语句，也可以看成省却施事主语的句子，如果要补入施事成分"我"，可以有两个位置：

我衣裳净好拉哉。

衣裳我净好拉哉。

再看"衣裳"这个成分，便可以在施事主语的前后出现，成为话题，都可加后置词"末"。

有时，施事成分会走进受事主语中去，如下句中的"侬"：

我叫侬买个物事买拉蛮？（麦，P. 53。我叫你买的东西买了吗？）

四

本文最后一页是从《土话指南》一书中摘下的《官商吐属》第15章

一段对话的复印件。对此段对话的句型作了一个统计，从中可看出吴语中带话题语句和各种句子所占的比例情况。

先按全文依次列出各句句型（共80句）：

SPrOV/ PrOV/ NP，V.（NP，）VO/ PrOV/ PrOV/ PrOV/ VOV/ VOV/ V/ NP/ VO/ VO. VO/ NP，V/ V，VO. SA/ VO/ NP，SVO.（NP，）VO. VO. VO. PrOV. VO. SPrOVO. OV. NP，VO.（NP，）VO. VO. SVO. NP，VOV. SPrOV. V. NP，VOVO. NP，SV.（NP，）VO.（NP，）PrOVO. NP，VO.（NP，）VO.（NP，）A.（NP，）V. SA/ SV.（S）VO. NP，SV.（NP，）SV.（NP，）SV/ NP，SV/ SPrOV. NP，VO.（NP，）PrOV.（S）OV.（S）VOVO.（S）VO.（S）VO.（S）OV.（S）VO.（S）VOV. SV. NP，VO. NP，VVO. V. NP，A. VO. VVO. NP，VO. VO. VOVO. SPrOV.（S）PrOV. SVOVO.（S）PrOVO. SV，V. SV，V. SV. SVOV.（S）VO. SA.（S）VOV. VP，PrOA.

说明：S：主语；PrO：介宾短语；V：动词；O：宾语；A：形容词；NP：名词短语；NP，：名词性话题语；SV，：小句话题语；VP，：动词短语话题语；（ ）：承前省；/：会话对象调换的记号。

根据上面列出的句型对全文作出统计：

1. 主谓句：24句	占30%	其中，	SA：	3句	占3.75%
			SV[OVO]：	11句	占13.75%
			(S)V[VO]：	10句	占12.50%
2. 话题句：33句	占41.13%	其中，	NPS：	15句	占18.75%
			(NP)S：	11句	占13.75%
			(S)OV：	3句	占3.75%
			其他话题句	4句	占5.00%
3. 谓　句：22句	占27.50%	其中，	PrOV[O]：	5句	占6.25%
			V[OVO]：	17句	占21.13%
4. 名　句：1句	占1.25%		NP：	1句	占1.25%

说明：（ ）：内成分承前省；[ ]：内成分有的句都有或有其中一二，有的句没有。

計。亦可以个。　呵。是者。還有上回。托辦拉箇貝醒鐘。買着否。　城裡向各店家。我儕間到个。無啥。新近伲有个同行个人。到天津去買貨色。我已經托伊。替老爺到洋行裡去尋尋看。若使有味。等伊轉來之。我就担來。　呵唷。固是十分費心者。　啥話頭。我要轉去者。明朝會罷。　要轉去者。費心費心。　話得好。

第十五章

老弟從屋裡來呢啥。　哈。從屋裡來。　那得箇兩日裡。勿看見。拉做啥。　到外勢打獵去之咾。　同啥人去个。　同一个隣舍。一淘去个。　到之那裡去打獵。到東山去打獵。　幾時轉來个。　昨日下晝。　打着之啥个野獸。　打着之點野雞。野猫。還有野猪玀。　那得到箇回打獵。勿是白去个。　哈。去是勿是白去个。到底受累亦勿輕。　受啥累耶。　伲兩家頭各人騎之馬咾去个。到東山。還有勿多幾里路。有个鎮拉箇个鎮上。(續見下張)

客寓裏。耽擱之一夜。到之第二日。伲拉店裏吃之飯。担兩匹馬味。寄拉店裏之。伲兩家頭。捷之鎗咾。爬到北山去。到之山頂上。伲不過打着之野雞野猫咾啥。日頭歪西之後來。忽然有只野猪玀跑來。伲就担鎗來一打。倒打殺者。箇搭地方。尋勿着啥人來扛箇只猪玀。只得伲兩家頭。自家担之咾。回到店裏去。就担箇只猪玀。放拉一只馬上之。伲兩个人。替換騎之一只馬。回到屋裡。裝猪來勤勿動个者。向是受累勿輕否。　哪雖然受累。到底還打着之點野獸个裏。伲有个親眷。前幾日伊去打獵去。勿單單一眼打勿着。連搭自家只馬落脫之。　那能打獵味。馬會得落脫个呢。　伊對我話。伊味騎之馬咾。到北山上。打獵去。担箇只馬味。縱拉山脚上一棵樹上之。捷之鎗咾上山去。尋野獸。尋之半日。一眼亦尋勿着。只得下山。下山一看。伊只馬無得者。箇辰光。天味忽然落起雪來者。閂之雪咾。各處去尋箇只馬。尋勿着。併且箇辰光。天味暗來者。(續見下張)

乃味碰着一只破廟。進去過之一夜。明朝早辰起來。覺着周身勿舒徐。無法子。勉强撐到衙門去報官。官府担伊落脫馬个緣故。問清爽之。對伊話。我就差人到各處去。替儂尋箇只馬。若使是本地人偷拉个。總尋得着个。若使路過人偷之去。難尋得着个者。儂現在先轉去咾。乃味伊叫之一只驢子咾轉來。到之屋裡。病更加利害。到如今還勿會好。看伊个運氣。比哪推扳幾化。

第十六章

老兄聽見否。伲个朋友。馮子園死者。　我勿曾聽見。伊幾時死个耶。　今朝早辰。

北部吴语的代词系统

北部吴语指的是太湖片和台州片的吴语。它的单数人称代词有两大类，第一类是“我、你、他”，代表北方话对吴语地区新的覆盖层，主要分布在太湖以北。如：丹阳、靖江、江阴、常州、溧阳、宜兴、无锡等地。其中第一人称“我”的覆盖面更大一些，南面较大的城镇如上海、苏州、余姚、嵊县、黄岩等都已用“我”。

“我”的演变路线大致是：ŋɑ→ŋɔ→ŋo→ʔŋo；ŋɑ→ŋʌɤ→ŋɤ→ŋɯ→ŋəu→ŋu→ɦu；ŋɑ→ɦɑ→ʔɑ。例如：上虞[ŋɑ$_{113}$]；开化[ŋɔ$_{212}$]，绍兴[ŋo$_{113}$]，余姚[ŋo$_{113}$]，黄岩[ʔŋo$_{53}$]；丹阳[ŋʌɤ$_{213}$]，无锡[ŋʌɤ$_{213}$]；崇仁[ŋɤ$_{22}$]，常熟[ŋɯ$_{31}$]；苏州[ŋɜu$_{31}$]，昆山[ŋəu$_{22}$]；上海[ŋu$_{113}$]；周浦[ɦu$_{113}$]。另外两个读法在南部吴语地区有例：汤溪[ɦɑ$_{113}$]，金华[ʔɑ$_{544}$]。

“你”的演变路线大致是：ʔni→ʔȵi→ȵi；ni→nei。例如：上海文读[ʔni$_{52}$]，江阴[ʔȵi$_{45}$]，宜兴[ȵi$_{223}$]；丹阳后巷[nei$_{113}$]。

“他”的演变路线大致是：tʻɑ→tʻɒ→tʻo；tʻɑ→dɑ→dʌɤ。例如：靖江[tʻɑ$_{433}$]，丹阳[tʻɑ$_{22}$]；丹阳后巷[tʻɒ$_{42}$]，溧阳[tʻo$_{334}$]，宜兴[tʻo$_{55}$]；常州[dɑ$_{213}$]，无锡[dʌɤ$_{213}$]。

第二类是吴语里比较古老的形式。

第一人称单数原是“ŋ̍noŋ”，它的演变路线大致是“ŋ̍noŋ→ŋ̍no→ŋ̍nu→nu；ŋ̍noŋ→ŋ̍”。例如：上海奉贤[ŋ̍$_{22}$no$_{34}$]，黎里[ʔŋ̍$_{44}$nɜu$_{44}$]，嘉兴[ŋ̍$_{22}$nəu$_{34}$]；松江[nu$_{113}$]，太仓[nu$_{22}$]；罗店[ŋ̍$_{213}$]，崇明[ŋ̍$_{231}$]。“[ŋ̍noŋ]”的相近读法见于金华[ʔɑ$_{45}$noŋ$_{55}$]。“ŋ̍noŋ”常写作“侬”，“nu”常写作“奴”，“ŋ̍”常写作“吾”。

第二人称单数原是“n̩noŋ̍”，它的演变路线大致是“n̩noŋ̍→n̩nəu；

n̩noŋ→noŋ→nən→nɛ̃ⁿ→nᴇ→nə；n̩noŋ→n̩”。例如：奉化[n̩$_{324}$/noŋ]（留前舍后或留后舍前），同属嵊县的两地，崇仁为[nʊŋ$_{22}$]，太平为[n̩$_{22}$]，汤溪[ŋ̍noŋ]；开化[n̩$_{21}$nəŋ$_{0}$]，宁波[n̩$_{22}$nəʊ$_{35}$]或[n̩$_{113}$]，同是加词头“实”的奉贤为[zəʔ$_{2}$noŋ$_{34}$]，在不远处的松江为[zəʔ$_{2}$nu$_{34}$]；盛泽[n̩$_{23}$ nəʔ$_{3}$]或[nə$_{22}$]，上海、周浦、余姚为[noŋ$_{113}$]；昆山[nən$_{22}$]，常熟[nɛ̃ⁿ$_{31}$]；苏州[nᴇ$_{31}$]，嘉兴[ne$_{223}$]；诸暨[n̩$_{233}$]，黄岩[ʔn̩$_{53}$]。有些单数用“noŋ”、“nən”、“nᴇ”的地方，复数都用“n̩”开头，如“你→你们”，苏州[nᴇ$_{31}$→n̩$_{24}$ tɔʔ$_{2}$]，昆山[nən$_{22}$→n̩$_{23}$nəʔ$_{4}$/n̩$_{23}$təʔ$_{4}$]，罗店[noᵑ→n̩$_{22}$nᴀʔ$_{4}$/n̩$_{22}$tᴀʔ$_{4}$/noᵑ$_{22}$ tᴀʔ$_{4}$]，由此可见“n̩”、“noŋ”两音节的密切关系和前述的舍留原理。“noŋ”常写作“侬”，“n̩”常写作“尔”。

第三人称单数原是“ɡinoŋ”，它的演变路线大致是“ɡinoŋ→ɡinəu→dʑinəu→ɦinəu→ʔinu；ɡinoŋ→ɡi→dʑi→ɦi→ʔi”。例如：兰溪[ɡinoŋ]；开化[ɡe$_{21}$nəŋ$_{0}$]，宁波[dʑi$_{22}$nəu$_{35}$/dʑi$_{113}$]；绍兴[ɦi$_{22}$noʔ$_{5}$/ɦi$_{31}$]，嘉兴[ʔi$_{52}$ nəu$_{22}$/ʔi$_{51}$]，盛泽[ʔi$_{j44}$nu$_{44}$/ʔi$_{j44}$]；衢州[ɡi$_{323}$]，余姚[ɡe$_{113}$]，常熟[ɡᴇ$_{223}$]；诸暨[dʑi$_{233}$]，双林[dʑi$_{113}$]；上海[ɦi$_{113}$]（上海 150 年前 Edkins 又记“其[dʑi]”），昆山[ɦi$_{21}$]；罗店[ʔi$_{52}$]；苏州[ʔli$_{44}$]。“ɡi”常写作“渠”，“dʑi”常写作“其”，舌面音是舌根音的腭化；“ɦi”和“ʔi”是“dʑi”失落声母又清化的结果，常写作“伊”。

从现今各地的方言来看，“吾侬，尔侬，其侬”是最原始的用法，“侬”即“人”，至今有不少地方“人”读“noŋ”，如在嵊县有一句话中的三个“人”有三种读法：“举人人家还人命[tɕy$_{34}$ȵiŋ$_{52}$ n ɒ̃$_{21}$ko$_{23}$ væ̃$_{31}$ zɪŋ$_{22}$mɪŋ$_{52}$]”，其中“人家”一词中的“人”读法最古老，“人”在嵊县县城读“[nɒ̃$_{31}$]”，在嵊县太平乡读“[noŋ$_{312}$]”。此外，永康等地“人”都读作“noŋ”。

从古代的文献里可以找到一些材料说明吴语中三称代词的原式。如以“侬”为自称的，见于南朝乐府民歌《子夜歌一首》：“郎为傍人取，负侬非一事。”又《华山畿·吴声歌曲之一》：“华山畿，君既为侬死，独生为谁施？欢若见怜时，棺木为侬开。”以“奴”为自称的，如计有功《唐诗纪事·昭宗》：“何处是英雄，迎奴归故宫。”《纪闻·广记卷》：“初见捕去，与奴对事。”冯梦龙《山歌·偷》：“捉着子奸情奴自渠当。”因汉字不便书写鼻音自成音节的双音词，疑古人常用的是舍前留后写法。“尔”见于

《山歌·争》:"娘十七岁上贪花养子尔。""其"、"渠"见于《颜氏家训·教子》:"教其鲜卑语及弹琵琶。"杜甫《遭田父泥饮美严中丞》:"渠是弓弩手,名在飞骑籍。"冯梦龙《山歌·象棋》:"渠用当头石炮,我有士象支持。""侬"为"人"的,见于南朝民歌:"鸡亭故侬去,九里新侬还。""吾侬"曾见于宋戴复古《沁园春》词:"夫诗者,皆吾侬平日,愁叹之声。""我侬"见于冯梦龙《夹竹桃·愁见河桥》:"我侬就是黄连做子舌头能苦切。""你侬"见于冯梦龙《山歌·风·又》:"你侬九十日春光弗曾着子奴一日箇肉。"《山歌·破棕帽歌》:"你侬弗要出言吐气,我侬唱介一只曲子你听听。"冯梦龙《古今谭概·杂志》第36:"嘉定近海处,乡人自称曰吾侬、我侬,称他人曰渠侬、你侬,问人曰谁侬。夜间有扣门者,主人问曰'谁侬?'外客曰:'我侬。'主人不知何人,开门方识,乃曰:'却是你侬。'后人因名其处为三侬之地。"(参引吕叔湘,1985,51页)

各地方志里也有普遍的记载。如:洪武12年(1379)《苏州府志》:"又自称我为侬,按湘山野录钱王歌'你辈见侬的欢喜在我侬心子里'。"乾隆12年(1747)《吴江县志·卷39》:"相谓曰侬。隔户问人曰谁侬,应曰我侬,视之乃识曰,却是你浓,指他人而称之曰渠浓。湘山野录钱王歌:……"1931年《汤溪县志·民族风俗56》:"人谓之侬,自称曰我侬,称人曰你侬,或曰渠侬。明知县宋约汤溪八景诗葛陇农谈云我侬你侬用知感。"乾隆15年(1750)《宝山县志·卷一方音》:"侬:俗呼我为吾侬,呼人曰你侬,对人呼他人曰渠侬,故号三侬之地。隋炀帝宫中喜效吴言多有侬语。渠:俗呼他人曰渠,他家曰渠家。宋陈无已曰:汝岂不知我不着渠家衣耶!"1927年《嘉定县续志》:"我:自称也,亦曰我侬,亦曰若我,多数则曰我仪我俚。我,五可切,俗多作深腭音,由鼻而出,若读如入。侬:对称也,亦曰若侬,多数则曰侬搭汝搭。侬字古作自称,与尔汝你若同为舌音,乃转为对人之呼,实则应以戎字为正,戎侬一声之转。汝,忍与切,俗呼如忍音,与戎同为声转。搭犹言侪辈也。伊:俗对人呼他人为伊。伊侬:他称也,指多数曰伊搭。"从《嘉定县续志》看,嘉定方言的人称代词在500年来已发生很大变化,新的第二层次已渗入第一层。

北部吴语人称代词的复数形式有两种,一种是加复数形式的词尾语素，如："们"，丹阳后巷[我 ŋʌɤ$_{113}$→我们 ŋʌɤ$_{31}$ məŋ$_{23}$]，靖江[我 ŋʌɤ$_{223}$→我们 ŋʌɤ$_{22}$ məŋ$_{44}$]；"家"，宜兴[我 ŋu$_{24}$→我家 ŋu$_{22}$ ko$_{33}$]，常州[我 ʔŋʌɯ$_{34}$→我家 ʔŋʌɯ$_{34}$ ko$_{44}$]；侪，丹阳[ŋʌɤ$_{213}$→我侪 ŋʌɤ$_{22}$ dʑi$_{44}$]；"家人"，仙居[我 ŋo→我家人 ŋokoȵin]。以上地点第二、第三人称形式亦可类推。

另一种是由韵母形态的屈折变化构成复数，如奉贤：[吾喏 ŋ̩$_{22}$ no$_{34}$]（我）→[吾倗 ŋ̩$_{22}$nɑ$_{34}$]（我们），[实侬 zeʔ$_{2}$ noŋ$_{34}$]（你）→[实倗 zeʔ$_{2}$ nɑ$_{34}$]（你们），[实伊 zeʔ$_{2}$ ɦi$_{j34}$]（他）→[实伊拉 zeʔ$_{2}$ i$_{j55}$ lɑ$_{52}$]/[实拉 zeʔ$_{2}$ lɑ$_{34}$]；松江：[nu$_{113}$]/[ŋ̩$_{22}$ nu$_{23}$]（我）→[ŋ̩$_{2}$ nɑ$_{23}$]（我们），[造 zɔ$_{113}$]/[实奴 zeʔ$_{2}$ nu$_{34}$]（你）→[实倗 zəʔ$_{2}$ nɑ$_{34}$]/[实拉 zəʔ$_{2}$ lɑ$_{34}$]（你们），[伊 ɦi$_{31}$]/[实伊 zeʔ$_{2}$ i$_{52}$]（他）→[伊拉 ɦi$_{24}$ lɑ$_{31}$]（他们）；上海：[ŋu$_{113}$]（我）→[我伲 ŋu$_{22}$ ȵi$_{44}$]（我们），[侬 noŋ$_{113}$]（你）→[倗 nᴀ$_{113}$]（你们），[伊 ɦi$_{113}$]→[伊拉 ɦi$_{22}$ lᴀ$_{44}$]（他们，《土话指南》有处写作"伊倗"，29 页）；嘉兴：[吾 ŋ̩$_{223}$]/[吾奴 ŋ̩$_{22}$ nəu$_{34}$]（我）→[伢 ŋɑ$_{223}$]（我们），[耐 ne$_{223}$]（你）→[倗 nɑ$_{223}$]（你们），[伊 ʔi$_{51}$]/[伊奴 ʔi$_{52}$ nəu$_{22}$]（他）→[伊拉 ʔi$_{55}$ lɑ$_{31}$]（他们）；盛泽：[吾奴 ɦu$_{23}$ nɜu$_{33}$]（我）→[吾里 ɦu$_{23}$ li$_{j33}$]（我们），[尔呐 n̩$_{23}$ nəʔ$_{3}$]（你）→[尔倗 n̩$_{23}$ nɑ$_{33}$]（你们），[伊 ʔi$_{j51}$]/[伊奴 ʔi$_{j52}$ nəu$_{22}$]（他）→[伊拉 ʔi$_{j55}$ lɒ$_{31}$]（他们）。

由韵母形态屈折变化构成复数的地点分布在杭州湾周围广阔地带，大致和人称代词单数较老的那一层分布地带相合，这是一种较古老的形式。在南部一些比较偏僻的乡村和小镇，代词的单、复数形态变化更规则，如诸暨的王家井：[我 ŋɯ$_{233}$]→[伢 ŋɑ$_{233}$]，[你 ȵi$_{233}$]→[ȵiᴀ$_{233}$]，[其 dʑi$_{233}$]→[dʑiᴀ$_{233}$]；嵊县的崇仁：[我 ŋɤ$_{22}$]→[ŋᴀ$_{233}$]，[侬 nʊŋ$_{22}$]→[nɑ$_{22}$]，[伊 ɦi$_{312}$]→[ɦiɑ$_{312}$]；萧山：[我 ŋo]→[ŋɑ]，[尔 n̩]→[n̩nɑ]，[伊 ɦi]→[ɦilɑ]；新昌：[我 ŋɤ]→[ɦɑʔlɑ]，[尔 ŋ̩]→[ŋ̩lɑ]，[其 dʑi]→[dʑilɑ]。韵母形态屈折也许是紧密结合的词尾变化的结果，印欧语亦同。

由于代词的常用性，在长期使用中语音会发生变化，而且还受到周围地区或北方话的影响，因而变得不规则。有的是直接借用，如：上海原来"我们"用"我伲"，后来从宁波借来"阿拉"；有的形成合音，如：松江称"你"的"造[zɔ$_{113}$]"就是"实喏[zəʔ$_{2}$ nɔ$_{34}$]"的合音；奉贤的邬桥称

“你”有两种读法“[zu$_{23}$]”和“[zəʔ$_{2}$nu$_{34}$]”，前者就是后者的合音；有的是省略或同化音变，如：称“你”的“[n̩noŋ]”常有省前为“[n̩]”和省后为“[noŋ]”的音变。这些发展变化都使得有的地方人称代词显得不配套。但是，毕竟有那么多和那么集中的大片地方（主要是杭州湾的南北）呈现着如此有规则的屈折变化现象，这是值得注意的语音现象。同时，这片地方的有些代词还存在词头现象也值得注意，如上文出现的“实”即“自”（“自家”的“自”）的促声化，老上海话除了“我→我伲”、“侬→㑚”、“伊→伊拉”外，还有一套“自[zɿ]我→自伲”、“自侬→自㑚”、“自伊/自其（缺复数）”。（A. Bourgeois，1941）如：“什介是，自我是包租者。（这样，我是包租了。）”（《土话指南》，1908）

人称代词这种古老形式读音的特殊性与一般的汉语单音节语音节不很协调，因此变化较多。笔者考察了上海奉贤县的各个乡，可以证明上述的那种变化过渡或叠加。有的乡临近相差十几里路就有变化。如第一人称单数南桥镇是“[ŋ̩$_{22}$no$_{34}$]”，邬桥乡是“[ŋ̩$_{22}$no$_{22}$]”，光明乡、青村乡是“[ŋ̩$_{22}$nə$_{34}$]”，而萧塘乡是“[ŋ̩$_{22}$no$_{34}$/no$_{23}$]”，泰日乡是“[nu$_{113}$/ŋ̩$_{22}$nəʔ$_{4}$]”，齐贤乡是“[ŋ̩$_{22}$no$_{22}$/ŋ̩$_{113}$]”，金汇乡是“[ɑ$_{33}$ŋ̩$_{44}$]”；复数南桥镇是“[ŋ̩$_{22}$nɑ$_{34}$]”，而齐贤乡是“[ŋ̩$_{22}$nɑ$_{34}$/ȵi$_{113}$/æʔ$_{3}$ȵi$_{34}$]”，邬桥是“[nɑ$_{23}$/ŋ̩$_{22}$tʻəʔ$_{5}$noŋ$_{21}$]”，泰日是“[æʔ$_{3}$ȵi$_{34}$]”。第二人称单数萧塘是“[zəʔ$_{2}$nu$_{34}$/ɑʔ$_{4}$nu$_{44}$]”，邬桥是“[zu$_{23}$/zəʔ$_{2}$nu$_{34}$]”，齐贤是“[noŋ$_{113}$/zoʔ$_{2}$noŋ$_{113}$/zoŋ$_{113}$]”，南桥是“[zəʔ$_{2}$noŋ$_{34}$/ɦoŋ$_{113}$]”，胡桥是“[zəʔ$_{2}$nu$_{34}$]”，新寺是“[zəʔ$_{2}$noŋ$_{34}$]”，光明是“[noŋ$_{113}$]”；复数萧塘是“[ɑ$_{33}$nɑ$_{34}$/zəʔ$_{2}$nɑ$_{34}$]”，邬桥、庄行是“[zəʔ$_{2}$nɑ$_{34}$/zɑ$_{24}$]”，泰日是“[nɑ$_{113}$]”，胡桥是“[zəʔ$_{2}$nɑ$_{113}$/zɑ$_{113}$]”，青村是“[nɑ$_{22}$]”。第三人称单数齐贤是“[ɦi$_{j113}$/zəʔ$_{2}$ʔi$_{j52}$]”，泰日是“[ʔi$_{53}$]”，萧塘是“[gəʔ$_{2}$ʔi$_{53}$/ʔi$_{53}$]”，胡桥是“[gəʔ$_{2}$ʔi$_{52}$]”，光明是“[ʔi$_{53}$]”，南桥是“[ʔi$_{j52}$/zəʔ$_{2}$ɦi$_{j34}$]”；复数萧塘是“[gəʔ$_{2}$lɑ$_{34}$]”，邬桥是“[zəʔ$_{2}$lɑ$_{53}$/gɪʔ$_{2}$lɑ$_{53}$]”，金汇是“[ɦi$_{22}$lɑ$_{53}$/zəʔ$_{2}$ɦi$_{22}$lɑ$_{22}$/zəʔ$_{2}$lɑ$_{53}$]”，泰日是“[ʔi$_{44}$lɑ$_{53}$]”，南桥是“[zəʔ$_{2}$lɑ$_{34}$/ʔi$_{j44}$lɑ$_{52}$]”，光明是“[ʔi$_{55}$lɑ$_{31}$]”。

在连读变调处于后音节地位上的“nɑ”和“noŋ”，由于北部吴语的连调大都是后字附着的形式，不但声调趋于中性化，声韵母也会发生些变化，一种是音节轻读而促声化，一种是鼻韵尾失落[oŋ→o→u]。还有的是声母的变化,从"[nɑ]"变成"[lɑ]"或"[tɑ/t'ɑ]"。表现在许多地方,第二人称复数因前音节是"[n̩]"而使后音节保持"[nɑ]",但第三人称则因前音节是"[gi]/[dʑi]/[ɦi]"而变成"拉[lɑ]",如"伊拉"。松江的"你们"可"[zeʔ$_{2}$ nɑ$_{34}$/zeʔ$_{2}$ lɑ$_{34}$]"两读。"[tɑ]"的形成在吴语区更容易,因为原有许多地方如松江、仙居"[p、t]"都读缩气音"[ʔb、ʔd]",缩气音本身带有较重的鼻音,从上古"赖、獭,禮、體"的分化也许也可印证。吴语有些地方"[nɑ]"读"[tɑ]",如宝山的罗店"[侬 noŋ$_{213}$](你)→[n̩$_{23}$ nᴀʔ$_{4}$]/[n̩$_{22}$ tᴀʔ$_{4}$]/[noŋ$_{22}$ tᴀʔ$_{4}$](你们)";昆山"[nən$_{22}$](你)→[n̩$_{23}$ nəʔ$_{4}$]/[n̩$_{23}$ təʔ$_{4}$](你们)"(ə 由 ᴀ 变来);苏州"[耐 nᴇ$_{31}$](你)→[唔笃 n̩$_{22}$ tɔʔ$_{4}$]"(ɔ 由 ɒ 变来);常熟"[nɛ̃$^{n}_{31}$](你)→[nɛ̃$^{n}_{22}$ toʔ$_{4}$](你们)";黄岩"[渠 ge$_{31}$](他)→[渠推 ge$_{22}$ t'e$_{51}$](他们)"。后来,"拉[lɑ/lɑʔ]"和"[tɑʔ]"("ʔ"是促音化)、"[t'e]"就此表示群集,如上海"阿姨拉"即"阿姨她们",罗店"娘舅搭"即"舅舅他们",苏州"学生笃"即"学生他们",黄岩"小王推"即"小王他们",如"因此伲先伯父拉几家头,亦困到五更头起来。(因此我们先伯父他们几个人,也睡到五更起身。)""我立拉倻搭阶檐浪。(我站在你们的台阶上。)"(《土话指南》75 页,12 页)"拉"、"搭"再进一步表示群集点,如"阿姨拉"又用作"阿姨家",上海话"阿拉今朝到阿姨拉去",即"我们今天到阿姨家去"。表示地点场所的后缀"拉"、"搭"、"埭"等就自此而来。它们还可以黏附在表示时间的词后面,表示时间上的位置,如:"前日仔搭(前天)"、"将来仔搭(将来)",这可能与汉人的天人合一观有关。另一种看法"搭"的本字是表示"地之区处"的"墶",见《集韵》。

北部吴语常见的指示代词词尾有"搭"、"荡"、"海"、"浪"、"里"、"头"、"面"、"边"、"块"、"爿"、"点"等几个。"搭"最常见,北至江阴、南到杭州大片地带都用"搭",如"这儿"一词,江阴[讲搭 k ᴀ$^{ŋ}_{52}$ tɑʔ$_{3}$],苏州[该搭 kᴇ$_{55}$ tᴀʔ$_{\underline{31}}$],双林[个搭 kəʔ$_{5}$ tᴀʔ$_{5}$],旧上海[荡搭 dɒ̃tæʔ],如:"今年夏里到荡搭。(今年夏天到这里。《土话指南》49 页)""搭"的来历见上述。"搭[tɑʔ]"的变体有"[tᴇ]",如松江[gəʔ$_{2}$ tᴇ$_{34}$];有"[t'ᴇ]",如"这儿"奉贤可说[荡滩 dɒ̃$_{22}$ t'ᴇ$_{34}$];有"埭[dᴀ]",如黄岩[gɐʔ$_{2}$ dᴀ$_{51}$];有"[do]",如诸暨王家井[kɐʔ$_{4}$ do$_{33}$];有"荡[dɑŋ]",是"埭"的儿化,如"那儿"江阴

可说[果荡 kɜɤ$_{52}$ d ᴀ^{ŋ}$_{33}$]，“这儿”上海可说[gəʔ$_{1}$ dɒ̃$_{23}$]、[荡搭 dɒ̃tæʔ]，“我想到张老师荡拜客去。(我想到张老师家拜年去。)”“荡搭公馆里，……(这儿公馆里)”(《土话指南》3 页，22 页)。“东[toŋ]”是“[toʔ]”的儿化，如“在那儿”杭州可说[辣东 lɐʔ$_{2}$ toŋ$_{51}$]。另“那儿”也说“许”，上声语韵，在奉贤读[ɕy$_{44}$]，奉贤称“这儿”为“荡滩许中[dɒ̃$_{22}$ t'ᴇ$_{55}$ ɕy$_{33}$ tsʊŋ$_{31}$]”或“搿搭许在[geʔ$_{2}$ ʔdæʔ$_{3}$ ɕy$_{55}$ ze$_{31}$]”，但是，在上海、周浦等地“鱼、灰”的“e”和“哈、寒”的“ᴇ”不同韵，这些地方“那儿”用“海(阴平)”，都应读“哈”韵或“寒”韵，还有“海头、海面(均为阴平连调)”的说法，如笔者所见到的最早的上海话著作(Macgowan，1862)有：“侬要到伊�头去，打切打切看。(62 页，你要到他那儿去打听打听看。)”“�头”当时记音为“han deu[hɛndɤ]”；“第块浜�上我伲要筑石剥岸。(93 页，这块河边上我们要筑剥岸。)”“�”记音为“han”，有时也记作“hay[hei]”或“heh[heʔ]”，当时像咸山摄字一样正在退化鼻音。“这儿”周浦可说[海头 hɛ$_{55}$ dɤ$_{31}$](阴平开头的连调)，“那边”江阴可说[果海面 kɜɤ$_{52}$ hæ$_{33}$ mɪ$_{43}$]，常州[间海点 kæ$_{55}$ xæ$_{33}$ tɪ$_{31}$]，在“绍兴”即是“亨[haŋ]”，如“那儿”绍兴说[亨头 haŋ$_{43}$ dɤ$_{52}$]，无锡为“[hən]”或“[hã]”，如“里面”说[li$_{22}$ hən$_{55}$]，上海、苏州还腭化为“向[ɕiã]”，如“里向”上海说[li$_{22}$ ɕiã$_{44}$]。嘉兴、上海读“化[ho]”，如“在那儿”嘉兴说[勒化 ləʔ$_{2}$ ho$_{23}$]，旧上海也用[拉化 lɑhɔ]，像：“家生咾啥，侪拉化个。(家具之类，都在内的。《土话指南》25 页)”“海”只是在苏州、宝山等地与“许”韵母同音，那儿“雷＝来＝兰”，宝山地区有个歇后语“踏扳头浪写愿——床许[hᴇ](上海)”，笔者小住罗店乡下时，当地人晚上常开玩笑说“马上去上海(床许)哉”。这个现象，近代白话小说等都有例。如：“定规有个道理来浪<u>里向</u>。”(《九尾龟》150 回 996 页)“投子指庵前片石谓雪峰曰：三世诸佛，总在<u>里许</u>。”(《传灯录》)“浪[lɒ̃]”即方位词“上[lɒ̃]”的变音，[z]母变读[l]母，如“这儿”上海又说[迭浪 diɪʔ$_{1}$ lɒ̃$_{23}$]，罗店[迭浪向 dɪʔ$_{2}$ lɒ̃$_{22}$ ɕia~$_{34}$]，无锡又变作“娘[ȵiã]”。“里、头、面、边”都自方位词(也能表示时间方位)而来，使用地方也很多，如“这儿”：丹阳后巷[葛里 kəʔ$_{\underline{53}}$ lij$_{31}$]，丹阳[葛头 kɪʔ$_{\underline{53}}$ tᴇe$_{31}$]，无锡[意面 i$_{53}$ mɪ$_{31}$]，绍兴[葛边 kəʔ$_{5}$ p ĩ$_{33}$]，只是“面、边”表示的场面更宽大一点，有“这边、那边”的意思。“块”、“爿”、“点”自处所名词、

量词而来，如“这儿”：崇仁［介块 kɑ$_{33}$ k‘ue$_{52}$］，上海［搿面爿 gəʔ$_{1}$ mi$_{22}$ dᴇ$_{23}$］，宝山霜草墩［特板 dəʔ$_{2}$ pᴇ$_{23}$］，宁波［葛点 kɪʔ$_{4}$ ti$_{44}$］。使用时，有的语素同义重叠，如“面爿、面搭、海点”，像上海的“搿面爿”，常州的“间海点”。

［z］母变［l］母读的还有“在”读“来”，“在”的促声化“著”读“勒/辣”。表示空间所在的介词结构“在……里”在吴语中是说“来……里”或“勒……里”的，于是形成“来/勒……里”、“来/勒……浪”、“来/勒……海/搭/荡/东/拉”等的格式，如：上海话“来我海头”、“辣侬拉”、“垃屋里”、“我立拉㑚搭阶檐浪”。缩略中间具体内容，即成“来里”、“来荡”、“勒浪”、“辣海”、“辣东”等，虚化为在动词前边的进行体和在动词后边的存续体，有不少地方还保存有远近之分别。

在以《土话指南》为代表的老上海话里，表示处所的词有以下几个：“拉里［lɑli］”、“垃拉［leʔlɑ］”、“拉［lɑ］”、“垃拉化［leʔlɑhɔ］”、“拉搭［lɑtæʔ］”、“拉荡［lɑdɒ̃］”。例如：“爷味还垃拉里。”（44 页）“还勿能定当拉哩。”（19 页）“手里担之一个包裹咾坐拉。”（21 页）“家生咾啥，侪垃拉化否？家生咾啥，侪拉化。”（15 页）“无啥外势人拉搭。”（66 页）“张老二拉荡个。”（11 页）明清近代小说曲艺中，常见“来里”、“来荡”等的例子，如：“原本我到来里哉，囡鱼开门！”（《十五贯传奇》9 出 57 页）“大爷，我里坐拉里，美娘立拉丢，一点风月兴趣才无哉！”（《缀白裘》10 集 4 卷 227 页）“两个济跪来搭，直到更尽夜深。”（《山歌》卷 395 页）“乡下人来拿柴担歇来朵。”（《珍珠塔》13 回 172 页）“客人，斟来哈哉。”（《缀白裘》1 集 4 卷 217 页）“大凡客人同先生笃落个相好，定规注定来浪格，前世里就有缘分来海格。”（《商界现形记》2 回 11 页）“口渴得势，勿得知猪头罐里阿有茶来罕？”（《合欢图》70 回 1 页）“拿去，添足来亨哉！”（《缀白裘》5 集 2 卷 100 页）“拿块木头垫来化，脚后跟上有点硬巴巴。”（《双珠球》3 回 21 页）“个歇是定子案个重犯哉，还像姜姜来拉，阿看见团牌拉里？”（《文星榜》15 出 76 页）“一厅客人拉里，倒叫我甩子拉走。”（《文星榜》14 出 69 页）

表示地点的指示代词的前语素即指示语素，近指的有“个”、“葛”、“搿”、“已”、“该”、“介”、“荡”等，如“这儿”：吴江黎里［葛浪 kəʔ$_{3}$ lã$_{51}$］，上海[gəʔ$_{1}$ tᴀʔ$_{\underline{23}}$]，江阴[己头 tɕi$_{j52}$ dᴇɪ$_{33}$]，靖江[志浪 tsɿ$_{53}$ lɑŋ$_{31}$]，苏州[该搭 kᴇ$_{55}$ tᴀʔ$_{2}$]，崇仁[介块 kɑ$_{33}$ k'ue$_{52}$]，宁波[葛点 kɪʔ$_{3}$ ti$_{34}$，荡头 dɔ̃$_{24}$ dœʏ$_{44}$]，双林"这会儿"是[介歇儿 kɑ$_{32}$ ɕɪ$_{34}$]；远指的有"哀"、"弯"、"伊"、"过"、"旁"、"亨"等，如"那儿"：昆山[哀搭 ʔɛ$_{44}$ tᴀʔ$_{4}$]，苏州[弯搭 ʔuᴇ$_{55}$ tᴀʔ$_{2}$]，罗店[一浪 ʔɪʔ$_{5}$ lɒ̃$_{31}$]，松江[伊歹 ʔi$_{55}$ tᴇ$_{31}$]，无锡[过搭 kʌɤ$_{55}$ tɑʔ$_{\underline{31}}$]，嵊县太平[旁介块 bʊŋ$_{22}$ kɑ$_{55}$ k'ue$_{31}$/还伊介块 væ̃$_{3}$ li$_{22}$ kɑ$_{55}$ k'ue$_{31}$]，崇仁[还块 væ̃$_{22}$ k'ue$_{52}$]，绍兴[亨里 haŋ$_{43}$ li$_{52}$]。"个"是最原始的定指词，由舒声阴去变为促声(上海 150 年前即为舒声韵，今为促声韵)。"个"读清声母通常被写成"葛[kəʔ]"，有些地方读成浊声母则被写成"搿"，"个"有的地方读作"[kɪʔ]"，有的地方则腭化为"[tɕi]"，写作"己"，或作"志[tsɿ]"，有的地方读"介[kɑ]"，或由"介"变读作"间、该"，如宜兴[介头 kᴀ$_{55}$ dɤ$_{55}$]、溧阳[gɑ$_{22}$ dei$_{52}$]。此外，还有从表示近指的"来里"简化而来的"里"，如常熟[里搭 li$_{23}$ tᴀʔ$_{3}$]；从"底"而来的上海老派[第搭 di$_{22}$ tɑʔ$_{4}$/迭搭 diɪʔltɑʔ$_{3}$](“柳映江潭底有情”，李商隐《柳》)。远指"哀、弯、一、伊、还伊"都是"还有一"的合音词，"还"在这些地方能读"[ɦɛ/ʔɛ/ʔuᴇ/væ̃]"等音，"[ʔɪ/ʔi]"由"[ʔᴇ]"变来，在有些较小或偏僻的地方，这种合音词至今还读得很松，如嵊县的太平乡的"还伊介块"，另有吴江的盛泽"那儿"可说"[还有面 ɦᴇ$_{22}$iɵʉ$_{55}$miɪ$_{31}$]"，黎里"那些"除了说"[介面滴 kɒ$_{33}$ miɪ$_{55}$ tɪʔ$_{2}$]"，还说"[还有滴 ɦᴇ$_{22}$iɵʉ$_{55}$miɪ$_{31}$]"，"过"也来自"个"，在常熟、无锡、常州等太湖北边表远指的，有的地方如常熟是指更远的看不到的地方。在上海话里"过面(阴去＋阳去)"也是远指，它和"箇个(原是阴去＋阴去)"都用老上海话的阴去开头的"55＋31"连调。"旁"的意义较实，"亨"与表示远指的"来亨"是一致的。

表示程度的"这么"和表示"方式"的"这么"大都用"介"或"介"的变音，如绍兴分别用[介 ka$_{52}$]和[实介 zeʔ$_{2}$ ka$_{52}$/实个 zeʔ$_{2}$ gəʔ$_{3}$]，嘉兴分别用[介 kɑ$_{51}$]和[实介末 zəʔ$_{2}$ gɑ$_{22}$ məʔ$_{5}$]，"实"是词头；溧阳用[介佬 tɕie$_{44}$ lɑɤ$_{34}$]。除了"介"，还有"搿能"一类，如松江分别是[实介能 zeʔ$_{2}$ gɑ$_{22}$ nəɲ$_{52}$/实介能介 zəʔ$_{2}$ gɑ$_{22}$nəɲ$_{55}$kɑ$_{51}$/介kɑ$_{52}$]和[实介能/搿能介 gɐʔ$_{2}$ nəɲ$_{22}$ kɑ$_{52}$]，奉贤"这么"有[搿能 geʔ$_{2}$ nɐŋ$_{44}$]、[茄能 gɑ$_{23}$ nɐŋ$_{53}$]和[实茄能 zeʔ$_{2}$ gɑ$_{44}$ nɐŋ$_{53}$]，可见"个(搿)"和"介"的通用。"能"在这儿是表示"……

那样”的一个后缀，如“慢慢能”、“索声能”，作指示性状的“这样”用。作“这么、这样”解的“能”早见于南朝，如：“卦不能佳，可须异日。”(《吴志》6，孙韶)“金壶夜水讵能多，莫持奢用比悬河。”(乐府，梁元帝《乌栖曲》。吕叔湘，1985，296 页)

关于指示词的来历，潘悟云先生曾提示笔者“个”就是“介”的促声弱化形式。这说明表示程度、方式“这么/那么”的“介”和表示指示的“个”是同一个语素。在嵊县地区，近指代词和量词都用“介”，保存着最老的读音，“这么”读[介 kɑ$_{324}$]，“这儿”读[介搭呵 kɑ$_{33}$ tæʔ$_{5}$ hɤ$_{52}$]，“一个人”读[独介人dɔʔ$_{2}$ kɑ$_{34}$ nɒ̃$_{52}$]，“个个相似”说“介介相似”。“俩”在不少地方说“两个人”或“两个头”，如宜兴[两葛人 liɑŋ$_{24}$ kəʔ$_{5}$ ȵiŋ$_{53}$]，绍兴可说[两葛头 liaŋ$_{22}$ gəʔdɤ$_{52}$]，但在无锡、苏州一带，都说“两家头”，实际上“家”即“介”，因为这些地方的“两家头”，读音符合“45X”三音节连读变调，如常熟[两介头 liᴀ~$_{22}$ kɑ$_{55}$ dᴇ$_{31}$]，黎里[两介子 liɛ̃$_{22}$ kɑ$_{55}$ tsɿ$_{31}$]。

“介”的“指别”用法，用上海话举例如下：“搿个[gəʔ$_{1}$ gəʔ$_{\underline{23}}$]人介[kᴀ$_{52}$]坏！”(这个人这么坏！)“哀个[ʔɪ$_{55}$ gəʔ$_{\underline{31}}$]字哀能介[ʔᴇ$_{55}$nəɲ$_{33}$ kᴀ$_{31}$]写。”(那个字那么写。)旧上海话还有“箇脚[kutɕiɑʔ]”的说法：“侬箇脚话头，是在勿循理。(你这个话，是不讲道理。)”(《土话指南》65 页)“箇脚”即“个介”(这个)。“个(介)”的用法除了上面的作“量词”用和陪伴量词作近指代词用外，还能起联系结构的作用，如“远开点介走”，“慢慢介走。/慢慢个走。”(相当于结构助词“地”。)“先生个台子。”(相当于结构助词“的”。)“卖报个来了。”(替代“人”，即构成“的字结构”。)“我要去个。”(虚化作语气助词用，表示确实、肯定的语气。)直接起定指的作用，如：“个人走脱了。”(这个人走了。)起定冠词的作用，如：“嫁出个囡儿泼出个水。”(这句里的两个“个”都可不说。)游汝杰先生认为“个”来自台语的名词词头，有“构词、指示、替代、联系、陪伴”的作用(1980)。“个”的语源究竟是否来自台语暂且勿论，这里说的 6 个作用在吴语中都是有的。

下面用表说明“介(个)”的演变：

介：词头(定冠) → 指示(这) →
- → 陪伴(这个) → 量词(个)
- → 性状(这样) → 联系(地)
- → 联系(的) → 替代(的) → 语气(的)

冯梦龙的《山歌》中出现的“箇”和“介”包括了这些作用。1. 词头：“结识子兄弟又结识箇哥。”(《兄弟》卷三 27)“丢得落私情咦弗通，弗丢落箇私情咦怕老公。”(《怕老公》卷三 27)“咦弗知头硬了钻穿子箇板。”(《乡下人》卷五 37) 2. 指示：“我箇打生舡上人多落弗得箇脚。”(《小囡儿》卷七 56)“我为子你箇冤家喫子多少苦。”(《茶注》卷六 47)3. 陪伴：“若得武则天娘娘改子箇本大明律，世间啰敢捉奸情。”(《捉奸》卷一 11)“偶然看看子介本春画了满身酥。箇样出套风流家数侪有来奴肚里，郮得我郎来依样做介箇活春图。”(《春画》卷二 14)“戳破子箇灯笼箇箇眼里火，贯赌囊家要捉头。”(《捉头》卷一 11)“间边有画弗知箇边箇字。”(《扇子》卷六 46)从上面几句可以看到“介”和“箇”的互用。《扇子》一句第二个“箇”字在意思上是“指示(这)、词头(定冠)、联系(的)”三者相通的。4. 量词：“箇箇臭贼当时使一箇计较。”(《老鼠》卷八 64)“姐儿胸前有两箇肉馒头。”(《馒头》卷六 49)“昨夜郎来热了介忙，今夜无郎冷了介慌。”(《寂寞》卷七 57)这一句的句式相当于“打了/得个痛快”。5. 性状(这么，这样)：“要样风潮有介多呵颠。”(《跋弗倒・又》卷六 52)“只怕你搭家婆到弗得我介会顽皮。”(《船艄婆》卷七 54)“瓜仁上箇滋味便是介，小阿奴奴舌尖上香甜甜仔细尝。”(《送瓜子》卷三 21)“扯着子箇房帘上金铃索声能介一响。”(《老鼠》卷八 65)“揭袄牵裙弗避介点嫌。”(《风》卷六 42) 6. 联系(地)：“扬子江当中盛饭轻轻哩介铲，铁线身粗慢慢里抽。”(《瞒娘・又》卷一 7)“一双眼睛弗住介捉我关关。”(《钻子》卷八 60)7. 联系(的)：“花轿里箇娘娘弗比得跟轿箇好，到弗如让箇轿人拨来阿嫂抬。”(《大人家阿嫂》卷五 39)“娇滴滴箇鲜花吃你采子红。”(《风・又》卷六 42)“一夜子钻进我箇屋里，走到我箇房前。”(《老鼠》卷八 64)8. 替代(的字结构)：“嫂道池里荷花开箇红。”(《姑嫂》卷四 32)“娘道丫头要箇响?”(《送郎》卷三 25)9. 语气：“姐儿仔细思量两件东西侪是郎君箇，便是渠留前支后要正经。”(《姹童》卷五 37)“箇”的用法早见于南朝、唐代，如：“真成箇镜特相宜。”(《庾子山集》27)“箇是何措大? 时来省南院。”(《寒山子诗》10。吕叔湘，1985，243 页)

北部吴语问人(谁)的疑问代词大致有四类：① 啰，如：溧阳[啰家

lo$_{24}$ ko$_{52}$]，丹阳[loʔ$_{\underline{53}}$ kɛʔ$_{\underline{31}}$]。② 哪，如：杭州[ʔnɑ$_{55}$ kɔʔ$_{3}$/ʔlɑ$_{55}$ kɔʔ$_{3}$]，江阴[ʔlɑ$_{52}$ kɑ$_{33}$/lɑ$_{52}$ kɜʔ$_{3}$]。③ 啥，如：周浦[啥人 sɑ$_{33}$ ȵiɪŋ$_{52}$/哈人 hɑ$_{33}$ ȵiɪŋ$_{52}$/se$_{33}$ ȵiɪŋ$_{52}$]，宁波[sɔʔ$_{5}$ ȵiŋ$_{33}$] 。④ 底，如：丹阳[底介人 ti$_{j54}$ kɒ$_{55}$ ȵiŋ$_{31}$]，常州[tæ$_{34}$ ȵiɲ$_{44}$]。问事物（什么）的疑问代词有三类：① 底，如：溧阳[底个 ti$_{z54}$ kᴇ$_{34}$]，靖江[ti$_{j35}$ kɒ$_{34}$]。② 啥/啥个，如：苏州[啥 sɒ$_{412}$/啥个sɒ$_{52}$ kəʔ$_{3}$/啥物sɒ$_{52}$məʔ$_{3}$]，余姚[啥西 sɤ$_{33}$ɕi$_{52}$]。③ 鞋，如：王家井[ɦᴀ$_{31}$ tsɐʔ$_{5}$]，太平[ɦɑɒ$_{21}$gɛ$_{23}$]。问哪个和问处所（哪儿）的有四类：① 啰，如：宜兴[lo$_{24}$ tᴀʔ$_{5}$]，无锡[lʌɤ$_{24}$ tɑʔ$_{\underline{31}}$]。② 哪，如：崇仁[nɑ$_{22}$kɑ$_{55}$ k'ue$_{31}$]，丹阳[no$_{35}$ dᴇe$_{21}$]。③ 鞋，如：上海[ɦᴀ$_{22}$li$_{55}$ gəʔ$_{\underline{31}}$]，绍兴[ɦɑ$_{22}$ li$_{44}$ dɤ$_{52}$]。④ 啥，如：嘉兴[啥里 sɑ$_{33}$ li$_{51}$]。问时间（多久）和数量（多少）的有两类：① 多少，如：常州[多少辰光 tʌɯ$_{55}$ sɑɤ$_{33}$ zəɲ$_{21}$ kuaɲ$_{34}$]，黄岩[多少 təu$_{33}$ ɕiɒ$_{51}$]。② 几化/几，如：周浦[tɕi$_{33}$hɔ$_{53}$ zəɲ$_{21}$kuɒ̃$_{44}$]，昆山[几化 tɕi$_{52}$ ho$_{33}$]，常熟[几 tɕi$_{44}$]。问程度方式（怎么、怎么样）的有两类：① 哪，如：常熟[哪能 nɑ$_{22}$nẽ$^{n}_{51}$]，无锡[哪亨 nɑʔ$_{4}$ xã$_{31}$]，上海[哪能介 nᴀ$_{22}$ nəɲ$_{55}$ kᴀ$_{31}$]。② 怎，如：黄岩[tsəŋ$_{33}$ n̩$_{44}$]。问原因（为什么）的有两种：① 同"怎么"。如：苏州[哪亨 nã$_{31}$]。② "为"加上问事物的代词，如：上海[为啥 ɦuᴇ$_{22}$ sᴀ$_{44}$]。

"啰"见于《山歌》，如："啰里西舍东邻行方便箇老官悄悄里寻箇情哥郎还子我？"（《寻郎》卷一 4）溧阳表示"谁"是"[啰家 lo$_{24}$ ko$_{52}$]"，其连读变调是"45 阳上＋阴去"，宜兴是"[lo$_{24}$ko$_{33}$]"，其阴上单字调是 24，后字 33 是阴去单字调的轻声快读。"哪"是阳上字，由此看，这两地的"啰家"就是"哪介（个）"。靖江的[喇个 lɑ$_{22}$ kʌɤ$_{44}$]也在次浊阳上的连调范围内。无锡的"哪个"读[啰里葛 lʌɤ$_{24}$ li$_{55}$ ləʔ$_{31}$]，在不远的苏州[啰搿 lo$_{24}$ gəʔ$_{2}$/哪搿 no$_{24}$ gəʔ$_{2}$]两读，所以，"啰、喇、拉、落"实都是"哪"的不同读音。"哪"最早出现的形式是"若箇"，如五代："若箇游人不竞攀？若箇娼家不来折？"（《幽忧子集》2,22）稍后又出现了"阿那"，如："阿那甘心入死门？"（敦煌掇琐 41,194，见吕叔湘，1985，247 页）

"鞋"是"阿"的浊音同音字，分布杭州湾两岸的较大地域，一般与后面的"里"同用。宁波用"阿"，"哪儿"为[阿里 ʔa$_{33}$li$_{44}$]，从连调看"阿"是阴平，"阿"可能来自"阿那"；"哪个"黎里是[ɦo$_{24}$tᴀ$_{3}$ kəʔ$_{2}$]，用的是"277

阳平＋阴入＋阴入”的连调型式，诸暨王家井是［ɦɑ$_{31}$ ke$_{42}$］，用的是“25阳平＋阴去”，“哪儿”是［ɦɑ$_{31}$do$_{42}$］，也是阳平为前字，所以这些首字可能是“何”字。但从常熟［鞋里搭 ɦɑ$_{22}$li$_{55}$tʌʔ$_{\underline{31}}$］连调推出却是“448 阳上＋阳上＋阴入”和绍兴［鞋里头 ɦɑ$_{22}$li$_{44}$dɤ$_{52}$］的连调推出是“442”来看，“鞋”似乎是从“啥”（阴去字）浊化演变来的。

“底”作疑问词作“何，怎么”解见于唐·杜甫《可惜》诗：“花飞有底急？”白居易《早出晚归》诗：“自问东京作底来？”常州“谁”作［爹人 tæ$_{34}$ ȵiɲ$_{44}$］，是阴上的连调，也是“底人”的变音。

“啥”用于“谁”和“什么”，用在“谁”时都接“人”作后字，因此也是“什么”的意思。奉贤“什么”既说“啥”，又说“啥么［sɑ$_{35}$məʔ$_{2}$］”、“哈么［hɑ$_{35}$məʔ$_{4}$］”或“哈物事［hɑ$_{35}$məʔ$_{3}$ zɿ$_{31}$］”。吕叔湘先生考“什么”是从常用“是何物”脱落“何”字而来，如“何物尘垢囊？”（《世说新语》6.14）“是什摩物动？”（《祖堂集》2.14）从吴语里“哈物”比“啥物”更古老来看，可能“啥”源自“何物”。

“几化”用于问“多少”，在吴语中还问程度“多么”。“几化”即“几许”。光绪八年（1882）《宝山县志·风俗》“多许”条：“许俗音若黑可切，见隋书。又问人多少曰几许，见古诗。问人何在曰何许，见杜诗。又谓里面为里许，见温卿词。”汉代《古诗十九首》：“河汉清且浅，相去复几许？”

“怎”只用于少数地方，“怎”来自“作么”，如：“作摩是文殊剑？”（《祖堂集》11.215，吕叔湘，1985，309 页），“怎么样”黄岩是［tsəŋ$_{53}$ n̩$_{31}$］，宁波是［咋话 dza$_{22}$ ɦo$_{44}$］，“怎么啦”奉贤说“咋［tsɑ$_{35}$］啦”，“咋”又是“作哈”（做什么）的合音。

本文记音语料凡有声调者除“开化”用自曹志耘等（2000）外，均用自钱乃荣（1992a），无声调者人称代词部分，用自游汝杰（1995）。

北部吴语的特征词

一、前　　言

本文讨论北部吴语的特征词。北部吴语指太湖片、台州片的吴语，这两片的吴语有很多共同点，而与其他各片吴语有较大的不同。特征词指的是具有特征意义的方言词，即在该方言区域内普遍使用而在其他地区较少见或不见的词语。

本文所列的部分特征词也通行于其他吴语地区，但因笔者对许多地点的方言词只有第二手资料，未经自己亲自调查核对，故取保守态度，暂将本文讨论范围限于北部吴语地区。至于整个吴语区特征词包括江浙以外吴语的方言特征词，留待他人继续考证。

按重要程度来分，本文分三部分列举叙述。第一部分为主要的特征词，即在本区域普遍通行，区域外较少见的，最具有识别意义的特征词；第二部分为通行于多数地区，也较多通行于南部吴语地区的特征词，在其他方言地区较少见的方言词；第三部分为本区域内通行于中心地带，或使用不够普遍，或与其他方言地区交叉互见的特征词。这三部分特征词，分别称为一级特征词、二级特征词、三级特征词。总计170条。

二、一级特征词

本节罗列一级特征词，共62条。

(1) 趵

物体突然跃起。如：油锅里的水"～起来"，球落在地上还"～三

～”。《集韵》去声效韵巴校切：“跳跃也。”上海音 pɔ$_{334}$，松江音 pɔ$_{35}$，无锡音 pʌ$_{34}$，海盐音 pɔ$_{324}$，天台音 pao$_{55}$，临海音 pɔ$_{44}$。

（2）𨂿

被物绊住。如：走路一不小心，“～一跤”。绳子“～牢”门撑不开。《集韵》去声谏韵博幻切：“绊也。”江阴音 pæ$_{45}$，苏州音 pE$_{412}$，杭州音 pE$_{334}$，余姚音 pɛ̃$_{52}$，宁波音 pE$_{52}$，天台音 pɛ$_{324}$，临海音 pE$_{44}$。

（3）拨

给。如：送“拨”你一枝笔。“拨本书我。”《广韵》入声末韵北末切：“理也，绝也，除也。”宜兴音 pəʔ$_{\underline{45}}$，常州音 pəʔ$_{5}$，杭州音 pɐʔ$_{5}$，宁波音 pɐʔ$_{5}$，天台音 pəʔ$_{5}$，临海音 pɐʔ$_{5}$。

（4）𪙊

牙齿不齐，向口外突出。如：这个人是“～牙齿”。《集韵》去声祃韵步化切：“齿出白。”《字汇》：“齿不正也。”常熟音 bu$_{213}$，苏州音 bo$_{31}$，上海音 bo$_{113}$，嘉兴音 bo$_{223}$，海盐音 bo$_{213}$，宁波音 bo$_{113}$，天台音 buo$_{233}$，临海音 buo$_{213}$。

（5）瀊

水洄溢出。如：阴沟里的水“～上来了”。《集韵》平声桓韵蒲官切：“水洄也。”宜兴音 be$_{223}$，江阴音 bɵ$_{223}$，上海音 bø$_{113}$，海盐音 bɵ$_{31}$，嘉兴音 bɤə$_{223}$，杭州音 buo$_{212}$，余姚音 bø̃$_{113}$，天台音 bu$_{212}$，黄岩音 bu$_{31}$。

（6）渳

小口少量喝。如：晚上我和你一起去“～两口酒”。《广韵》上声纸韵绵婢切：“说文，饮也。”无锡音 mi$_{44}$，苏州音 mi$_{44}$，常熟音 mi$_{52}$，上海音 mi$_{52}$，天台音 mi$_{324}$，临海音 mi$_{325}$。

（7）疲

胃不舒服，恶心呕吐。如：这几天“心里勿舒服，要～”。《广韵》去声愿韵芳万切：“吐～。”《集韵》去声愿韵方愿切：“心恶病。”无锡音 fɛ$_{34}$，苏州音 fE$_{412}$，常熟音 fæ$_{324}$，上海音 fE$_{334}$，松江音 fɛ$_{35}$，海盐音 fɛ$_{324}$，宁波音 fɛ̃$_{44}$，天台音 fɛ$_{324}$，临海音 fE$_{44}$。

（8）滞

滴下。如：菜里的水让它“～干”；眼泪水“溚溚～”。《广韵》去声霁韵都计切："埤苍云，～，灖漉也。"《集韵》去声霁韵丁计切："泣貌，一曰滴水。"靖江音 ti$_{j51}$，宜兴音 ti$_{j324}$，常熟音 ti$_{323}$，上海音 ti$_{324}$，嘉兴音 ti$_{334}$，杭州音 ti$_{334}$，宁波音 ti$_{52}$，临海音 ti$_{44}$，黄岩音 ti$_{j44}$。

(9) 渧

沉淀。如："让水～～清再用。"使水中的灰沙沉淀，一般称"让水渧脚"。《集韵》上声迥韵都挺切："～泞水貌。""渧脚"的宜兴音 tiŋ$_{53}$ tɕiɔʔ$_{4}$，靖江音tiŋ$_{35}$ tɕiɑ$_{\underline{31}}$，松江音 tiŋ$_{35}$ tɕiʌʔ$_{\underline{31}}$，杭州音 tɪn$_{44}$ tɕiɪʔ$_{3}$ tɕiɪʔ$_{\underline{23}}$ ər$_{51}$，宁波音 tɪŋ$_{55}$ tɕiɐʔ$_{3}$，天台音 tɪŋ$_{324}$ ciɑʔ$_{5}$，临海音 tiŋ$_{42}$ ciɑʔ$_{5}$，黄岩音 tiɪŋ$_{31}$ tɕiɪʔ$_{4}$。

(10) 掇

双手端。如："～凳子"、"～汤"、"～碗"。《广韵》入声末韵丁括切："拾～也。"丹阳后巷音 təʔ$_{5}$，常州音 tɑʔ$_{5}$，常熟音 toʔ$_{5}$，上海音 tɐʔ$_{5}$，杭州音 tɔʔ$_{5}$，余姚音 tɔʔ$_{5}$，海盐音 təʔ$_{5}$，宁波音 tɐʔ$_{5}$，天台音 təʔ$_{5}$，松江音 tœʔ$_{5}$，临海音 tœʔ$_{5}$，黄岩音 tɔʔ$_{5}$。

(11) 豛

用棒、槌等轻敲。如："～糖"，即用击敲的方法做麦芽糖。"～开门"，头上"～一记"。《集韵》入声沃韵："说文，椎击物也。"无锡音 toʔ$_{5}$，苏州音 toʔ$_{5}$，吴江音 toʔ$_{5}$，上海音 toʔ$_{5}$，昆山音 toʔ$_{5}$，海盐音 toʔ$_{5}$，天台音 toʔ$_{5}$，临海音 toʔ$_{5}$。

(12) 掭

延火，称"～火"，剔灯心，称"～灯芯"，毛笔蘸墨，称"～墨"、"～笔"。《吴下方言考》："～，音添，去声。"《齐民要术》："以煮醴酪火著树枝间。案，延火也。吴中谓延油镫曰～。"苏州音 t'iɪ$_{412}$，上海音 t'i$_{334}$，松江音 t'i$_{35}$，天台音 t'ie$_{324}$，临江音 t'iɛ$_{44}$。

(13) 燖

宰杀畜禽烫水去毛。如："～鸡"，即去鸡毛；"～毛"。《广韵》平声灰韵他回切："～㶪毛。"《集韵》平声灰韵通回切："以汤除毛。"上海音 t'ᴇ$_{334}$，宁波音 t'œʏ$_{52}$，海盐音 t'ei$_{324}$，天台音 t'ɛi$_{324}$，临海音 t'ᴇ$_{433}$。

(14) 搨

涂，搽，抹。如：脸上搽粉，称"～粉"；墙上乱涂，称"～墙壁"；纸上乱画，称“纸头上七～八～”。《集韵》入声合韵诧合切：“冒也，一曰搴也。”宜兴音 $t'ʌʔ_{\underline{45}}$，丹阳音 $t'ɑʔ_{3}$，无锡音 $t'ɑʔ_{5}$，上海音 $t'ɐʔ_{5}$，嘉兴音 $t'ʌʔ_{\underline{34}}$，诸暨音 $t'ɐʔ_{5}$，松江音 $t'æʔ_{5}$，余姚音 $t'ɐʔ_{5}$，天台音 $t'ʌʔ_{5}$，临海音 $t'æʔ_{5}$。

(15) 绐

原来绷直之物松了而形成中间凹下。如：“棕绷～下去”了。“沙发～”了。《广韵》上声海韵徒亥切：“欺言诈见，又丝劳也。”上海音 $dᴇ_{113}$，海盐音 $dɛ_{213}$，宁波音 de_{113}，天台音 $dɵ_{213}$，临海音 $dᴇ_{213}$。

(16) 抟

把东西揉弄成球状，如上海话：“我拿纸头～脱了。”《广韵》平声桓韵度官切：“说文，圜也。”《通俗文》：“手团曰～。”常熟音 $dɤ_{233}$，苏州音 $dɵ_{223}$，无锡音 do_{323}，上海音 $dø_{113}$，海盐音 $dɵ_{31}$，天台音 $dɵ_{212}$，临海音 du_{213}。

(17) 盪

(1) 涤器，摇而去滓。如：“～茶杯”，“用点水再～一～。”漱口的杯子，称“～口杯”。(2) 往来摇动。如：“～秋千”，“～来～去”。《广韵》上声荡韵徒郎切：“涤～，摇动貌。说文曰，涤器也。”《集韵》去声宕韵大浪切：“动也。”上海音 $d\tilde{ɒ}_{113}$，松江音 $d\tilde{ɒ}_{113}$，海盐音 $d\tilde{ɑ}_{213}$，天台音 $dɔ_{233}$，临海音 $d\tilde{ɒ}_{312}$。

(18) 攎

收拢一起。如：拿台子上的米“～拢来”。《集韵》平声模韵落故切：“～，～敛。”无锡音 $l^{ə}u_{323}$ 或 $l^{ə}u_{44}$，苏州音 $l^{ə}u_{44}$，常熟音 $lɯ_{52}$，上海音 lu_{52}，海盐音 lu_{52}，天台音 lu_{22}，临海音 lu_{213}。

(19) 剅

用手指或他物挖穿。如：“～一个洞”。“～耳朵”，即用手指或长物挖耳朵。《集韵》平声侯韵郎侯切：“～，小穿也。”上海音 $lɤ_{52}$，宁波音 $lœʏ_{52}$，天台音 $lɤu_{22}$，临海音 $lə_{433}$。

(20) 晾

晾，晒衣。如：晾衣服，称“～衣裳”。晾衣的竹竿，称“～竿”。“拿垫单～一～。”清范寅《越谚》：“一日打渔，三日～网。”宁波话称小偷偷窃晾着的衣服，称“收晒～”。《集韵》去声宕韵郎宕切：“暴也。”常州音

lɑŋ$_{24}$，苏州音 lɑ̃$_{31}$，上海音 lɑ̃$_{113}$，常熟音 lɑ̃$_{213}$，杭州音 lɑŋ$_{213}$，宁波音lɔ̃$_{113}$，海盐音 lɑ̃$_{213}$，溧阳音 lᴀŋ$_{31}$，丹阳音 lɑŋ$_{41}$，临海音 lɒ̃$_{213}$，黄岩音l ɒ̃$_{113}$。

(21) 着

穿衣服，称“着衣裳”。《广韵》张略切入声药韵：“服衣于身。”又作“著”。如：唐李白《赠历阳褚司马》：“先同稚子舞，更着老莱衣。”江阴音 tsɑʔ$_{5}$，常州音 tsɑʔ$_{5}$，常熟音 tʂᴀʔ$_{5}$，松江音 tsᴀʔ$_{5}$，杭州音 tsᴀʔ$_{5}$，余姚音 ciɑʔ$_{\underline{45}}$，海盐音 tsᴀʔ$_{5}$，天台音 tɕiᴀʔ$_{5}$，临海音 tɕiᴀʔ$_{5}$，黄岩音 tsɐʔ$_{5}$。

(22)攓

插。春天插杨柳，称“春天攓杨柳”。插活了，称“～活”了。《集韵》平声仙韵亲然切：“插也。”无锡音 tsʻiɪ$_{44}$，苏州音 tsʻiɪ$_{44}$，常熟音 tsʻie$_{52}$，上海音 tɕʻi$_{52}$，天台音 tɕʻie$_{22}$，临海音 tɕʻie$_{433}$。

(23) 掔

犟而不从。如：“牛～转头扳勿动。”“头～转仔，勿肯听闲话。”《集韵》上声铣韵牵典切：“说文，牛很不从牵也。”苏州音 tɕʻiɪ$_{51}$，上海音 tɕʻi$_{52}$，海盐音 tɕʻie$_{52}$，临海音 tɕʻie$_{325}$。

(24) 挢

撬；翘起。如：“～开石头。”“地板～起来”了。《集韵》去声笑韵渠庙切：“举也。”宜兴音 dʑiɑɤ$_{231}$，溧阳音 dʑiɑˠ$_{323}$，靖江音 dʑiɒ$_{31}$，江阴音 dʑiɒ$_{223}$，昆山音 dʑiɔ$_{213}$，松江音 dʑiɔ$_{113}$，绍兴音 dʑiɑɒ$_{22}$，余姚音 dʑiɒ$_{113}$，黄岩音 dʑiɒ$_{113}$，临海音 ɟiɔ$_{213}$。

(25) 揵

举起。如：“手～起来。”《广韵》平声仙韵渠焉切：“举也。”无锡音 dʑɪ$_{323}$，苏州音 dʑiɪ$_{223}$，常熟音 dʑie$_{233}$，上海音 dʑi$_{113}$，海盐音 dʑie$_{31}$，天台音 dʑie$_{212}$，临海音 ɡie$_{213}$。

(26) 解

锯。锯木头，称“解木头”，又作分开解，如：“解开钮扣。”《集韵》上声蟹韵举蟹切：“说文，判也，以刀判牛角。”宜兴音 kᴀ$_{51}$，靖江音 kæ$_{334}$，无锡音 ka$_{324}$/ɡɑ$_{213}$，苏州音 kɒ$_{51}$/ɡɒ$_{223}$，上海音 kᴀ$_{334}$/ɡᴀ$_{113}$，绍兴音 ka$_{334}$/tɕia$_{334}$，海盐音 ɡᴀ$_{213}$，天台音 kᴀ$_{324}$，临海音 kᴀ$_{325}$（“锯子”音 kᴇtsɿ 或 kytsɿ），黄岩音 kᴀ$_{533}$。

(27) 隑

靠。如：靠在沙发上，称“～沙发”；靠在墙上，称“～墙壁”。《集韵》去声代韵巨代切：“～，《博雅》：陭也。”江阴音 gæ$_{223}$，无锡音 gɛ$_{213}$，昆山音 gɛ$_{21}$，上海音 gᴇ$_{113}$，嘉兴音 gᴇ$^{ɛ}_{223}$，杭州音 gᴇ$_{113}$，绍兴音 ge$_{22}$，余姚音 ge$_{113}$，宁波音 ge$_{113}$，天台音 gɛɪ$_{233}$，临海音 gᴇ$_{213}$，黄岩音 ge$_{113}$。

(28) 掼

摔，扔。如：摔家具，称“～家生”；扔炸弹，称“～炸弹”；丢掉东西，称“～脱物事”或“～落东西”。《广韵》去声谏韵古患切：“掼带。”此字在近代汉语中始作“扔、摔”解。《水浒全传》第 27 回：“（武松）把那妇人头望西门庆脸上～将来。”《西游记》第 31 回：“只见行者提着两个孩子，站在那高崖之上，意欲往下～。”宜兴音 guᴀ$_{31}$，丹阳音 guæ$_{22}$，靖江音 guæ̃$_{3}$，苏州音 guᴇ$_{31}$，嘉兴音 guᴇ$^{ɛ}_{223}$，杭州音 guᴇ$_{113}$，天台音 guɛ$_{233}$，黄岩音 guɛ$_{113}$。

(29) 睏

睡，躺。如：睡觉称“～觉”；躺在床上，称“～”在床上。《汉字古音手册》（郭锡良编，北京大学出版社 1986 年 11 月）将“困、睏”合排于《广韵》去声慁韵苦闷切下。《古今字音对照手册》（丁声树编录，中华书店 1981 年 10 月）同上。“ 睏”为吴方言词。《文明小史》第二回：“通事鼻子上架着一副金丝小眼镜，戴着一顶外国～帽。”宜兴音 k‘uəŋ$_{324}$，丹阳音 k‘uɛn$_{324}$，苏州音 k‘uən$_{412}$，上海音 k‘uən$_{334}$，松江音 k‘uən/k‘ən$_{35}$，绍兴音 k‘uɵ̃$_{33}$，宁波音 k‘uɐŋ$_{44}$，天台音 k‘əŋ/k‘uəŋ$_{55}$，临海音 k‘əŋ$_{44}$。

(30) 轧

挤，压；结交。如：挤进去，称“～进去”；压扁，称“～扁脱”；结交朋友，称“～朋友”。《广韵》入声黠韵乌黠切：“车辗。”吴方言中声母读群母。宜兴音 gᴀʔ$_{\underline{23}}$，丹阳音 gɑʔ$_{\underline{24}}$，苏州音 gᴀʔ$_{\underline{23}}$，松江音 gæʔ$_{\underline{23}}$，诸暨音 gɐʔ$_{\underline{12}}$，海盐音 gᴀʔ$_{\underline{23}}$，宁波音 gɐʔ$_{\underline{23}}$，天台音 gəʔ$_{\underline{23}}$，临海音 gɐʔ$_{\underline{23}}$，黄岩音 gɛ$_{113}$。

(31) 凿

捅，戳。如：捅破窗户纸，称“窗纸凿破”；“捅出一个洞”，称“～出一个洞”；戳穿，又称“～穿”。《广韵》入声铎韵在各切：“錾也。”《集韵》入声铎韵疾各切：“说文，穿木也。”宜兴音 dzɔʔ$_{\underline{23}}$，常州音 zɔʔ$_{\underline{23}}$，苏州音

zɔʔ$_{\underline{23}}$，上海音 zoʔ$_{\underline{23}}$，绍兴音 zoʔ$_{\underline{23}}$，宁波音 zɔʔ$_{\underline{23}}$，海盐音 zoʔ$_{\underline{23}}$，天台音 zoʔ$_{\underline{23}}$，临海音 zoʔ$_{\underline{23}}$。

(32) 匽

量比。如：比量长短，称“～长短”；“～尺寸做衣裳”。《广韵》上声阮韵於幰切：“物相当也。”上海音 i$_{334}$，海盐音 ie$_{324}$，天台音 ie$_{324}$，临海音 ø$_{44}$。

(33) 勩

磨损。如：上海话“发条～脱了”。《集韵》去声祭韵以制切：“说文，劳也。”苏州音 i$_{412}$，上海音 ji$_{113}$，海盐音 ie$_{324}$，天台音 ji$_{233}$，临海音 ji$_{213}$。

(34) 舀

用瓢、勺等取东西，多指取液体。如：“缸里～水”，“～点米出来。”《广韵》上声小韵以沼切：“说文曰，抒臼也。”段玉裁注：“抒挹也。既舂之，乃于臼中挹出之。今人凡酌彼注此皆曰～，其引申之语也。”江阴音 iɒ$_{45}$，常州音 iɑɤ$_{334}$，苏州音 jiæ$_{31}$，上海音 jiɔ$_{113}$，嘉兴音 iɔ$_{334}$，杭州音 iɔ$_{51}$，余姚音 jiɒ$_{113}$，黄岩音 iɒ$_{533}$，天台音 iɔ$_{324}$，临海音 iɔ$_{325}$，海盐音 iɔ$_{324}$。

(35) 炀

熔化，溶化，固体化作液体。如：“铁～哉”，“冰～哉”。《广韵》平声阳韵与章切：“释金。”无锡音 jiã$_{323}$，苏州音 jiã$_{31}$，常熟音 jiã$_{233}$，上海音 jiᴀ̃$_{113}$，海盐音 jiã$_{31}$，宁波音 jiã$_{255}$，天台音 ia$_{212}$，临海音 iãŋ$_{213}$。

(36) 䩠

肥而松。如：他长了一身“～肉”。《广韵》入声铎韵匹各切：“面大貌。”苏州音 p‘oʔ$_{5}$，昆山音 p‘oʔ$_{5}$，上海音 p‘oʔ$_{5}$，海盐音 p‘o$_{324}$，宁波音 p‘ɔʔ$_{5}$，临海音 p‘oʔ$_{5}$。

(37) 䅋

密；拥挤。如：雨密，称“雨～”；庄稼长得密，称“庄稼长得～”；人拥挤，有的地方(如上海、苏州)也称“人密密～～”。《集韵》平声庚韵蒲庚切：“禾密也。”苏州音 mã$_{223}$，启东吕四 məŋ$_{51}$，常州音 mᴀŋ$_{213}$，宜兴音 mᴀŋ$_{223}$，无锡音 mã$_{323}$，上海音 mã$_{113}$，杭州音 mᴀŋ$_{212}$，海盐音 mã$_{324}$，临海音 mã$_{213}$。

(38) 溚

潮湿。如:“湿～～”,“眼泪～～渧”。《集韵》入声合韵德合切:“湿。”常熟音 tᴀʔ$_{5}$,无锡音 tᴀʔ$_{5}$,昆山音 tᴀʔ$_{5}$,上海音 tɐʔ$_{5}$,松江音 tæʔ$_{5}$,吴江音 tᴀʔ$_{5}$,江阴音 tɑʔ$_{5}$,杭州音 tɐʔ$_{5}$,海盐音 tᴀʔ$_{5}$,天台音 tᴀʔ$_{5}$,临海音 tᴀʔ$_{5}$。

(39) 狭

窄。如:“路～”,“空间～”。吴语不用“窄”、“狭窄”,只用“狭”。《集韵》入声洽韵辖夹切:“说文,隘也。”常州音 ɦɑʔ$_{\underline{23}}$,苏州音 ɦᴀʔ$_{\underline{23}}$,上海音 ɦɐʔ$_{\underline{12}}$,松江音 ɦæʔ$_{\underline{23}}$,海盐音 ɦᴀʔ$_{\underline{23}}$,天台音 ɦæʔ$_{\underline{23}}$,临海音 ɦæʔ$_{\underline{23}}$。

(40) 推扳

差劲;将就;相差;相让。如:他的字写得“～”;《海上花列传》:“晓得耐哚是恩相好,台面浪也～点末哉。”“还～一斤。”甬剧《两妯娌》:“一句闲话也勿肯～。”常州音 t‘æe$_{55}$ pɛ$_{31}$,无锡音 t‘ᴇ$_{21}$ pɛ$_{23}$,苏州音 t‘ᴇ$_{55}$ pᴇ$_{31}$,江阴音 t‘ᴇɪ$_{55}$ pæ$_{31}$,溧阳音 t‘ɐɪ$_{44}$ pɐɪ$_{55}$,上海音 t‘ᴇ$_{55}$ pᴇ$_{31}$,绍兴音 t‘e$_{32}$ pæ̃$_{52}$,宁波音 t‘ᴇɪ$_{33}$ pᴇ$_{51}$,天台音 t‘ɛɪ$_{22}$ pɛ$_{44}$,临海音 tᴇ$_{33}$ pɛ$_{35}$。

(41) 尴尬

不自然,处境窘困,遇事难以处理。如:事情做得很“～”;他所处地位很“～”;不如意,不凑巧,称“勿尴勿尬”;为难的时候或局面,称“～头”;事情做在“～头”,你不要来打扰。此词现以近似于吴语的读音为普通话吸收,仅表示处境困难,不好处理一义。无锡音 kɛ$_{21}$ kɑ$_{23}$,苏州音 kᴇ$_{55}$ kɒ$_{31}$,常熟音 kæ$_{55}$ kɑ$_{22}$,上海音 kᴇ$_{55}$ kᴀ$_{31}$,杭州音 kᴇ$_{32}$ kɑ$_{23}$,海盐音 kɛ$_{41}$ kᴀ$_{22}$,临海音 kɛ$_{33}$ tɛ$_{35}$,天台音 kɛ$_{324}$。

(42) 温吞

水微温,不冷不热;性格优柔寡断、做事缓慢拖拉。如:上海话:“我要吃～水,勿要忒烫。”“碰着侬搿种～脾气个人算我倒霉。”苏州音 uən$_{55}$ t‘ən$_{31}$,上海音 uən$_{55}$ t‘ən$_{31}$,吴江盛泽音 uən$_{44}$ t‘ən$_{44}$,嘉兴音 uən$_{44}$ t‘ən$_{51}$,杭州音 uən$_{32}$ t‘ən$_{23}$,常州音 uən$_{55}$ t‘ən$_{31}$,天台音 uəŋ$_{22}$ luən$_{55}$ t‘ən$_{31}$。

(43) 囡

女儿。《集韵》上声蟹韵奴解切:“女,楚人谓女曰～。”古代楚地和吴地都把麻韵读同佳韵,“囡”即“女”字。佳韵字从 a 韵演变到多数吴语地区都读 o 韵。“女儿”的“儿”在吴语许多地区读[ŋ̍],在北部吴语大部地区，"女儿"合成"囡"字，如：上海在19世纪中叶读[non]，到19世纪末读[nø]或[nøŋ̍]。今宜兴音读 ȵyʮ$_{21}$ ȵi$_{23}$（女儿），无锡音 no$_{22}$ ȵi$_{55}$（女儿），苏州音 nɵ$_{22}$ ŋ̍$_{44}$，常熟音 ʔnɤ$_{52}$（囡），昆山音 nɵ$_{22}$ n̩$_{41}$，松江音 nø$_{22}$ ŋ̍$_{52}$（囡儿）或 nø$_{113}$（囡），嘉兴音 nɤə$_{22}$ ŋ̍$_{51}$，绍兴音 nɵ̃$_{113}$，诸暨音 nɤ$_{31}$，余姚音 nø̃$_{113}$，海盐音 ʔnɵ$_{33}$ ŋ̍$_{52}$或 nɵ$_{31}$，黄岩音 nɛ$_{31}$，天台音 ʔnɵ$_{52}$，临海音 ʔnᴇ$_{52}$或 ʔnɑ$_{52}$，温岭音 ʔnɛ$_{52}$。

（44）[illegible]

皮肤受冻而干裂。如："皮肤豁～。"《广韵》入声陌韵丑格切："～，皲～。"无锡音 tsʻᴀʔ$_{5}$，苏州音 tsʻᴀʔ$_{5}$，常熟音 tsʻᴀʔ$_{5}$，昆山音 tsʻᴀʔ$_{5}$，上海音 tsʻɐʔ$_{5}$，海盐音 tsʻᴀʔ$_{5}$，天台音 tsʻᴀʔ$_{5}$，临海音 tsʻᴀʔ$_{5}$。

（45）塝

裂缝。如："墙壁有～"，"木头搣～"。《广韵》入声陌韵丑格切："～，裂也。"无锡音 tsʻᴀʔ$_{5}$，苏州音 tsʻᴀʔ$_{5}$，常熟音 tsʻᴀʔ$_{5}$，昆山音 tsʻᴀʔ$_{5}$，上海音 tsʻɐʔ$_{5}$，天台音 tsʻᴀʔ$_{5}$。

（46）襇

衣裙上打的褶。如："百～裙"；"打～"。《广韵》上声产韵古限切："裙襵。"无锡音 kɛ$_{33}$，苏州音 kᴇ$_{51}$，常熟音 kæ$_{44}$，上海音 kᴇ$_{334}$，宁波音 kɛ̃$_{325}$，海盐音 kɛ$_{324}$，天台音 kɛ$_{324}$，临海音 kɛ$_{325}$。

（47）窠

窝。如：鸟窝称"鸟～"，鸡窝称"鸡～"，虫窝称"虫～"。多指小窝。哺乳动物、人的居处有时也称"～"，如"狗～"，"老鼠～"。但牛、羊等大动物居处不称"～"。人的居处用于比喻后也曰"～"。如谚语"金～银～勿如我个狗～。"《广韵》平声戈韵苦卧切："窠窟，又巢。"《说文》："窠，空也，穴中曰～，树上曰巢。"早已有称居室为"～"，如宋辛弃疾《鹧鸪天・三山道中》："抛却山中诗酒窠，却来官府听笙歌。"宜兴音 kʻu$_{55}$，靖江音 kʻʌɤ$_{433}$，常州音 kʻʌɯ$_{44}$，上海音 kʻu$_{52}$，嘉兴音 kʻəu$_{51}$，宁波音 kʻəʊ$_{52}$，天台音 kʻou$_{22}$，黄岩音 kʻu$_{35}$（窠儿）。

（48）蛍

虹。有的大城市已为"虹"取代，但还保留在"天气谚语"中，如上海谚语“东鲎日头西鲎雨。”《广韵》去声侯韵胡遘切：“郭璞注山海经，云形。”吴语用“鲎”指虹是对《广韵》释义的引申。《农政全书·占候》：“谚云：‘东鲎晴，西鲎雨’。”宜兴音 xɤɯ$_{324}$，常州音 hei$_{51}$，上海音 hɤ$_{334}$，宝山罗店音 hʌɪ$_{52}$，绍兴音 hɤ$_{334}$，余姚音 hɤ$_{34}$，天台音 həu$_{55}$，临海音 hə$_{44}$，黄岩音 ɕiɤ$_{44}$。

(49) 埲尘

尘土，扬起的灰土。如：“扫出勿少～。”埲：《广韵》上声董韵蒲蠓切：“埲～，尘起。”江阴音 boŋ$_{24}$ zᴇn$_{31}$，苏州音 boŋ$_{22}$ zən$_{44}$，常熟音 bvŋ$_{24}$ dʒẽn，上海音 boŋ$_{22}$ zən$_{44}$，双林音 boŋ$_{22}$ zən$_{44}$，余姚音 bʊŋ$_{22}$ dzeŋ$_{44}$，杭州音 boŋ$_{23}$ zən$_{51}$，海盐音 boŋ$_{22}$ zəŋ$_{51}$，天台音 bəŋ$_{24}$ dʑiŋ$_{31}$，临海音 bəŋ$_{24}$ dzəŋ$_{31}$。

(50) 锒头

锤子。“锒”无本字可考，“锒头”见于《汉语大字典》缩印本第 1758 页。宜兴音 lᴀŋ$_{21}$ dɤɯ$_{23}$，靖江音 lɑŋ$_{22}$ døʏ$_{34}$，常熟音 lᴀ̃$_{24}$ dᴇ$_{31}$，松江音 lɑ̃$_{22}$ dɯ$_{52}$，杭州音 lᴀŋ$_{21}$ deɪ$_{23}$，宁波音 lɔ̃$_{22}$ dœʏ$_{51}$，黄岩音 lɒ̃$_{23}$ diɤ$_{35}$，天台音 lɔ$_{24}$ dɤ$_{31}$，临海音 lɔ̃ŋ$_{24}$ dɤ$_{31}$。

(51) 粢饭

糯米饭。如：用“～”做成的糕称“～糕”，做成的团子称“粢饭糰”。粢：《集韵》平声脂韵才资切：“说文，稻饼也。”又写作“餈”。靖江音 ts‘ʅ$_{44}$ væ̃$_{31}$，常熟音 ts‘ʅ$_{55}$ væ$_{51}$，松江音 ts‘ʅ$_{55}$ vᴇ$_{31}$，宁波音 ts‘ʮ$_{33}$ vᴇ$_{51}$，黄岩音 ts‘ʅ$_{33}$ vɛ$_{44}$，盛泽称“粢米饭”，音 ts‘ʅ$_{44}$ mi$_{j44}$ vᴇ$_{44}$，绍兴称“粢米饭”，音 ts‘ʅ$_{32}$ mi$_{34}$ væ̃$_{52}$，天台音 tɕ‘y$_{22}$ vɛ$_{44}$，临海音 tɕ‘y$_{44}$ vᴇ$_{44}$。

(52) 竹爿

竹片。劈成片的竹木，称爿。爿，《古今字音对照手册》（丁声树编录）认为即“⿰片分”字，《集韵》平声删韵步还切：“⿰片分，片也。”认为：“这就是今吴语方言说‘瓦爿’或‘一爿店’的‘爿’字”（第 127 页）。北部吴语有的地方“爿”可用于“柴爿”、“瓦爿”、“碗爿”、“头爿”等，“爿”也作量词，有“一爿天”、“一爿田”、“一爿店”、“一爿嘴唇”等用法，包含“片”到“块”的意思。“竹爿”的用法比较普遍。《说文》段注：“爿，反片为爿，读若牆。”孙海波《甲骨文编》：“《说文》有片无爿，《六书故》云：‘唐本有《爿部》……’古文一字可以反正互写，片、爿当是一字。”《新加九经字样、杂辨部》：“鼎，下象析木以炊。析之两向，左为爿，右为片。”《通志・六书略一》：“爿，判木也。”“竹爿”，宜兴音 tsɔʔ$_{5}$ bᴀ$_{55}$ bᴀ$_{55}$，靖江音 tɕyɔʔ$_{\underline{53}}$ bæ̃$_{33}$ bæ$_{31}$，常州音 tsʔ$_{4}$ bæ$_{55}$ bæ$_{31}$，松江音 tsɔʔ$_{4}$ bᴇ$_{4}$ dɯ$_{52}$，嘉兴音 tsoʔ$_{3}$ bᴇ$^{ε}_{44}$/tsoʔ$_{3}$ bᴇ$^{ε}_{44}$ bᴇε$_{51}$/tsoʔ$_{3}$ bᴇ$^{ε}_{44}$ de$_{5}$，余姚音 tsɔʔ$_{4}$ bɛ̃$_{44}$，天台音 tɕyoʔ$_{3}$ bɛ$_{52}$，临海音 tɕyoʔ$_{5}$ bɛ$_{52}$，黄岩音 tsɔʔ$_{4}$ bɛ$_{51}$。（有的读“竹爿爿”或“竹爿头”，杭州读竹爿儿：tsɔʔ$_{3}$ bᴇ$_{55}$ ər$_{31}$。）

（53）济手

左手。杭州、宁波等地称“借手”，右手都称“顺手”。“济”为“借济”之意。宜兴音 tɕi$_{j35}$ sɤɯ$_{31}$，丹阳音 tɕi$_{z_{21}}$，sᴇ$^{e}_{22}$，江阴音 tsi$_{j_{45}}$ sᴇɪ$_{31}$，常熟音 tsi$_{55}$ ʂɯ$_{31}$，嘉兴音 tɕi$_{35}$ se$_{31}$，海盐音 tɕi$_{55}$ se$_{31}$，天台音 tɕi$_{55}$ ɕiəu$_{55}$，临海音 tɕi$_{32}$ ɕiə$_{24}$，黄岩音 tɕi$_{j33}$ ɕiɤ$_{51}$。

（54）家生

家具。“家生”之“生”疑为“私”的儿化。江阴音 kɑ$_{55}$ sᴀŋ$_{31}$，无锡音 kɑ$_{21}$ sã$_{23}$，苏州音 kɒ$_{55}$ sᴀ̃$_{31}$，松江音 kɑ$_{44}$ sɛ̃$_{52}$，海盐音 kɑ$_{44}$ sã$_{52}$，天台音 ko$_{21}$ sã$_{23}$，临海音 ko$_{55}$ sã$_{31}$，黄岩音 ko$_{35}$ sã$_{51}$。

（55）庎厨

放碗的厨。庎，《集韵》去声怪韵居拜切：“所以庋食器者。”无锡音 kɑ$_{55}$ zɿ$_{31}$，苏州音 kɒ$_{55}$ zɿ$_{31}$，常熟音 kɑ$_{55}$ dʑɥ$_{31}$，上海音 kᴀ$_{33}$ zɿ$_{44}$，宁波音 ka$_{55}$ dzɥ$_{33}$，天台音 kᴀ$_{33}$ dʑy$_{53}$，临海音 kᴀ$_{44}$ dʑy$_{325}$。

（56）瞌朊

瞌睡、打盹，称“打瞌朊”。朊，《汉语大字典》缩印本 1040 页，“方言：困极小睡。”“打瞌朊”的溧阳音 to$_{44}$ k‘əʔ$_{4}$ ts‘oŋ$_{34}$，苏州音 tᴀ̃$_{52}$ k‘əʔ$_{\underline{23}}$ ts‘oŋ$_{23}$，嘉兴音 tᴀ̃$_{33}$ k‘əʔ$_{5}$ ts‘oŋ$_{31}$，绍兴音 taŋ$_{44}$ k‘əʔ$_{4}$ ts‘vŋ$_{55}$，天台音 ta$_{44}$ k‘əʔ$_{3}$ ts‘oŋ$_{44}$，临海音 tãŋ$_{325}$ k‘əʔ$_{3}$ ts‘oŋ$_{44}$，黄岩音 tã$_{33}$ k‘ɐʔ$_{3}$ ts‘oŋ$_{44}$。

（57）花头

原义为“花纹”，如：“说实话，毛线衣的～是新式的。”引申为“花样，样式”，如：“最近新添样～，是礼拜天要看电影。”进而引申为“花招”、“本事”、“办法”，如：“清倌人比浑倌人～还要大。”“你一个厂长出来，这点～没有。”男女不正当关系，也称花头：“我看秀妹同阿新两个有

～。”无锡音 ho$_{21}$ dɛi$_{23}$，苏州音 ho$_{55}$ dəɪ$_{31}$，上海音 ho$_{55}$ dɤ$_{31}$，松江音 huo$_{44}$ dɯ$_{52}$，天台音 huo$_{55}$ dəu$_{31}$，临海音 huɑ$_{55}$ də$_{31}$。

（58）桁条

房檩。桁，《广韵》平声庚韵下孟切：“屋～。”常熟音 ɦÃ$_{24}$ diɔ$_{31}$，苏州音 ɦÃ$_{22}$ diæ$_{44}$，无锡音 ɦã$_{24}$ diʌ$_{31}$，上海音 ɦÃ$_{22}$ diɔ$_{44}$，松江音 ɦɛ̃$_{22}$ diɔ$_{52}$，临海音 ɦãŋ$_{21}$ diɔ$_{23}$。

（59）侬

原即“人”，后用作吴语单数人称代词的后缀。《广韵》平声冬韵奴冬切：“我也。”《集韵》平声冬韵奴冬切：“我也，吴语。”《六书故·人一》：“～，吴人谓人～。按此即人声之转。”《正字通·人部》：“侬，他也。”作“我”解的，书证有《晋书·会稽文孝王道子传》：“道子颔曰：‘侬知侬知’。”唐刘禹锡《竹枝词》：“花红易衰似郎意，水流无限似侬愁。”作“他”解的书证有明袁宏道《尺牍·何常熟》：“身虽伧人，几为侬鬼。”作“人”解的书证有《乐府诗集·清商曲辞·浔阳乐》：“鸡亭故侬去，九里新侬还。”也有作“你”解的书证有元杨维桢《西湖竹枝集》：“劝郎莫上南高峰，劝侬莫上北高峰。”以上书证例句都出自吴语地域。冯梦龙《古今谭概·杂志》第三十六：“嘉定近海处，乡人自称曰吾侬、我侬，称他人曰渠侬、你侬，问人曰谁侬。夜间有扣门者，主人问曰：‘谁侬？’外客曰：‘我侬。’主人不知何人，开门方识，乃曰：‘却是你侬。’后人因名其处为三侬之地。”由于“吾侬”、“你侬”、“渠侬”三词语音联系紧密，汉字不便书写，在书面语上可能舍前留后或舍后留前。以上的书证例句都是舍前留后的写法，也有舍后留前的形式，如冯梦龙《山歌·争》：“娘十七岁上贪花养子尔。”“尔”即“你侬”。杜甫《遭田父泥饮美严中丞》：“渠是弓弩手，名在飞骑籍。”“渠”即“渠侬”。也有写成两个音节的，如宋戴复古《沁园春》词：“夫诗者，皆吾侬平日，愁叹之声。”冯梦龙《夹竹桃·愁见河桥》：“我侬就是黄连做子舌头能苦切。”这里的“我侬”，即第一人称单数。又《山歌·风·又》：“你侬九十日春光弗曾着子奴一日箇肉。”《山歌·破棕帽歌》：“你侬弗要出言吐气，我侬唱介一只曲子你听听。”（后句主语用双音节，间接宾语只用“你”舍后式。）这里的“你侬”，即第二人称单数。“你”、“尔”、“我”、“吾”的不同记法只是汉字的不同写法，是吴语的连续变调造成的不同同音字（如“吾、我”）或同义代写字（如“你、尔”），或语音的变化在不同阶段，如“渠”又作“其”，“其”见《颜氏家训·教子》：“教其鲜卑语及弹琵琶。”嵊县的“人”有三种读法，“举人人家还人命”一语集中“人”的三种不同层次的读音：［tɕy$_{34}$ ȵiŋ$_{52}$ nɒ̃$_{21}$ ko$_{23}$ væ̃$_{31}$ zɪŋ$_{22}$ mɪŋ$_{52}$］，其中“人家”一词中的“人”读法最古老，“人”在嵊县县城读“［nɒ̃$_{31}$］”，然在较僻远的嵊县太平乡读“［noŋ$_{312}$］”。现今北部吴语的“我、你、他”都是在“吾侬、尔侬、其侬”读音中变化而来的，总的音变趋势是：（1）侬的鼻音韵母因音节轻读而由 oŋ 变为 õ＞o＞u（“奴”字即产生于 nu）；（2）舍前或舍后成单音节。比较古老的，冯梦龙时代即明末的“我、你、他”拟为“ŋ̍noŋ、n̩noŋ、gīnoŋ”。现今上海音：我 ŋu$_{113}$、侬 onoŋ$_{113}$、伊 ji$_{113}$（“侬”为舍前或n̩与 noŋ 合并而成，伊为 gi＞dʑi＞ji）；松江音：奴 nu$_{113}$、zəʔ$_{2}$ nu$_{34}$、zəʔ$_{2}$ ji$_{52}$/ji$_{31}$；吴江黎里音：ʔŋ̍$_{44}$ nɜu$_{44}$/ʔŋ̍$_{44}$、ʔnɒ$_{44}$/nɒ$_{22}$ nɒ$_{44}$、ʔij$_{55}$ nɜu$_{31}$/ʔij$_{44}$；吴江盛泽音：ɦu$_{23}$ nɜu$_{33}$/ɦu$_{22}$、ɦn̩$_{23}$ nəʔ$_{3}$/nə$_{22}$、ʔi$_{j44}$/ʔi$_{j44}$ nu$_{44}$；嘉兴音：ɦŋ̍$_{223}$/ɦŋ̍$_{22}$ nəu$_{34}$、ne$_{223}$、ʔi$_{51}$/ʔi$_{52}$ nəu$_{22}$；绍兴音：ŋo$_{113}$/ŋo$_{23}$ loʔ$_{5}$、noʔ$_{\underline{23}}$/noʔ$_{2}$ loʔ$_{5}$、ji$_{31}$/ji$_{22}$ loʔ$_{5}$；诸暨音：ŋɯ$_{233}$、ȵi$_{233}$/ɦn̩$_{233}$、dʑi$_{233}$；余姚音：ŋo$_{113}$、nvŋ$_{113}$、ge$_{113}$；宁波音：ŋɔʔ$_{2}$ nəv$_{34}$、ɦn̩$_{22}$ nəv$_{35}$/ɦn̩$_{113}$、dʑi$_{113}$/dʑi$_{22}$ nəv$_{55}$/dʑiɪʔ$_{2}$ nəv$_{44}$；黄岩音：ʔŋo$_{53}$、ʔn̩$_{53}$ ge$_{31}$。

（60）坒

以次排列的层、排、叠，量词。如：上海“一～礦砖，搬脱一～，还有一～。”宁波“瓦片一～一～，交关齐。”“一～人看好，一～再进去。”“砖头一～一～搬上去。”又如：“一～麻将牌”、“一～钞票”。《广韵》去声至韵毗至切：“地相次也。”《广雅·释诂三》：“～，第次也。”无锡音 bi$_{213}$，苏州音 bi$_{j31}$，常熟音 bi$_{213}$，昆山音 bi$_{223}$，上海音 bi$_{113}$，杭州音 bi$_{212}$，海盐音 bi$_{213}$，天台音 bi$_{233}$，临海音 bi$_{312}$。

（61）沰

用于液体、糊状体的量词。如：“一～眼泪”，“一～浆糊”，“一～痰”。《集韵》入声铎韵当各切：“滴也。”无锡音 tɔʔ$_{5}$，常熟音 toʔ$_{5}$，苏州音 tɔʔ$_{5}$，上海音 toʔ$_{5}$，松江音 tɔʔ$_{5}$，海盐音 toʔ$_{5}$，杭州音 tɔʔ$_{5}$，天台音 tɔʔ$_{5}$，

临海音 toʔ$_{5}$。

（62）个个

这个。个体量词“个”，同时也是表示近指“这”的指别词。有的地方声母与量词一样为[k]，有的地方浊化为[g]或腭化为[tɕ]。宜兴音 kəʔ$_{5}$ kəʔ$_{5}$，丹阳音 kɪʔ$_{\underline{53}}$ kɛʔ$_{\underline{31}}$，常州音 kæ$_{55}$ kəʔ$_{3}$，苏州音 kᴇ$_{55}$ kəʔ$_{2}$/gəʔ$_{2}$ gəʔ$_{4}$，上海音 gɐʔ$_{2}$ gɐʔ$_{3}$，黎里音 kəʔ$_{5}$ kəʔ$_{2}$，嘉兴音 kəʔ$_{5}$ kəʔ$_{2}$，杭州音 tɕiɪʔ$_{4}$ kɔʔ$_{5}$/kɐʔ$_{4}$ kɐʔ$_{5}$，宁波音 kɪʔ$_{5}$ ɦɔʔ$_{3}$，海盐音 gəʔ$_{22}$ gəʔ$_{44}$，天台音 ku$_{5}$ ku$_{3}$，临海音 tɕyɪʔ$_{\underline{53}}$ ku$_{\underline{31}}$。

三、二级特征词

本节罗列二级特征词，共 48 条。

（1）摆

放。如：书～在桌子上；衣裳收好～好。《集韵》上声蟹韵部买切：“～，开也。”《通俗编·杂字》：“～，《释名》：‘两旁引翣曰披。披，～也。各于一旁引～之，备攲倾也。’今排列仪仗曰～，因此。”《水浒全传》第十七回：“当先一只船上，～着三五十个小喽啰。”吴语中的安放义从“排列”引申而来。宜兴音 pᴀ$_{324}$，靖江音 pæ$_{334}$，无锡音 pɑ$_{323}$，上海音 pᴀ$_{334}$，双林音 pɑ$_{54}$，绍兴音 pa$_{33}$，宁波音 pa$_{325}$，海盐音 pᴀ$_{324}$，天台音 pa$_{324}$，临海音 pɑ$_{42}$，但有些地方用“安”。

（2）锛

僵持，用力相持。如：两个人～了一段时间，谁也胜不了谁。《广韵》去声映韵陂病切：“坚～。”《集韵》去声映韵陂病切：“《广雅》：固也。”苏州音 pin$_{412}$，上海音 pin$_{334}$，嘉兴音 pin$_{334}$，海盐音 pin$_{324}$，临海音 pin$_{213}$，杭州音 pɪn$_{51}$。

（3）潽

满溢。如：再放下去要～出来了；牛奶已经～完了。《中华大字典》缩印本第 734 页：“pū 液体沸腾溢出，如：稀饭～了。”宜兴音 p‘u$_{55}$，江阴音 p‘u$_{51}$，苏州音 p‘u$_{44}$，上海音 p‘u$_{52}$，绍兴音 p‘u$_{52}$，杭州音 p‘u$_{323}$，余姚音 p‘u$_{34}$，宁波音 p‘u$_{52}$，天台音 bu$_{233}$，临海音 bu$_{312}$。

(4) 闬

敲开门,称“～门”;关上门,也称“～门”。“拿门～～开”,“拿门～～上”。《集韵》去声诤韵叵迸切:“开闭门也。”无锡音 p‘ã$_{34}$,苏州音 p‘Ã$_{412}$,常熟音 p‘Ã$_{324}$,上海音 p‘Ã$_{334}$,松江音 p‘ɛ̃$_{35}$,海盐音 p‘ã$_{324}$。

(5) 跸

躲藏。如:我～到一个地方去,你寻不着。《集韵》去声换韵薄半切:“去也。”《集韵》上声语韵口举切:“去,藏也,或作弆。”无锡音 bo$_{33}$,苏州音 bɵ$_{31}$,常熟音 bɤ$_{31}$,上海音 bø$_{113}$,昆山音 bɵ$_{223}$,海盐音 bɵ$_{31}$。

(6) 蜕

外壳脱去,衣服脱落。如:“蝉～壳”,“蚕宝宝～皮”,“衣裳～落头”。《广韵》去声过韵汤卧切:“蛇去皮。”苏州音 t‘ɵ$_{412}$,无锡音 t‘o$_{34}$,上海音 t‘ø$_{334}$,吴江黎里 t‘ɵ$_{413}$,嘉兴音 t‘ɤə$_{334}$,海盐音 t‘ɵ$_{324}$,临海音 t‘əŋ$_{325}$。

(7) 汏

洗。如:“～手”,“～浴”,“～衣裳”。《集韵》去声泰韵徒盖切:“涛～,《说文》曰:淅涧也。”宜兴音 dA$_{31}$,常州音 dɑ$_{31}$,昆山音 dɑ$_{223}$,上海音 dA$_{113}$,嘉兴音 dɑ$_{223}$,杭州音 dɑ$_{113}$,余姚音 dA$_{113}$,宁波音 da$_{113}$,黄岩音 dA$_{113}$,黄岩又作“洗 ”,天台、临海、丹阳、靖江等都不用“汏”而用“洗”。

(8) 摝

让带水物自行滴干。如:拿药渣里的水～干,淘米水～干,《广韵》入声屋韵卢谷切:“渗～,又沥也,《说文》浚也。一曰水下貌。”无锡音 lɪʔ$_{\underline{23}}$,苏州音 lɪʔ$_{\underline{23}}$,常熟音 lɪʔ$_{\underline{23}}$,昆山音 lɪʔ$_{\underline{12}}$,上海音 liɪʔ$_{\underline{12}}$,宁波音 liɪʔ$_{\underline{23}}$,天台音 liɛʔ$_{\underline{23}}$,临海音 ȵiɪʔ$_{2}$,绍兴音 liɪʔ$_{\underline{12}}$。

(9) 剸

剁,用力斩。如:到肉店去“～一斤肉”,“～～肉酱”。《玉篇》卷第十七刀部:“～,剃发也,减也,切也。”子践、子丸二切。丹阳音 tsæ$_{22}$,靖江音 tsæ̃$_{433}$,常州音 tsæ$_{44}$,上海音 tsE$_{52}$,嘉兴音 tsEɛ$_{51}$,宁波音 tsE$_{52}$,余姚音 tsɛ̃$_{34}$,但天台、临海、黄岩都作 tsoʔ$_{5}$。

(10) 扯

撕。如:“～纸头”,“～支票”。又写作“撦”,《广韵》上声马韵昌者切："裂开。"苏州音 ts‘ɒ$_{412}$，常熟音 ts‘ɑ$_{44}$，上海音 ts‘ᴀ$_{334}$，嘉兴音 ts‘ɑ$_{324}$，绍兴音 ts‘a$_{334}$，余姚音 ts‘ᴀ$_{435}$，黄岩音 ts‘e$_{53}$，但天台作 p‘ᴀʔ$_{5}$，临海作 p‘ɐʔ$_{5}$。

（11）㑞

斜出。如："额角～出"，头～在外面。《篇海》丑用切："斜～也。"苏州音 ts‘oŋ$_{412}$，上海音 ts‘oŋ$_{334}$，吴江音 ts‘oŋ$_{412}$，绍兴音 ts‘vŋ$_{33}$，嘉兴音 ts‘oŋ$_{334}$，绍兴音 ts‘oŋ$_{33}$。

（12）踵

走路不稳，跌跌撞撞。如：年纪老了，走路～来～去。《广韵》去声用韵丑用切："踜～，行不正也。"无锡音 ts‘oŋ$_{34}$，苏州音 ts‘oŋ$_{412}$，上海音 ts‘oŋ$_{334}$，嘉兴音 ts‘oŋ$_{334}$，杭州音 ts‘oŋ$_{334}$。

（13）绞

拧。如："～毛巾"，把水～干。吴语不说"拧"。《集韵》上声巧韵吉巧切："《说文》：缢也，一曰缚也。"吴语此"～"的含义与"缢"相近。丹阳音 kɒ，宜兴音 kɑɤ$_{51}$，苏州音 kæ$_{412}$，昆山音 kɔ，上海音 kɔ$_{334}$，宁波音 kɔ，但黄岩音为 ȵiɐʔ$_{\underline{12}}$，临海音为 ȵie$_{213}$，天台音为 liɪʔ$_{\underline{23}}$，均不用"绞"词。

（14）掴

用掌打。如："～耳光"，"～屁股"。《广韵》入声麦韵古获切："打也。"《玉篇》卷第六手部古获切："掌耳也。"无锡音 kuᴀʔ$_{5}$，苏州音 kuᴀʔ$_{5}$，常熟音 kuᴀʔ$_{5}$，昆山音 kuᴀʔ$_{5}$，上海音 kuɐʔ$_{5}$，嘉兴音 kuᴀʔ$_{5}$，宁波音 kuɐʔ$_{5}$。

（15）趚

快走，乱跑乱窜。如：看见他～出去了。还有半个钟头，我到街上～一趟就回来。《集韵》入声盍韵疾盍切："疾走貌。"无锡音 zᴀʔ$_{\underline{23}}$，苏州音 zᴀʔ$_{\underline{23}}$，常熟音 zᴀʔ$_{\underline{23}}$，昆山音 zᴀʔ$_{\underline{23}}$，上海音 zɐʔ$_{\underline{12}}$，吴江音 zᴀʔ$_{\underline{23}}$，宁波音 zɐʔ$_{\underline{12}}$，绍兴音 zᴀʔ$_{\underline{23}}$，杭州音 zɐʔ$_{\underline{12}}$。

（16）眍

眼睛深凹。如：他瘦得眼睛～下去了。《集韵》平声侯韵墟侯切："～，《埤苍》：目深貌。"苏州音 k‘əɪ$_{44}$，上海音 k‘ɤ$_{52}$，嘉兴音 k‘e$_{51}$，海盐音 kei$_{52}$，临海音 k‘ə$_{433}$，绍兴音 k‘ɤ$_{52}$。

（17）园

藏，如：日记～在啥地方寻不到。“～钞票”，“～人”。《集韵》去声宕韵口浪切：“藏也。”丹阳音 kʻɑŋ$_{324}$，宜兴音 kʻᴀŋ$_{51}$，苏州音 kᴀ̃$_{412}$，上海音kʻᴀ̃$_{334}$，绍兴音 kʻɒŋ$_{33}$，海盐音 kʻɑ̃$_{324}$，天台音 kʻɔ$_{55}$，临海音 kʻɒ̃$_{44}$。

（18）搿

卡住。如：“～头颈”，“～喉咙”，“～钞票”。《广韵》入声陌韵苦格切：“手把著也。”苏州音 kʻᴀʔ$_{5}$，上海音 kʻɐʔ$_{5}$，吴江音 kʻᴀʔ$_{5}$，杭州音kʻɐʔ$_{5}$，绍兴音 kʻᴀʔ$_{5}$。

（19）趜

脚屈不能伸直，引申为物屈不能伸开。如：脚伸伸直，不要～；萝卜一晒就～。《集韵》平声儿韵渠尤切：“～，足不伸也。”苏州音 gəɪ$_{13}$，上海音 gɤ$_{113}$，吴江音 giəɯ$_{13}$，海盐音 gei$_{213}$，绍兴音 gɤ$_{31}$，但天台音为 kəu$_{22}$，临海音 kə$_{433}$。

（20）熯

在锅里烤，或放少量油煎。如：“～饼”，“～馄饨”。《广韵》去声翰韵呼旰切：“火干。”无锡音 ho$_{34}$，苏州音 hɵ$_{412}$，常熟音 hɤ$_{324}$，松江音 hø$_{35}$，天台音 hɐŋ$_{324}$，绍兴音 hẽ$_{33}$。

（21）嗀

吸吐。如：“～出一口痰。”《广韵》入声觉韵许角切：“呕吐。”苏州音 hɔʔ$_{5}$，上海音 hoʔ$_{5}$，宁波音 hoʔ$_{5}$，绍兴音 hoʔ$_{5}$，临海音 hoʔ$_{5}$。

（22）掗

强加，或善意强予。如：这事他要～上来，我也没办法；我不愿意收，他要～给我。《字汇》衣驾切：“强与人物也。”无锡音 o$_{544}$，苏州音 o$_{44}$，上海音 o$_{52}$，绍兴音 o$_{52}$。

（23）阛

折，从中间折下隔成两半。如：一张纸头一～二；把衣裳～起来。《广韵》上声小韵於小切：“隔也。”宜兴音 iɑɤ$_{51}$，靖江音 iɒ$_{51}$，无锡音 iʌ$_{323}$，上海音 iɔ$_{334}$，双林音 iɔ$_{334}$，天台音 ɔ$_{42}$，临海 ɔ$_{325}$，但杭州音 ʔyɪʔ$_{5}$，绍兴音 ʔyoʔ$_{5}$，余姚音 ɦyɔʔ$_{\underline{23}}$，应为同义词。

(24) 收捉

收拾整理。如：去～房间；把台子上～干净。溧阳音 sʌɯ$_{44}$ tsɔʔ$_{5}$，江阴音 sᴇɪ$_{53}$ tɕoʔ$_{2}$，常熟音 ʂɯ$_{33}$ tʂoʔ$_{5}$，上海音 sɤɯ$_{55}$ tsoʔ$_{\underline{31}}$，嘉兴音 se$_{44}$ tsoʔ$_{5}$，杭州音 seɪ$_{32}$ tsɔʔ$_{5}$，宁波音 ɕʏ$_{33}$ tsɔʔ$_{5}$，海盐音 sei$_{44}$ tsoʔ$_{5}$。

(25) 射尿

撒尿。如："一泡尿射得老长。"射，《集韵》去声祃韵神夜切："《说文》，弓弩发于身而中于远也。"由此义引申而来。各地的连读变调都与去声字开头相合。宜兴音 dzᴀ$_{21}$ ɕyɥ$_{23}$，常州音 dzɑ$_{21}$ sɥ$_{34}$，上海音 zᴀ$_{22}$ sɿ$_{44}$，嘉兴音 dz$_{22}$ sɿ$_{51}$，余姚音 dzᴀ$_{22}$ ɕi$_{44}$，海盐音 zᴀ$_{24}$ sɿ$_{31}$，而天台音 la$_{21}$ ɕy$_{34}$，临海音 lɑ$_{22}$ ɕy$_{44}$，黄岩音 lᴀ$_{55}$ sɥ$_{31}$，应为"拉尿"。

(26) 搛菜

夹菜。如：搛点菜到自己饭碗里。搛，《集韵》平声沾韵坚嫌切："夹持也。"溧阳音 tɕi$_{44}$ ts'æᴇ$_{412}$，丹阳音 tɕɪ$_{44}$ ts'æ$_{23}$，江阴音 tɕɪ$_{53}$ ts'æ$_{435}$，苏州音 tɕiɪ$_{44}$ ts'ᴇ$_{412}$，松江音 tɕi$_{44}$ ts'ᴇ$_{335}$，杭州音 tɕie$_{44}$ ts'ᴇ$_{34}$ sɥ$_{51}$，余姚音 tɕĩ$_{33}$ ts'e$_{52}$，海盐音 tɕie$_{44}$ ts'ɛ$_{324}$。搛，天台、临海、黄岩都读入声，天台音为 tɕiɪʔ$_{5}$，临海音为 kɪʔ$_{5}$，黄岩音为 tɕiɪʔ$_{5}$。

(27) 颈杀

强头入水，沉没浸死。如：游泳～。颈，《广韵》入声没韵乌没切："内头水中。"宜兴音 ɦuəʔ$_{2}$ sᴀʔ$_{4}$，常熟音 ʔoʔ$_{4}$ sᴀʔ$_{5}$，松江音 ʔvəʔ$_{4}$ sæʔ$_{4}$，杭州音 ʔvɛʔ$_{3}$ sɛʔ$_{5}$，诸暨音 ʔuɐʔ$_{3}$ seʔ$_{4}$，宁波音 ʔuɐʔ$_{5}$ sɐʔ$_{3}$。

(28) 来

在。声母 z 流音化为 l，"在"[zᴇ]读作[lᴇ]，写作"来"，弱化读作促音，为 ləʔ 或 leʔ，写作"勒"。"在……上"缩作"来浪"（"浪"即"上"，声母流音化），表示"在上面"或"在表面"；"在……里"缩作"来里"，在吴语中表示"在这儿"（近指）；吴语中另有"在……化"，缩作"来化"，儿化作"来亨"，鼻音失落作"来海"，表示"在里面"，"在……垵"或"在……拉"，缩作"来垵"、"来拉"，表示"在那儿"（远指），"来浪"、"来里"、"来化"、"来垵"又作"勒浪"、"勒里"、"勒化"（或"勒海"）、"勒搭"（或"勒拉"）等，进而在许多地方都虚化为中性的"在那儿"。如："人坐勒海"，"书摆勒浪"，"饭留勒拉拨儿子吃"。"来"字结构在各地的读音为：溧阳音 ləʔ$_{2}$，宜兴音 ləʔ$_{3}$lAŋ$_{53}$，常州音 ləʔ$_{\underline{23}}$，昆山音 ləʔ$_{2}$li$_{31}$，上海音 lɐʔ$_{1}$hE$_{23}$，罗店音 ləʔ$_{2}$lɒ̃$_{23}$，松江音 læʔ$_{3}$lAʔ$_{4}$，苏州音 ləʔ$_{\underline{23}}$ləʔ$_{3}$ 或 ləʔ$_{\underline{23}}$tɔʔ$_{5}$，杭州音 lE$_{212}$或 lE$_{23}$ toŋ$_{51}$，绍兴音 le$_{21}$da$_{33}$或 le$_{21}$dʊŋ$_{33}$或 le$_{21}$haŋ$_{33}$，余姚音 le$_{21}$lõ$_{23}$或 le$_{113}$，宁波音 le$_{22}$ tiɪʔ$_{5}$ 或 le$_{22}$ toŋ$_{44}$ 或 le$_{22}$ ke$_{44}$，海盐音为 ləʔ$_{\underline{21}}$ ho$_{13}$，嘉兴音 ləʔ$_{2}$ho$_{23}$。（toʔ、tiɪʔ 为 tAʔ 埯的变音，toŋ 为 toʔ 的儿化。）

（29）阿末

末了，最后。如：事体坚持做到～；从头到～。许多地方又作“末脚”。如溧阳音 ʔɑʔ$_{5}$məʔ$_{5}$，无锡音 ʔAʔ$_{4}$məʔ$_{5}$，苏州音 ʔAʔ$_{5}$məʔ$_{5}$，上海音 ʔɐʔ$_{3}$mɐʔ$_{4}$ 或 ʔɐʔ$_{3}$mɐʔ$_{5}$tɕiAʔ$_{\underline{31}}$，松江音 ʔAʔ$_{5}$məʔ$_{4}$tɕiAʔ$_{4}$，双林音 ʔAʔ$_{5}$məʔ$_{\underline{52}}$，宁波 mɐʔ$_{3}$tɕiɪʔ$_{5}$，黄岩音 mɐʔ$_{2}$tɕiã$_{51}$（tɕiã 为 tɕiAʔ 脚的儿化），临海音 məʔ$_{2}$kiAʔ$_{4}$。

（30）嗼

呆傻，不灵活，不知分寸。呆子，称“～头”；书呆子，称“书～头”。《广韵》入声铎韵徒落切：“～～无度。”《集韵》入声铎韵达各切：“言无度也。”无锡音 dɔʔ$_{\underline{23}}$，苏州音 dɔʔ$_{\underline{23}}$，常熟音 doʔ$_{\underline{23}}$，上海音 doʔ$_{\underline{12}}$，海盐音 doʔ$_{\underline{23}}$，绍兴音 doʔ$_{\underline{23}}$，天台音 doʔ$_{\underline{23}}$。

（31）慒

因腹饥而胃内不舒服。如：心里有点～；今朝我胃里～得来。《集韵》平声豪韵财劳切：“一曰腹鸣。”无锡音 zʌ$_{323}$，苏州音 zæ$_{23}$，常熟音 zɔ$_{233}$，上海音 zɔ$_{113}$，嘉兴音 zɔ$_{31}$，海盐音 zɔ$_{213}$，天台音 zau$_{212}$。

（32）䆪

又大又空。如：房间里“空～～”。场地“空～”。无锡音 huAʔ$_{5}$，苏州音 huAʔ$_{5}$，常熟音 huAʔ$_{5}$，昆山音 huAʔ$_{5}$，上海音 huɐʔ$_{5}$，海盐音 huAʔ$_{5}$。

（33）豪悛

赶快。如：吃饭～点！～，～，车子就要开了。悛，《集韵》去声号韵先到切：“快也。”宜兴音 ɦɑɤ$_{22}$sɑɤ$_{53}$tɪ$_{31}$（第三音节是“点”），江阴音 ɦɒ$_{21}$sɒ$_{33}$tɪ$_{43}$，靖江音 sɒ$_{35}$tĩ$_{31}$，苏州音 ɦæ$_{22}$sæ$_{55}$tiɪ$_{31}$，上海音 ɦɔ$_{22}$sɔ$_{44}$，杭州音 ɦɔ$_{21}$sɔ$_{23}$tie$_{51}$，余姚音 ɦɒ$_{22}$sɒ$_{44}$tĩ$_{52}$，海盐音 ɦɔ$_{23}$sɔ$_{52}$。

（34）殟塞

烦闷，心里不舒服，不痛快。如：碰到这件事，心里实在～；～在心里。殟,《广韵》入声没韵乌没切:“心闷。”苏州音 uəʔ$_{5}$ səʔ$_{5}$,上海音 uɐʔ$_{3}$ sɐʔ$_{5}$,宁波音 uɐʔ$_{5}$ sɐʔ$_{3}$。

(35) 浜

小河。如:跳过这条~;这条河~水流不通。“浜”是江南一带对小河的称名,在地名上留下很多痕迹,如“沙家浜”,“横泾浜”,等。《集韵》平声庚韵晡横切:“沟纳舟者口~。”苏州音 pÃ$_{44}$,常熟音 pÃ$_{51}$,上海音 pÃ$_{52}$,松江音 pɛ̃$_{52}$,吴江黎里音 pɛ̃$_{44}$,海盐音 pã$_{52}$,天台音 pa$_{22}$,但嘉兴以南许多地方不用“浜”,如临海不流水的河称“港”[kɔ̃ŋ$_{325}$],水流畅通的称“溪”[k‘i$_{433}$]。

(36) 棒冰

冰棍儿。如:去买一根~。溧阳音 bAŋ$_{32}$ pin$_{23}$,靖江音 bɑŋ$_{24}$ piŋ$_{31}$,无锡音 bɒ̃$_{22}$ pin$_{55}$,杭州音 bAŋ$_{23}$ pɪn$_{52}$,诸暨音 bɒ̃$_{23}$ pĩ$_{52}$,余姚音bɒ̃$_{23}$ pen$_{44}$,临海音 bɑ̃ŋ$_{22}$ pin$_{44}$,黄岩音 bɒ̃$_{23}$ piɪŋ$_{31}$。

(37) 馒头

包子(有馅)、馒头(无馅)都称馒头。如:“买只淡~”,“买只菜~”。宜兴音 me$_{21}$ dɤɯ$_{23}$,靖江音mɯ̃$_{22}$ døʏ$_{23}$,苏州音 mɵ$_{22}$ dəɪ$_{44}$,松江音 me$_{22}$ dɯ$_{52}$,杭州音 muo$_{21}$ deɪ$_{23}$,绍兴音 mĩ$_{22}$ dɤ$_{52}$,海盐音 mɵ$_{23}$ dɛ$_{52}$,从宁波、余姚以南,“包子”与“馒头”趋于分开称呼。黄岩有肉馅的称“猪肉馒头”,其他都称“馒头”或“馒头团”,音 tsʅ$_{33}$ ȵyɔʔ$_{2}$ mɛ$_{33}$ diɤ$_{51}$,mɛ$_{22}$ diɤ$_{51}$,mɛ$_{22}$ diɤ$_{33}$ dø$_{44}$。许多地方也有称“肉馒头”特指猪肉馅包子的。

(38) 篼

竹篾编的圆形浅口器具,有的地方口较深。如:用只~晒面粉。《集韵》上声骇韵徒骇切:“竹器。”无锡音 dɑ$_{33}$,苏州音 dɒ$_{31}$,常熟音 dɑ$_{31}$,昆山音 dɑ$_{21}$,上海音 dA$_{113}$,天台音 da$_{22}$ lu$_{324}$。

(39) 田鸡

青蛙。溧阳音 di$_{32}$ tɕi$_{23}$,靖江音 dĩ$_{22}$ tɕi$_{j34}$,苏州音 diɪ$_{22}$ tɕi$_{j44}$,上海音 di$_{22}$ tɕi$_{44}$,杭州音 die$_{21}$ tɕi$_{23}$,海盐音 die$_{23}$ tɕi$_{52}$,宁波音 di$_{22}$ tɕi$_{51}$,天台音 die$_{22}$ ki$_{34}$。

(40) 洞洞

窟窿。又称“洞洞眼”。如:挖个洞洞眼,在洞洞里看西洋镜。丹阳音 toŋ$_{44}$ toŋ$_{31}$ 或 ŋæ$_{213}$（眼），江阴音 doŋ$_{24}$ doŋ$_{33}$ do$_{31}$（洞洞头），常州音 doŋ$_{21}$ doŋ$_{11}$ ŋæ$_{13}$，无锡音 doŋ$_{22}$ doŋ$_{55}$ 或 doŋ$_{22}$ doŋ$_{55}$ ŋɛ$_{31}$，上海音 dʊŋ$_{22}$ dʊŋ$_{44}$ 或 dʊŋ$_{22}$ dʊŋ$_{55}$ ŋᴇ$_{31}$，嘉兴音 doŋ$_{22}$ doŋ$_{34}$/doŋ$_{22}$ doŋ$_{55}$ ŋᴇɛ$_{31}$，余姚音 dʊŋ$_{21}$ dʊŋ$_{22}$ ŋɛ̃$_{44}$，双林音 doŋ$_{22}$ doŋ$_{22}$ ŋᴇ$_{52}$，黄岩音 doŋ$_{23}$ ŋɛ$_{31}$。

（41）卵

男性生殖器，阴茎称“卵”，包括睾丸、阴囊在内总称也曰“卵”。宜兴音 le$_{24}$，丹阳音 ləŋ$_{213}$，江阴音 ʔlɵ$_{45}$，无锡音 lo$_{213}$，苏州音 lɵ$_{31}$，常熟音 lɤ$_{213}$，上海音 lø$_{113}$，嘉兴音 lɤə$_{223}$，诸暨音 lɤ$_{31}$，海盐音 ʔlɵ$_{44}$，余姚音 lõ$_{23}$ tsɿ$_{44}$（卵子），宁波音 lœʏ$_{22}$ tsɿ$_{44}$，黄岩音 lø$_{21}$ tsɿ$_{31}$，天台音 lø$_{21}$ dɛɪ$_{24}$（卵袋）。

（42）馋唾

口水，唾液。又称“馋唾水”，或“馋”（如：“漏馋”）。馋，《广韵》平声咸韵士咸切：“不廉。”《玉篇·食部》：“食不厌也。”“馋唾”，因口馋而流唾液。宜兴音 zᴀ$_{22}$ tʻu$_{52}$，丹阳音 sæ$_{22}$ tʻəu$_{44}$，苏州音 zᴇ$_{22}$ tʻɜu$_{55}$ sɿ$_{31}$（馋唾水），常熟音 zæ$_{23}$ tʻɯ$_{33}$ 或 zæ$_{44}$ tʻɯ$_{33}$ ʂʮ$_{31}$，上海音 zᴇ$_{22}$ tʻu$_{55}$ sɿ$_{31}$，嘉兴音 zᴇ$^{ɛ}_{22}$ tʻəu$_{55}$ sɿ$_{31}$，杭州音 dzᴇ$_{21}$ tʻu$_{23}$ sueɪ$_{51}$，宁波音 zᴇ$_{22}$ tʻu$_{44}$ sʮ$_{55}$，黄岩称“馋”，音 zɛ$_{22}$，天台称 vɛ$_{22}$ tʻu$_{44}$，临海音 zᴇ$_{33}$ tʻu$_{44}$ lu$_{53}$。

（43）饧糖

饴糖。用米和麦芽制成的糖。主要成分是麦芽糖、葡萄糖和糊精。饧，《集韵》平声清韵徐盈切：“说文，饴和馓者也。”溧阳音 ɕʑin$_{32}$ dᴀŋ$_{23}$，江阴音 dʑin$_{2}$ dᴀŋ$_{31}$，无锡音 zin$_{22}$ dɒ̃$_{44}$，上海音 dʑin$_{22}$ dÃ$_{44}$，杭州音 dʑɪn$_{22}$ dᴀŋ$_{44}$，宁波音 dʑɪŋ$_{22}$ dɔ̃$_{55}$，宜兴称“糖饧”，音 dᴀŋ$_{21}$ ʑiŋ$_{23}$，黄岩称“糖引”，音 dɒ̃$_{23}$ jiɪŋ$_{31}$。

（44）榾

果核。如：“苹果～”，“桃子～”，“橄榄～”。《广韵》入声没韵户骨切：“果子～也。”吴语不用“核”，称果核。溧阳音 ɦuə$_{223}$，苏州音 ɦuəʔ$_{\underline{23}}$，上海音 ɦuɐʔ$_{\underline{12}}$，松江音 vəʔ$_{\underline{23}}$，绍兴音 ɦuoʔ$_{\underline{23}}$，海盐音 ɦuoʔ$_{\underline{23}}$，宁波音 ɦuɐʔ$_{\underline{23}}$，嵊县音 vᴇʔ$_{\underline{12}}$，丹阳称“榾榾”，音 uɛʔ$_{\underline{52}}$ uɛʔ$_{\underline{23}}$；靖江称“榾子”，音 ɦuəʔ$_{2}$ tsɿ$_{23}$；常州称“榾榾头”，音 ɦuɜʔ$_{2}$ ɦuɜʔ$_{1}$ dei$_{23}$，杭州称“榾儿”，音 ɦuɐʔ$_{2}$ ər$_{23}$，新昌音“榾儿”失落儿化，音 ɦuei$_{23}$，天台用 ȵia$_{213}$，临海用

ȵiã$_{213}$，都不用“棚”。

(45) 镬

锅子。如：“镬子镬盖”都买来了。《广韵》入声铎韵胡郭切：“鼎～。”《集韵》入声铎韵黄郭切：“《说文》镌也。”丹阳后巷音 ɦuəʔ$_{\underline{24}}$，无锡音 ɦɔʔ$_{\underline{23}}$，常熟音 ɦuoʔ$_{\underline{23}}$，苏州音 ɦɔʔ$_{\underline{23}}$，上海音 ɦoʔ$_{\underline{23}}$ 或 ɦuɐʔ$_{\underline{23}}$，嘉兴音 ʔuoʔ$_{\underline{12}}$ 或 ʔoʔ$_{\underline{12}}$，双林音 ʔu$_{44}$ 或 ʔuəʔ$_{\underline{54}}$（ʔu$_{44}$ 为儿化失落音），杭州音 huəʔ$_{5}$，诸暨音 ɦuoʔ$_{\underline{12}}$，宁波音 ɦɔʔ$_{\underline{23}}$，余姚音 ɦɔʔ$_{\underline{23}}$ 或 ɦuɔʔ$_{\underline{23}}$，黄岩音 ɦuɔʔ$_{\underline{12}}$ 或 ɦuɒ̃$_{52}$（镬儿）。宜兴、溧阳、江阴、常州等地不用“镬”。

(46) 活狲

猴子。狲：《广韵》平声魂韵思深切：“猴～。”《玉篇·犬部》：“～，猴～，也。”“活”为“猢”的变音。猢：《广韵》平声模韵户吴切：“衚猢，兽名，似猨。”“猢”、“狲”合为双音词见于唐张鷟《朝野佥载》：“杨仲嗣躁急，号热镦上猢狲。”宜兴音 ɦuəʔ$_{2}$ səŋ$_{23}$，靖江音 ɦuəʔ$_{2}$ səŋ$_{23}$，无锡音 ɦuəʔ$_{2}$ sən$_{55}$，松江音 vəʔ$_{2}$ sən$_{52}$，余姚音 ɦuɐʔ$_{2}$ sen$_{44}$，绍兴称“猢狲儿”，音 ɦu$_{22}$ sɯ$_{52}$；黄岩称“猢狲”，音 ɦu$_{25}$ sʮəŋ$_{52}$。

(47) 靥

疮痂。如：伤疤上结了一层～。《集韵》上声琰韵於琰切：“疡痂也。”苏州音 ʔiɪ$_{44}$，上海音 ʔi$_{52}$，宁波音 ʔi$_{325}$，天台音 ʔie$_{324}$，临海音 ʔiᴇ$_{325}$。

(48) 交

修饰谓词的重叠词的后缀，如：慢慢交，省省交。无锡音 tɕiʌ，苏州音 tɕiæ，上海音 tɕiɔ，宁波音 tɕiɔ，天台音 kau，临海音 kɔ。

四、三级特征词

本节罗列三级特征词，共 60 条。

(1) 擘

分开，叉开，张开。如：“两脚～开”，“眼睛～开就相骂”，“蚌壳～开来了”，“～脚腿”。又：用手分开或折断。如：“一～两半”，“树枝～断”。《广韵》入声麦韵博厄切：“分～。”苏州音 pᴀʔ$_{5}$，上海音 pɐʔ$_{5}$，海盐音 pᴀʔ$_{5}$，宁波音 pɐʔ$_{5}$。

(2) 剕

横削，砍去一层，削去一层。如："～脱一层硬皮"，"～一层草"，"～脱一层木头"。《广韵》平声齐韵匹迷切："～斫。"《集韵》平声齐韵篇迷切："削也。"无锡音 $p'i_{544}$，苏州音 $p'i_{j44}$，上海音 $p'i_{52}$，松江音 $p'i_{j52}$，宁波音 $p'i_{52}$，海盐音 $p'i_{52}$。

(3) 皮

用刀平切剖肉。如："肉要一片一片～出来。"《广韵》平声支韵敷羁切："开肉。"无锡音 $p'i_{544}$，苏州音 $p'i_{j44}$，上海音 $p'i_{52}$，海盐音 $p'i_{52}$，宁波音 $p'i_{52}$，杭州音 $p'i_{323}$。

(4) 脈

破物，分开。如："两脚～开"，"～开一只西瓜"。《广韵》入声陌韵普伯切："破物也。"无锡音 $p'Aʔ_{5}$，苏州音 $p'Aʔ_{5}$，上海音 $p'ɐʔ_{5}$，常熟音 $p'Aʔ_{5}$，杭州音 $p'ɐʔ_{5}$，宁波音 $p'ɐʔ_{5}$，绍兴音 $p'Aʔ_{5}$。

(5) 鐾

在粗糙的表面磨擦。如把刀在缸沿、皮布上磨。把刀在头发上"～一～快"，"～自来火"。《集韵》去声霁韵蒲汁切。"治刀使利。"无锡音 bi_{213}，苏州音 bi_{j31}，常熟音 bi_{213}，上海音 bi_{113}，嘉兴音 bi_{113}，海盐音 bi_{213}，宁波音 bi_{113}，杭州音 bi_{113}。

(6) 伏

孵，蹲下。如：孵小鸡，称"～小鸡"。蹲下来，称"～下来"。《广韵》去声宥韵扶富切："鸟菢子。"无锡音 bu_{213}，苏州音 bu_{31}，上海音 bu_{113}，海盐音 bu_{213}，宁波音 bu_{113}。

(7) 踫

爬。如：地上～。匍匐地上爬不动，称"踫蹬地上"。《集韵》平声衔韵皮咸切："涉也。"《篇海》："～蹬，不能行也。"靖江音 $b\tilde{æ}_{223}$，江阴音 $bæ_{223}$，无锡音 $bɛ_{213}$，苏州音 $bɛ_{23}$，昆山音 bE_{231}，上海音 bE_{113}，吴江音 bE_{13}，嘉兴音 $bE^{ɛ}_{231}$，绍兴音 $b\tilde{æ}_{231}$，嵊县太平音 $b\tilde{æ}_{31}$。

(8) 脗

合拢空隙。如：～缝，即合缝；～起嘴笑。《广韵》上声轸韵弥邻切："～合。"无锡音 min_{33}，常熟音 $ʔm\tilde{ɪ}n_{44}$，苏州音 min_{31}，上海音 $ʔmin_{334}$，

海盐音 ʔmin$_{324}$。

(9) 搪

挡，用手推止。如：对他的进攻，我暂时一～一；"～一只球"；"拳头过来也能～"。《字汇》他郎切："以手推止也。"宜兴音 t'ʌŋ$_{55}$，丹阳音 t'ɑŋ$_{22}$，苏州音 t'ã$_{44}$，上海音 t'ã$_{52}$，嘉兴音 t'ã$_{51}$，海盐音 t'ɑ̃$_{52}$。嘉兴以南用"拦"、"挡"。

(10) 𩧉

除去禽畜的生殖器，阉割。如：～脱鸡卵子。《广韵》平声魂韵都昆切："去畜势，出《字林》。"无锡音 tən$_{433}$，苏州音 tən$_{44}$，常熟音 təŋ$_{52}$，上海音 tən$_{52}$，海盐音 tən$_{52}$。

(11) 敠

搬物衡轻重。如：～份量。《集韵》入声末韵丁括切："敁～，知轻重也。"无锡音 təʔ$_{5}$，上海音 tɐʔ$_{5}$，松江音 tœʔ$_{5}$，天台音 tœʔ$_{5}$，临海音 tœʔ$_{5}$。

(12) 涿

淋雨。如：你不要在"雨头里～"，"～雨"。《集韵》入声尾韵都木切："流下滴。"无锡音 tɔʔ$_{5}$，苏州音 tɔʔ$_{5}$，常熟音 toʔ$_{5}$，上海音 toʔ$_{5}$，溧阳音 tɔʔ$_{5}$，江阴音 toʔ$_{5}$，海盐音 toʔ$_{5}$，杭州以南为"浞"，如绍兴音 zoʔ$_{\underline{23}}$，崇仁音 dʑioʔ$_{\underline{23}}$。

(13) 厾

丢，扔，甩。如：把垃圾～脱，把手榴弹～出去，纸头不要～开来。乱～乱掼。《中华大字典》缩印本第 22 页："厾，方言：丢。"苏州音 tɔʔ$_{5}$，上海音 toʔ$_{5}$，嘉兴音 toʔ$_{5}$，海盐音 toʔ$_{5}$。

(14) 䙱

做衣时因衣料不够，拼上一个角，称"～角"。如：～一块衣料上去，"～裆"。《广韵》入声沃韵冬毒切："衣背缝也。"无锡音 tɔʔ$_{5}$，苏州音 tɔʔ$_{5}$，常熟音 tɔʔ$_{5}$，上海音 toʔ$_{5}$，嘉兴音 toʔ$_{\underline{54}}$，宁波音 tɔʔ$_{5}$，杭州音 tɔʔ$_{5}$。

(15) 扚

捶。如："～背"，"～衣裳"。又：用两个指头捏住小肉往外拉。如："～肉"。"～痧"；"～线头"即掐线使断。《集韵》入声锡韵丁历切：

"～,击也,引也。"《字汇》:"手掐也。"无锡音 tɪʔ$_{5}$,苏州音 tɪʔ$_{5}$,常熟音 tɪʔ$_{5}$,上海音 tiɪʔ$_{5}$,松江音 tɪʔ$_{5}$,嘉兴音 tɪʔ$_{\underline{54}}$。

(16) 敨

展开,抖搂。如:～开报纸;把被子～一～。《集韵》上声有韵他口切:"展也。"溧阳音 tʻei$_{52}$,丹阳音 tʻᴇ$^{e}_{44}$,江阴音 tʻᴇɪ$_{435}$,无锡音 tʻᴇɪ$_{324}$,苏州音 tʻɘɪ$_{51}$,昆山音 tʻᴇ$_{52}$,上海音 tʻɤ$_{334}$,杭州音 tʻeɪ$_{51}$,绍兴音 tʻɤ$_{334}$,余姚音 tʻɤ$_{435}$,宁波音 tʻœʏ$_{325}$,黄岩音 tʻiɤ$_{533}$,海盐音 tei$_{324}$。

(17) 掏

选,挑。如:"～旧书","～旧货店"。又:勺舀汤置中,称"～汤"。《广韵》豪韵徒刀切:"～择。"无锡音 dʌ$_{33}$,苏州音 dæ$_{223}$,常熟音 dɔ$_{233}$,上海音 dɔ$_{113}$,海盐音 dɔ$_{113}$,杭州音 dɔ$_{113}$。

(18) 拎

提。如:"～书包","～篮子","～包"。《广韵》平声青韵郎丁切:"手悬捻物。"宜兴音 ʔliŋ$_{55}$,靖江音 ʔliŋ$_{433}$,昆山音 lin$_{132}$,上海音 ʔlin$_{52}$,嘉兴音 ʔlin$_{51}$,余姚音 ʔlen$_{34}$,杭州音 ʔlɪn$_{323}$,绍兴音 ʔlɪŋ$_{52}$。

(19) 缭

缝合。如:"～衣裳","～被头"。《集韵》平声真韵离珍切:"绍也,理丝也。"苏州音 lin$_{13}$,上海音 lin$_{113}$,松江音 lin$_{113}$,杭州音 lin$_{212}$。

(20) 疰

夏季精神倦怠,胃纳不佳,称"～夏";晕船,称"～船"。《广韵》去声遇韵之戍切:"～病。"无锡音 tʂɥ$_{34}$,苏州音 tsɥ$_{412}$,常熟音 tʂɥ$_{324}$,上海音 tsɿ$_{52}$,松江音 tɕy$_{35}$,杭州音 tsɥ(疰夏 tsɥ$_{44}$ jiɑ$_{113}$,疰热: tsɥ$_{44}$ zeʔ$_{\underline{12}}$),海盐音 tsɿ$_{324}$。

(21) 嗍

啜,吸。如:小儿"～奶",瓶里"～汽水","～螺丝肉"。《集韵》入声觉韵色角切:"《说文》,吮也。"丹阳音 tɕyeʔ$_{5}$,苏州音 sɔʔ$_{5}$,上海音 soʔ$_{5}$,杭州音 sɔʔ$_{5}$,余姚音 sɔʔ$_{5}$,黎里音 soʔ$_{5}$,双林音 soʔ$_{\underline{54}}$,宁波音 suɔʔ$_{5}$,绍兴音 soʔ$_{5}$。

(22) 穊

积聚。如:"～水","～钞票"。《集韵》上声有韵士九切:"聚也。"无锡音 zᴇi$_{33}$,苏州音 zɘɪ$_{31}$,常熟音 zɯ$_{31}$,上海音 zɤ$_{113}$,海盐音 zei$_{213}$,杭州

音 dzeɪ$_{113}$。

(23) 煠

在沸水、沸油中煮食物。如："菠菜先～一～"，"～油条"。《集韵》入声洽韵士洽切："汤～。"苏州音 zAʔ$_{\underline{23}}$，上海音 zɐʔ$_{\underline{12}}$，杭州音 zɐʔ$_{\underline{12}}$，宁波音 zɐʔ$_{\underline{23}}$，绍兴音 zAʔ$_{\underline{23}}$。

(24) 讋

骂，用言刺。如：冷不防～来一句，～他两句。《集韵》入声铎韵疾各切："詈也。"无锡音 zɔʔ$_{\underline{23}}$，苏州音 zɔʔ$_{\underline{23}}$，常熟音 dʒoʔ$_{\underline{23}}$，上海音 zoʔ$_{\underline{12}}$，海盐音 zoʔ$_{\underline{23}}$，杭州音 zɔʔ$_{\underline{12}}$。

(25) 戳

戳，捣，捅。如：～一个洞，缸里的泥～～烂，～碎，～穿。《广韵》入声觉韵直角切："～，筑也，舂也。"无锡音 zɔʔ$_{\underline{23}}$，苏州音 zɔʔ$_{\underline{23}}$，常熟音 dʑoʔ$_{\underline{23}}$，上海音 zoʔ$_{\underline{12}}$，杭州音 dzɔʔ$_{\underline{12}}$。

(26) 缲

卷衣边缝上。如：～边。又：翻卷。如："袖子管～～起。"《集韵》平声宵韵千遥切："以针紩衣。"无锡音 ts'iʌ$_{544}$，苏州音 ts'iæ$_{44}$，常熟音 ts'iɔ$_{52}$，上海音 tɕ'iɔ$_{52}$，海盐音 tɕ'iɔ$_{324}$，杭州音 tɕ'iɔ$_{323}$。

(27) 皵

皮肤、指甲、木头裂开一丝翘起。如：地板～起一条，"肉～皮"。苏州音 ts'iAʔ$_{5}$，上海音 tɕ'iɪʔ$_{5}$，松江音 tɕ'iAʔ$_{5}$，宁波音 tɕ'iɐʔ$_{5}$。

(28) 搇

手按。如：图钉，称"～钉"。《集韵》去声沁韵丘禁切："按也。"无锡音 tɕ'in$_{34}$，苏州音 tɕ'in$_{412}$，常熟音 tɕ'iŋ$_{324}$，上海音 tɕ'in$_{334}$，杭州音 tɕ'ɪn$_{334}$，绍兴音 tɕ'ɪŋ$_{33}$。

(29) 㡼

倾滑。如："～扶梯"，一不留心从扶梯上～下来，"～酒"。《集韵》去声祃韵四夜切："倾也。"苏州音 siɒ$_{412}$，上海音 ɕiA$_{334}$，吴江音 siɒ$_{412}$，宁波音 ɕia$_{325}$。

(30) 㔎

肩扛。俗写作"掮"。如：～起箱子就走，～不动了。《集韵》平声仙韵渠焉切："负物也。"无锡音 dʑiɪ$_{213}$，苏州音 dʑiɪ$_{131}$，常熟音 dʑie$_{233}$，上海音 dʑi$_{113}$，宜兴音 dʑɪ$_{223}$，靖江音 tɕĩ$_{433}$，松江音 dʑi$_{31}$，吴江盛泽音 dʑi$_{j24}$。吴江以南用"扛"。

（31）掬

两手搓揉。如："～面粉"，"～衣裳"。《集韵》入声屋韵女介切："摍～不申。"《篇海》昵角切："手～也。"无锡音 ȵioʔ$_{\underline{23}}$，苏州音 ȵioʔ$_{\underline{23}}$，上海音 ȵioʔ$_{\underline{12}}$，海盐音 ȵioʔ$_{\underline{23}}$，杭州音 ȵioʔ$_{\underline{12}}$，宁波音 ȵyɔʔ$_{\underline{23}}$，天台音 no$_{213}$，临海音 ȵioʔ$_{2}$。

（32）赅

拥有。如："～富"，"～钞票"，"～家当"。引申为吝啬。如：～得一毛不拔。《广韵》平声咍韵古哀切："又赡也。"《集韵》平声咍韵柯开切："货也。"无锡音 kᴇ$_{544}$，苏州音 kᴇ$_{44}$，上海音 kᴇ$_{52}$，海盐音 kɛ$_{52}$，杭州音 kᴇ$_{323}$，宁波音 ke$_{52}$。

（33）𢊩

胀大裂开。如："瓜～开"，"手～开"，伤口～开一条口，眼睛～大。《集韵》去声荡韵古晃切："张大皃。"苏州音 kuɑ̃$_{412}$，上海音 kuÃ$_{334}$ 或 kuÃ$_{52}$，海盐音 kuɑ̃$_{52}$。

（34）皵

东西干后脆裂。如：墙壁石灰～起来了。形容东西硬而脆，称"硬～～"。《集韵》入声觉韵克角切："㲉～，干也。"苏州音 k'ɔʔ$_{5}$，上海音 k'oʔ$_{5}$，海盐音 k'oʔ$_{5}$，杭州音 k'ɔʔ$_{5}$，宁波音 k'ɔʔ$_{5}$。

（35）齾

弄缺。如：牙齿～脱一块，碗口～一块，～脱几块钱没有关系。《广韵》入声辖韵五辖切："器缺也。"《集韵》入声鎋韵牛辖切："《说文》，缺齿也。"无锡音 ŋᴀʔ$_{\underline{23}}$，苏州音 ŋᴀʔ$_{\underline{23}}$，常熟音 ŋᴀʔ$_{\underline{23}}$，上海音 ŋɐʔ$_{\underline{12}}$，海盐音 ŋᴀʔ$_{\underline{23}}$。

（36）拗

折。如：一根筷子～断了。"～手劲"～不过他。《广韵》上声巧韵於绞切："手拉。"《玉篇·手部》："～折也。"苏州音 ʔæ$_{51}$，上海音 ʔɔ$_{334}$，杭州音 ʔɔ$_{51}$，海盐音 ʔɔ$_{324}$。

（37）𢭃

用容器估量。如：要～准足吃；你～一～缸里的米有多少？《集韵》平声豪韵乎刀切："较多少。"无锡音 ɦʌ$_{213}$，苏州音 ɦæ$_{31}$，常熟音 ɦɔ$_{213}$，上海音 ɦɔ$_{113}$，海盐音 ɦɔ$_{213}$。

（38）孛相

玩。又写作"白相"。清乾隆十五年《宝山县志》："俗谓嬉游曰薄相。"清翟灏《通俗编·行事》："《吴江志》：'俗谓嬉游曰孛相'，《太仓志》作'白相'。"宜兴音 bɪʔ$_{3}$ ɕiᴀŋ$_{52}$，江阴音 bɜʔ$_{2}$ siᴀŋ$_{23}$，常州音 bəʔ$_{3}$ ɕiᴀŋ$_{52}$，上海音 bɐʔ$_{2}$ ɕiᴀ̃$_{23}$，嘉兴音 biɪʔ$_{3}$ ɕiᴀ̃$_{23}$，双林音 bəʔ$_{2}$ ɕiã$_{52}$。

（39）骂山门

骂街。如：他在外面～；我不怕人家骂我山门。宜兴音 mᴏ$_{21}$ sᴀ$_{11}$ məŋ$_{23}$，江阴音 mo$_{33}$ sae$_{53}$ mᴇŋ$_{31}$，常州音 mᴏ$_{21}$ sæ$_{11}$ məŋ$_{13}$，苏州音 mᴏ$_{22}$ sᴇ$_{55}$ mən$_{31}$，松江音 mᴏ$_{23}$ sᴇ$_{44}$ məŋ$_{44}$，双林音 mʊ$_{22}$ sᴇ$_{44}$ mən$_{44}$，杭州音 mɑ$_{23}$ sᴇ$_{33}$ mən$_{51}$，绍兴音 mo$_{33}$ sæ̃$_{33}$ mĩ$_{52}$。绍兴以南，不用"骂山门"，多用"骂人"。

（40）眼热

羡慕。如：我～他处处逢源。宜兴音 ŋᴀ$_{21}$ ȵiɪʔ$_{5}$，靖江音 ŋæ̃$_{33}$ ȵiɪʔ$_{5}$，苏州音 ŋᴇ$_{22}$ ȵiəʔ$_{4}$，上海音 ŋᴇ$_{22}$ ȵiɪʔ$_{4}$，嘉兴音 ŋᴇ$_{22}$ ȵiəʔ$_{5}$，诸暨音 ŋᴇ$_{24}$ ȵiəʔ$_{3}$，杭州音 ʔie$_{55}$ ɻaʔ$_{\underline{31}}$。天台用 ŋᴇ$_{23}$ ŋ̍$_{44}$，临海用 ŋᴇ$_{24}$ ɦoŋ$_{31}$，都是"眼红"。

（41）𩝄

脸色苍白。如："面孔白～～。"《集韵》上声筱韵朗鸟切："～～，面白也。"无锡音 liʌ$_{33}$，苏州音 liæ$_{31}$，常熟音 liɔ$_{31}$，昆山音 liɔ$_{223}$，上海音 liɔ$_{113}$，宁波音 liɔ$_{113}$，杭州音 ʔliɔ$_{51}$，绍兴音 liɔ$_{3}$。

（42）嫸

美好。如：字写得真～！这块布料真～！《玉篇》卷第三女部作旦切："好容貌。《说文》：白好也。"《通俗文》："服饰鲜盛谓之嫸～。"苏州音 tsᴇ$_{412}$，上海音 tsᴇ$_{334}$，杭州音 tsᴇ$_{51}$。

（43）皴

皮肤因受寒而细裂。如："开～"；皮肤～得不得了。《集韵》平声谆韵七伦切："《说文》，细皮起也。"苏州音 ts'ən$_{44}$，上海音 ts'ən$_{52}$，吴江音 ts'əŋ$_{33}$，杭州音 ts'uə'n$_{323}$，海盐音 ts'ən$_{52}$。

（44）锃

表面平滑光亮。如："金光～亮"，"～～亮"。《广韵》去声映韵除更切："磨～出剑光。"无锡音 zã$_{213}$，苏州音 zÃ$_{31}$，上海音 zÃ$_{113}$，海盐音 zã$_{213}$，宁波音 zã$_{113}$。

（45）瀴

冷，凉：天气慢慢～起来了；"水忒～"；"～飕飕"。《集韵》去声映韵於孟切："～瀙，冷也。"无锡音 ʔiŋ$_{34}$，苏州音 ʔin$_{412}$，常熟音 ʔĩŋ$_{324}$，上海音 ʔin$_{334}$，海盐音 ʔin$_{324}$，杭州音 ʔin$_{334}$。

（46）鋬

器具的提梁。如："镬子～"，"篮～"。《集韵》去声谏韵普患切："器系。"无锡音 p'ɛ$_{34}$，苏州音 p'ᴇ$_{412}$，常熟音 p'æ$_{324}$，上海音 p'ᴇ$_{334}$，杭州音p'ᴇ$_{34}$ ər$_{51}$。

（47）髈

腿。如：大脚～，小～。《集韵》上声荡韵普朗切："胁肉也。"《玉篇》卷第七骨部滂朗切："股也。"丹阳音 dʌɤ$_{22}$ tɕiᴀʔ$_{5}$ p'ɑŋ$_{31}$（大脚髈），靖江音 dʌɤ$_{24}$ tɕiɑʔ$_{5}$ p'ɑŋ，昆山音 dəu$_{22}$ p'ã$_{41}$（大髈），上海音 du$_{22}$ p'Ã$_{44}$，杭州音 du$_{22}$ tɕiɪʔ$_{5}$ p'ᴀŋ$_{31}$，余姚音 t'e$_{44}$ pɒ̃$_{44}$（腿髈）。

（48）篰

大竹筐。《集韵》上声姥韵伴姥切："竹器。"无锡音 bu$_{33}$，常熟音 bu$_{31}$，苏州音 bu$_{31}$，上海音 bu$_{113}$，松江音 bu$_{113}$。

（49）冻瘃

冻疮。瘃：《广韵》入声烛韵陟玉切："寒疮也。"无锡音 tsɔʔ$_{5}$，苏州音 tsɔʔ$_{5}$，常熟音 tsoʔ$_{5}$，上海音 tsoʔ$_{5}$，松江音 tsɔʔ$_{5}$。

（50）眮肛

肛门。眮：《集韵》去声送韵徒弄切："大肠。"肛：《广韵》平声东韵古红切："《文字集略》云：脱肛，下部病也。"宜兴音 doŋ$_{21}$ koŋ$_{23}$，丹阳音 toŋ$_{21}$ koŋ$_{22}$，常州音 doŋ$_{21}$ koŋ$_{13}$，常熟音 dʊŋ$_{24}$ kʊŋ$_{31}$，上海音 doŋ$_{22}$ koŋ$_{44}$，嘉兴音 doŋ$_{22}$ koŋ$_{51}$，双林音 doŋ$_{21}$ koŋ$_{34}$，杭州音 doŋ$_{22}$ koŋ$_{51}$，余姚音 dʊŋ$_{22}$ kʊŋ$_{44}$，宁波音 doŋ$_{22}$ koŋ$_{51}$。

（51）物事

东西。江阴音 mɜʔ$_{2}$ zɿ$_{23}$，无锡音 məʔ$_{2}$ zɿ$_{34}$，苏州音 məʔ$_{3}$ zɿ$_{52}$，昆山音

məʔ$_{2}$ zɿ$_{31}$，松江音 məʔ$_{2}$ zɿ$_{34}$，吴江盛泽音 məʔ$_{3}$ zqɿ$_{33}$，嘉兴音 ʔməʔ$_{5}$ zɿ$_{31}$，嘉兴又用“东西”，嘉兴以南以西都用“东西”不用“物事”，但黄岩用“物事” mɐʔ$_{2}$ zɿ$_{13}$。

（52）料作

布料。如：买几尺～来做裙子。无锡音 liʌ$_{22}$ tsɔʔ$_{5}$，苏州音 liæ$_{22}$ tsɔʔ$_{4}$，常熟音 liɔ$_{24}$ tsoʔ$_{\underline{31}}$，上海音 liɔ$_{22}$ tsoʔ$_{4}$，松江音 liɔ$_{24}$ tsɔʔ$_{\underline{31}}$，嘉兴音 liɔ$_{33}$ tsoʔ$_{4}$，杭州音 liɔ$_{23}$ tsɿ$_{51}$（料子），天台音 liɔ$_{233}$。

（53）辰光

时间，时候。如：现在～几点钟？要你的～你一定马上要去的。靖江音 dʑiəŋ$_{22}$ kuɑŋ$_{34}$，溧阳音 dzən$_{32}$ kuʌŋ$_{23}$，常州音 zəŋ$_{21}$ kuʌŋ$_{34}$，苏州音 zən$_{22}$ kuʌ̃$_{44}$，上海音 zən$_{22}$ kuʌ̃$_{44}$，杭州音 dzən$_{21}$ kuʌŋ$_{23}$，余姚音 zən$_{22}$ kuɒ̃$_{44}$，宁波音 zoŋ$_{22}$ kuɔ̃$_{44}$。

（54）糁

米粒，称“饭～”、“饭米～”。《集韵》上声感韵桑感切：“《说文》……一旦粒也。”无锡音 so$_{323}$，苏州音 sɵ$_{51}$，常熟音 səŋ$_{44}$，上海音 sø$_{334}$，松江音 sø$_{35}$，海盐音 sɵ$_{52}$。

（55）寣

量词，睡一觉，称“睏一～”。如：“一～睏到大天亮。”《玉篇》卷第七寱部：“～卧惊也。”《广韵》入声没韵呼骨切：“睡一觉。”无锡音 huəʔ$_{5}$，苏州音 huəʔ$_{5}$，常熟音 huoʔ$_{5}$，上海音 huɐʔ$_{5}$，海盐音 hoʔ$_{5}$。

（56）埨

地方。如：“东墙～”，即东墙那儿。《集韵》入声盍韵德盍切：“地之区处。”俗作“搭”。虚化为远指的“那儿”或中性化的“那儿”。如：说明书放在我～；我们一道到老师～去。有的地方音变读作 toʔ（写作“笃”或“朵”）、dɑ（写作“棣”）、dɑŋ（儿化，写作“荡”）、toŋ（写作“东”）、doŋ（写作“洞”），“在……埨”紧缩作“在埨”，“在”声母流音化读作“来”音或促音化读作“勒”或“辣”，形成“来～”的固定结构，表示远指的或中性指示的“在那儿”。在动词前表示进行体，在动词后表示某事物保持或延续着某人动作的结果所造成的状态，称存续体。如杭州话“我来东吃饭”即“我正在吃饭”义；“窗开来东”即“窗开在那儿”；“英文学来东，将来总归有用场”即“英语学好了记在脑子里，将来总有用”的意思。后来“埲”（“搭”）进一步虚化成为指示地点的指示代词“这儿”、“那儿”的后缀（或称“词尾”），如苏州话用“该搭[kᴇ$_{55}$ tᴀʔ$_{2}$]”表示“这儿”，用“关搭[kuᴇ$_{55}$ tᴀʔ$_{2}$]”表示“那儿”。又如：江阴音 kᴀŋ$_{52}$ tɑʔ$_{3}$（这儿）—kɜɤ$_{52}$ tɑʔ$_{3}$（那儿），无锡音 ʔi$_{52}$ tɑʔ$_{\underline{31}}$—kəʔ$_{4}$ tɑʔ$_{5}$ 或 kʌɤ$_{55}$ tɑʔ$_{\underline{31}}$，常熟音 li$_{23}$ tᴀʔ$_{3}$—kᴇʔ$_{4}$ tᴀʔ$_{5}$，上海音 gɐʔ$_{1}$ tɐʔ$_{23}$—ʔᴇ$_{55}$ tɐʔ$_{31}$，吴江黎里音 kəʔ$_{3}$ tᴀʔ$_{5}$—kɒ$_{33}$ miɪ$_{51}$，杭州音 kɐʔ$_{5}$ tɐʔ$_{3}$—ʔlɑ$_{55}$ tɐʔ$_{3}$，诸暨音 kɐʔ$_{4}$ do$_{33}$—me$_{23}$ do$_{33}$，黄岩音 gɐʔ$_{2}$ dᴀ$_{51}$—gᴀ$_{21}$ dᴀ$_{23}$。

(57) 倸

他。《集韵》平声鱼韵求於切：“吴人呼彼称，通作渠。”古诗《为焦仲卿妻作》：“虽与符吏要，渠会永无缘。”吴语中的第三人称单数“他”在明末时读 ginoŋ（据冯梦龙《古今谭概·杂志》“三侬之地”说拟音）。后来，它的演变路线大致是（1）ginoŋ＞ginəu＞dʑinəu＞jinəu＞ʔinu；（2）ginoŋ＞gi＞dʑi＞ji＞ʔi；（3）ginoŋ＞gi＞ge＞gɛi。如：天台音 gɛi$_{213}$，临海音 gᴇ$_{213}$，黄岩音 ge$_{31}$，宁波音 dʑi$_{113}$ 或 dʑi$_{22}$ nəu$_{55}$，余姚音 ge$_{113}$，双林音 dʑi$_{113}$，绍兴音 ji$_{31}$ 或 ji$_{22}$ loʔ$_{5}$，上海音 ji$_{113}$，150 年前 ᴇdikins 又记 dʑi，昆山音 ji$_{21}$，松江音 ji$_{31}$，吴江黎里音 ʔi$_{j55}$ nɜu$_{31}$ 或 ʔi$_{j44}$，盛泽音 ʔi$_{j44}$ 或 ʔi$_{j44}$ nu$_{44}$，嘉兴音 ʔi$_{51}$ 或 ʔi$_{52}$ nɘu$_{22}$，海盐音 jɪʔ$_{21}$ nei$_{23}$ 或 ʔi$_{324}$，常熟音 gᴇ$_{233}$。宜兴、丹阳、江阴、常州、无锡等地已为北方话新层次“他”覆盖。

(58) 蛮

相当，很。“蛮好”即“不错”。“蛮”用形象坏的词作程度副词，与“极”、“很（即‘狠’）”、“非常”、“邪”、“暴”、“恶”、“瞎”等副词相似，表示极端。宜兴音 ʔmᴀ$_{55}$，丹阳音 m æ̃$_{44}$，靖江音 m æ̃$_{223}$，江阴音 ʔmæ$_{51}$，苏州音 ʔmᴇ$_{44}$，常熟音 ʔmæ$_{52}$，上海音 ʔmᴇ$_{52}$，嘉兴音 ʔmᴇ$^{ɛ}_{51}$，杭州音 ʔmᴇ$_{323}$，绍兴音 ʔm æ̃$_{52}$，余姚音 ʔmɛ̃$_{324}$，宁波音 ʔmɛ$_{52}$，黄岩音 ʔmɛ$_{523}$。

(59) 仔

表示实现体的体助词。如：我吃仔一碗饭；我下仔班再去看小张。本字为“着”，是从动词“附着”的意义虚化而来，通常写作“仔”。苏州音 tsɿ，上海音 tsɿ/zɿ，无锡音 tsəʔ，常熟音 tsᴇʔ，宜兴音 tsəʔ，溧阳音 tsəʔ，丹阳音 tsɛʔ，常州音 tsəʔ，昆山音 zʅ，松江音 zʅ，黎里音 zʅ，盛泽音 zʅ/tsʅ，嘉兴音 zʅ，余姚音 tsʅ，宁波音 tsʅ。

（60）恁

动词前带描写状语的后缀助词，俗写作"能"，如："慢慢能做"，"省点能吃"，类似于北方话的"地"。"恁"在虚化作词尾用前作"这么"解，吴语中有"能好"、"能清爽"，即"这么好"、"这么清楚"的意思，如明代《山歌》："当初只道顶来头上能恩爱"（《山歌》卷六），"六月里走马陈头雨郙了能箇易得过"（《山歌》卷二）。后来有"像……这么"的意义，如《山歌》："姐儿青青白白像笔能。"（《山歌》卷六）作状语修饰谓词，如："我呵你并胆同心一箇人能介好，啰怕闲人捉耍双。"（《山歌》卷十）"你蓦好像箇讨冷债箇能介有多呵今日了明朝。"（《山歌》卷八）这里的"介"也是"这么"虚化的结果，"能介"合作"这么、这样"解。清《助字辨略》卷三："恁，方言，此也。"宋姜夔《疏影》："等恁时，重觅幽香，已入小窗横帽。"今"能介"、"箇能介"、"能"的用法都有，如：昆山音 gəʔ$_{2}$ nən$_{44}$ 或 kɛ$_{44}$ nən$_{41}$，上海音 gɐʔ$_{2}$ nən$_{23}$ 或 gɐʔ$_{2}$ nən$_{22}$ kᴀ$_{23}$，松江音 kɑ$_{22}$ nən$_{44}$ 或 gɐʔ$_{22}$ nən$_{22}$ kɑ$_{52}$，常熟音 zᴇʔ$_{2}$ nɛ̃n$_{55}$ kɑ$_{21}$，苏州音 gəʔ$_{2}$ nən$_{44}$。上海音 ʑiᴀ̃$_{113}$…nən$_{31}$（像……能），松江音 mᴇ$_{22}$ mᴇ$_{55}$ nəᴀŋ$_{31}$（慢慢能），tɕ'iŋ$_{55}$ tɕ'iŋ$_{55}$ nəŋ$_{31}$（轻轻能），hɔ$_{33}$ hɔ$_{55}$ nəŋ$_{31}$（好好能）。

老派上海方言的连读变调

老派上海方言的连读变调，沈同先生已有专文论述过（见《方言》1981年第2期131—144页，1982年第2期第100—114页。以下称沈文）。笔者所调查的结论有些地方与沈文相同，也有不少不同的地方，现整理成文，谨向读者和沈同先生请教。

本文只讨论广用式。因篇幅关系，只说明规律，不作比字，举例从简。老派上海方言在变调时，字组的声韵母变化都和新派相同，变化情况可见许宝华、汤珍珠、钱乃荣《新派上海方言的连读变调》一文（见《方言》1981年第2期145—155页）。

一 声 韵 调

1.1 声母 32个

ˀb 布帮北	pʻ怕胖劈	b 步盆拔	ʔm 美妈闷	ɦm 梅买门	ɸ 灰粉勿	ß 符胡肥
ˀd 胆懂德	tʻ透听铁	d 地动夺	ʔn 乃拿你	ɦn 内能捺		
ts 祖精职	tsʻ妻仓出		ʔl 捞拉拎	ɦl 劳赖领	s 思心叔	z 全静拾
tɕ 举经脚	tɕʻ去轻吃	dʑ 旗琴极	ʔȵ 粘扭鸟	ɦȵ 泥牛绕	ɕ 休勋血	
k 干公夹	kʻ开垦扩	g 隑共轧	ʔŋ 捱我砑	ɦŋ 牙鹅额	h 花很瞎	
			ʔ 鸭衣乌	ɦ 鞋移雨		

1.2 韵母 51个

y 居羽需	ɑ 太鞋柴	o 花模蛇	ɔ 保瓦高	ɤ 斗丑狗	e 雷扇开	ᴇ 兰山玩
i 基批微	iɑ 野写借		iɔ 条蕉摇	iɤ 流尤修	ie 天偏连	iᴇ 廿念也
u 波歌做	uɑ 怪怪娃				ue 官灌块	uᴇ 关环弯
ø 干看乱		ã冷长硬	ɑ̃党放昌	oŋ 翁虫风	əŋ 奋登恩	ᴀʔ 袜麦石
iø 原圆权	iu 靴	iã良象阳	iɑ̃旺	ioŋ 穷云荣	iəŋ 紧灵引	iᴀʔ 甲脚削

		uã 横光~火、~足	uɑ̃广框汪		uəŋ 困滚温	uʌʔ 刮括挖
oʔ 福足哭	ɔʔ 作木壳	əʔ 磕刻墨		øʔ 夺掇渴		
ioʔ 肉育狱		iəʔ 吃逆极	ieʔ 笔洁吸	iøʔ 缺月血		
	uɔʔ 扩镬郭	uəʔ 骨阔颁		uøʔ 说卒撮		
ɿ 资私字	ʮ 主书树	əl 而儿耳	m̩亩姆呒	ŋ̍五鱼午	n̩口~奶,祖母	

1.3 声调 6 个

代码	调类	调值	例字	代码	调类	调值	例字
1	阴平	[˥˧$_{53}$]	刀浆司东康端	3	阴上	[˦$_{44}$]	岛奖水懂慷短
5	阴去	[˧˦$_{34}$]	到酱四冻抗锻	6	阳去	[˨˧$_{23}$]	桃导道墙象匠
7	阴入	[ʔ˥$_{\underline{55}}$]	雀削踢足各掇	8	阳入	[ʔ˩˨$_{\underline{12}}$]	嚼石读食颚夺

ˀb ˀd 是带有轻微喉塞的浊塞音,又称缩气塞音。ɸ ß 各有两个变体:ɸ f 和 ßv,清音读 f 为主;浊音读 ß 为主,有时又读 ɦ(u)。tɕ 组声母在拼韵腹为央、后元音韵母时舌位朝后。u 在拼非唇音声母时读ᵊu。iəŋ 和 ieʔ 都有两个变体,在拼 tɕ 组和 ʔ、ɦ 声母时读 iəŋ 和 ieʔ,在拼其他声母时读 iŋ 和 ɪʔ。ie 实际发音是[iɪ]。

古阳平、阳上声调字单字调并入阳去。在连读变调中,仍用代码 2、4 代表古阳平、阳上调字。

今上海市的绝大部分地区原属松江府管辖,老派上海话具有显著的松江府语音特点。声母方面特点有:(1) 古帮、端母字读ˀb ˀd,笔者的几个发音人几乎全部帮、端母字都读ˀb ˀd 而不读 p t。(2) ɸ ß、f v、h(u) ɦ(u)三组音相混,与 u 韵相拼的字都读 ɸ ß。(3) 古见组声母字今齐撮韵韵腹为央、后元音时读法与前元音韵有别,今松江、上海等县读舌面中塞音 c 组(前元音韵拼 tɕ 组),上海老派也近于此。声母方面的这些特征笔者在调查时注意到了,沈文没有论及。

松江府韵母方面的特点:(1) 古鱼、虞两韵的知、照$_{三}$两组和日母字韵母读 y 或 ʮ,不读 u 或 ɿ,上海老派读 ʮ。(2) 入声开口韵丰富,客 k'ɑʔ≠掐 k'aʔ(~k'æʔ)≠磕 k'eʔ≠刻 k'əʔ(~k'ʌʔ)≠渴 k'øʔ≠哭 k'oʔ≠壳 k'ɔʔ,今松江、上海等县仍如此;1853 年 Edkins. J 在《A grammar of colloquial Chinese as exhibited in the Shanghai dialect》中所记的上海话、1926 年高本汉在《中国音韵学研究》中所附的上海话都如此。1928

年赵元任在《现代吴语的研究》中所记的上海话是：客掐 k'ᴀʔ≠磕刻渴 k'əʔ≠哭 k'oʔ≠壳 kɔʔ(旧派)。笔者和沈文所记都有 øʔ 韵。沈文客 k'ɑʔ≠掐 k'aʔ。除有 øʔ 韵外，笔者所记的与赵氏相同，未发现 ɑʔ 和 aʔ 韵的区别。但发现有少数字还能分别 eʔ 和 əʔ 韵，如：刷 seʔ˥≠室 səʔ˥，汁 tseʔ˥≠责 tsəʔ˥，实 zeʔ˨˧≠植 zəʔ˨˧。(3) iəŋ 韵和 ieʔ 韵都有两个条件变体，如：人 ɦn̥iəŋ˨˧，金 tɕiəŋ˥˧，兵ˀbiŋ˥˧，定 diŋ˨˧，心 siŋ˥˧；结 tɕieʔ˥，吸 ɕieʔ˥，一 ʔieʔ，毕 ʔbɪʔ˥，铁 t'ɪʔ˥，绝 zɪʔ˨˧。沈文未提及此特征。

声调方面，上海老派方言和松江府其他地区一样：(1) 有阴上声调，调值˦44；(2) 有的人有的字归入阴去或阴上阴去两读，但没有阴去字读阴上的。沈文认为"在多数情况下，来历是古上声的阴去字和来历是古去声的阴去字读音是混淆的"，"只能算是一个单字调"。所以，笔者认为老派上海话有 6 个单字调，沈文认为只有 5 个。

二　两字组连读变调

2.1　总说

沈文在列表和说明两字组连读变调时，调类组合只用 5 个单字调作为前字和后字来相配。笔者的调查证明：老派上海方言虽然单字调只有 6 个，但是原松江府地区所具有的 8 个单字调(现松江、上海县等地仍有 8 个声调，笔者调查所得松江镇老年人全浊阳上未归入阳去，8 个声调字与古声调同，Edkins. J 所记的上海话也有 8 个声调)字在两字组连读变调中仍反映出比较整齐的区别来。它们表现为：除了前字为阴平、阴入和阳入的两字组都有自己固有的连调格式外，以古阳平声调为前字的两字组连调格式与以古阳上、阳去声调为前字的连调格式不同；当后字为古阴去、阳去声调时，前字为古阴上声调和前字为古阴去声调的两字组连调格式大部分不同；当前字为古阴上、阳上和阴去、阳去声调时，后字为古阴上、阳上声调的两字组大部分连调格式采用后字为古阴平、阳平的连调格式，只有少数两字组采用后字为古阴去、阳去的连调格式，而后字为古阴去、阳去的两字组连调格式不采用后字为古阴平、阳平的连调格式。因此，综观老派上海方言两字组连读变调的配合总表,我们可以看到:(1) 连读变调仍有 8 个调类的差别;(2) 变调规则比较整齐。沈文由于把 8×8 的调类组合并作 5×5,有些地方几个变调格式就相混了。

2.2 两字组(广用式)连读变调表

前字＼后字	阴平 ˥˧53	阳平 ˨˧23	阴上 ˦44	阳上 ˨˧23	阴去 ˧˦34	阳去 ˨˧23	阴入 ʔ˥$\underline{55}$	阳入 ʔ˩˨$\underline{12}$
阴平 ˥˧53	˦44	˥˧53		˥55	˨˩21		˦44	ʔ˥˧$\underline{53}$
阳平 ˨˧23			˨˧23	˦44			˨22	ʔ˥$\underline{55}$
阴上 ˦44	˧˦34	˥˧53	A. ˧˦34 B. ˦44	˥˧53 ˦44	˦44	˦44	˧˦34	ʔ˥˧$\underline{53}$
阳上 ˨˧23	˨˧23	˥˧53	A. ˨˧23 B. ˨22	˥˧53 ˦44	˨22	˦44	˨˧23	ʔ˥˧$\underline{53}$
阴去 ˧˦34	˧˦34	˥˧53	A. ˧˦34 B. ˦44	˥˧53 ˦44	A. ˥55 B. ˦44	˨˩21 ˦44	˧˦34	ʔ˥˧$\underline{53}$
阳去 ˨˧23	˨˧23	˥˧53	A. ˨˧23 B. ˨22	˥˧53 ˦44	˨22	˦44	˨˧23	ʔ˥˧$\underline{53}$
阴入 ʔ˥$\underline{55}$	ʔ˦$\underline{44}$	˥˧53		ʔ˦$\underline{44}$	˦44		ʔ˧$\underline{33}$	ʔ˥$\underline{55}$
阳入 ʔ˩˨$\underline{12}$			ʔ˩$\underline{11}$		˨˧23		ʔ˨$\underline{22}$	ʔ˥$\underline{55}$

说明:① A 式为主,B 式只有少数两字组用。

② ˧˦34 ˥˧53、˨˧23 ˥˧53、˧˦34 ʔ˥˧$\underline{53}$、˨˧23 ʔ˥˧$\underline{53}$四个调型近于˧33 ˥˧53、˨$\underline{22}$ ˥˧53、˧33 ʔ˥˧53、˨$\underline{22}$ ʔ˥˧53。

2.3 变调格式

两字组(多字组也如此)连读变调的特点是:前字(即第一字)阴阳

不混，后字（即第一字以后的字）阴阳相混；不论前字后字，舒促不混。连调格式从音高和调形上看，舒促可以相通（如 ʔ˦$_{\underline{44}}$ ˦$_{44}$ 和 ˦$_{44}$ ˦$_{44}$ 可看作同一连调格式），我们将此舒促相通的格式称为基本格式。

两字组连读变调基本格式共有以下 10 个：

1 式 [˦ ˥˧] 44 53

2 式 [˥ ˨˩] 55 21

3 式 [˨˧ ˦] 23 44

4 式 [˨ ˥] 22 55

5 式 [˧˦ ˥˧] 34 53

6 式 [˦ ˦] 44 44

7 式 [˨˧ ˥˧] 23 53

8 式 [˨ ˦] 22 44

9 式 [˧ ˥] 33 55

10 式 [˩ ˨˧] 11 23

以上 10 个连调格式所配的调类组合分别如下：

1 式：11，12，17，18；71，72。

2 式：13，14，15，16；55A，56A。

3 式：21，22，23，24，25，26。

4 式：27，28；87，88。

5 式：31，32，33A，34A，37，38；51，52，53A，54A，57，58。

6 式：33B，34B，35，36；53B，54B，55B，56B；73，74，75，76。

7 式：41，42，43A，44A，47，48；61，62，63A，64A，67，68。

8 式：43B，44B，45，46；63B，64B，65，66。

9 式：77，78。

10 式：81，82，83，84，85，86。

沈文调类组合方式共 25 种，按连调调值相同与否归并，共有 15 种连调格式（区别舒促）或 8 种连调基本格式（不区别舒促）；本文调类组合方式共 64 种，共有 17 种连调格式（区别舒促）或 10 种连调基本格式（不区别舒促）。对于连调调值，沈文在理解与技术处理上与本文有些不同。排除这些非实质性的不同，我们可以把本文区别舒促的 17 种连调格式与沈文 15 种连调格式作一比较。与沈文比较时，笔者采用他的“表五、从来历看两字组的连调式”，他表中的 5_3 5_5 6_2 6_4 6_6 相当于本文的3 5 2 4 6调类。下面是本文与沈文连调格式和调类组合分配的对照表（表中本文 1 至 10 式、沈文 1 至 8 式即是连调的基本格式。沈文连调格式的编号按原文)：

连调格式和调类组合分配都相同	本文连调格式			沈文连调格式			调类组合
	1式	44	53	①式	55	53	11，12
	2式	55	21	②式	55	31	13—16，55，56
	4式	22	ʔ55	⑭式	11	ʔ55	27，28
	5式	34	53	⑦式	35	53	31—34，51—54
	7式	23	53	⑧式	13	53	41—44，61—64
	10式	ʔ11	23	⑥式	ʔ11	13	81—86
	11式	44	ʔ53	⑨式	55	ʔ53	17，18
	14式	34	ʔ53	⑭式	35	ʔ53	37，38，57，58
	16式	23	ʔ53	⑮式	13	ʔ53	47，48，67，68

调类组合分配相同，连调格式不同	本文连调格式			沈文连调格式			调类组合
	9式	33	ʔ55	⑪式	33	ʔ53	77，78
	12式	ʔ44	53	④式	ʔ33	53	71，72
	13式	ʔ22	ʔ55	⑬式	ʔ11	ʔ13	87，88
	15式	ʔ44	44	⑩式	ʔ33	55	73—76
	17式	ʔ33	ʔ53	⑪式	ʔ33	ʔ53	77,78

连调格式和调类组合分配都不同	本文连调格式	本文调类组合	沈文连调格式	沈文调类组合
	6式 44 44	33—36，53—56	③式 33 55	35，36
	3式 23 44	21—26	⑤式 11 55	21—26，45，46，65，66
	8式 22 44	43—46，63—66		

请注意：本文调类组合 33 34 43 44 53 54 63 64 都有 A、B 两种连调格式，沈文按来历看表都没有 B 种连调格式。必须指出，沈文按来历看表只是他的一种推测，他的两字组连调本表与本文就难以比较了。

这里值得一提的是 6 式 44 44，这个连调格式是原松江府广大地域上共有的一个语音特色，在调类组合上分布面较广，一般与前字为阴上和阴去,后字为阴上阳上阴去阳去的调类组合相配。另一个阳平连调 3 式˨˧23 ˦44,是上海方言(有)和松江方言(无)的区别标志。这两个重要特征沈文未有反映。

三　多字组连读变调

3.1　总述

多字组的连读变调格式是两字组连读变调格式的扩展和延伸。变调情况请看下面广用式连读变调总表:

式	两字组	三字组	四字组
1	˦44 ˥˧53	A. ˦44 ˦44 ˥˧53 B. ˦44 ˦44 ˨˩21	A. ˦44 ˦44 ˥55 ˨˩21 B. ˦44 ˦44 ˧33 ˨˩21
2	˥55 ˨˩21	˥55 ˧33 ˨˩21	˥55 ˧33 ˧33 ˨˩21
3	˨˧23 ˦44	˨˧23 ˧33 ˦44	˨˧23 ˧33 ˦44 ˦44
4	˨22 ˥55	˨22 ˦44 ˥˧53	——
5	˧˦34 ˥˧53	˧˦34 ˦44 ˥˧53	˧˦34 ˦44 ˦44 ˨˩21
6	˦44 ˦44	A. ˦44 ˦44 ˦44 B. ˧33 ˥55 ˨˩21	˧33 ˥55 ˧33 ˨˩21
7	˨˧23 ˥˧53	˨˧23 ˦44 ˥˧53	˨˧23 ˦44 ˦44 ˨˩21
8	˨22 ˦44	˨22 ˥55 ˨˩21	˨22 ˥55 ˧33 ˨˩21
9	˧33 ˥55	˧33 ˦44 ˥55	——
10	˩11 ˨˧23	˩11 ˨22 ˨˧23	˩11 ˨22 ˨22 ˨˧23

3.2　三字组连调格式和调类组合的配合情况

1 式 A: 111, 112, 117, 118; 121, 122, 127, 128; 171, 172, 177, 178; 181, 182, 187, 188; 7X1, 7X2。

1 式 B: 113—116; 123—126; 173—176; 183—186。

2 式：13X，14X，15X，16X；551—556，561—566。

3 式：2X1—2X6。

4 式：2X7，2X8；8X7，8X8。

5 式：3X1，3X2，3X7，3X8；5X1，5X2，5X7，5X8。

6 式 A：733—736。

6 式 B：3X3—3X6；5X3—5X6；713—716，723—726，743—746，753—756，763—766，773—776，783—786。

7 式：241，242，251，252，261，262。4X1，4X2，4X7，4X8；6X1，6X2，6X7，6X8。

8 式：4X3—4X6；6X3—6X6。

9 式：7X7，7X8。

10 式：8X1—8X6。

请注意：调类组合是 553—556，563—566 的三字组有 2 式和 6 式 B 两种读法；551、552、561、562 的三字组有 2 式和 5 式两种读法；241、242、251、252、261、262 的三字组有 3 式和 7 式两种读法。用两种读法中哪一种来读，对于某一个特定的三字组往往是分配清楚的，即各个人对某个三字组都只习惯用彼此共同的某一格式或兼用两个格式读，不任意用本调类组合内的另一调式读，但这也不是绝对的。

老派上海方言读广用式的五字组很少，广用式连读变调总表上未列五字组连调格式；广用式四字组也不可能遍列各种调类组合，只能在下节里按式举例说明。

四　两字组和多字组连读变调举例

4.1　两字组

前字阴平

11	1式	˥˥ ˧˩	花生	ho səŋ	乌龟	ʔu tɕy	香烟	ɕiã ie	生姜	sã tɕiã
12	1式	˥˥ ˧˩	天堂	t'i dɑ̃	砂糖	so dɑ̃	汤团	tɑ̃ dø	椒盐	tsiɔ ie
13	2式	˧˧ ˦˦	开水	k'ᴇ sɿ	清茶	ts'iəŋ zo	丝棉	sɿ mie	心境	siəŋ tɕiəŋ
14	2式	˧˧ ˦˦	粳米	kã mi	端午	ˀdø ŋ̍	虾米	hø mi	香蕈	ɕiã ziəŋ

15	2式	丫⌈ 人|	青菜	tsʻiəŋ tsʻe	牵记	tɕʻi tɕi	霜降	sɑ̃ kɑ̃	声气	sã tɕʻi声音
16	2式	丫⌈ 人|	豇豆	kɑ̃ dɤ	空地	kʻoŋ di	官话	kue o	腔调	tɕʻiã diɔ
17	1式	丫├ ʔ⌉个	猪血	tsɿ ɕiøʔ	泔脚	ke tɕiᴀʔ	巴结	ˀbo tɕieʔ	筋骨	tɕiəŋ kuəʔ
18	1式	丫├ ʔ人个	阴历	ʔiəŋ lieʔ	杉木	sᴇ mɔʔ	蜂蜜	ɸoŋ mieʔ	安逸	ʔø ieʔ

前字阳平

21	3式	人レ 丫├	田鸡	di tɕi	胡苏	ɓu su	调羹	diɔ kã	人中	ɦȵiəŋ tsoŋ
22	3式	人ヤ 人├	羊毛	ɦiã mɔ	人头	ɦȵiəŋ dɤ	平台	biəŋ de	莲蓬	ɦlie boŋ
23	3式	人ヤ 十├	茶碗	zo ue	红枣	ɦoŋ tsɔ	油氽	ɦiɤ tʻəŋ	元宝	ɦȵiø ˀbɔ
24	3式	人ヤ 人├	杨柳	ɦiã liɤ	牛奶	ɦȵiɤ nɑ	长远	zã iø	年限	ɦȵi ᴇ
25	3式	人ヤ 个├	棉裤	mie kʻu	芹菜	dʑiəŋ tsʻe	蒲扇	bu se	长凳	zã ˀdəŋ
26	3式	人ヤ 人├	河岸	ɓu ŋø	肥皂	bi zɔ	寒豆	ɦø dɤ蚕豆	娘舅	ɦȵiã dʑiɤ
27	4式	人├ ʔ⌉⌈	人客	ɦȵiəŋ kᴀʔ客人	完结	ɦue tɕieʔ	潮湿	zɔ sᴀʔ	糖粥	dɑ̃ tsoʔ
28	4式	人┕ ʔ人⌈	闲月	ɦᴇ ȵiøʔ	咸肉	ɦᴇ ȵioʔ	盆浴	bəŋ ioʔ	铜勺	doŋ zɔʔ

前字阴上

31	5式	十ヤ 丫个	酒盅	tsiɤ tsoŋ	火车	ɸu tsʻo	好心	hɔ siəŋ	笋干	səŋ kø
32	5式	十ヤ 人个	火炉	ɸu lu	口粮	kʻɤ liã	顶棚	ˀdiəŋ bã	水壶	sɿ ɓu
33A	5式	十ヤ 十个	水果	sɿ ku	酒水	tsiɤ sɿ	底板	ˀdi ˀbᴇ	小鬼	siɔ tɕy
B	6式	十⌈ 十⌈	小巧	siɔ tɕʻic	保险	ˀbɔ ɕie	检举	tɕie tɕy		
34A	5式	十ヤ 人个	改造	ke zɔ	小雨	siɔ y	可以	kʻɔ i	海马	he mo
B	6式	十⌈ 十⌈	处理	tsʻɥ li	讲演	kɑ̃ ie	等待	ˀdəŋ de		
35	6式	十⌈ 个⌈	好货	hɔ ɸu	钞票	tsʻɔ pʻiɔ	典当	ˀdie ˀdɑ̃	考究	kʻɔ tɕiɤ讲究
36	6式	十⌈ 人⌈	子弹	tsɿ dᴇ	妒忌	ˀdu tɕi	孔庙	kʻoŋ miɔ	本事	ˀbəŋ zɿ
37	5式	丫ヤ ʔ⌉个	请帖	tsʻiəŋ tʻieʔ	小吃	siɔ tɕʻiəʔ	板刷	ˀbᴇ səʔ	酒曲	tsiɤ tɕʻiøʔ
38	5式	十ヤ ʔ人个	枕木	tsəŋ mɔʔ	板栗	ˀbᴇ lieʔ	火着	ɸu zᴀʔ失火	眼白	ɦŋᴇ bᴀʔ

前字阳上

41	7式	人レ 丫个	尾巴	ɦȵi ˀbo	奶糕	ɦnɑ kɔ	雨衣	ɦy i	后生	ɦɤ sã青年;年青
42	7式	人レ 人个	户头	ɓu dɤ	瓦房	ɦŋo uɑ̃	肚皮	du ˀbi	奶娘	ɦnɑ ȵiã
43	7式	人レ 十个	藕粉	ɦŋɤ ɸəŋ	老茧	ɦlɔ tɕie	淡水	dɛ sɿ	野草	ɦiɑ tsʻɔ
	8式	人┕ 十⌈	雨伞	ɦy sᴇ	技巧	dʑi tɕʻiɔ	老板	ɦlɔ ˀbᴇ		
44	7式	人レ 人个	道理	dɔ li	远近	ɦiø dʑiəŋ	马桶	ɦmo doŋ	妇女	ɓu ȵy
	8式	人┕ 人⌈	罪犯	zø ɓᴇ	旅社	ɦly zo	偶像	ɦŋɤ ziã		
45	8式	人┕ 个⌈	冷气	ɦlã tɕʻi	野菜	ɦiɑ tsʻe	断气	dø tɕʻi	雨布	ɦy ˀbu
46	8式	人┕ 人⌈	马路	ɦmo lu	弟妹	di me	眼泪	ɦŋᴇ li	道地	dɔ di地道
47	7式	人レ ʔ⌉个	冷粥	ɦlã tsoʔ	马夹	ɦmo kᴀʔ背心	卤鸭	ɦlu ᴀʔ	眼色	ɦŋᴇ səʔ
48	7式	人レ ʔ人个	懒学	ɦlɑ ɔʔ	冷热	ɦlã ȵieʔ	静脉	ziəŋ mᴀʔ	厚实	ɦɤ zəʔ

前字阴去

51	5式	⊣⊦ ⋎⊦	秤钩	ts'əŋ kɤ	背心	ˀbe siəŋ背	裤裆	k'u ʔdɑ̃	素鸡	su tɕi
52	5式	⅄⊦ ⅄⊦	店堂	ˀdie dɑ̃	绢头	tɕiø dɤ	桂圆	kue iø	戏台	ɕi de
53A	5式	⊣⊦ ⊤⊦	要紧	ʔiɔ tɕiəŋ	信纸	siəŋ tsɿ	跳板	t'iɔ ˀbᴇ	要好	ˀiɔ hɔ
B	6式	⊣⊢ ⊤⊢	禁止	tɕiəŋ tsɿ	到底	ˀdɔ ˀdi	中暑	tsoŋ sɥ		
54A	5式	⊣⊦ ⅄⊦	靠近	k'ɔ dʑiəŋ	细雨	si y	痛痒	t'oŋ iã	创造	ts'ã zɔ
B	6式	⊣⊢ ⅄⊢	报社	ˀbɔ zo	胜负	səŋ ßu	对象	ˀde ziã		
55A	2式	⊣⌈ ⊣⊾	唱片	tsɑ̃ p'ie	快信	k'uɑ siəŋ	借用	tsiɑ ioŋ	叹气	t'ᴇ tɕ'i
B	6式	⊣⊢ ⊣⊢	兴趣	ɕiəŋ ts'y	放假	ɸɑ̃ kɑ	奋斗	ɸəŋ ˀdɤ		
56A	2式	⊣⌈ ⅄⊾	纪念	tɕi ȵiᴇ	告示	kɔ zɿ	性命	siəŋ miəŋ	替代	t'i de
B	6式	⊣⊢ ⅄⊢	故事	ku zɿ	态度	t'e du	志愿	tsɿ ȵiø		
57	5式	⊣⊦ ʔ⊤⊦	信壳	siəŋ k'ɔʔ信封	货色	ɸu səʔ	享福	ɕiã øoʔ	做作	tsu tsɔʔ装腔作势
58	5式	⊣⊦ ʔ⅄⊦	快活	k'ɑ uəʔ	酱肉	ts'iã ȵioʔ	炸药	tso iᴀʔ	气力	tɕ'i lieʔ力气

前字阳去

61	7式	⅄⊦ ⋎⊦	上司	zɑ̃ sɿ上级	用心	ɦioŋ siəŋ	外甥	ɦŋɑ sã	蛋黄	dᴇ huɑ̃
62	7式	⅄⊬ ⅄⊦	栈房	zᴇ uɑ̃旅社	外婆	ɦŋɑ bu	旧年	dʑiɤ ȵie	话梅	ɦo me
63A	7式	⅄⊬ ⊤⊦	大饼	dɑ ˀbiəŋ	胃口	ɦue k'ɤ	地板	di ˀbᴇ	字纸	zɿ tsɿ
B	8式	⅄⊢ ⊤⊢	县委	ɦiø ue	字典	zɿ ˀdie	上等	zɑ̃ˀdəŋ		
64A	7式	⅄⊬ ⅄⊦	字眼	zɿ ŋᴇ	大米	du mi	号码	ɦɔ mo	运动	ɦioŋ doŋ
B	8式	⅄⊢ ⅄⊢	内弟	ɦne di	孕妇	ɦioŋ ßu	现象	ɦie ziã		
65	8式	⅄⊢ ⊣⊢	运气	ɦioŋ tɕ'i	外快	ɦŋɑ k'uɑ意外所得	弹片	dᴇ p'ie	大蒜	dɑ sø
66	8式	⅄⊢ ⅄⊢	豆腐	dɤ ßu	庙会	ɦmiɔ ue	大树	du zɥ	寿命	zɤ miəŋ
67	7式	⅄⊦ ʔ⊤⊦	料作	ɦliɔ tsɔʔ	字帖	zɿ t'ieʔ	大约	dɑ iᴀʔ	面色	ɦmie səʔ
68	7式	⅄⊦ ʔ⅄⊦	闹热	ɦnɔ ȵieʔ	闰月	ɦȵiəŋ ȵiøʔ	内侄	ɦne zəʔ	嫩叶	ɦnəŋ ieʔ

前字阴入

71	1式	ʔ⊤⊢ ⋎⊦	插销	ts'ᴀʔ siɔ	八仙	ˀbᴀʔ sie	菊花	tɕioʔ ho	发身	ɸᴀʔ səŋ发育
72	1式	ʔ⊤⊢ ⅄⊦	竹头	tsoʔ dɤ	脚炉	tɕiᴀʔ lu	色盲	səʔ mɑ̃	节头	tsieʔ dɤ指头；有节处
73	6式	ʔ⊤⊢ ⊤⊢	级长	tɕiəʔ tsã	黑枣	həʔ tsɔ	出口	ts'əʔ k'ɤ	客满	k'ᴀʔ me
74	6式	ʔ⊤⊢ ⅄⊢	瞎眼	hᴀʔ ŋᴇ	竹篓	tsoʔ lɤ	给养	tɕieʔ iã	国语	koʔ ȵy
75	6式	ʔ⊤⊢ ⊣⊢	客气	k'ᴀʔ tɕ'i	宿货	soʔ ɸu陈货；懦弱无用的人	结棍	tɕieʔ kuəŋ厉害	索性	sɔʔ siəŋ干脆
76	6式	ʔ⊤⊢ ⅄⊢	一定	ʔieʔ diəŋ	鸽蛋	køʔ dᴇ	说话	suøʔ o	阿大	ˀᴀʔ du
77	9式	ʔ⊤⊢ ʔ⊤⌈	发作	øᴀʔ tsɔʔ	吃瘪	tɕ'iəʔ ˀbieʔ	龌龊	ʔɔʔ ts'ɔʔ	瘪谷	ˀbieʔ koʔ
78	9式	ʔ⊤⊢ ʔ⅄⌈	笔墨	ˀbieʔ məʔ	吃力	tɕ'iəʔ lieʔ	确实	tɕ'iᴀʔ zəʔ	碧绿	ˀbieʔ loʔ

前字阳入

81	10式	ʔ⅄⊾ ⋎⊬	肉丝	ɦȵioʔ sɿ	药渣	ɦiᴀʔ tso	铡刀	zᴀʔ ˀdɔ	浴衣	ɦioʔ i
82	10式	ʔ⅄⊾ ⅄⊬	木鱼	ɦmɔʔ y	石榴	zᴀʔ liɤ	白鱼	bᴀʔ ŋ̍	蜜糖	ɦmieʔ dɑ̃
83	10式	ʔ⅄⊾ ⊤⊬	石板	zᴀʔ ʔdᴇ	热水	ɦȵieʔ sɿ	月饼	ɦȵiøʔ ˀbiəŋ	白果	bᴀʔ ku

84	10 式	ʔ˩˨ ˩˧	落雨	ɦlɔʔ y	白象	bᴀʔ ziã	杂技	zᴀʔ dʑi	侄女	zəʔ ȵy
85	10 式	ʔ˩˨ ˩˧	辣酱	ɦlᴀʔ tsiã	蜡线	ɦlᴀʔ sie	孛相	bəʔ siã	肉冻	ɦȵioʔ ʔdoŋ冻结的肉汤
86	10 式	ʔ˩˨ ˩˧	木料	ɦmɔʔ liɔ	绿豆	ɦloʔ dɤ	薄命	bɔʔ miəŋ	石磨	zᴀʔ mo
87	4 式	ʔ˩˧ ʔ˥˧	腊八	ɦlᴀʔ ʔbᴀʔ	邋遢	ɦlᴀʔ tʻᴀʔ	蹩脚	bieʔ tɕiᴀʔ	粒屑	ɦlieʔ sieʔ碎屑
88	4 式	ʔ˩˧ ʔ˩˧	学习	ɦɔʔ zieʔ	熟食	zoʔ zəʔ	活络	ɦuəʔ lɔʔ	墨绿	ɦməʔ loʔ

例外，以下字组都读 2 式[˥˩]：

11	刚刚	kɑ̃ kɑ̃	12	终于	tsoŋ y	31	美洲	ʔme tsɤ	32	可怜	kʻu li	32	牯牛	ku ȵiɤ
33	草纸	tsɔʻ tsɿ	34	好像	hɔ ziã	35	考试	kʻɔsɿ	35	喘气	tsʻø tɕʻi	35	枕套	tsəŋ tʻɔ
38	美术	ʔme zəʔ	41	老师	ʔlɔ sɿ	41	杏花	ʔã ho	42	往年	ʔuɑ̃ ȵie	53	处长	tsʻɥ tsã
54	对象	ʔde ziã	54	器件	tɕʻi dʑie									

4.2 三字组

三字组举例按各式排列，字组前写明调类组合，不再标明本调和变调。

4.2.1 1式A [˧˧˥]

111	收音机	sɤ iəŋ tɕi	112	灯心绒	ʔdəŋ siəŋ ȵioŋ	117	中秋节	tsoŋ tsʻiɤ tsieʔ
118	花岗石	ho kɑ̃ zᴀʔ	121	三轮车	sᴇ ləŋ tsʻo	122	金洋钿	tɕiəŋ iã die金圆
127	青颜色	tsʻiəŋ ŋᴇ səʔ	128	猪头肉	tsɿ dɤ ȵioʔ	171	西北风	si ʔboʔ ɸoŋ
172	生发油	səŋ ɸᴀʔ iɤ	177	清一色	tsʻiəŋ ieʔ səʔ	178	铅笔盒	kʻᴇ ʔbieʔ ᴀʔ
181	三伏天	sᴇ ßoʔ tʻie	182	康乐球	kɑ̃ lɔʔ dʑiɤ	187	工业国	koŋ ȵieʔ koʔ
188	商业局	sɑ̃ ȵieʔ dʑioʔ						

4.2.2 1式B [˧˧˩]

113	天花板	tʻie ho ʔbᴇ	114	花生米	ho səŋ mi	115	金刚钻	tɕiəŋ kɑ̃ tse
116	香椿树	ɕiã tsʻəŋ zɥ	123	西洋景	si iã tɕiəŋ	124	丝棉被	sɿ mie bi
125	包头布	ʔbɔ dɤ ʔbu	126	窗盘浪	tsɑ̃ be lɑ̃窗台上	173	猪脚爪	tsɿ tɕiᴀʔ tsɔ
174	三角眼	sᴇ kɔʔ ŋᴇ	175	猪八戒	tsɿ ʔbᴀʔ kɑ	176	铅笔画	kʻᴇ ʔbieʔ o
183	胶合板	kɔ əʔ ʔbᴇ	184	商业网	sɑ̃ ȵieʔ mɑ̃	185	拖鼻涕	tʻɑ bəʔ tʻi
186	音乐会	ʔiəŋ iᴀʔ ue						

4.2.3 2式 [˥˧˩]

131	三点钟	sᴇ ʔdie tsoŋ	132	喷水池	pʻəŋ sɿ zɿ	133	休养所	siɤ iã su
134	分水岭	ɸəŋ sɿ liəŋ	135	天主教	tʻie tsɥ tɕiɔ	136	山水画	sᴇ sɿ o
137	瓜子壳	ko tsɿ kʻɔʔ	138	交响乐	tɕiɔ ɕiã iᴀʔ	141	尖眼睛	tsie ŋᴇ tsiəŋ
142	乡下人	ɕiã ɔ ȵiəŋ	143	招待所	tsɔ dᴇ su	144	天象仪	tʻie ziã ȵi
145	车马炮	tɕy mo pʻɔ	146	三马路	sᴇ mo lu	147	端午节	ʔdø ŋ̍ tsieʔ
148	歌舞剧	kʻu ßu dʑiɑʔ	151	生意经	sã i tɕiəŋ	152	通信员	tʻoŋ siəŋ iø
153	香脆饼	ɕiã tsʻø ʔbiəŋ	154	双季稻	sɑ̃ tɕi dɔ	155	交际处	tɕiɔ tsi tsʻɥ
156	相对论	siã ʔde ləŋ	157	铺盖索	pʻu ke sɔʔ	158	经济学	tɕiəŋ tsi iᴀʔ

161	工具书	koŋ dʑy sʮ	162	天老爷	t'ie lɔ iɑ	163	花露水	ho lu sɿ
164	司令部	sɿ liəŋ bu	165	高射炮	kɔ zo p'ɔ	166	心脏病	siəŋ zã biəŋ
167	金字塔	tɕiəŋ zɿ t'ᴀʔ	168	生命力	səŋ miəŋ lieʔ	551	意见箱	ʔi tɕie siã
552	见证人	tɕie tsəŋ ȵiəŋ	553	靠背椅	k'ɔ ʔbe y	554	世界语	sɿ kɑ ȵy
555	唱片店	tsɑ̃ p'ie ʔdie	556	四进士	sɿ tsiəŋ zɿ	561	四夜天	sɿ iɑ t'ie
562	应用文	ʔiəŋ ioŋ uəŋ	563	纪念品	tɕi ŋᴇ p'iəŋ	564	信用社	siəŋ ioŋ zo
565	挂号信	ko ɔ siəŋ	566	纪念会	tɕi ŋᴇ ue			

4.2.4 3式 [˨˧˦]

211	莲心汤	ɦlie siəŋ tɑ̃	212	鱼肝油	ɦŋ̍ kø iɤ	213	长生果	zã səŋ ku
214	传声筒	ze səŋ doŋ	215	棉纱线	ɦmie so sie	216	明朝会	ɦməŋ tsɔ ue
221	蚊虫香	ɦməŋ zoŋ ɕiã	222	难为情	ɦnᴇ ue ziəŋ	223	雄黄酒	ɦioŋ uɑ̃ tsiɤ
224	黄梅雨	ɦuɑ̃ me y	225	黄芽菜	ɦuɑ̃ ŋɑ ts'e	226	梧桐树	ɦŋu doŋ zʮ
231	盐水针	ɦie sɿ tsəŋ	232	龙井茶	ɦloŋ tsiəŋ zo	233	寒暑表	ɦø sʮ ʔbiɔ温度计
234	头颈下	dɤ tɕiəŋ ɔ	235	咸小菜	ɦᴇ siɔ ts'e	236	泥水匠	ɦȵi sɿ ziã泥瓦匠
241	红领巾	ɦoŋ liəŋ tɕiəŋ	242	行李房	ɦã li uɑ̃	243	头两口	dɤ liã k'ɤ
244	人造雨	ɦȵiəŋ zɔ y	245	劳动裤	ɦlɔ doŋ k'u	246	杨柳树	ɦiã liɤ zʮ
251	煤气灯	ɦme tɕ'i ʔdəŋ	252	行政权	ɦiəŋ tsəŋ dʑiø	253	文化馆	ɦuən ho kue
254	皇太后	ɦuɑ̃ t'ɑ ɤ	255	南货店	ɦne ɸu ʔdie	256	无线电	ɦβu sie die
261	财务科	ze βu k'u	262	黄豆芽	ɦuɑ̃ dɤ ŋɑ	263	红面孔	ɦoŋ mie k'oŋ
264	刑事犯	ɦiəŋ zɿ βᴇ	265	鞋面布	ɦɑ mie ʔbu	266	茶话会	zo o ue
271	成绩单	zəŋ ts'ieʔ ʔdᴇ	272	拿出来	ɦno səʔ lᴇ	273	皮夹子	bi kᴀʔ tsɿ
274	红夹里	ɦoŋ kᴀʔ li	275	牙刷柄	ɦŋɑ səʔ ʔbiəŋ	276	无锡话	ɦβu sieʔ o
281	留学生	ɦliɤ ɔʔ sã	282	银镯头	ɦȵiəŋ zɔʔ dɤ	283	蓝墨水	ɦlᴇ məʔ sɿ
284	联络网	ɦlie lɔʔ mɑ̃	285	灵活性	ɦliəŋ uəʔ siəŋ	286	茶叶蛋	zo ɦieʔ dᴇ

4.2.5 4式 [˩˦˥]

217	红铅笔	ɦoŋ k'ᴇ ʔbieʔ	218	黄松木	ɦuɑ̃ soŋ mɔʔ	227	红颜色	ɦoŋ ŋᴇ səʔ
228	牙床肉	ɦŋɑ zɑ̃ ȵioʔ	237	头几只	dɤ tɕi tsᴀʔ	238	长颈鹿	zã tɕiəŋ loʔ
247	皮马夹	bi mo kᴀʔ	248	劳动力	ɦlɔ doŋ lieʔ	257	头盖骨	dɤ ke kuəʔ
258	邮政局	ɦiɤ tsəŋ dʑioʔ	267	瞭望塔	ɦliɔ mɑ̃ t'ᴀʔ	268	文艺学	ɦuəŋ ȵi iᴀʔ
277	颜色笔	ɦŋᴇ səʔ ʔbieʔ	278	摩擦力	ɦmo ts'ᴀʔ lieʔ	287	洋蜡烛	ɦiã lᴀʔ tsoʔ
288	营业额	ɦiəŋ ȵieʔ ŋᴀʔ	817	值班室	zəʔ ʔbᴇ səʔ	818	滑稽剧	ɦuᴀʔ tɕi dʑiᴀʔ
827	白头发	bᴀʔ dɤ øɑ	828	绿蝴蝶	ɦloʔ βu dieʔ	837	墨水笔	ɦməʔ sɿ ʔbie
838	乐口福	ɦlɔʔ k'ɤ øoʔ	847	阅览室	ɦiøʔ lᴇ səʔ	848	木偶剧	ɦmɔʔ ŋɤ dʑiᴀʔ
857	十进法	zəʔ tsiəŋ øᴀʔ	858	白菜叶	bᴀʔ ts'e ieʔ	867	踏步级	dᴀʔ bu tɕiəʔ
868	特效药	dəʔ iɔ iᴀʔ	877	腊八粥	ɦlᴀʔ ʔbᴀ tsoʔ	878	活作孽	ɦuəʔ tsɔʔ ȵieʔ
887	六月雪	ɦloʔ iøʔ sieʔ	888	独幕剧	doʔ mo dʑiᴀʔ			

4.2.6 5式 [˧˥ ˦ ˥˧]

311	想心思	siã siəŋ sɿ	312	水烟筒	sɿ i doŋ	317	总编辑	tsoŋ ʔbie ts'ieʔ
318	粉蒸肉	øəŋ tsəŋ ȵioʔ	321	打油诗	ʔdã iɤ sɿ	322	海龙王	he loŋ uɑ̃
327	点名册	ʔdie miəŋ ts'ᴀʔ	328	炒牛肉	ts'ɔ ȵiɤ ȵioʔ	331	打火机	ʔdã øu tɕi
332	水果行	sɿ ku ɑ̃	337	蟹爪菊	hɑ tsɔ tɕioʔ	338	火腿肉	øu t'e ȵioʔ
341	走马灯	tsɤ mo ʔdəŋ	342	橄榄油	kᴇ lᴇ iɤ	347	早稻谷	tsɔ dɔ koʔ
348	橄榄棚	kᴇ lᴇ uəʔ	351	小意思	siɔ i sɿ	352	死对头	si ʔde dɤ
357	板凳脚	ʔbᴇ ʔdəŋ tɕiᴀʔ	358	止痛药	tsɿ t'oŋ iᴀʔ	361	打字机	ʔdã zɿ tɕi
362	手电筒	sɤ die doŋ	367	讲义夹	kɑ̃ ȵi kᴀʔ	368	古代剧	ku de dʑiᴀʔ
371	小瘪三	siɔ ʔbieʔ sᴇ	372	九曲桥	tɕiɤ tɕ'ioʔ dʑiɔ	377	手节掐	sɤ tsieʔ k'ᴀʔ
378	少一日	sɔ ieʔ ȵieʔ	381	补习班	ʔbu zieʔ ʔbᴇ	382	水蜜桃	sɿ mieʔ dɔ
387	手术室	sɤ zəʔ səʔ	388	小白玉	siɔ bᴀʔ ȵioʔ	511	绣花针	siɤ ho tsəŋ
512	布衣裳	ʔbu i zɑ̃	517	细胞质	si ʔbɔ tsəʔ	518	酱猪肉	tsiã tsɿ ȵioʔ
521	剃头刀	t'i dɤ ʔdɔ	522	酱油瓶	tsiã iɤ biəŋ	527	教研室	tɕiɔ ȵi tsəʔ
528	太阳穴	t'ɑ iã iøʔ	531	扫帚星	sɔ tsɤ siəŋ	532	汽水瓶	tɕ'i sɿ biəŋ
537	驾驶室	tɕiɑ sɿ tsəʔ	538	四喜肉	sɿ ɕi ȵioʔ	541	叫两声	tɕiɔ liã sã
542	气象台	tɕ'i ziã de	547	破马夹	p'u mo kᴀʔ	548	购买力	kɤ mɑ lieʔ
551	照相机	tsɔ siã tɕi	552	布告牌	ʔbu kɔ bɑ	557	圣诞节	səŋ ʔdᴇ tsieʔ
561	信号灯	siəŋ ɔ ʔdəŋ	562	介绍人	tɕiɑ zɔ ȵiəŋ	567	试验室	sɿ ȵie səʔ
568	障碍物	tsɑ̃ ŋe uəʔ	571	印刷机	ʔiəŋ səʔ tɕi	572	四脚蛇	sɿ tɕiᴀʔ zo
577	睏一瘖	k'uəŋ ieʔ huəʔ	578	教育局	tɕiɔ ioʔ dʑioʔ	581	化学家	ho iᴀʔ tɕiᴀ
582	太极拳	t'ɑ dʑieʔ dʑiø	587	矿物质	k'uɑ̃ uəʔ tsəʔ	588	汉白玉	hø bᴀʔ ȵioʔ

4.2.7 6式A [˦ ˦ ˦]

733	七巧板	tsieʔ tɕ'iɔ ʔbᴇ	734	拍纸簿	p'ᴀʔ tsɿ bu	735	黑板报	həʔ bᴇ ʔbɔ
736	八宝饭	ʔbᴀʔ bɔ ßᴇ						

4.2.8 6式B [˦ ˥ ˧˩]

313	酒精厂	tsiɤ tsiəŋ ts'ã	314	表兄弟	ʔbiɔ ɕioŋ di	315	卷心菜	tɕiø siəŋ ts'e
316	手工艺	sɤ koŋ ȵi	323	短棉袄	ʔdø mie ɔ	324	小朋友	siɔ bã iɤ
325	扁桃腺	ʔbie dɔ sie	326	手榴弹	sɤ liɤ dᴇ	333	水饺子	sɿ tɕiɔ tsɿ
334	水产部	sɿ ts'ᴇ bu	335	好小菜	hɔ siɔ ts'e	336	水彩画	sɿ ts'e o
343	炒米粉	ts'ɔ mi øəŋ	344	早晚稻	tsɔ mᴇ dɔ	345	表演唱	ʔbiɔ ie tsɑ̃
346	展览会	tse lᴇ ue	353	小气鬼	siɔ tɕ'i tɕy	354	古汉语	ku hø ȵy
355	打喷嚏	ʔdã p'əŋ t'i	356	喊救命	hᴇ tɕiɤ miəŋ	363	打字纸	ʔdã zɿ tsɿ
364	小便桶	siɔ bie doŋ	365	海岸线	he ŋø sie	366	炒冷饭	ts'ɔ lã ßᴇ
373	派出所	p'ɑ ts'əʔ su	374	组织部	tsu tsəʔ bu	375	打瞌睆	ʔdã k'əʔ ts'oŋ
376	好说话	hɔ suøʔ o	383	漂白粉	p'iɔ bᴀʔ øəŋ	384	小白脸	siɔ bᴀʔ lie
385	好孛相	hɔ bəʔ siã	386	水墨画	sɿ məʔ o	513	太师椅	t'ɑ sɿ y

514	副经理	ɸu tɕiəŋ li	515	做生意	tsu sã i	516	半新旧	ʔbe siəŋ dʑiɤ
523	算盘珠	sø be stɥ	524	薏仁米	ʔi ȵiəŋ mi	525	剃头店	t'i dɤ ʔdie
526	太和殿	t'ɑ βu die	533	副产品	øu ts'ᴇ p'iəŋ	534	扇子舞	se tsɿ βɥ
535	扫帚柄	sɔ tsɤ ʔbiəŋ	536	探险队	t'e ɕie de	543	半导体	ʔbe dɔ t'i
544	啥道理	sɑ dɔ li	545	镇静剂	tsəŋ ziəŋ tsi	546	气象站	tɕ'i ziã zᴇ
553	照相馆	tsɔ siã kue	554	意见簿	ʔi tɕi bu	555	报到处	ʔbɔ ʔdɔ ts'ɥ
556	勘探队	k'ᴇ t'e de	563	啥事体	sɑ zɿ t'i	564	信用社	siəŋ ioŋ zo
565	放大镜	øɑ̃ du tɕiəŋ	566	意大利	ʔi dɑ li	573	印刷品	ʔiəŋ səʔ p'iəŋ
574	布谷鸟	ʔbu koʔ ȵiɔ	575	睏一觉	k'uəŋ ieʔ kɔ	576	宴歇会	ʔᴇ ɕieʔ ue待会儿见
583	眼药水	ɦŋᴇ iᴀʔ sɿ	584	教育部	tɕiɔ ioʔ bu	585	唱孛相	tsɑ̃ bəʔ siã
586	对立面	ʔde lieʔ mie	713	百分比	ʔbɑʔ øəŋ ʔbi	714	铁丝网	t'ieʔ sɿ mɑ̃
715	百家姓	ʔbᴀʔ kɑ siəŋ	716	夹生饭	kᴀʔ sã βᴇ	723	托儿所	t'ɔʔ əl su
724	柏油桶	ʔbᴀʔ iɤ doŋ	725	压台戏	ʔᴀʔ de ɕi	726	出毛病	ts'əʔ mɔ biəŋ
743	益母草	ʔieʔ m̩ ts'ɔ	744	歇后语	ɕieʔ ɤ ȵy	745	一礼拜	ʔieʔ li ʔbɑ
746	接待站	tsieʔ de zᴇ	753	勿放手	ɸəʔ ɸɑ̃ sɤ	754	笔记簿	ʔbieʔ tɕi bu
755	百货店	ʔbᴀʔ øu tie	756	隔夜饭	kᴀʔ iɑ βᴇ	763	发电厂	øᴀʔ die ts'ã
764	福利部	ɸoʔ li bu	765	拆烂污	ts'ᴀʔ lᴇ u	766	七万号	ts'ieʔ uᴇ ɔ
773	吃勿起	tɕ'iəʔ øəʔ tɕ'i	774	叔伯姆	soʔ bᴀʔ m̩	775	勿适意	ɸəʔ səʔ i
776	压发帽	ʔᴀʔ ɸᴀʔ mɔ	783	毕业考	ʔbieʔ ȵieʔ k'ɔ	784	啄木鸟	tsɔʔ mɔʔ ʔdiɔ
785	出入证	ts'əʔ zəʔ tsəŋ	786	勿入调	ɸəʔ zəʔ diɔ			

4.2.9 7式 [˩˥˥˧]

241	人造丝	ɦȵiəŋ zɔ sɿ	242	牛奶瓶	ɦȵiɤ nɑ biəŋ	251	文化宫	ɦuəŋ ho koŋ
252	裁判员	ze p'e iø	261	长恨歌	zã əŋ ku	262	呒用场	ɦm̩ ioŋ zã
411	冷清清	ɦlã ts'iəŋ ts'iəŋ	412	两家头	ɦliã kɑ dɤ	417	两三只	ɦliã sᴇ tsᴀʔ
418	语音学	ɦȵy iəŋ iᴀʔ	421	女人家	ɦȵy ȵiəŋ kᴀ	422	满堂红	ɦme dɑ̃ oŋ
427	网球拍	ɦmɑ̃ dʑiɤ p'ᴀʔ	428	语言学	ɦȵy ie iᴀʔ	431	荡口杯	dɑ̃ k'ɤ ʔbe漱口杯
432	老虎钳	ɦlɔ ɸu dʑie	437	女主角	ɦȵy tsɥ koʔ	438	有两日	ɦiɤ liã ȵieʔ
441	养老金	ɦiã lɔ tɕiəŋ	442	丈母娘	zã m̩ ȵiã	447	老米粥	ɦlɔ mi tsoʔ
448	有两日	ɦiɤ liã ȵieʔ	451	后半身	ɦɤ ʔbe səŋ	452	老太婆	ɦlɔ t'ɑ bu
457	辩证法	bie tsəŋ øᴀʔ	458	礼拜日	ɦli ʔbᴀ ȵieʔ	461	老寿星	ɦlɔ zɤ siəŋ
462	领导人	ɦliəŋ dɔ ȵiəŋ	467	眼泪出	ɦŋᴇ li ts'əʔ	468	社会学	zo ue iᴀʔ
471	五角星	ɦŋ̍ kɔ siəŋ	472	软骨头	ɦȵiø kuəʔ dɤ	477	理发室	ɦli ɸᴀʔ səʔ
478	买一日	ɦmɑ ieʔ ȵieʔ	481	美术家	ɦme səʔ tɕiɑ	482	老实人	ɦlɔ zəʔ ȵiəŋ
487	米达尺	ɦmi dᴀʔ ts'ᴀʔ	488	动物学	doŋ ueʔ iᴀʔ	611	凤仙花	boŋ sie ho
612	万金油	ɦuᴇ tɕiəŋ iɤ	617	办公室	bᴇ koŋ səʔ	618	奠基石	die tɕi zᴀʔ
621	害人精	ɦe ȵiəŋ tsiəŋ	622	卖油郎	ɦmɑ iɤ lɑ̃	627	弄完结	ɦnoŋ ue tɕieʔ
628	大人物	dɑ zəŋ uəʔ	631	耐火砖	ɦne øu tse	632	老板娘	ɦlɔ ʔbᴇ ȵiã
637	马口铁	ɦmo k'ɤ t'ieʔ	638	电子学	die tsɿ iᴀʔ	641	电动机	die doŋ tɕi

642	运动员	ɦioŋ doŋ iø	647	糯米粥	ɦnu mi tsoʔ	648	大理石	dɑ li zᴀʔ
651	上半身	zɑ̃ˀbe səŋ	652	大扫除	dɑ sɔ zɥ	657	上半节	zɑ̃ ˀbe tsieʔ
658	慢性病	ɦmᴇ siəŋ biəŋ	661	豆腐干	dɤ ßu kø	662	夏令营	ɦɔ liəŋ iəŋ
667	弄坏脱	ɦnoŋ uɑ t‘əʔ	668	备忘录	bᴇ uɑ̃ loʔ	671	第七天	di ts‘ieʔ t‘ie
672	硬壳虫	ɦŋã k‘ɔ zoŋ	677	雨夹雪	ɦy kᴀʔ sieʔ	678	卖国贼	ɦmɑ koʔ zəʔ
681	大学生	dɑ ɔ sã	682	技术员	dʑi zəʔ iø	687	蛋白质	dᴇ bᴀʔ tsəʔ
688	附着力	ßu zᴀʔ lieʔ						

4.2.10 8式 [˧˥˨]

413	有心想	ɦiɤ siəŋ siã	414	弟新妇	di siəŋ ßu	415	五金店	ɦŋ̍ tɕiəŋ ˀdie
416	老松树	ɦlɔ soŋ zɥ	423	老头子	ɦlɔ dɤ tsɿ	424	女朋友	ɦȵy bã iɤ
425	有场化	ɦiɤ zã ho有地方	426	老毛病	ɦlɔ mɔ biəŋ	433	有产者	ɦiɤ ts‘ᴇ tse
434	下水道	ɦɔ sɥ dɔ	435	下等货	ɦɔ ʔdəŋ øu	436	老鼠洞	ɦlɔ ts‘ɥ doŋ
443	领导者	liəŋ dɔ tse	444	老部下	ɦlɔ bu ɕiɑ	445	两礼拜	ɦliã li ˀbɑ
446	养老院	ɦiã lɔ iø	453	五线谱	ɦŋ̍ sie p‘u	454	老账簿	ɦlɔ tsã bu
455	老太太	ɦlɔ t‘ɑ t‘ɑ	456	下半夜	ɦɔ ˀbe iɑ	463	两面倒	liã mie ˀdɔ
464	近视眼	dʑiəŋ zɿ ŋᴇ	465	宇宙线	ɦy zɤ sie	466	后备队	ɦɤ be de
473	染色体	ɦȵie səʔ t‘i	474	老夹里	ɦlɔ kᴀʔ li	475	老百姓	ɦlɔ ˀbᴀʔ siəŋ
476	软骨病	ɦȵiø kuəʔ biəŋ	483	眼药水	ɦŋᴇ iᴀʔ sɿ	484	练习簿	ɦlie zieʔ bu
485	老药店	ɦlɔ iᴀʔ ˀdie	486	冷热病	ɦlã ȵieʔ biəŋ	613	败家子	bɑ kɑ tsɿ
614	万花筒	ɦuᴇ ho doŋ	615	旧书店	dʑiɤ sɥ ˀdie	616	外交部	ɦŋɑ tɕiɔ bu
623	自来水	zɿ le sɿ	624	现行犯	ɦie iəŋ ßᴇ	625	大场化	du zã ho
626	大年夜	du ȵie iɑ	633	电子管	die tsɿ kue	634	字纸篓	zɿ tsɿ lɤ
635	电影票	die iəŋ p‘iɔ	636	电影院	die iəŋ iø	643	大耳朵	du ȵi ˀdu
644	地动仪	di doŋ ȵi	645	望远镜	ɦmɑ̃ iø tɕiəŋ	646	大马路	du mo lu
653	大菜馆	dɑ ts‘e kue	654	旧账簿	dʑiɤ tsã bu	655	大世界	dɑ sɿ kɑ
656	上半夜	zã ʔbe iɑ	663	代用品	de ioŋ p‘iəŋ	664	电话簿	die o bu
665	办事处	bᴇ zɿ ts‘ɥ	666	廿二号	ɦȵiᴇ ȵi ɔ	673	第一口	di ieʔ k‘ɤ
674	暴发户	bɔ øᴀʔ ßu	675	外国货	ŋɑ koʔ øu	676	外国话	ɦŋɑ koʔ o
683	大麦粉	dɑ mᴀʔ ɸəŋ	684	大力士	dɑ lieʔ zɿ	685	艺术界	ɦȵi zəʔ kɑ
686	大肉面	du ȵioʔ mie						

4.2.11 9式 [˧˦˥]

717	八仙桌	ʔbᴀʔ sie tsɔʔ	718	勿舒服	ɸəʔ sɥ ßoʔ	727	黑头发	həʔ dɤ ɸᴀʔ
728	一年级	ʔieʔ ȵie tɕiəʔ	737	鸭嘴笔	ˀᴀʔ tsɿ ˀbieʔ	738	出版物	tsəʔ ˀbᴇ uəʔ
747	接待室	tsieʔ dᴇ səʔ	748	吸引力	ɕieʔ iəŋ lieʔ	757	国庆节	koʔ tɕ‘iəŋ tsieʔ
758	恶势力	ʔɔʔ sɿ lieʔ	767	赤豆粥	ts‘ᴀʔ dɤ tsoʔ	768	铁路局	t‘ieʔ lu dʑioʔ
777	一歇歇	ʔieʔ ɕieʔ ɕieʔ	778	吃得落	tɕ‘iəʔ ˀdəʔ lɔʔ	787	壁角落	ˀbieʔ koʔ lɔʔ
788	吃白食	tɕ‘iəʔ bᴀʔ zəʔ						

4.2.12 10式 [˩˧˧˨]

811 录音机 ɦloʔ iəŋ tɕi
812 读书人 doʔ sʮ ȵiəŋ
813 辣椒粉 ɦlᴀʔ tsiɔ øəŋ
814 石膏像 zᴀʔ kɔ ziã
815 学生意 ɦɔʔ sã i
816 肉丝面 ɦȵioʔ sɿ mie
821 别人家 bəʔ ȵiəŋ kɑ
822 肉馒头 ɦȵioʔ me dɤ
823 绝缘体 zieʔ iø tʻi
824 熟朋友 zoʔ bã iɤ
825 别场化 bəʔ zã ho
826 枇杷树 bieʔ bo zʮ
831 灭火机 ɦmieʔ øu tɕi
832 热水瓶 ɦȵieʔ sɿ biəŋ
833 落水鬼 ɦlɔʔ sɿ tɕy
834 落小雨 ɦlɔʔ siɔ y
835 热小菜 ɦȵieʔ siɔ tsʻe
836 白果树 bᴀʔ ku zʮ
841 绿牡丹 ɦloʔ mɤ ʔdᴇ
842 十里亭 zəʔ li diəŋ
843 轧米厂 gᴀʔ mi tsã
844 独养女 doʔ iã ȵy
845 侄女婿 zeʔ ȵy si
846 白米饭 bᴀʔ mi ßᴇ
851 月季花 ɦȵiøʔ li ho
852 热带鱼 ɦȵieʔ ʔdɑ ŋ̍
853 白报纸 bᴀʔ ʔbɔ tsɿ
854 日记簿 zəʔ tɕi bu
855 孛相相 bəʔ siã siã玩玩
856 十进位 zəʔ tsiəŋ ue
861 绿豆汤 ɦloʔ dɤ tɑ̃
862 热被头 ɦȵieʔ bi dɤ
863 十样锦 zəʔ iã tɕiəŋ
864 习字簿 zieʔ zɿ bu
865 十字布 zəʔ zɿ ʔbu
866 服务站 ßoʔ ßu zᴇ
871 白菊花 bᴀʔ tɕioʔ ho
872 凸出来 dəʔ tsʻəʔ le
873 立脚点 ɦlieʔ tɕiᴀʔ ʔdie
874 合作社 ɦəʔ tsɔʔ zo
875 十八变 zəʔ ʔbᴀ ʔbie
876 墨笔字 ɦməʔ ʔbieʔ zɿ
881 芍药花 zᴀʔ iᴀʔ ho
882 独木桥 doʔ mɔʔ dʑiɔ
883 滑石粉 ɦuᴀʔ zᴀʔ ɸəŋ
884 白木耳 bᴀʔ mɔʔ əl
885 学杂费 ɦɔʔ zᴀʔ øi
886 读白字 doʔ bᴀʔ zɿ

4.3 四字组

四字组举例按各式排列，字组前写明调类组合，不再标明本调和变调。

4.3.1 1式A [˦˦˥˥˩]

1112 空心汤团 kʻoŋ siəŋ tɑ̃ dø假的许诺
1277 希奇勿煞 ɕi dʑi øəʔ sᴀʔ自以为了不起
1311 东倒西歪 ʔdoŋ ʔdɔ si ue

4.3.2 1式B [˦˦˧˥˩]

1253 痴头怪脑 tsʻɿ dɤ kuɑ nɔ疯疯癫癫
1378 挑嘴隔舌 tʻiɔ tsɿ kᴀ zəʔ搬弄是非
1144 家家户户 tɕiɑ tɕiɑ ßu ßu

4.3.3 2式 [˥˧˧˥˩]

1588 生气勃勃 səŋ tɕʻi bəʔ bəʔ
1667 天字第一 tʻie zɿ di ieʔ

4.3.4 3式 [˩˧˧˥˦]

2187 穷凶极恶 dʑioŋ ɕioŋ dʑieʔ ɔʔ
2273 摩拳擦掌 ɦmo dʑiø tsʻᴀʔ tsɑ̃
2351 头顶倒山 dɤ ʔdiəŋ ʔdɔ sᴇ颠三倒四

4.3.5 5式 [˧˦˦˦˥˩]

3165 小家败气 siɔ kɑ bɑ tɕʻi吝啬；没气派
3311 好好先生 hɔ hɔ sie sã
5487 暗里摸索 ʔe li mɔʔ sɔʔ很暗；暗中做事
5321 叫苦连天 tɕiɔ kʻu lie tʻie
7165 瞎三话四 hᴀʔ sᴇ o sɿ瞎说
7276 恶形恶状 ʔɔʔ iəŋ ɔʔ zɑ̃不堪入目的样子

4.3.6 6式 [˧˥˧˧˩]

3213 讨侬欢喜 t‘ɔ noŋ øe ɕi
3656 死样怪气 si iã kuɑ tɕ‘i无精打采、慢条斯理的样子
5138 四分五裂 sɿ ɸəŋ ŋ̍ lieʔ
5313 要紧关子 ʔiɔ tɕiəŋ kuᴇ tsɿ关键时
7155 一天世界 ʔieʔ t‘ie sɿ kɑ到处都是
7275 血淋涔渧 ɕiøʔ liəŋ ʔdᴀʔ ʔdi血淋淋

4.3.7 7式 [˨˦˦˧˩]

4183 五虚六肿 ɦŋ̍ hᴇ loʔ tsoŋ肿得厉害
4421 妇道人家 βu dɔ ȵiəŋ kɑ
6166 谢天谢地 ziɑ t‘i ziɑ di
6881 面熟陌生 ɦmi zoʔ mᴀʔ sã似曾相识

4.3.8 8式 [˧˥˧˧˩]

4143 有心有想 ɦiɤ siəŋ iɤ siã有能耐，有耐心
4347 动手动脚 doŋ sɤ doŋ tɕiᴀʔ
6143 大清老早 du tsiəŋ lɔ tsɔ大清早
6423 糯米团子 ɦnu mi dø tsɿ

4.3.9 10式 [˩˩˨˨]

8113 热昏颠倒 ɦȵieʔ ɸəŋ ʔdie ʔdɔ昏了头
8253 日长世久 ɦȵieʔ zã sɿ tɕiɤ长年累月
8753 勒杀吊死 ɦləʔ sᴀʔ ʔdiɔ si很吝啬

附记：

使用老派上海方言的人多数已在六十五岁以上，主要聚居旧上海县城今南市区里。本文主要发音人有两个：盛伯声，76 岁，住南市区黄家路 56 号，父母都是旧上海县城里人，本人出生、求学和长期生活于该地。黄焕钧，79 岁，住南市区中华路 705 弄 1 支弄 2 号，五代以上居住旧上海县城里，本人出生、求学和长期生活于该地。调查时间为 1984 年。本文中涉及的行政区划，以写作时间（1984 年）的行政区划为准。

上海方言的历史沿革

一、上海地区的语言分布和内部差异

自然地理的分布和历史上的行政建置是影响江南地区人口流动和方言分布的两个主要因素。上海地区处于长江三角洲的前缘，全境的地貌没有崇山峻岭，形成地域阻隔的因素只有水泊河流。崇明、长兴、横沙三岛是由长江分隔于大陆的沙洲，古松江（在今吴淞江以北）原是上海地区水势浩大的主干水系，把上海陆地分隔为淞北、淞南两大片。历代行政区治也因循地理环境建置，崇明岛在南宋嘉定十五年（1222年）起属江北海门县管辖，元至元十四年（1277年）置州，隶属江北扬州路，至明洪武八年（1376年）才改属江南苏州府。长兴、横沙两岛都在晚清才开始围垦。松江北岸地区原属苏州昆山县，到南宋嘉定十年（1217年）析昆山县东境置嘉定县，属两浙西路平江府，至明朝一直属苏州府，清雍正二年（1724年）析嘉定县东境置宝山县，两县都属江苏省苏州府太仓州管辖。古松江南岸地域唐天宝十年（751年）起析嘉兴昆山海盐县地置华亭县，北宋时属两浙路秀州，南宋时属两浙西路嘉兴府管辖，元至元十四年（1277年）建置华亭府，后改为松江府，直至清季。由于松江淤塞，宋时疏导后南移为吴淞江，黄浦江转为主干，南宋时形成了上海浦新港和上海镇治，元至元二十八年（1291年）在黄浦江两岸置上海县，属松江府管辖。浦东地域元、明以来属上海县，直至清雍正三年（1725年）析上海县地置南汇县，嘉庆十年（1805年）析上海县地置川沙厅。此外，今青浦县练塘地区古代沿泖湖水系与松江府相隔，自唐天宝年间置华亭县时起，练塘地区就属苏州府长洲县，宋代分隶于长洲、吴江两县，清雍正二年(1724 年)划至吴江县、元和县、青浦县合辖，1910 年才归青浦县管辖(参见祝鹏，1989)。

府治和州治的中心镇，一般是该区域政治、经济、文化联络中心，各地语言都以中心为重，长期以来向中心靠拢，有些居民还是从中心地区逐渐迁移出去的。上海地区的方言分布与行政建置划分几乎是一致的。

依据现今共时的方言特征进行分区，上海地区的方言归属于吴语区太湖片的苏(苏州)沪(上海)嘉(嘉兴)小片。上海地区的方言处于以苏州和嘉兴两大历史上发达地区的两大方言中心之交，古松江北部地域带有更多的苏州方言特征，南部地域带有更多的嘉兴方言特征。

方言分区必须选择具有代表性的重要特征来进行划分，这些特征必须是使用频率高的、本地人语感明显的。语言中语音的概括力最强，声调的辨义作用是汉语的本质特征之一，声调在语汇中的频率比其他各种特征都高，本地人最明显感受到土语的所谓软硬轻重其实主要也是声调的差异。以单音节的声调来划分上海地区方言，可分为崇明方言区、嘉定方言区、松江方言区、上海方言区、练塘方言区 5 区，正好与自然地理和行政建置大致相同。声调的高低升降通常使用五度制数码表示，1 度最低，5 度最高，如普通话“妈、天”调类为阴平，调值为高平“55”，“麻、田”调类为阳平，调值为高升“35”。“阴平”等 8 个调类是从唐宋时的中古音系继承而来的。本文对方言区的划分结论与陈忠敏(陈，1992)有部分不同，下面是 5 区方言的声调比较表：

<table>
<tr><th colspan="2" rowspan="3">方言区</th><th rowspan="3">调类数</th><th colspan="5">阴调类</th><th colspan="4">阳调类</th></tr>
<tr><th rowspan="2">阴平</th><th colspan="2">阴上</th><th rowspan="2">阴去</th><th rowspan="2">阴入</th><th rowspan="2">阳平</th><th rowspan="2">阳上</th><th rowspan="2">阳去</th><th rowspan="2">阳入</th></tr>
<tr><th>全清</th><th>次清</th></tr>
<tr><td rowspan="2">太仓大区</td><td>崇明区</td><td>8</td><td>52</td><td colspan="2">435</td><td>44</td><td>5</td><td>13</td><td>31</td><td>213</td><td>2</td></tr>
<tr><td>嘉定区</td><td>7</td><td>52</td><td colspan="2">435</td><td>44</td><td>5</td><td>31</td><td colspan="2">213</td><td>2</td></tr>
<tr><td rowspan="2">松江大区</td><td>上海区</td><td>8</td><td>52</td><td colspan="2">44</td><td>35</td><td>5</td><td>22</td><td>213</td><td>13</td><td>2</td></tr>
<tr><td>松江区</td><td>8</td><td>52</td><td colspan="2">44</td><td>35</td><td>5</td><td>31</td><td>22</td><td>13</td><td>2</td></tr>
<tr><td>吴江大区</td><td>练塘区</td><td>9</td><td>52</td><td>51</td><td>44</td><td>35</td><td>5</td><td>31</td><td>22</td><td>13</td><td>2</td></tr>
</table>

崇明方言区在清代虽与嘉定方言区同属于太仓州，但由于五代以后长期属于江北管辖，因此其方言特征接近海门等地，它与嘉定区的差异主要是阳平声调和阳上声调的不同，而这两个声调(13 和 31)正好与海门方言相同。

嘉定方言区的南界是古松江，包括现今嘉定区和宝山区的大部分地区。虽然今嘉定城内和一些地区阴上声调已并入阴去，但还有不少地方如罗店等地的老年人有阴上声调，它与古松江以南的上海方言区、松江方言区的主要区别是阴上声调和阴去声调调值相反。

松江方言区的地域很大，包括现今的松江县、青浦县、金山县、奉贤县、闵行区的大部分地区，这与松江府的长期建置有关。松江镇上的老年人在笔者 1979 年和 1985 年去调查时仍保持 8 个声调，阳上的许多字都没并入阳去，而嘉定方言区阳上、阳去已合并为一调。

旧松江府地域内，由于从南宋时起已形成了上海浦新港，人口聚居，在浦东分治之前，黄浦江两岸的上海县内已经形成了一个上海方言区。这个上海方言区现今包括的地域有：嘉定区沿吴淞江北岸的封浜乡，普陀区的长征乡、桃浦乡、真如镇，闵行区的纪王乡、诸翟乡、梅陇镇，徐汇区的龙华乡，长宁区的北新径镇，宝山区蕴藻浜以南的淞南乡、大场镇乡、庙行乡及葑塘乡东部，虹口区的江湾镇乡、杨浦区的五角场镇乡，上海市城区，浦东新区，奉贤县的四团乡、平安乡泰日乡北部、头桥乡北部和南汇县。英国传教士艾约瑟(J. Edkins)在 1853 年时记下了该区的 8 个声调，也说到阳平声调与西部不同。现在上海城区内声调已合并为 5 个，但据陈忠敏 20 世纪 80 年代后期调查，上述那些今城区外围的浦西地区老年人还保留阳平的“22”低平调，而不是松江的“31”低降调(陈，1992)，这是与松江方言区的主要差异。在浦东原川沙县，虽许多地方阳平已并入阳上调读“213”，但 1985 年石汝杰调查在川沙城厢镇外的施湾、六团乡都能记到阳平为“22”、阳上为“213”的 8 个声调(石，1985)，1980 年笔者和 1987 年陈忠敏都记到南汇现在多音节连读调还独立着的以“22”为基础的“23＋44”的连读调(钱，1981；陈，1987)。川沙镇方言的连读调(石 1985 年记录)与上海南市老派的连读调(笔者 1980 年记录)调型及其分布大致相同。由此可证，以“22”阳平调为标志，现今上海的主城区及其周边和浦东至少在150年前是一个独立的方言区。

练塘方言区的阳平调虽与松江方言区一致而与江苏吴江方言的“13”调相异，但就其阴上声调在不送气声母（如“波、多”两字的声母）前读“51”，在送气声母（如“坡、拖”两字的声母）前读“44”而言，与吴江方言的主要特征相同，与不远的吴江的黎里、盛泽镇相似。这块小区包括青浦县西南的练塘镇乡、小蒸乡、蒸淀乡、西岭乡、莲盛乡、金泽乡和商榻乡，应归太湖片吴江大区的。

除练塘区外，上海地区的方言以古松江为界，可分为南北两大区：太仓州属大区和松江府属大区，其区别标志是南区阴上调“44”、阴去调“35”，北区相反阴上调“435”、阴去调“44”。北区带有更多的旧苏州府方言的特点，如：有前响复元音韵母，没有缩气音声母，是非问句用“阿V”，南区带有更多的旧嘉兴府方言的特点，如：北区的前响复元音韵母读单元音（如宝山“斗”的韵母[ʌɪ]上海读[ɤ]），有缩气音声母（如宝山“斗”的声母[t]上海老派读[ʔd]），是非问句用“V哦”（如宝山的“侬阿是大学生?”在上海说“侬是大学生哦?”）。

二、上海城市方言特征在快速流动中建序

座落在上海方言区内的原上海县城，原来只是一个方圆9里的三级小县城，自1843年开埠以来，县城和县城西部、北部的广大租界地区迅速发展成为繁华的大都市。从1843年到1949年大约100多年的时期内，上海城区的人口迅速增长，1852年有544 413人，1900年为1 289 353人，1935年为3 701 982人，1949年为5 455 007人。人口增长主要原因是外籍人口的移入，当时上海人口籍贯遍及中国各省市，主要来自江苏和浙江地区。1935年江、浙籍（包括上海本籍）人数在公共租界内占总人数的87.43%，在“华界”内占总人数的83.46%。在公共租界内，上海籍人口1885年占总人数的15%，1900年为19%，1935年为21%。1946年，在上海市管辖区内，本地籍人口占20.7%，其中农村地区如高桥、龙华等地占近90%，而县城所在的邑庙区为8.4%，蓬

莱区为 11.9%，商业最集中的黄浦区为 5.9%，老闸区为11.1%。1950年，本地籍人口占 15.1%，邑庙区为 6.3%，蓬莱区为 10%，黄浦区、老闸区各为 4.8%（据邹依仁，1980）。

占压倒多数的移民进入上海，上海方言一时变得无序起来。其中词汇使用方面的兼用、借用和杂交最为常见，许多江、浙一带的常用词最易闯入上海话一起使用，其次是官话的词语进入上海话。就以常用副词为例，一义有多种说法。如“原来”一词的同义词有“原来、原生、本生、本来、原本、本底、本底子、原本塌里”，“一共”有“一共、一总、总共、共总、统共、拢共、拢总、一共拢总、一齐拢总、一齐拉起、一起勒化、一塌括子、亨八冷打、国落三姆”，“一定”有“一定、肯定、准定、一准、板、板定、定规、定计”，“大约”有“大概、作兴、大约、大约摸、大约摸作、大约光景、约摸光景”，“忽然”有“忽然、突然、突然之间、忽然间、忽声能、着末生头、着末头里、着生头里、辣末生头”。又如方位词“外面”有“外面、外势、外首、外头、外面头、外底头”，“后面”有“后首、后头、后面、后面头、后底头、后底、后头起、背后头、屁股头”。“慢慢地”有“慢慢叫、慢慢能、慢慢介、慢慢能介、慢慢能个”，“一点儿”有“一眼眼、一点点、一滴滴、一沰沰、一屑屑”，“一个人”有“一个人、一家头、一干子、一个头”。上海话常用词中同义词特别多，是其他吴语中所少见的，如“潮浴、汏浴”，“碌起来、爬起来”，“话话看、讲讲看，说说看”，“衰瘏、吃力”，“坍铳、勿好意思、难为情、现世、惭愧”，“时辰钟、自鸣钟”，“爹爹、阿伯、爸爸”。有些外来的词语与本地话杂交，常常形成中间态新词语，如“一似一式、一模一样”→“一式一样”，“一日、一天”→“一日天”，“归去[$tɕy_{55}$ $tɕ‘i_{31}$]→转去→回转去→回去”。上海话还善于从移民的方言中借来词语，如“潮浴、灶下间、黄落、肉痛、舒齐、标致、茄门、料煞、啥叫啥、先勿先、煞死、勿局、势必至于、沉倒头、捷转头、千跟斗、吃家生、疑惑疑注、阿要现世”借自苏州话，“高头、窗门、薄刀、碗盏、老头浜（伯儿）、男小畏（娃儿）”借自宁波话，“脆麻花、小巴戏、乖乖弄底冬”借自苏北话，“木老老”借自杭州话。有的借词甚至替代了本土词语，如从宁波方言中借“阿拉”取代了第一人称复数的“我伲”。

语音的混杂也很明显，如中古咸山摄字（普通话读“an”韵的字，如：

男、赞、念、款、圆)的字音的变化是个典型的例子。开埠时大部分字都像现在的绍兴话那样带有鼻化音,50 年后在 19 世纪末鼻化音消失,一部分最早脱落鼻音原读高元音韵[e]的字(如:男、贪、暗、敢、半)受苏州话的影响,许多人变读为[ø]韵("暗"读如"案"),于是形成新旧两派读法,新派人把老的本地音视作乡下浦东音。赵元任 1928 年时曾记下这种变化的生动景象:"有新旧两派,新派分类近似苏州,旧派近似浦东(两派人以'苏州音'、'浦东音'互相指斥),但许多人搀杂两种。"后来,在 19 世纪 40 年代到 70 年代[ø]韵占上风稳定了一个时期后,这类字多数又受宁波话等的影响在 19 世纪 80—90 年代转为[ɛ]韵("男"读如"难"),至于"碗"、"圆"这些字则分别简化为单元音韵[ø]和[y],"碗(原读[uø])"读如"暗[ø]","圆(原读[yø])"读如"雨[ø]"。

上海方言作为一个历史悠久的方言群体,既表现出对外来的词语慷慨大度的吸收力融化力,又表现出本土文化的强大稳定性。它吸收外来词语只是使自己的表现力更为丰富生动,而它的基本词汇和语音语法结构却十分稳固。上海话的权威性随着上海地区经济文化中心的确立而得到巩固,整个语音、词汇、语法系统在外来方言的影响中非但没有动摇,反而形成了在移民占 80%的上海城区土地上,外籍人及其子女都学上海话,用上海话交际的局面,上海地区还是通行上海话。

不过,移民的方言在不同程度上冲淡了上海话中的土语特征,发展了吴语公约数的成分。如"地方"取代了"户荡"、"场化","外头"、"外面"取代了"外势"、"外首","左面"取代了"左半爿","拿"取代了"担","汏"取代了"净","回去"取代了"归去","难为情"取代了"坍铳"。上海话在原松江片方言底层的基础上迅速发展着,使属于吴语临海僻远地带的、原来发展最为缓慢的、较苏州话嘉兴话保留更多古老特征的旧上海话,在百年内一跃领先为吴语诸次方言中发展最速的新上海话。20 世纪 50 年代以后至今,户口制度的改变制止了大规模的移民,上海话重建了稳定有序的发展局面。但上海话的吸收外来语言的能力依然很强,自我进化机制依然十分活跃,随着现代社会交际的活跃和频繁,上海话原来养成的善于拿来和进取创造的习惯成为传统,近 50 年来,上海话又有长足的变化，变速在吴方言中遥遥领先。

上海市内语言和周围郊区语言差距之大，感觉十分明显，远远超过苏州、嘉兴等市内语言和四郊语言的差别。现在我们可以到城区势力还未到达或刚刚到达的上海方言区内的北部边缘的江湾镇、西部边缘的真如镇、南部边缘的梅陇镇去了解，这些地方虽彼此相隔很远，但还保持着较一致的旧上海话的面貌。这里的老年人还保留着19世纪中叶艾约瑟所记的上海方言区的声调面貌(只是原在艾氏时已不稳定的阳上声调并入了阳去。参见艾，1868，P.30)，而上海城区声调早已合并为吴语区最少的5个了。由此可见，今上海市中心区方言比周围的上海方言区语言发展整整快了150年，上海城区方言自身的高速变迁使它实际上形成了一个城市方言中心岛，它与四周语言相差之大，在我国近代方言发展史上是绝无仅有的奇迹。

三、150年来上海话的变化轨迹

1843年上海开埠前，上海话只是松江方言大区在黄浦江流域的一个分支。嘉庆十九年(1818年)序刊本的《上海县志》卷一"方言"部分开头说："方言同是吴音而视府城稍重。""府城"指的是松江镇。同治七年(1868年)刊本的《上海县志》卷一中所附"方言"一段开头也说："方言语音视华亭为重。"可见在那时上海人目光里，府城华亭即松江方音才是权威性的方言，而上海方言在当时只是一个小县方言。

目前我们能见到的记载上海地区方言材料的最早的方志是明代正德七年(1512年)序刊的《松江府志》。在卷四"风俗"记"方言"部分里说："府城视上海为轻，视嘉兴为重，大率皆吴音也。"可见在16世纪初叶上海方言就已形成了不同于邻县的上海方言区，又说明了当时上海话、松江话和嘉兴话三者的轻重从属关系。

但是，到了清代的康熙二年(1663年)的《松江府志》卷五"风俗"的"方言"部分中说："府城视上海为轻，视苏州为重。"嘉庆二十二年(1817年)刊本的《松江府志》卷五疆域志载"方言"部分中也说："府城视上海为轻，视苏州为重，大率同为吴音而微别耳。"清志已不提

“视嘉兴为重”，这说明至少是在清代初叶以后，苏州话取得了松江府地区权威方言的地位，此后三百年间一直对处于松江地域的上海话有着渗透影响。

开埠后的上海城区高速发展，上海的经济、文化中心地位迅速确立，上海方言中心的权威地位也随之开始建立。上海方言自 20 世纪中叶起已经取代了苏州方言的在吴语区的权威地位，成为吴方言的代表方言。

如今，上海话已经成为一个强大的权威方言中心，向四周辐射扩散，传播它的影响。不再是松江话影响上海话，而是上海话带动了上海地区各郊县(包括松江县)的方言的变化。随着与上海市区县交际的频繁开展，这些县的县城以及大镇上的方言从 20 世纪 70 年代后开始松动，近 20 年来都在急剧向上海话靠拢，青少年的语音都出现了与上海市区话接近的新派音系，这些新派音系无论是声母、韵母、声调和连读调都在走上海话近 150 年走过的路，不过由于可以借用的缘故，虽起步晚而发展迅速。有些青年会同时说两种话，一种近于老派话，一种近于上海话。

当代上海话的影响也辐射到太湖片各大城市如常州、苏州、嘉兴、杭州等地，这些城市的有些青年会说上海话。有的家庭夫妇分别是常州人、苏州人，家里通用的方言及孩子的语言是上海话。在沪宁线列车上的通用语除了普通话外，就是上海话。上海话如今影响着苏州话，苏州话近年来出现的一些新变化，如尖团音的合并(小≠晓>小＝晓)，ã、ɑ̃两韵的合并(省 sã≠赏 sɑ̃>省＝赏 sÃ)，aʔ、ɑʔ 两韵的合并(掐 k'aʔ≠客 k'ɑʔ>掐＝客 k'Aʔ)，uø 并入 ø 韵(碗 uø≠案 ø>碗＝案 ø)都是在上海话里率先完成的。当今上海人遍布全国各地，在传播上海文明的同时也传播着上海语言。由于港台和海外的同胞和华裔很多籍贯为吴语区的人在 20 世纪 40 年代是从上海出去的，所以在香港、台湾以及旧金山等地也通用上海话交际。

现在上海话无论从传播之广或者从它的权威性来说，已经取得了吴方言中的首要地位。上海地区的权威方言经历了三易其主的过程：嘉兴话(明代)→苏州话(清代、近代)→上海话(现当代)。

上海城市的快速发展，使上海话脱离了原来的稳定封闭状态，从 19 世纪末开始进入了高速变化期，上海话的记录资料反映了上海话的发展概貌。目前我们能见到的最早记录和研究上海方言的著作是英国传教士艾约瑟1853年的《上海口语语法》、麦高温(John Macgowan)1862年的《上海方言习惯用语集》和徐家汇土山湾孤儿院法国传教士1883年编的《松江话练习教程》(记写的是上海徐家汇地区的方言,当时该地属松江府),这三部书记音准确精细,反映的是19世纪中叶上海开埠时的语言面貌,可把这个时期称为上海话发展的第一期。第二期为20世纪初叶,30年代之前,这时的主要著作一本是瑞典语言学家高本汉的《中国音韵学研究》,其中的"方言字汇"里记录了3 049个字的上海话读音,另一本是赵元任的《现代吴语的研究》,其中有上海话记音等。第三期为20世纪中叶,40年代至70年代,这时的主要著作一本是许宝华、汤珍珠主编的《上海市区方言志》,其中的同音字表按本文笔者的语音情况记录的,也是该时期的多数上海人语音面貌,此书还收录了8 000多条词汇。另一本是《江苏省和上海市方言概况》,其中所记的上海语音大致与前书相同。第4期是20世纪后期80—90年代,笔者《当代吴语研究》所记的新派语音、词语和语法反映了这时期的语言面貌。

可以选择上海话语音变迁的五个主要特征对上海话进行分期,见下表1。其中,从分尖团到不分尖团,两字以上的语音词的连读调从复杂型到单字延伸型这两项特征可以把上海话截分为两大期:旧上海话时期和新上海话时期。旧上海话时期的上海话就其主要方面还与今城区边缘的上海话以及松江话相近。但从20世纪初叶起,上海话紧跟着清末和民初上海都市的经济、文化和社会面貌的飞速发展而进入最快的变化期,大量的新名词随新事物而产生,吸收外来词和创造洋泾浜话也呈现高潮期,活跃的社会和民俗的更变形成大量的新惯用语(如:出风头、戳壁脚、照排头、空心汤团、开年礼拜九、拆空老寿星、崇明人阿爹),这些在1924年发行的严芙孙的《上海俗语大辞典》中都有生动反映。而以赵元任1928年所记的业已形成的语音上"苏州人、浦东人相指斥"的现象为标志,上海话开始脱旧变新,到20世纪30年代发生了重大质变。上海话变化的最活跃时期是与上海都市社会的活跃兴盛紧相随的。第三期时的上海经历了一段较长的人口稳定增长期,上海话里出现了一派稳定一时的中派音(《上》、《当》两书作者的定名),由于大量华侨都在 20 世纪 40 年代出国,故在港台和国外通行的主要也是新上海话。

用单字声调、中古咸山摄舒声韵字读音和入声字韵三项的变化,可以作为区分 4 个时期的标志。单字声调第 1 期是平上去入各分阴阳完全的 8 个声调,第 2 期阳平、阳上声调并入阳去,只剩 6 个声调,第 3、4 期阴上并入阴去,余 5 个声调。入声字韵第 1 期是吴语中最复杂的 8 分:"[æʔ]≠[ɑk]≠[eʔ]≠[ʌk]≠[œʔ]≠[ok]≠[ɔk]≠[ɪʔ]";第 2 期[æʔ]、[ɑk]并为[ᴀʔ],[eʔ]、[ʌk]、[œʔ]并为[əʔ],简为 5 个;第 3 期[ok]、[ɔk]并为[oʔ],[k]尾完全失去;第 4 期[ᴀʔ]、[əʔ]并为[ɐʔ],入声韵只留[ɐʔ]、[oʔ]、[ɪʔ]三个,且[ɐʔ]、[oʔ]两韵已有相混现象。中古咸山摄舒声韵字即普通话读"an、ian、uan、üan"韵母的字,在上海话的音变可以把四期典型地区分开来,第一期艾氏、麦氏记音大都带鼻化音,第二期高本汉记鼻音失去,赵元任记元音高化为"[ᴇ]、[ø]、[ɪ]"([ɛ̃]>[ɛ]>[ᴇ],[œ̃]>[œ]>[ø],[iɛ̃]>[iɛ]>[ɪ]),但覃、谈、仙、盐、桓韵部分字如"南、感、暗、川、扇、半"读"[e]"韵。第三期钱乃荣记部分字受苏州音影响由"[e]、[ue]"转为"[ø]、[uø]"。第四期高云峰记单元音化([yø]>[y],[uø]>[ø])和"[ø][ᴇ]"相混(高,1996)。从上面列出的变化可以看到,至第二期末第三期始,上海话已告别松江音系的语音主要特征,向北部吴语苏州话等接近进而公约数化,进入第四期则变得遥遥领先于其他吴语地区了。见以下三表:

表 1

分派		分期	分尖团	连调型	单字调	咸山摄字音	入声韵
旧	今已无人	第 1 期,1850s 后	+	复杂型	8 个	鼻化音为主	8 个
	今为老派	第 2 期,1930s 前	+	复杂型	6 个	鼻音失,留 e 韵	5 个
新	今为中派	第 3 期,1940—70s	−	延伸型	5 个	e>ø,元音高化	4 个
	今为新派	第 4 期,1980—90s	−	延伸型	5 个	单元音化,ᴇ、ø 混	3 个

表 2

基本入声韵母	其他入声韵母
第 1 期 [æʔ](掐)、[ɑk](客) [eʔ](磕)、[ʌk](刻)、[œʔ](渴) 18 个 [ok](哭)、[ɔk](壳) [ɪʔ](笔)	[iæʔ](甲)、[uæʔ](挖)、[iɑk](脚)、[uɑk](划) [ueʔ](活)、[iʌk](逆)、[iœʔ](月) [iok](曲)、[uɔk](扩) [iɪʔ](热)
第 2 期 [ᴀʔ](掐客) [əʔ](磕刻渴) 13 个 [oʔ](哭)、[ɔʔ](壳) [ɪʔ](笔)	[iaʔ](甲脚)、[uɑʔ](挖划) [iəʔ](吃)、[uəʔ](活)、[yəʔ](月) [yoʔ](曲)[uɔʔ](扩) [ieʔ](热)
第 3 期 [ᴀʔ](掐客) [əʔ](磕刻渴) 9 个 [oʔ](哭壳) [ɪʔ](笔热)	[iᴀʔ](甲脚)、[uᴀʔ](挖划) [uəʔ](活) [ioʔ](浴) [yɪʔ](月曲)
第 4 期 [ɐʔ](掐客磕刻渴) [oʔ](哭壳) 5 个 [ɪʔ](笔热甲脚)	[uɐʔ](活划挖) [yɪʔ](月曲浴)

表 3

例字	反难斩	暖酸看	半南敢	蚕扇川	变千兼	陷间	念	惯还	官欢	捐软	全选
麦记	ɛ̃	œ̃	e	e	iẽ(ie,i)	iẽ	iɛ̃	uɛ̃	ue	iœ̃	i
高记	ɛ	œ	e	e	ie(iɛ)	iɛ	ie	uɛ	ue	ioe	ie
赵记	ᴇ	ø	e	ø	ɪ	iᴇ	iᴇ	uᴇ	uø	yø	ɪ
钱记	ᴇ	ø	ø	ø	i,ɪ	i(iᴇ)	i,ɪ	uᴇ	uø	yø	i,ɪ
高记	ᴇ,ø少	ø	ᴇ,ø	ø	i	i	i	uᴇ,ø	uᴇ,ø	y	y,i少

上海方言音变的微观

一

上海自1843年开埠以来，城区迅速扩展，人口急剧增长，上海话发展很快。与社会发展高潮相关，语音的演变大致也出现过三次高潮。第一次在20世纪20年代前后，第二次在四五十年代，第三次是七八十年代。第一次高潮的主要标志是声调从八个并为六个（三个舒声阳调合为一个调），古咸山摄字的鼻化音消失；第二次高潮的标志是声调由六个变为五个（阴上并入阴去），尖团音区别消失；第三次高潮的标志是前后a鼻化韵合并，入声韵ᴀʔ、əʔ合并（下文将这三次音变高潮分别简称为"一变"、"二变"、"三变"）。在笔者1987年这次调查时，1920年10岁的上海人是77岁，1950年10岁的是47岁，1980年10岁的是17岁，这三个年龄层次大致代表了当时生活在上海的三代人，由于这三次语音演变的高潮，形成了老、中、新三派的上海话，他们的语音存在着很大差异，这为我们采集语料研究语音的音变方式提供了良好的条件。

中派音系是上海话的代表，是上海当时中年人为主说的、使用人数最多的上海话。下页有中派音系的声韵调系统，划框的音位涉及本文讨论的一些音变现象。

当时生活着的三代上海人语音有许多变化，本文只是按类型选择一些重要的音变现象来讨论音变的模式。这些音变现象有的主要发生在老年到中年（"二变"）阶段，有的发生在中年到青少年（"三变"）阶段，有的音变现象甚至是从19世纪中叶起一直延续至今，现在还在进行着。

1. 声母

p 帮布　　pʻ怕迫　　b 步蓬　　m 美买　　f 飞分　　v 父奉

t 都胆　　tʻ太透　　d 地读　　n 拿南　　　　　　　l 拎劳

ts 资照　　tsʻ雌穿　　　　　　　　　　　s 诗散　　z 从床

tɕ 酒九　　tɕʻ秋丘　　dʑ 群杰　　ȵ 粘绕　　ɕ 修休　　ʑ 齐席

k 高根　　kʻ开扩　　g 葵共　　ŋ 我岸　　h 花轰　　ɦ 鞋移胡雨

ʔ 鸭衣乌迂

2. 韵母

ɿ 知处　　i 基钱　　u 波户　　y 居须　　ã 冷长　　iã 良映　　uã 横光～火

A 泰柴　　iA 野写　　uA 怪淮　　ɒ̃ 汤桑　　iɒ̃ 旺　　uɒ̃ 王况

o 花瓜　　əɲ 根文　　iɲ 紧心　　uəɲ 魂困　　yɲ 均云

ɔ 朝宝　　iɔ 蕉条　　oŋ 翁虫　　ioŋ 荣穷

ɤ 斗丑　　iɤ 流尤　　Aʔ 辣麦　　iAʔ 药略　　uAʔ 刮挖

E 雷兰　　iE 廿械　　uE 回贯　　əʔ 舌出　　uəʔ 活扩

ø 感最　　uø 官欢　　yø 软圆　　iɪʔ 笔亦　　yɪʔ 月确

əl 而尔　　m̩ 姆呒　　ŋ̍ 五鱼　　oʔ 绿角　　ioʔ 肉浴

3. 声调

阴平　52 刀浆　　阴去　334 岛到奖酱　　阴入　$\underline{55}$ 雀削

阳去　113 桃墙道象导匠　　阳入　$\underline{12}$ 嚼石

二

就语音演变的状态仔细考察，归纳起来上海方言的音变有以下几种方式：(一) 合并；(二) 移变；(三) 新生。

(一) 合并

上海语音绝大部分的音变是采取音位合并的方式的。上海话韵母从 19 世纪中叶的 63 个(Edkins，1853)，发展到现今新派 32 个，几乎减少了一半，多数是采取合并方式的。合并的方式有两种：

1. 一个音位单向并入另一个音位，新读法是音系中原有的音位。

这一种方式语音上一般是采取跳跃式的过渡，从未变音位突变到已变的音位，或两读，在词汇上呈扩散状态的渐变，有些字先变。

上海话古疑母字鼻音声母失落，ŋ、ȵ>ɦ(i, u, y)从 19 世纪中叶已开始，一直到现今青少年一代有明显的加速，今老年读 ŋ 或 ȵ 母的“寓愚谚御雁桅卧衙吟”等字中年已多数失落声母，今中年还读 ŋ 或 ȵ 母的“梧误傲偶语遇碍艺宜义议谊疑毅原源愿银迎昂仰”等字青年都正在失落声母，在少年中，甚至“外硬我岸额玉瓦”等字也已开始失落声母。表 1 是疑母字声母失落情况的统计表，表上第一横行是 Edkins 在 1853 年记载的上海话 16 个疑母字(第 48—49 页)，根据他的记音，“月”有 ȵioʔ/ɦioʔ 两读，“尧、言”两字已失落声母。笔者记音在 1985 年，表 1 中老年 10 人 50—75 岁，中年 20 人 30—40 岁，青年 40 人 13—20 岁，少年 20 人 9—10 岁。

表 1

		玉	砚	狱	源	银	验	语	愿	谚	迎	愚	月	尧	言	疑	义
一九八五年	老年 10 人	0	0	8	0	0	0	0	0	2	0	2	7	3	10	0	0
	中年 20 人	0	1	18	2	1	0	2	0	16	7	18	19	13	20	2	3
	市中心各区青年 20 人	3		20	9	3	1	3	4	20	13	20	20	20	20	12	4
	市外围各区青年 20 人	6		20	8	11	5	10	5	20	16	20	20	20	20	10	6
	少年 20 人	14		20	13	16	9	13	12	20	19	19	20	20	20	17	15

表中所记的统计数字都是这些字单念时的发音已变人数，两读计入已变。空格是未查。

从表 1 可以看到，上海地区音变的一个特点是，音变在市中心较慢，在市周围几个区里最快。而一出这几个区的边缘到乡下，当然音变最慢，比市中心慢得多。

由于汉语是一种单音节语素语，一个字（一个语素）比词在结构上的相对独立性还要强，即从音位到词中间有一个音节、语素、汉字“三位一体”的稳定的中间站，所以要详细讨论音变在词汇中的扩散，就有两个层次，即需要考察某个音在字（语素）中未变还是已变，还要考察它在词里（该字和其他字的组合中）是未变还是已变，在调查中发现，这两者往往呈现相异的现象。举例说，笔者口语“遭遇”的“遇”常发已变音，“待遇”的“遇”常发未变音。表 2 是 1985 年在 17—24 岁的青年中疑母字和词中疑母失落的情况（用例中的本字用～代表，以后各表同此）：

表 2

	额 ŋAʔ	～角头	名～	碍 ŋE	～手～脚	阻～	误 ŋu	～会	～差
已变人数	5(1)	4(3)	20(8)	18(5)	6	71(9)	62(1)	59(4)	75(4)
	疑 ȵi	～问	猜～	语 ȵy	～文	谜～	遇 ȵy	待～	遭～
已变人数	13	22(2)	47(2)	21(1)	19(2)	64(9)	75(1)	44(8)	82(7)

六个例字后的注音都是未变音，调查人数 100 人。每个例字后第一个词是常用词，第二个词是口语非常用词。括号中标出两读的人数，两读计入已变。

表 3 是更多一些字和词六个人的语音记录，C 表示已变，V 表示已变未变两读，空格表示未变。

表 3

	梧 ŋu	～桐	魁～	蜈 ŋu	～蚣	误 ŋu	～差	～会	耽～	失～	悟 ŋu	～道	～性～	觉～	领～	语 ȵy	～文	口～	谜～
1. 许(40)			V	C	C					V									
2. 张(16)	C	C	C	C	C														
3. 朱(17)	C	C		C	C				C	C				C	C				
4. 范(23)	C	C		C	C	C	C	C			C	C	C						C
5. 于(29)	C	C		C	C					V									
6. 钱(10)				C	C	C	C	C	C	C	C	C	C		C				C

续 表

	御ȵy	～敌	～用	防～	抵～	愚ȵy	～笨	娱ȵy	～乐	文～	欢～	遇ȵy	～到	～难	待～	遭～	寓ȵy	～言	～所
1. 许					V	C	C					C	C	C			C	C	
2. 张	C	C	C	C	C	C	C	C	C	C	C	C	C	C			C	C	C
3. 朱	C	C	C	C	C	C	C	C				C	C	C			C	C	C
4. 范	C	C	C		C	C	C	C	C										
5. 于	C	C	C	C	C	C	C					C	C	C		C	C	C	C
6. 钱	C	C	C	C	C	C	C	C	C	C	C	C	C	C	C	C	C	C	C

	艺ȵi	～术	文～	园～	宜ȵi	～兴	～人	便～	机～	义ȵi	～务	～气	主～	意～	疑ȵi	～问	～难	怀～	猜～
1. 许																			
2. 张				C	C		C			V					C				
3. 朱										C	C								C
4. 范				C			C								C	C			
5. 于				C			C		C						C	C	C		
6. 钱	C	C	C	C	C	C	V			C	C	C		C	V		C	C	C

在青年人中，ʑ 声母(齐就序绝)开始并入 dʑ 声母(旗求具极)。表 4 是 1985 年在上海市卢湾区向明中学高三(2)班 30 个 18 岁青年人中调查 ʑ>dʑ 的统计材料，两读不记入已变。

表 4

	齐 ʑi	潜	前	钱	全	泉	谢 ʑiA	樵 ʑiɔ	就 ʑiɤ	墙 ʑiã	匠	像	捷 ʑiɪʔ	绝	集	序 ʑy	聚	秦 ʑiŋ	寻	晴	静	净
已变人数	17	20	5	10	21	20	1	17	23	8	11	0	24	16	21	5	16	22	6	25	22	22
两读人数	1	1	2	3	1	1	0	0	1	3	3	1	0	3	3	4	2	1	0	2	3	2

韵母方面音变采用这种合并方式的例子是“三变”阶段的古桓韵见系字(宽官换碗)失落 u 介音，上海大部分中年人这些字都 uø 韵，但青年人介音开始失落，到今少年一代音变已完成，表 5 是四个人一些字和

词中 u 介音失落的情况，括号中是年龄数字，例字标的是未变音。

表 5

	官 kuø	～司	法～	观 kuø	参～	～察	管 kuø	～理	保～	宽 k'uø	～大	放～	欢 huø	～喜	喜～	碗 ʔuø	饭～	～橱
1. 周(41)	C	C		C	C	C	C	C	C	C	C	C	C	C	C	C	C	C
2. 张(36)	C	C	C	C	C	C			C	C	C	C				C		C
3. 陈(37)				C	C	C	C	C	C		C	C		C			C	C
4. 钱(12)	C	C	C	C	C	C	C	C	C		C	C	C	C	C	C	C	C

	换 ɦuø	～班	交～	唤 huø	使～	～醒	灌 kuø	～溉	～肠
1. 周	C	C	C						
2. 张									
3. 陈			C				C		
4. 钱	C	C	C	C	C	C	C	C	C

在南市等区，还有一些老年人，和绝大部分上海人不同，多一个阴上声调，音值是 44，但是在他们的口中许多古阴上字已经并入阴去声调了，有的字两读。这是处于"二变"阶段声调归并现象。表 6 是三个老年人一些古阴上字的读音，音变的趋势是：阴上 44＞阴去 334。表中只标已变和两读。

表 6

	懂	纸	好	九	写	海	土	古	酒	打	水	宝	小	紫	手	走	展	比	口	丑	楚	粉
1. 盛(77)	V													C								
2. 黄(79)	C		C							V	C		C					C		C	C	
3. 钱(70)	C		C	C	C		C	C	C				C		C	C		C	C	C		

2. 两个音位向中间并，合成一个新音位。新读法为原音系所无，往往是原来两个对立音位的中间音。

上海话音变中有以下几项音变是采用这种方式的：øʔ(渴猝夺)、eʔ

(磕出突)、ʌʔ(刻斥特)＞əʔ;aʔ(掐插袜)、ɑʔ(客尺麦)＞ᴀʔ,这两项音变在“二变”阶段已完成。在“三变”阶段正在进行的也有两项 ã(打省冷)、ɒ̃(党赏狼)＞ᴀ̃;ᴀʔ(客掐)、əʔ(渴磕刻)＞ɐʔ。前一项音变 1985 年时正在上海 15—35 岁青年中进行,15 岁以下青少年一般已完成;后一项音变现在上海城外围区的 15—35 岁青年中过渡,在市中心区 12—25 岁人中过渡。

以 ᴀʔ、əʔ＞ɐʔ 为例,对这种类型的合并方式,我们可把调查对象分成未变人、正变人和已变人三种。未变人只会发 ᴀʔ、əʔ 两个未变的音位,哪些字读 ᴀʔ、哪些字读 əʔ 大家是一致的;已变人只能发已变的那个新音位 ɐʔ,原来是 ᴀʔ、əʔ 韵的字除了有的字受另一条音变规则的影响突变的 oʔ 外,都读 ɐʔ 韵。正变人会发 ᴀʔ、ɐʔ、əʔ 三个音位,有些字这样读,有些字那样读,在词汇的分配上也是无规则的。

表 7、8 是四个正变人大量原 ᴀʔ、əʔ 韵字的音变情况,只标已变音,因有的字变读 oʔ 韵,所以不用 C 代表已变音,已变音直接标 ɐ,省喉塞符号。

表 7

原 əʔ 韵字	拨	泼	勃	渤	抹	没	末	沫	墨	默	物	佛	勿	德	得	脱	秃	特	突	纳	勒
1. 许(40)																	o				
2. 孙(25)	ɐ	ɐ	o	ɐ	ɐ	ɐ	ɐ	ɐ	ɐ	ɐ	ɐ	ɐ	ɐ		ɐ	o	o	ɐ	ɐ	ɐ	ɐ
3. 范(23)	o	o	o	o	o			o	o	o				ɐ	ɐ	o	o	ɐ	o		ɐ
4. 于(29)	o	o	o	o	o		o	o	o	o							o		o		

原 əʔ 韵字	则	折	汁	织	职	出	塞	色	设	说	失	室	式	刷	舌	折~本	直	值	秩	十	食	入	贼	鸽	黑
1. 许						ɐ									ɐ		ɐ								
2. 孙		ɐ					ɐ	ɐ	ɐ	ɐ	ɐ	ɐ	ɐ	ɐ	ɐ	ɐ	ɐ	ɐ	ɐ		ɐ	ɐ	ɐ	ɐ	ɐ
3. 范		ɐ	ɐ	ɐ	ɐ	ɐ	ɐ	ɐ	ɐ	o	ɐ	ɐ	ɐ	ɐ			ɐ	ɐ	ɐ				ɐ	ɐ	ɐ
4. 于						ɐ				o				ɐ											ɐ

表 8

原 Aʔ韵字	八	百	拍	魄	拔	白	陌	脉	麦	发	法	伐	阀	罚	塔	腊	辣	扎	着	擦
1. 许							ɐ	ɐ	ɐ	ɐ	ɐ						ɐ		ɐ	
2. 孙	ɐ	ɐ		ɐ			ɐ	ɐ				ɐ	ɐ	ɐ		ɐ			ɐ	
3. 范						ɐ	o	ɐ	ɐ	ɐ	ɐ	ɐ	ɐ	ɐ			ɐ			
4. 于				o	o		o	ɐ	ɐ						ɐ	ɐ	ɐ			

原 Aʔ韵字	插	察	册	尺	赤	斥	萨	杀	煞	湿	杂	砸	闸	宅	石	格	隔	客	轧	瞎	吓	盒	鸭	压
1. 许						ɐ	ɐ	ɐ	ɐ		ɐ	ɐ				ɐ	ɐ	ɐ	ɐ					
2. 孙	ɐ	ɐ		ɐ	ɐ	ɐ	ɐ		ɐ	ɐ	ɐ	ɐ	ɐ		ɐ	ɐ	ɐ	ɐ	ɐ	ɐ				
3. 范										ɐ	ɐ			ɐ	ɐ	ɐ	ɐ	ɐ	ɐ					
4. 于					ɐ	ɐ	ɐ	ɐ	ɐ	ɐ							ɐ	ɐ						

表 9、10 是五个人ã、ɒ̃>Ã(Ã 实际略带 ŋ 尾)的音变情况表,已变用 C 表示,未变不标。

表 9

原 ã 韵字	浜	朋	棚	彭	碰	猛	打	冷	张	帐	撑	厂	畅	创	生	省	长	丈	肠	羹	坑	杏
1. 陈(20)			C	C	C	C							C	C			C				C	C
2. 于(29)	C		C	C	C		C		C	C		C	C	C	C	C	C	C	C	C	C	C
3. 孙(25)	C	C	C	C	C	C		C	C	C	C		C	C		C		C	C	C	C	C
4. 陶(17)	C	C	C	C	C	C	C	C	C	C	C	C	C	C		C	C	C	C	C	C	C
5. 范(20)	C	C	C	C	C	C	C	C	C		C	C	C	C		C	C	C	C	C	C	C

表 10

原ɒ̃韵字	帮	邦	旁	棒	庞	傍	忙	莽	党	当	郎	狼	庄	章	桩	樟	壮	掌	窗	昌	闯	唱
1. 陈(20)					C	C	C	C							C	C						
2. 于(29)	C	C	C	C	C	C					C	C	C	C	C	C	C	C	C	C	C	
3. 孙(25)	C		C	C	C		C	C	C	C	C	C	C	C	C	C	C	C	C		C	C
4. 陶(17)	C	C			C	C	C	C	C	C	C	C	C	C	C	C	C	C	C	C	C	C
5. 范(20)	C	C	C	C	C	C	C	C	C	C	C	C	C	C	C	C	C	C	C	C	C	C

续 表

原õ韵字	倡	桑	霜	嗓	床	裳	撞	上	缸	刚	钢	讲	港	康	糠	杭	项	航	肮
1. 陈	C				C	C						C	C			C	C	C	C
2. 于	C	C	C		C	C	C	C			C		C	C	C	C	C	C	C
3. 孙	C	C	C	C	C		C	C	C	C	C	C	C	C	C	C	C	C	C
4. 陶	C	C	C	C	C	C	C	C	C	C	C		C	C	C	C	C	C	
5. 范	C	C	C	C	C	C	C	C	C	C	C	C	C	C	C	C	C	C	C

（二）移变

一个音位的音色朝一个方向发生变化。这种变化一般不产生新音位，也不消失本音位，除非它后来又并到音系里另一个原有的音位中去了。

上海话中移变的情况较少，19 世纪末 ẽ、ø̃、ɛ̃>e、ø、ɛ(半端山)的音变可能是移变，因为这种音变现正在杭州话、绍兴话、周浦话中移变。现今上海话中可以考察到的有两项：第一项是 əŋ>əɲ、iŋ>iɲ，uəŋ<uəɲ，在"二变"阶段完成，现中年、青年人都发舌面中鼻音。第二项是流摄字韵 ɤ>ɤɯ˕ 的移变，正在青少年中进行着。

表 11 是四个老年人 iŋ>iɲ 的情况；表 12 是四个青年人ɤ>ɤ ɯ˕ 移变的情况。

表 11

	冰	品	瓶	名	丁	听	停	淋	井	心
1. 盛(77)										C
2. 黄(79)	C				C	C				C
3. 钱(70)	C		C	V	C	V	V	V	C	V
4. 张(58)	C	C	C	V	C	C		C	C	C

表 12

	否	邹	头	走	欧	口	候	手
1. 虞(17)							C	
2. 丁(17)	C	C				C	C	
3. 徐(18)	C	C			C	C	C	
4. 曹(17)	C	C	C	C	C	C	C	C

这种音变方式也可分未变、正变、已变三种情况。一般是正变人既能发未变音又能发已变音，有的字这样，有的字那样。不过语音跃迁的格子较小，但也是能感觉到的。

（三）新生

这种方式的音变，产生一个新音位，为原音系所无，也不是两个音位合并的中间音，往往是其他音变发生时派生的，或向周围地区借来的。

上海南市区卢湾区等东部地区老派原没有 yəŋ 韵，臻摄合口三等见系字“群匀熨勋”的韵母读音与通摄合口三等见系字“穷容拥胸”同 ioŋ 韵，中年人开始向上海西部地区引入 yəŋ 韵（也有普通话影响的因素），“群匀熨勋”等字就开始读 yəŋ 韵，至今还有许多人臻摄的那些字有些可以两读。派生的音如上海中派音系中的 ʑ 声母，原来老派是没有的，随着尖团音的合并，尖音字母化，$\text{ts}\left\{\begin{matrix}\text{i}\\ \text{y}\end{matrix}\right.$、$\text{ts}^{\text{‘}}\left\{\begin{matrix}\text{i}\\ \text{y}\end{matrix}\right.$、$\text{s}\left\{\begin{matrix}\text{i}\\ \text{y}\end{matrix}\right.$、$\text{z}\left\{\begin{matrix}\text{i}\\ \text{y}\end{matrix}\right. > \text{tɕ}\left\{\begin{matrix}\text{i}\\ \text{y}\end{matrix}\right.$、$\text{tɕ}^{\text{‘}}\left\{\begin{matrix}\text{i}\\ \text{y}\end{matrix}\right.$、$\text{ɕ}\left\{\begin{matrix}\text{i}\\ \text{y}\end{matrix}\right.$、$\text{ʑ}\left\{\begin{matrix}\text{i}\\ \text{y}\end{matrix}\right.$，tɕ、tɕ‘、ɕ‘为原音系中有，而从邪母齐撮产生新的 ʑ 母则是 s>ɕ 母所派生的。这类“新生”音的产生也没有中间音，在语音上也是突变的。

表 13 是四个老、中年人 z>ʑ 的音变情况。

表 13

	齐	泉	谢	捷	详	秦	聚	序
1. 盛(77)							C	C
2. 周(72)		C			C			C
3. 钱(70)		C		C	C	C	C	C
4. 张(58)	C	C		C	C	C	C	C

三

考察事物运动某种过程从一种稳定状态到另一种稳定状态的变

迁，历来有渐变或突变两种不同意见。水的沸腾、房屋的倒塌、病人的休克，这些现象支持了突变说，而语言的演变特别是语音的变化长期以来被许多人认为是渐变的典型。

如果从宏观的角度粗粗地看一下语音的演变，说它渐变有一定道理，因为如果语音不是一点一点变，人类的交际就难以沟通。在近代语言学史里，一百年前德国著名的新语法学派认为语音的任何变化都是有规律的，没有一个例外没有规律。某一个音发生变化，凡有这个音的词就一起变过去，音的移动是渐渐的，不知不觉的，无法观察的，积累几十年几百年，差别就显著了。丹麦的叶斯柏森曾把音变比作锯木头，每次用锯下来的木头比着去锯下一根木头，一根根锯下去，第一根就与最后一根的长短差得很远了。按照这个观点，语言中所有的词都跟随同一个有规则的音变过程走，从逻辑上看当然不可能出现剩余形式。

但是只要仔细审察语音的变化，事实并非这样，"零头"是经常可以发现的。比如普通话古疑母绝大部分字失落声母变成零声母字，但还保留了"牛倪拟孽"等几个字的残余。上海话古见系字在今 i、y 介音的条件下 k 组>tɕ 组，但根据 Edkins 的记载，在 19 世纪中叶还残留"去"这个常用词读[kʻi]，他的原话是这样的：

When a native is asked whether kʻiʻ or cʻhiʻ is the more correct pronunciation of 去 he replies the former. Yet the orthography by cʻhiʻ seems to the foreigner more like the true sound. The fact is that the sound is in a state of transition from kʻi to cʻhi. (Edkins, 1868，第 2 页)

当然在今天的上海话中"去"早已读[tɕʻi]了，但就在不远的上海郊县崇明岛上，"去"字从老到小还保留着[kʻi]音这个"零头"。

王士元先生 1969 年开始系统地提出"词汇扩散论"（见 Wang, 1969）。和新语法学派在语音上渐变在词汇上突变的理论相反，他认为语音的变迁在音值上从一个可辨认的单位跃迁到另一个可辨认的单位而在词汇上通常是渐渐地从一个字扩散影响到另一个字的，即语音的突变和词汇的渐变。笔者认为，"词汇扩散论"的核心应是音变通过带音的一个一个词扩散开去，而从笔者观察到的近百年来上海话的音变现象无一例外地说明语音的演变确是通过词汇散布开来的，它就像一棵苹果树上的果子一个个先后成熟，传染病将一个个人击倒一样扩散开去。在上海方言的音变中，我还未发现新语法学派所述的那种锯木头式的音变现象。

汉语的音节结构紧密，念单字的时候，就像西方人读音素，字中的元、辅音音值往往很确定，发音人都读得很准，就像打靶子一样发发射在中心，所以我们在田野工作时都是用代表字来调查语音声韵调的。笔者用代表字请老年人读，所记的音值居然和赵元任先生60年前发表在《现代吴语的研究》(赵，1928)中向当时上海的青年人调查所记的严式音标音值完全相同。由此可见音系音值的稳定性。

但是按合并2和移变方式发生音变的那些音位，发音常常会比那些不发生音变的音位发音要自由松动一些，就像进入双音词、多音词或语流中的音位那样自由变体的圈子要大一些，表现出一定的不稳定性。我们有时看到的是这样一种现象：正变人读未变音位不像未变人读得那么标准了，甚至与新的音比较近；从一群人来看，由于各人已变音、未变音的音色各有些不同，从总体看来某个正变音音色似在渐进。但是就每一个特定的人的口中，已变音和未变音的音值都是确定的，只要细心观察，我们仍能发现音变在他的口中在语词上的渐进，发音人和调查者都是可以通过比字发现每个人哪些字已变，哪些字未变，有时甚至是所有的字中只有几个字未变，所以我们应该给发音人多一些的字来念。在上海话的音变中，有像上海话“二变”阶段中通摄合口三等非组字(风峰福冯凤服)以及“三变”阶段中模、戈(一等)、歌韵晓匣母字(呼虎火货胡户河贺)，声母从喉音一直跳到唇齿音的语音跃迁h、ɦ>f、v，也有像“三变”阶段中流摄字ɤ>ɤ ɯ˔的小跃迁。语音的跃迁有时尽管格子很小，但也不会像新语法学派所说的那样无法观察；只要音变通过带音的词一个个地扩散状态存在，我们可以不必纠缠于语音跃迁格子的大小。另外，我们既然承认有些音变音位的不稳定性和在群体中的自由变体，那么，换个角度，从一群人的横断面上，拉波夫进行分段统计，指出音变在概率为X的条件下A变成B，概率为Y的条件下A变成C，概率为Z的条件下A变成D，他的“变异理论(Variation Theory)”与词汇扩散理论也是并不矛盾的(Labov, 1968,1970)。

在词汇扩散中,我们经常看到这样的现象:在一种音变进行的时候,另一条音变规则同时发生,在竞争过程中,有些音被挤掉,演变成另一种音,即合乎演变条件的那些字没有全部演变到同一个音去,原来相同音的那些字最后演变成了两种不同的音。比如第二节里合并 2 中 əʔ 韵字在与 ᴀʔ 韵字合并为 ɐʔ 的同时,有些 əʔ 韵字却按合并 1 的演变方式跑到 oʔ 韵中去了。下面我们再看“三变”阶段一些青年人 iᴀʔ 韵字按合并 1.2 的 1 方式并入 iɪʔ 韵,同时有的字并入 yɪʔ 韵的情况。表中喉塞音 ʔ 省去。

表 14

原 iᴀʔ 韵字	略	掠	甲	脚	雀	鹊	削	捏	虐	侠	协	乐音~	药	钥	约
1. 张(23)	iɐ	iɐ	iɐ	iɐ	iɪ	iɪ	iɪ	iɪ	iɐ	iɐ	iɐ	iɪ	iɐ	iɐ	iɐ
2. 范(20)	iɪ	yɪ	iɪ	iɪ	yɪ	yɪ	iɪ	iɪ	iɪ	iɐ	iɪ	yɪ	iɪ	iɪ	yɪ
3. 陈(20)	yɪ	yɪ	iɐ	iɐ	yɪ	yɪ	iɐ	iɪ	iɪ	iɐ	iɪ	iɐ	iɐ	iɐ	yɪ
4. 陶(17)	iɪ	iɪ	iɪ	iɪ	iɪ	iɪ	iɪ	iɪ	iɪ	iɐ	iɪ	yɪ	iɪ	iɐ	yɪ
5. 钱(10)	yɪ	iɪ	iɪ	iɪ	yɪ	iɪ	iɪ	iɪ	iɪ	iɪ	iɪ	iɪ	iɪ	iɪ	iɪ
6. 许(40)	iɐ	iɐ	iɐ	iɐ	iɐ	iɐ	iɐ	iɐ	iɪ	iɐ	iɐ	iɐ	iɐ	iɐ	iɐ

一种音变经过长久一段时期影响到所有合乎演变条件的字(没有剩余,也没有受到另一条音变的干扰),这就是新语法学派所说的“绝无例外的音变”。所谓“条件音变”实际上就是那种词汇扩散已经最终全部完成了的音变。比如上海话“二变”阶段中的尖团音合并,大约经历了二三十年,现在已在中年人语音中全部完成。这就是古精组声母字在今齐撮呼这个条件下与古见组声母齐撮呼字声母合并。在《上海方音的共时差异》(许宝华等,1982)一文中有这样一段话:“部分老年人包括祖籍为原苏州府地区的 50 岁以上的人保留尖团音的分别,一部分在向不分尖团的方向发展过渡,过渡的方式各有不同,有的清音不分,浊音分;有的常用字不分,不常用字分;有的基本上不分,只保留少数尖音字,……”表 15 是四个人一些“尖音字”的读音情况;同样是采取词汇扩散形式的。

表 15

	精	尖	秋	切	小	厢	齐	静	趋	聚
1. 盛(77)	ts	ts	tsʻ	tsʻ	s	s	z	z	tsʻ	z
2. 钱(70)	ts	ts	tsʻ	tsʻ	s	ɕ	z	z	tɕʻ	ʑ/z
3. 周(42)	tɕ	tɕ	tɕʻ	tɕʻ	ɕ	ɕ	z	z	tɕʻ	ʑ
4. 许(42)	tɕ	tɕ	tɕʻ	tɕʻ	ɕ	ɕ	ʑ	ʑ	tɕʻ	ʑ

“文白异读”是一种特殊的词汇扩散现象。这种音变的特点是：1. 音变是受外来的方言的影响扩散而形成的。2. 在语言风格使用的不同中表现出异读来。3. 两读长时期并存，在许多场合内，新词常用文读，旧词常是白读。比如上海话中“学堂”用白读的“学 ɦoʔ”，“学校”用文读的“学 ɦiʌʔ”。4. 由于共同语影响的不断扩散，音变可以有历时的层次递加。比如上海话古日母字原来白读音是 ȵ 母，早期的文读音是 z 母，第二次的文读音在“三变”时形成读 l 母，有许多字白读 ȵ 音已经完全不用了，也有一些字青年人第一种文读音 z 也已不用了。下面是一些古日母字在今上海话中使用的声母：

热 ȵ　日 ȵ/z　软 ȵ　人 ȵ/z/l　认 ȵ/l　弱 z/l　任姓 ȵ/z/l　如 z/l　儒 z/l　乳 z/l　扰 ȵ/z/l

从这些字声母的读音中，我们也可以看到词汇扩散的现象存在。可以说，“文白异读”是主要由社会因素对语音发生影响的一种特殊的音变现象。

既然语音的演变是通过一个个词扩散开去，那么我们就可以来探讨在音变的语词中哪些字先变、哪些字后变的问题。总的来说，音变的原因不外乎生理的因素和社会的因素两条，而且两个因素往往互相交织在一起起作用。由于没有一个上海话的字频统计表，我们只能暂凭印象来观察字、词的常用程度，所以我们的观察是不严密的、浮浅的。我们从第二节音变的有些表格中可以得到一些印象。疑母字的声母失落主要是受社会因素作用如普通话的影响而发生的音变，从表 2 中可以看到，“额角头、碍手碍脚、误会、疑问”等常用词后变，而“名额、阻碍、误差、猜疑”等口语中非常用的词先变。桓韵见系字 u 介音的失落主要是受生理因素影响如生理上的节省而发生的音变，从表5中可以看到“官司、参观、管理、欢喜”等常用词先变，而“唤醒、灌溉、换班、喜欢”等非常用词后变。当然，要下普遍的结论，还有待更多材料的证明。

发音人概况：

在正文表格中，发音人仅用姓代称，括号中的数字是年龄，下面列出发音人的概况。除了以下23名发音人之外，还对150余名发音人作表1、2的两个项目的调查统计。

调查分两次，主要的一次在1985年，第二次在1987年，年龄下面加横线的是该发音人在1987年时的年龄，不加横线的是1985年时的年龄。

姓　名	性　别	年　龄	居住地	职　业	调查项目
黄焕钧	男	79	南市区	退休工人	表6、11
盛伯声	男	77	南市区	退休工人	表6、11、13、15
周永兴	男	72	南市区	退休工人	表13、15
钱××	男	70	徐汇区	退休工人	表6、11、13、15
张正华	男	58	卢湾区	退休职员	表11、13
许　烨	女	40,<u>42</u>	卢湾区	中学教师	表3、7、8、14、15
周耀成	男	<u>42</u>	卢湾区	工　人	表5、15
陈志兰	女	<u>37</u>	卢湾区	工　人	表5
张嘉琤	女	<u>36</u>	卢湾区	职　员	表5
于　江	男	29	虹口区	大学教员	表3、7、8、9、10
孙美娟	女	25	杨浦区	大学生	表7、8、9、10
范明辉	女	25	闸北区	大学生	表3、7、8
张弘毅	男	23	长宁区	大学生	表14
陈　彤	男	20	卢湾区	大学生	表9、10、14
范晓峰	男	20	徐汇区	大学生	表9、10、14
徐　青	女	18	卢湾区	中学生	表12
虞　镭	女	17	卢湾区	中学生	表12
曹永熙	男	17	卢湾区	中学生	表12
丁　凯	男	17	卢湾区	中学生	表12
陶　琳	女	17	卢湾区	中学生	表9、10、14
朱　虹	女	17	卢湾区	中学生	表3
张剑敏	女	16	卢湾区	中学生	表3
钱亦蕉	女	10,<u>12</u>	卢湾区	小学生	表3、5、14

上海市郊音变的词扩散

上海市郊县的语音在近二三十年来发生了较大的变化。变化的原因有生理的因素也有社会的因素，而且往往是交织着起作用的。总的趋势是音位趋于合并简化。这与社会发展、社会联系加强、交际节奏加快、共同语——普通话的推广都有关。特别是上海南郊的松江县、金山县、奉贤县、南汇县、上海县在元、明、清三代都归松江府管辖，语音属松江话系统，1958 年都划归上海市管辖后，经济文化中心由松江向上海转移，语音也向上海市区方言靠拢。这使这些县中的老年人和青年人、镇上人和乡下人之间的语音发生较大的差异。

其实，上海市区的语音原来也属松江话体系。19 世纪末，Edkins，J. 在《A grammar of colloquial Chinese as exhibited in the Shanghai dialect》中所记的上海话、20 世纪初高本汉在《中国音韵学研究》中所附的上海话、1941 年 Bourgeois，A. M. 在《Grammaire du dialecte de Changhai》中所记的上海话语音都与今松江镇上老派的语音相差无几，今天的上海市区还有些老年人在说与以上三位先生所记和赵元任先生在《现代吴语的研究》中所记的上海话相近的语音。只是因为上海市区经济文化的快速发展促使语音的变化大大快于原松江府的其他地区而已。今上海郊县的语音发展总趋势是和上海市区方音发展的方向几乎一致的。

笔者选择今上海市所辖的奉贤县作为调查音变的重点，因为该县的地理位置西与松江县交界，离原松江府治松江镇不远，老派的奉贤话与松江话十分接近。奉贤县的北部过黄浦江不远就是上海市区，新派的奉贤话许多方面已经与上海市区新派语音相同。奉贤县语音变化在上海南郊是有代表性的。

一、声母、韵母、单字声调音变中的词扩散

老派奉贤话声母有34个：ˀb饱 pʻ胖 b步 ɸ荒 ß扶 ʔw威 ʔm埋 mɦ买 ˀd斗 tʻ土 d地 ʔn努 nɦ农 ʔl拎 lɦ领 ts早 tsʻ清 s思 z齐 ʑ除 ˀɟ脚 cʻ轻 ɟ桥 ç书 ʔɲ粘 ɲɦ肉 k高 kʻ开 g共 ʔŋ嚣 ŋɦ饿 h风 ɦ红 ʔ衣

韵母有54个：ɿ知 i低 u古 y主 ɑ惹 iɑ爷 uɑ怪 ɔ宝 iɔ表 o母 e南 ue官 ɛ兰 iɛ念 uɛ关 ø岁 yø软 ɯ手 iɯ酒 iu靴 ɛ̃碰 iɛ̃良 uɛ̃光 ɑ̃窗 iɑ̃旺 uɑ̃矿 ɐ̃ⁿ门 iɐ̃ⁿ金 uɐ̃ⁿ困 yɐ̃云 ʊŋ龙 iʊŋ荣 ɑʔ客 iɑʔ确 uɑʔ刮 æʔ掐 iæʔ甲 uæʔ括 œʔ渴 uœʔ说 yœʔ月 eʔ磕 ueʔ骨 ʌʔ刻 iʌʔ粒 iɪʔ结 ɔʔ壳 iɔʔ掬 uɔʔ郭 oʔ哭 ioʔ浴 əl尔 m̩亩 ŋ̍五

声调有8个：阴平˥˧$_{53}$刚 阳平˧˩$_{31}$陈 阴上˦˦$_{44}$好 阳上˨˨$_{22}$女 阴去˧˥$_{35}$瘦 阳去˩˧$_{13}$地 阴入ʔ˥$_{\underline{55}}$秃 阳入ʔ˧$_{\underline{33}}$独

附：新派上海话声母有33个：p饱 pʻ胖 b步 f分 v扶 ʔm妈 mɦ买 t斗 tʻ土 d地 ʔn乃 nɦ农 ʔl拎 lɦ领 ts早 tsʻ春 s思 z重 tɕ脚 tɕʻ清 dʑ桥 ɕ修 ʑ齐 ʔȵ粘 ȵɦ肉 k高 kʻ开 g共 ʔŋ我 ŋɦ鹅 h荒 ɦ和 ʔ衣

韵母有42个：ɿ知 i低 u古 y居 ɑ惹 iɑ爷 uɑ怪 ɔ宝 iɔ表 o花 ᴇ来 iᴇ械 uᴇ关 ø算 uø官 yø软 ɤ手 iɤ酒 ã碰 iã良 uã横 ɑ̃窗 iɑ̃旺 uɑ̃矿 ən门 in金 uən困 yn云 oŋ龙 ioŋ荣 ɑʔ客 iɑʔ甲 uɑʔ刮 əʔ刻 uəʔ骨 iɪʔ粒 yɪʔ月 oʔ壳 ioʔ浴 əl尔 m̩亩 n̩五

声调有5个：阴平˥˧$_{53}$刚 阴去˧˦$_{34}$好 阳去˩˧$_{13}$陈 阴入ʔ˥$_{\underline{55}}$秃 阳入ʔ˨˧$_{\underline{23}}$独

奉贤语音音变主要发生在以下音位上：

声母方面，整个声母都在变的：(1) ˀɟ＞tɕ(以“脚ˀɟiɑʔ˥”为例)；(2) ɟ＞dʑ(以“桥 ɟiɔ˧˩”为例)；(3) ˀb＞p(以“饱ˀbɔ˦”为例)；(4) ˀd＞t(以“斗 ʔdɯ˦”为例)。部分字声母有条件地音变的：(1) ɸ＞f(以“夫 ɸu

˥”为例）；(2) ɸ＞f ＞h(u)（以“荒 ɸɑ̃˥”为例）；(3) h＞f(以“风 hʊŋ ˥”为例)。

韵母方面，整个韵母都在变的：（1）iɐ̃ŋ＞in（以“金 ciɐ̃ŋ ˥”为例）；（2）yɐ̃/yəŋ＞yn（以“云 ɦyɐ̃ ˩/ɦyəŋ ˩”为例）；（3）iʌʔ＞iɪʔ（以“粒 lɦiɪʔ ˧”为例）；（4）iʌʔ＞iəʔ＞iɪʔ（以“吃 cʻiʌʔ”为例）；（5）yœʔ＞yɪʔ（以“月 ɦyœʔ ˧”为例）；（6）eʔ＞əʔ（以“磕 kʻeʔ ˥”为例）；（7）ʌʔ＞əʔ（以“刻 kʻʌʔ ˥”为例）；（8）œʔ＞əʔ（以“渴 kʻœʔ ˥”为例）。注：iʌʔ 变为 iɪʔ 时，只有一个“吃”字变得最慢。部分字韵母有条件地音变的：（1）e＞ø（以“南 nɦe ˩”为例）；（2）ø＞ue（以“岁 sø ˧˥”为例）。

声调方面：（1）˦44＞˧˥35/˧˦34（以“好 hɔ ˦”为例）；（2）˨22＞˩˧13（以“女 ɲɦy ˨”为例）

笔者调查了奉贤各镇上三个年龄阶段（A. 60—80 岁；B. 30—50 岁；C. 10—25 岁）各 20 人。从下面的统计表中可以看出：C 年龄阶段的人语音变化最显著（“/”表示“或 or”）。

表 1

例　字	脚		桥		饱			斗		夫		荒			风			
音变音位	ʔɟ	tɕ	ɟ	dʑ	ʔb	p	ʔb/p	ʔd	t	ɸ	f	ɸ	f	h	h	f	ø	h/f
60—80 岁 20	20		20		20			20		18	2	15	5		19		1	
30—50 岁 20	18	2	13	7	19	1		18	2	4	16	2	16	2	13	5		2
10—25 岁 20	2	18	2	18	5	14	1	6	14		20		11	9	3	16		1

例　字	金				云							粒				吃			月			
音变音位	iɐ̃ŋ	iəŋ	iŋ	in	yɐ̃	yəŋ	iŋ	iʊŋ	yn	iʊŋ/yəŋ	iʊŋ/yn	iʌʔ	iəʔ	iɪʔ	iʌʔ/iɪʔ	iʌʔ	iəʔ	iɪʔ	yœʔ	yəʔ	yɪʔ	yœʔ/ioʔ
60—80 岁 20	20				10	7		3				18		1	1	20			18	2		
30—50 岁 20	5	4	6	5	4	8	2	2	3		1	11	2	6	1	15	5		12	4	4	
10—25 岁 20				20					19	1		2	1	17		3	15	2		6	13	1

续 表

例 字	磕				刻		渴				南			岁		好			女	
音变音位	eʔ	æʔ	əʔ	æʔ/eʔ	ʌʔ	əʔ	œʔ	eʔ	ʌʔ	əʔ	e	ᴇ	ø	ø	ue	44	34	34/44	22	13
60—80 岁 20	14		4	2	20		15	2	1	2	18	2		20		19	1		6	14
30—50 岁 20	7	1	10	2	12	8	2	1	5	13	17	2	1	19	1	15	5			20
10—25 岁 20			20		1	19			1	19	14	1	5	15	5	7	12	1		20

因为发音人选自全县各镇，奉贤东部地区有个别韵母与大部地区读法有些不同，如“云”有读 yəŋ、iŋ、iʊŋ 韵的，“南”有读 ᴇ 韵的。

在调查过程中，笔者观察到的音变现象可以归纳为以下几点：

1. 语音是在向一个方向变，如ˀɟ>tɕ、iẽ̃ⁿ>in，在各个地区、各个阶层中都是一致的，年龄越小的人往往变化越大，但未进入学校和社会、主要与父母生活在一起的孩子语音比进入学校、社会的儿童保守。交际广泛的中年人语音比生活保守的中年人语音明显地表现出发展快。

2. 语音从一个音变向另一个音，不是渐变的，发音人不是读未变音，就是读已变音，或者同时能读未变音和已变音。有的学生在学校说已变音，回家与长辈说话发未变音；逢老师说已变音，与同乡同学说未变音，读报时说已变音，会话时说未变音，发这两个音时都很标准。对于两读情况，因调查时间与方式的限制，我只取读词时的发音，所以表中两读情况较少。

3. 有些变音在未变音和已变音中间有一个中间态音，如 iʌʔ 和 iɪʔ 中间有 iəʔ，但这个中间音也是一个明确的音。这种音可能是音变上一个阶段遗留下来的音，发这种音的人数很少。老年、中年阶层中有的字读音比较乱，如“磕”有读 æʔ 韵的，但这些音都是该发音人语音音系中原有的音位，发这种音的人数也很少。

4. 有的音(如 h>f)明显地表现出不可能渐变。

某一个音变现象在词汇上的表现是因词而不同的，在有的词(字)上变得快，有的词(字)上变得慢。下面一个统计表里，发音人都是

15—18 岁的青年。笔者选择了奉贤西乡三个公社、东乡三个公社("公社"是调查时 1980 年地域的行政单位，全县分 17 个公社，在这里选的都是乡下人)各 50 个人，又选择了西乡、东乡这六个公社的中心城镇上各若干人。调查的项目有："风、福、奉、服"，这四个字都是 h＞f(包括 ɦ＞v)一类的；另外还有几个字分别代表几个音变对象。从下面的统计表中可以看到：① 在不同的乡和镇，音变或快或慢，但都是普遍存在着的。② 镇上人音变比乡下人快。③ 同声母的不同的字，音变情况是不同的，"风 hoŋ˥˧、奉 ɦoŋ˨˧"两字比"福 hoʔ˥、服 ɦoʔ˧"两字变化得慢。

表 2

乡镇和人数 \ 例字和音位			风			福			奉			服			脚			饱			金			粒		
			h	f	h/f	h	f	h/f	ɦ	v	ɦ/v	ɦ	v	ɦ/v	ʔɟ	tɕ	ʔɟ/tɕ	ʔb	p	ʔb/p	iɐ̃ŋ	in	iɐ̃ŋ/in	iʌʔ	iɪʔ	iʌʔ/iɪʔ
西乡	庄行公社	50	9	40	1	5	45		27	23		3	46	1	41	9		15	35		30	18	2	17	31	2
	萧塘公社	50	22	26	2	19	29	2	31	18	1	17	32	1	31	14	5	14	36		3	46	1	15	35	
	齐贤公社	50	27	21	2	26	22	2	27	22	1	22	27	1	42	8	8	24	21	5	1	49		17	33	
东乡	泰日公社	50	31	15	4	34	11	5	35	11	4	29	17	4	38	12		30	20		1	49		32	15	3
	青村公社	50	30	16	4	29	17	4	27	19	4	26	20	4	34	10	6	25	25		4	46		19	28	3
	奉城公社	50	21	26	3	14	32	4	31	17	2	21	27	2	36	14		25	25			50		24	22	4
西乡镇	庄行镇	25	2	23			25		4	21			25		1	24		2	23		1	24		1	24	
	萧塘镇	15	1	14			15		1	14			15		2	13			15			15			15	
	齐贤镇	15	6	8	1	4	11		4	11		4	11		5	10		5	8	2	1	14		4	11	
东乡镇	泰日镇	15	5	6	4	5	6	4	5	6	4	5	6	4	5	10		6	9			15		7	8	
	青村镇	25	8	15	2	9	15	1	12	12	1	5	19	1	7	15	3	10	15			25		1	18	6
	奉城镇	50	17	30	3	7	41	2	24	23	3	6	43	1	28	22		22	28		1	49		18	32	2

下面着重讨论同一音变音位在不同词汇中的渐变情况。笔者在奉贤县政府所在地南桥镇上选了五个人：曹克望 68 岁，潘自觉 42 岁，蔡秋英 34 岁，张志超 26 岁，邱桂淮 21 岁。其中张志超出生在离南桥不远的小镇钱桥上，17 岁以后生活在南桥。在语音中有较多的老、新音

两读，其余四个人都是出生至今一直生活在南桥镇上的，可谓标准南桥人。一般情况下，用 u 表示未变音，用 c 表示已变音，v 表示可读未变音，又可读已变音。

1. 通摄合口三等东韵、锺韵的非组字声母 h>f、ɦ>v。

表 3

发音人＼词	峰	锋	蜂	封	风	讽	逢	缝	奉	俸	冯	凤
曹 68 岁	u	u	u	u	u	u	u	u	u	u	u	u
潘 42 岁	c	c	c	u	u	u	u	u	u	u	u	u
蔡 30 岁	c	c	c	c	c	c	c	c	c	c	c	c
张 26 岁	c	v	c	v	v	v	u	v	v	c	u	v
邱 21 岁	c	c	c	c	c	c	c	c	v	c	u	c

2. 曾摄开口三等职韵、梗摄开口三等陌韵昔韵、四等锡韵中的大部分字，臻摄开口三等质韵、迄韵少数字的韵母 iʌʔ>iɪʔ。iʌʔ 韵是并入原来音系中已有的 iɪʔ 韵的，踢 tʻiʌʔ˥≠铁 tʻiɪʔ˥>踢=铁 tʻiɪʔ˥。

表 4 (表中 h 表示读 iəʔ 韵)

词和声母	ˀb				pʻ				ˀd		tʻ		d		lɦ		ts		
发音人	碧	逼	壁	滗	匹	僻	劈	辟	滴	摘	踢	剔	敌	笛	粒	力	积	迹	绩
曹 68 岁	u	u	u	u	u	u	u	u	u	u	u	u	u	u	u	u	u	u	u
潘 42 岁	u	u	u	u	u	u	u	u	u	u	u	c	u	c	u	v	u	u	u
蔡 34 岁	c	c	c	c	c	c	c	c	c	c	c	c	c	c	c	c	c	c	c
张 26 岁	c	v	v	v	c	c	v	v	v	v	v	c	v	c	v	v	v	v	v
邱 21 岁	h	h	h	h	c	c	c	c	c	h	c	c	c	c	c	c	c	c	c

续 表

词和声母 发音人	tsʻ		s				z			ˀɟ			cʻ			ɟ	ɲɦ	ɦ	
	漆	戚	熄	媳	惜	锡	席	夕	疾	级	击	激	吃	讫	乞	极	逆	逸	译
曹 68 岁	u	u	u	u	u	u	u	u	u	u	u	u	u	u	u	u	u	u	u
曹 42 岁	u	c	u	u	u	u	v	c	c	u	u	u	u	u	u	u	u	v	u
曹 34 岁	c	c	c	c	c	c	c	c	c	c	c	c	v	c	c	c	c	c	c
曹 26 岁	v	c	c	c	c	v	v	c	c	v	v	v	u	c	c	v	v	c	v
曹 21 岁	c	c	c	c	c	c	c	c	c	c	c	c	u	c	c	h	c	c	c

3. 中古见母字 k>tɕ 在今奉贤老派话中的情况是这样的：k 拼开合韵，ˀɟ 拼齐撮韵中的韵腹为央、后元音的韵，tɕ 拼齐撮韵中的韵腹为前元音的韵，但是新派读音ˀɟ 已并入 tɕ，与上海话同。如老派读"肩 tɕi˧　朱 tɕy˧　奸 tɕiɛ˧　急 tɕiɪʔ˥　皆ˀɟiɑ˧　经ˀɟiẽŋ˧　脚ˀɟiɑʔ˥　击ˀɟiʌʔ˥"，新派声母都读 tɕ。下表说明韵腹为央、后元音的字ˀɟ>tɕ 的情况。

表 5

字和声母 发音人	iɑ				iɔ			iɯ				iẽŋ							iɑʔ		iʌʔ		
	皆	佳	戒	界	骄	浇	叫	九	久	救	韭	经	京	斤	荆	紧	劲	敬	脚	觉	级	击	激
曹 68 岁	u	u	u	u	u	u	u	u	u	u	u	u	u	u	u	u	u	u	u	u	u	u	u
潘 42 岁	u	u	u	u	u	u	u	u	u	v	u	v	u	u	c	u	u	u	u	u	u	u	u
蔡 34 岁	c	c	c	c	c	c	c	c	c	c	c	c	c	c	c	c	c	c	c	c	c	c	c
张 26 岁	c	c	c	c	v	v	v	v	c	c	v	c	c	v	c	c	c	v	v	c	v	v	c
邱 21 岁	c	c	c	c	c	c	c	c	c	c	c	c	c	c	c	c	c	c	c	c	c	c	c

4. 韵尾舌根鼻音向齿龈鼻音变化在旧松江府地区里都很明显，一般经历着这样过程的变化：

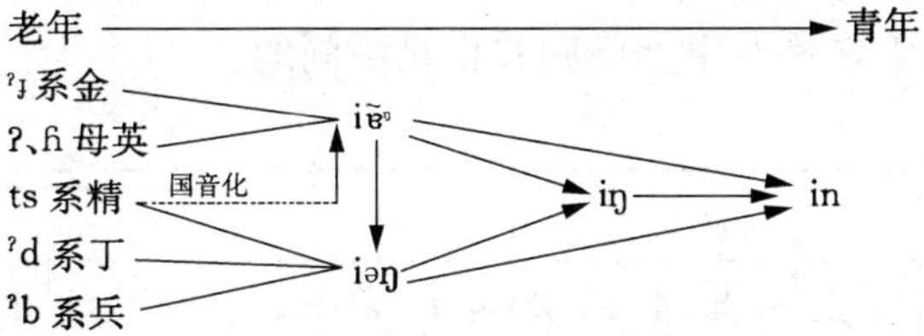

其中 iɐ̃ᵑ 和 iəŋ 是未变音，in(或 iĩ)是已变音，iŋ 是中间态音。下表分别用 1、2、3、4 表示 iɐ̃ᵑ、iəŋ、iŋ、in 四个音。

表 6

字和声母 \ 发音人	ˀɟ 系						ʔɦ 母				ˀb 系			
	ˀɟ	ˀɟ	cʻ	ç	ɲɦ	ɟ	ʔ	ʔ	ɦ	ɦ	ˀb	pʻ	b	mɦ
	金	京	轻	兴	认	勤	英	阴	形	幸	兵	品	病	民
曹 68 岁	1	1	1	1	1	1	1	1	1	1	2	2	2	2
潘 42 岁	1/2	1/2	1	2	1	1	2	2	2	2	2	2	2	2
蔡 34 岁	4	4	4	4	4	4	4	4	4	4	4	4	4	4
张 26 岁	1/4	1/4	1/4	4	1/4	4	3/4	3/4	3/4	3/4	4	4	2/4	4
邱 21 岁	4	4	4	4	4	4	4	4	4	4	4	4	4	4

字和声母 \ 发音人	ˀd 系				ts 系									
	ˀd	tʻ	d	lɦ	ts	ts	tsʻ	tsʻ	s	s	z	z	z	z
	丁	听	亭	零	睛	进	清	请	星	姓	情	静	净	尽
曹 68 岁	2	2	2	2	2	2	2	2	2	2	2	2	2	2
潘 42 岁	2	2	2	2	2	2	2	2	2	2	2	2	2	2
蔡 34 岁	4	4	4	4	4	4	4	4	4	4	4	4	4	4
张 26 岁	2/4	2/4	2/4	2/4	1/4	1/4	1/4	1/4	1/4	1/4	1/4	1/4	4	4
邱 21 岁	4	4	4	4	4	4	4	4	4	4	4	4	4	4

5. 阴上单字调正在向阴去单字调归并之中，下表列举了一部分阴上字，不同的人在哪些字上已归并也是不同的。

表 7

字和声韵 \ 发音人	tsɿ							ts'ɿ				sɿ				ʔbi			t'i	
	嘴	止	子	旨	指	纸	紫	齿	耻	褚	此	水	史	使	驶	比	扁	贬	体	舔
曹 68 岁	u	v	u	u	u	u	u	v	v	u	u	u	v	v	v	u	u	u	u	u
潘 42 岁	u	u	u	u	u	c	u	v	c	c	c	u	u	u	u	u	u	c	c	c
蔡 34 岁	c	c	c	c	c	c	c	c	c	c	c	u	u	u	u	u	u	c	u	u
张 26 岁	u	u	u	u	u	u	u	c	c	c	c	u	c	u	u	u	u	u	u	c
邱 21 岁	c	c	c	c	v	u	c	u	c	c	c	v	c	c	c	c	c	c	c	c

字和声韵 \ 发音人	tsi		si			tɕi				tɕ'i				ɕi			ʔi	p'u		
	挤	剪	洗	选	癣	茧	简	纪	检	企	起	岂	启	显	险	喜	掩	谱	普	浦
曹 68 岁	u	u	u	u	u	u	u	v	u	u	u	v	u	u	u	u	u	u	u	u
潘 42 岁	c	u	u	u	u	c	c	c	c	u	u	u	u	c	v	u	c	c	c	c
蔡 34 岁	u	u	u	u	u	u	u	c	c	c	c	c	c	c	c	c	c	c	c	c
张 26 岁	c	u	u	u	u	c	c	u	v	c	c	c	u	u	u	u	c	u	u	u
邱 21 岁	c	c	c	c	c	c	c	c	c	c	c	c	c	c	c	c	c	c	c	c

字和声韵 \ 发音人	ɸu						ʔdu		t'u	tsu				su			ku		k'u	
	虎	火	伙	府	俯	斧	堵	赌	兔	组	阻	祖	左	所	锁	琐	果	裹	苦	颗
曹 68 岁	u	u	u	u	u	u	u	u	v	u	u	u	u	u	u	u	u	u	u	u
潘 42 岁	u	u	u	u	c	u	u	u	c	u	u	u	c	u	u	u	u	u	u	u
蔡 34 岁	u	u	u	c	c	c	u	u	c	u	u	u	u	u	u	u	u	u	u	u
张 26 岁	u	u	u	u	u	u	u	u	u	u	u	u	u	u	u	u	u	u	u	u
邱 21 岁	c	c	c	c	c	c	c	c	c	c	c	c	c	c	c	c	c	c	v	c

续 表

字和声韵 / 发音人	tɕy					tɕ'y		ɕy		pɑ	siɑ	ˀɟiɑ	kuɑ	ˀbɔ				t'ɔ	tsɔ	
	鬼	主	煮	举	矩	处	取	许	暑	摆	写	解	拐	饱	宝	保	堡	讨	早	枣
曹 68 岁	u	u	u	u	u	u	u	u	u	u	u	u	u	u	u	u	u	u	u	u
潘 42 岁	u	u	c	u	u	u	u	u	u	u	u	c	u	u	u	u	u	u	u	u
蔡 34 岁	u	u	c	u	u	c	c	u	u	c	u	u	u	u	u	u	u	u	c	c
张 26 岁	c	c	u	u	c	c	c	u	u	u	u	c	u	u	u	u	u	u	u	u
邱 21 岁	c	c	c	c	c	c	c	c	c	c	c	c	c	u	u	u	u	u	v	v

字和声韵 / 发音人	ts'ɔ		sɔ		k'ɔ		hɔ	ʔɔ	siɔ	c'iɔ	çiɔ	ɲɦiɔ	ˀdø	kø	tɕyø	ˀdɯ	tsu	t'e	tse
	草	吵	扫	嫂	可	考	好	哑	小	巧	晓	鸟	短	赶	卷	斗	走	腿	展
曹 68 岁	u	u	u	u	u	u	u	u	u	u	u	u	u	u	u	u	u	u	u
潘 42 岁	u	u	u	v	u	u	u	u	u	u	u	u	u	u	u	u	u	u	u
蔡 34 岁	u	u	u	u	c	u	c	c	u	c	u	u	u	u	u	c	u	u	u
张 26 岁	u	u	u	u	u	u	v	c	c	c	c	c	u	u	u	c	u	u	u
邱 21 岁	v	c	u	u	c	u	v	c	c	c	c	c	u	u	u	c	u	u	u

字和声韵 / 发音人	ts'e		ke		he	ɸe		kue		ˀbɛ		ɸɛ	ˀdɛ	tsɛ	ts'ɛ		sɛ	kɛ
	彩	睬	敢	感	海	悔	毁	管	诡	板	版	反	胆	盏	铲	产	伞	减
曹 68 岁	u	u	u	u	u	v	v	u	u	v	v	v	u	u	u	u	u	u
潘 42 岁	u	u	u	u	u	c	c	u	u	u	u	u	u	u	u	u	c	u
蔡 34 岁	c	c	u	c	u	u	c	u	c	u	u	u	u	u	c	u	c	u
张 26 岁	c	c	c	c	u	c	c	u	u	u	u	u	u	u	u	u	c	u
邱 21 岁	c	c	c	c	u	c	c	u	u	c	c	c	c	c	c	c	c	v

要回答“在词汇扩散中，哪些字先变，哪些字后变”，这个问题看来是有一定的困难的，因为音变现象是由各方面的因素综合着发生作用的。但从上面的这些表格里，我们可以或多或少看到一些情况。比如从奉贤话音变来看，有时候是生活常用字后变，非常用字、书面词汇字先变。比如“福、服”两字比“风、奉”两字先变，可能是因为“北风、东风、风大、风小”、“奉贤(本地地名)”常在老年人口中说着，青年人听得多了就顺着说，而“福、服”两字一般不常用，有的孩子是先从书本上学来的，就跟着语音较新的知识阶层说新的音。这种例子又如阴上声调常用字“比、扁”未变，非常用字“贬”先变，“铲”先变，“产”后变，“毁”先变，“悔”后变。有时候一个字组合在口语词汇中用未变音，如说“福气、服气”时用 h、ɦ，而组合在非常用词汇、书面词语中则用已变音，如“幸福、衣服”用 f、v。儿童对常用字较多较早地从父母处听到学到，而非常用字主要从学校和社会上听得学得，父母的语音较老而知识阶层的语音较新。比较起来，最接近上海话、普通话的语音在学校中常见，而奉贤语音的许多音变都是与向上海话、普通话靠拢有关的。另外有的音位是否发生音变似乎受音节中别的成分所制约。如见母韵今齐撮韵字老派音在央、后元音韵前读ˀɟ，在前元音韵前则读 tɕ；又如当一部分老年人和中年人不尖团音后，原 ts 系声母 iəŋ 韵字不再读 iəŋ 韵而读 iɐ̃ᵑ 韵，精 tsiəŋ ˦≠金ˀɟiɐ̃ᵑ ˦> 精＝金ˀɟiɐ̃ᵑ ˦；在阴上声调并入阴去的音变中，ɔ 韵、ø 韵字显得比其他韵保守一些，成批地未变。有时候，形声字的声符也会对音变发生影响。如“峰、锋、蜂”三字声符相同，同类的声符的字一起变，别的声符字不变。又如滗ˀbiʌʔ ˥、粒 lɦiʌʔ ˧≠笔ˀbiɪʔ ˥、立 lɦiɪʔ ˧>滗ˀbiɪʔ ˥、粒 lɦiɪʔ ˧＝笔、立。

我们可以根据一个地域上音变现象的共同性来进行次方言区的划分。方言内部分区的方法目前常用的大致有特征判断和综合判断两种。《方言》1984.1(北京出版)上刊登了许宝华、游汝杰两位先生的论文《苏南和上海吴语的内部差异》，即用以上两种方法把上海话区和松江话区分成两个区。但是该文排比各地方音 31 项差异时所记的上海话和松江话音比较新，没有考虑到历时音变这个因素。上海市区和松江镇比较繁荣，语音发展较快，如果用音变的“词汇扩散论”观点来衡量，我们可以用三项音变现象把整个松江话次方言区划分出来，它包括许、游两位先生划分的松江话区全部地区和上海话区。这三项音变现象是：① 阴上˦$_{44}$＞阴去˧˥$_{35}$/˧˦$_{34}$；② ʔb＞p；③ œʔ＞əʔ，eʔ＞əʔ，ʌʔ＞əʔ。这三项音变在上海市区老年人中也同样存在。由此看来，用音变在词扩散上的共同性来进行方言分区要比特征判断、综合判断视野更广，准确程度更高些。

二、字组连读变调在空间转变中的词扩散

两字组和多字组连读，组成字组的各单字声调发生变化，称之为连读变调。奉贤县内连读变调与声母、韵母、单字声调相比较是较保守的，老年人和青少年的语音尽管在声、韵、调上都有较多的差异，比如青少年中许多人单字声调只有六个，比老派少了两个，但是连读变调表现为老年、中年、青少年都是相同的。

奉贤全县语音在地域上的差异可以分成听感上十分明显的西乡音和东乡音两部分，西乡音以今县政府所在地南桥镇为代表，东乡音以旧县治奉城镇为代表。两地语音在声母、单字调上完全相同，韵母只有细微差别（南桥的 yɐ̃、yø、ɛ̃、iɛ̃、uɛ̃ 韵，奉城分别为 yəŋ、yɤ、ã、iã、uã），但在字组连读变调上差异甚大。

下面举例对比南桥、奉城两地的两字组连读变调的变调格式。数字 1 2 3 4 5 6 7 8 分别代表阴平、阳平、阴上、阳上、阴去、阳去、阴入、阳入单字调，×代表任何单字调，调类组合 11 表示由前字阴平和后字阴平构成的两字组。连读变调仍用五度制方法标示。从下面的表格中可以看到：南桥、奉城两字组连读变调调型大多数是不相同的。

表 8

调类组合	南桥变调	奉城变调	两字组例
11	44+53	44+53	尖钻 tsi tse
12	44+53	44+53	相赢 siɛ̃ ʔiəŋ
13	44+53	55+21	光火 kuɛ̃ øu
14	44+53	55+21	香蕈 ɕiɛ̃ ziəŋ
15	55+21	55+21	归去 tɕy tɕʻi
16	55+21	55+21	关照 kuɛ tsɔ
17	53+22	44+55	收捉 sɯ tsɔʔ
18	53+22	44+55	揩浴 kʻɑ ʔioʔ
21	23+53	22+53	灵清 lɦiəŋ tsʻiəŋ
22	23+53	22+53	围头 ɦy dɯ
23	23+53	24+21	能好 nɦɐ̃ᵑ hɔ
24	23+53	24+21	云耳 ɦyɐ̃ ˀȵi
25	24+21	24+21	难过 nɦɛ ku
26	24+21	24+21	场面 zɛ̃ ʔmi
27	42+22	22+55	毛笔 mɦɔ piɪʔ
	42+22	21+23	皮夹 bi kæ(ʔ)
28	42+22	22+55	铜勺 dʊŋ zɔʔ
	42+22	21+23	咸肉 ɦɛ ˀɲio(ʔ)
31	35+21	33+53	倒糟 tɔ tsɔ
32	35+21	33+53	啥人 hɑ ˀɲiɐ̃ᵑ
33	33+53	55+21	酒水 tsiɯ sɿ
	44+44	44+44	打垮 ˀdɛ̃ kʻuɑ
34	33+53	55+21	可以 kʻɔ ʔi
	44+44	44+44	讲演 kɑ̃ ʔi
35	44+44	44+44	几化 tɕi hɔ
36	44+44	44+44	苦命 kʻu ʔmiəŋ
37	35+22	35+55	准足 tsɐ̃ᵑ tsoʔ
38	35+22	35+56	火着 ɸu zɑʔ
41	24+21	22+53	坐车 zu tsʻo
42	24+21	22+53	柱头 ʑy dɯ
43	22+53	24+21	冷水 lɦɛ̃ sɿ
	22+53	21+23	户口 βu kʻɯ
44	22+53	24+21	妇女 βu ˀȵy
	22+53	21+23	舅父 ɟiɯ βu
45	22+34	21+23	野菜 ɦiɑ tsʻɛ
46	22+34	21+23	惹厌 zɑ ɦi
47	24+22	23+55	马夹 mɦo kæʔ
48	24+22	23+55	聚立 ʑy ʔliɪʔ
51	53+21	32+23	称心 tsʻɐ̃ᵑ siəŋ
52	53+21	32+23	店堂 ˀdi dɑ̃
53	53+21	32+23	要好 ʔiɔ hɔ
	44+44	32+23	懊悔 ʔɔ ɸe
54	53+21	32+23	靠近 kʻɔ ɟiɐ̃ᵑ
	44+44	32+23	对象 te zɛ̃
55	44+44	22+23	困觉 kʻuɐ̃ᵑ kɔ
56	44+44	32+23	炖蛋 ˀdɐ̃ᵑ dɛ
57	35+22	34+55	线脚 si ciaʔ
58	35+22	34+55	臭药 tsʻɯ ʔiɑʔ
61	42+21	21+23	眼竿 lɦɑ̃ ke
62	42+21	21+23	净头 ziəŋ dɯ
63	42+21	21+23	队长 de tsɛ̃
	22+34	21+23	认可 ɲɦiɐ̃ᵑ kʻɔ
64	42+21	21+23	号码 ɦɔ ʔmo
	22+34	21+23	代理 de lɦi
65	22+34	22+34	现世 ɦi sɿ
	42+21	22+34	地契 di tɕʻi
66	22+34	22+34	雾露 βu lɦu
	42+21	22+34	寺院 zɿ ˀø
67	24+22	23+55	料作 lɦiɔ tsɔʔ
68	24+22	23+55	闹热 nɦɔ ˀȵiɪʔ
71	33+53	33+53	吃亏 cʻiʌʔ tɕʻy
72	33+53	33+53	桌裙 tsɔʔ dʑyɐ̃
73	53+21	44+44	霍险 hɔʔ ɕi
74	53+21	44+44	搭钮 ʔdæʔ ʔɲiɯ
75	33+34	44+44	雪菜 siɪʔ tsʻɛ
76	33+34	44+44	曲蟮 cʻioʔ ze
77	53+22	44+44	出客 tsʻeˀ kʻɑʔ
	53+22	33+55	脚色 ˀɟiɑʔ sʌʔ

续 表

调类组合	南桥变调	奉城变调	两字组例	调类组合	南桥变调	奉城变调	两字组例
78	$\underline{53}+\underline{22}$	$\underline{44}+\underline{44}$	锡箔 siʌʔ bɔʔ	85	$\underline{22}+34$	$\underline{11}+23$	辣货 lɦæʔ ɸu
	$\underline{53}+\underline{22}$	$\underline{33}+\underline{55}$	笔墨ˀbiɪʔ ʔmʌʔ	86	$\underline{22}+34$	$\underline{11}+23$	物事 mɦeʔ zɿ
81	$\underline{22}+53$	$\underline{11}+23$	肉丝 ɲɦioʔ sɿ	87	$\underline{42}+\underline{22}$	$\underline{21}+23$	腊八 lɦæʔ ʔbæ(ʔ)
82	$\underline{22}+53$	$\underline{11}+23$	搦盲 ɲɦiɑʔ ʔmɑ̃		$\underline{42}+\underline{22}$	$\underline{11}+\underline{33}$	白铁 bɑʔ tʻiɪʔ
83	$\underline{42}+21$	$\underline{11}+23$	轧剪 gæʔ tsi	88	$\underline{42}+\underline{22}$	$\underline{21}+23$	邋遢 lɦæʔ tʻæ(ʔ)
84	$\underline{42}+21$	$\underline{11}+23$	白眼 bɑʔ ˀŋɛ		$\underline{42}+\underline{22}$	$\underline{11}+\underline{33}$	热烈 ȵɦiɪʔ ʔliɪʔ

（声、韵母按南桥音标音，有(ʔ)处表明奉城变调后不再读入声韵尾）

在奉贤县的中部，有一条纵贯全县的东、西乡连读变调差异的同言线，在这条同言线通过的地区，字组的连读变调是混杂的。混杂的方式有以下几种：① 以一个调类组合为单位，要么都读西乡音，要么都读东乡音。② 在某个调类组合中，有的字组读西乡音，有的字组读东乡音，也有的字组既可读西乡音，又可读东乡音。③ 只有为数极少的几个中间态连调型式，出现在某地极少数的调类组合里，它们的特点往往是：① 前字读南桥变调音，后字读奉城变调音。② 某一个西乡或东乡的连调格式被推广使用到邻近调类组合中去了。因此，东、西乡语音在空间转变中也是采用词扩散方式的。

奉贤东西乡连读变调的同言线通过的地区请看本文后的“东西乡连调同言线详图”。下面我们列举这条同言线上从北到南共 17 个例子，从中我们可以看出词扩散的具体面貌。

每一个例子都找了该地的一个发音人，写明××公社××大队×小队(同言线详图上只标明公社和大队)。公社、大队、小队都是地方行政单位，一个县有 17 个公社，每个公社都划分成十几个大队，每个大队分成几个小队。举例时，以 N 代表南桥(西乡音)的连读变调，以 F 代表奉城(东乡音)的连读变调。先列出全读 N 和 F 的变调调类组合，再分别列出部分字组读 N 和部分字组读 F 的调类组合，并写明哪些字组读 N，哪些字组读 F。笔者设计的“两字组连读变调调查表”从 11 到 88

每个调类组合下约有 25 个常用字组，足够表现出词扩散的基本面貌。对于个别“中间态”连调型式，在列举的字组后写明变调型式。

第 1 例：金汇公社继光大队 5 小队（位于大队东北） 周茂

N：13，14，17，18；23；33，34；51，52，53，54。

F：27，28；31，32，37，38；41，42，43，44，45，46，47，48；52，56，57，58；61，63，64，67，68；73，74，75，76，77，78；8X。

21，22：24+21。24，长远、原理、传染：N；田野：F。62，队旗 N；病人、地球：F；队长：N/F。65，66：21+23。

第 2 例：金汇公社金星大队 6 小队（位于大队东南） 沈耀亮

N：13，14，17，18；27，28；31，32，37；41，42，45，46，47，48；5X；61，62，63，65，66，67，68；73，74。

F：21，22；75，76，77，78；83，84，87_B 式，88_B 式。

23：22+53。24，大部分：22+53；田野：F。34，大部分：F_B 式；小雨、处理：22+53。38，大部分：N；小麦、海贼：F。43，大部分：22+53；户口：55+21。44，大部分：N；妇女、罪犯：22+53。64，大部分：F；大雨：22+53。77，出色、一切：N；法则、北屋、法国：F；发作：N/F。81，月光、肉丝、目标：N；白虾：F。

第 3 例：金汇公社金星大队 12 小队（位于大队中心） 郁民弟

N：13；21，22，23，24；31，32，33，34，37，38；41，42，45，46，47，48；57，58；65，66，67，68；81，82。

F：7X；83，84，85，86，87，88。

14，大部分：N；风雨：F。17：53+23。18：53+23。27，皮夹、颜色：N；潮湿：53+23。28，同学、重叠：N；名额、咸肉：53+23。43，大部分：N；户口：42+23。44，大部分：N；网眼：42+23。51、52、53：53+23。54，大部分：53+23；报社：F。55，志气、奋斗：N；细布、唱片：F。56，态度、炸弹、志愿：N；性命：F。61、62、63，64：42+23。

第 4 例：金汇公社新强大队 5 小队（位于大队东南） 马志龙

N：13，14，17，18；23，27，28；31，32，33，34，37，38；41，47，48；57，58；61，62，63，64，67，68；75，76；81，82。

F：73，74，77，78；83，84，87，88。

21,田鸡、良心、农村、平安：N;梅花、棉衣、晴天：F。22,和平、羊毛、银行：F;平台、华侨、人民：N。24,大部分：N;田野：F。42,奶娘、老人：N;户头、晚年：F。43，老虎、冷水：N;允许、耳朵：24＋21。44,妇女、远近：N;老远：24＋21。45,46：21＋23。51,战争、酱瓜、汽车：N;背心：F;信封、货等多数：53＋23。52,店堂、借条、太平：N;戏台、菜园、太阳：53＋23。53、54、55：53＋23。56,大部分：53＋23;炸弹：F。65,运气、弹片、浪费：N;夏布、旧凳、外快：F。66,豆腐、命令：N;另外、大路：F。85,86：11＋23。

第5例：泰日公社南陈大队5小队(位于大队西北部)　陈福章

F：17，18；31，32，38；41，45，46，47，48；53，54，57，58；6X；7X；81，82，83，84，87_B式，88_B式。

14,沙眼、粳米：N;经理、身后、风雨：F。21,年轻、农村、晴天、长衫：N；良心、胡须、梅花：21＋23。22,平台、和平、前门、团圆：N;农忙、前门、河流：21＋23。23,门板、团长、门口、黄狗：F;洪水、头颈、长短、团长：N;24,遥远、朋友：N;原理、形象、田野：F。33,省长、小姐、嫂嫂：N;火腿：32＋23。34,处理、改造、小米：N;大部分：32＋23。37,指甲;大部分：F。42,网球、户头：21＋23,范围、老人：22＋53。43,淡水、厚纸、老酒：N;老虎：F_A式;户口：F_B式。44,马桶、远近、马尾：N;大部分：F。51,战争、信封、汽车：F;将军、货车、四方、背心：33＋53。52：戏台、菜园、借条：F;店堂33＋53。55,志气、细布：N;唱片、告诉：F。56,态度、政治N;大部分：F。85、86：11＋23。

第6例：泰日公社南陈大队8小队　陈四清

N：13。

F：27，28；41，46，47，48；56，57；6X；7X；81，82，83，84，87_B式，88_B式。

14,沙眼、风雨：N;经理、天象：F。17,18：N/F。22,大部分：N;祠堂：F。24，圆眼、遥远：N;原理、形象、田野：F。31,点心、酒缸：N;大部分：F。32：口粮：N;大部分：F。33,大部分：N;厂长、检举：F。34,大部分：N;处理：F。37，指甲、本色：N;大部分：F。42，后期、晚年：F_A式;户头、范围：F_B式。43，厚纸、户口：F_B式;野草、老虎：23＋53。44，罪犯：N；网眼、远近、罪犯：F_B 式；妇女、马桶：23＋53。45，大部分：F；纽扣：23＋53。51，战争、汽车、信封：F；教师、货车、信封、汽车：53＋23。52，借条、菜园：F 或 53＋23。53、54、55：F 或 53＋23。58，大部分：N；数额：F/N。

第 7 例：泰日公社陆库大队 3 小队（位于大队东部） 佚名

N：13，14；23。

F：17，18；28；31，32，37，38；41，45，46，47，48；52，53，54，55，56，57，58；61，62，68；73，74，75，76；81，82，83，84，87，88。

21、22：24＋21。24，朋友、行动：N；形象、原理、田野等多数：F。27，皮夹、毛笔：N；颜色、牛骨：F。33，火腿、省长、小姐、检举：N；底板：F。34，板眼、改造：N；处理：F。42，动员：N；大部分：F。43，厚纸、野草、老虎：N；户口、老虎：F_B 式。44，大部分：N；马桶：F。51，大部分：F；四方：N。65、66：21＋23。67，大部分：F；回答：21＋23。77，逼迫、隔壁：N；大部分：F。78：N/F。

第 8 例：齐贤公社沿港大队 1 小队 康于清

N：13，14，17，18；21，22，23，27，28；33，34，37；42，43；51，52，53，55，56；81，82。

F：31；42，45，46；55，56；68；73，74，75，76；83，84，87_B 式，88_B 式；77_B 式，78_B 式。

24，原理、遥远：N；形象、田野、来往：F。32，果园、感情：N；广场、口粮、保持：F。38，大部分：N；小麦、小学：F。41，米缸、雨衣：N；大部分：F。43，厚纸、藕粉、野草、冷水：N；户口、老虎：F。44，大部分：N；老远、罪犯：F。47，眼力，满足：N；冷粥、米贴、马夹：F。48，美术、厚薄：N；静脉、老实：F。51，大部分：N；信封：F。54，细雨、靠近：N；报社、对象：F。57，信壳、货色：N；顾客、戏曲：F。58，数额、货物：N。快活、酱肉：F。64，大旱、大雨：N；字眼、代理：F。67，问答：N；大部分：F。

第 9 例：齐贤公社百曲大队 3 小队 路爱龙

F：43，44；83，84。

N：其余。

第 10 例：齐贤公社陆家大队 1 小队（位于大队东北）　佚名

N：13，17；21，22，23，27，28；31，32，37，38；41，42，45，46，47，48；5X；61，62，63，67，68；73，74；81，82。

F：65，66；75，76，77，78；83，84，85，86，87_B 式，88_B 式。

14，大部分：N；安静：F。18，大部分：N；中学：F。24，大部分：N；田野：F。33，大部分：N；省长、水彩：24＋21。34，大部分：N；处理：F。43，老虎、冷水、老酒：N；户口、厚纸、耳朵：F。44，妇女、父母、道理：N；网眼、罪犯、马桶：F。64，字眼、大旱、运动：N；代理、饭后：F。

第 11 例：青村公社王家大队 7 小队（位于大队西部）　李翠华

N：13，14；23；33，34；51。

F：17，18；21，22，24，27，28；31，32，37，38；41，42，43，45，46，47，48；55，56，57，58；6X；7X；8X。

44，妇女：N；静坐：F。52，53，54：53＋23。

第 12 例：青村公社于庄大队（中队）　费雄平

N：13；23；33。

F：17，18；21，22，27_A 式，28_A 式；31，32，37，38；41，42，45，46，47，48；55，56，57，58；6X；7X；83，84，87，88。

14，沙眼、风雨：N；干旱、经理：F。24，原理、圆眼、遥远：N；形象、皇后、虫卵：F。34，野草、藕粉：N；厚纸、社长、户口：F_B 式。44，罪犯、网眼、马桶：N；远近：F_B 式。51、52，教师、将军：53＋23。54，细雨：N；报社、对象：F；继母：53＋23。

第 13 例：青村公社朱店大队 4 小队　朱　萍

N：13，14；23；33，34；51，52，53；81，82。

F：17；31，37，38；42，43，45，46，47，48；57，58；61，64，67；73，74，75，76，78；83，84，85，86，87_A 式，88_A 式

18，中学：N；金额、京剧：F。21，良心、同乡：N；梅花、长衫、田鸡：F。22，平台、羊皮、羊毛：N；羊毛、祠堂：F。24，皇后、圆眼、朋友：N；原理、形象：F。27，南屋：N；大部分：F。28，咸肉：N；大部分：F。31，府绸：N；大部分：F。41，米缸：N；大部分：F。44，妇女、马桶：

N；网眼：F。54，大部分：N；对象：F。55，大部分：N；放假、寄信：F。56，大部分：N；炸弹：F。62，队旗、外婆：N；地球、面条：F。63，胃口、大饼：N；队长、字纸：F。65、66：21＋23。68，大部分：F；内侄21＋23。77，发作：N；大部分：F。82，大部分：N；木鱼、药丸、业余：F。

第14例：钱桥公社元通大队5小队　毛学达

N：13，14，17，18；21，22，23，27，28；31，32，33，34，38；41，47，48；51，52，53，57，58；61，62，67，68；81，82。

F：46；73，74，75，76，77_B式，78_B式；83，84，87_A式，88_A式。

24，朋友、牛奶：N；形象、皇后、虫卵：F。37，大部分：N；指甲、请帖：F。42，范围、网球：N；后期、动员：F。43，户口、厚纸、野草：N；老虎、耳朵：F。44，妇女、远近：N；老远：F。45，大部分：F；雨布：F/N。54，靠近、报社：N；对象、细雨：F。63，地板、队长：N；上等：F。64，字眼、号码：N；代理、现象、现在：F。65、66：21＋23。

第15例：钱桥公社丁夏大队12小队　夏国英

N：13，14，17，18；21，22，23，24，27，28；33，34；51，52，53；61；81，82。

F：31，32，37，38；41，42，48；57，58；64，67；73，74，75，76，77_A式，78_A式：83，84，87_A式；88_B式。

43，大部分：N；老板：F_B式。44，大部分：N；老远：F。45，大部分：F；雨布：23＋53。47，眼色：N；大部分：F。54，细雨、靠近：N；报社、对象：F。55，56：53＋23。62，队旗、坏人：N；病人：53＋23。63，地板：N；字纸：53＋23。65，弹片、内战：N_B式；运气、饭店：21＋23。66：21＋23。68，闹热：N；大陆、饭盒：F。

第16例：钱桥公社竹筱大队10小队　钱士龙

N：13，17，18；23，27，28；31，32，34，37，38；41，42，45，46，47，48；51，52，53，57，58；61，62，63，65，66，67，68；85，86。

F：55，56；73，74，75，76；83，84，85_B式，86_B式。

14，沙眼、经理、身后：N；风雨、安静、夫妇：F。21，平安、梅花：N；田鸡、年轻、泉州：F。22，平台、门帘、团圆、农忙：N；和平、羊毛：

F。24，原理、朋友、杨柳：N；形象、来往、零件：F。33，大部分：N；水果：24+21。43，厚纸、野草：N；户口、老虎：F。44，妇女、远近：N；老远、马桶：F。54，大部分：N；对象：F。64，字眼、大旱：N；代理、内弟：F。77，大部分：N；法则、法国、出色：F。78，节日、克服、博物：N；克服、骨肉：F。81，月光、肉丝：N；白虾、肉丝：F。

第17例：钱桥公社滕家大队8小队　陈士龙

N：13，18；23，27，28；33，34；51，52，53，54；61，62；82。

F：27_B 式，28_B 式；31，32，37，38；41，42，45，46，47，48；57，58；62，65，66，67，68；73，74，75，76，77，78；83，84，85，86，87_A 式，88_A 式。

14，都市、经理：N；端午、安静：F。17，大部分：N；皮夹：N/F。24，遥远、红马、长远：N；原理、田野：F。43，老酒、野草：N；户口、老板：F_B 式；44，网眼、妇女、父母、马桶：N；老远、妇女：F_A 式；远近：F_B 式。55，唱片、对过：F；志气、细布、奋斗：44+23。56，吊桶：N；见面、炸弹：F。63，地板、队长、大饼：N；字纸、上等、认可：F。64，代理、大旱、饭后：N；字眼、现象、内弟：F。81，大部分：N；白虾：F。

以上17个例子毫无例外地证明了奉贤县东、西乡语音差异的过渡的基本特点：① 在语音过渡上不是渐变而是突变的；② 在词汇上的过渡不是突变而是渐变的。

笔者所调查到的上海市各郊县的音变现象和奉贤县具有相同的特征。尤其是上海市的西部、南部、东部郊县原属松江府管辖地区，音变都表现在：声母、韵母，单字声调的音变主要在年龄层次上，地域上的音变主要是连读变调的不同。在旧松江府所辖地区，所谓的“乡音难改”，主要指的就是每一小块地方都具有一些互不相同的、比较顽固的连读变调，使人一听到某人说的话，就能大致判断他生活在哪一块地方。

调查时间：1980年，文中所用的地名、被调查者的年龄均为1980年时的情况。

附图：

1. 奉贤县简图

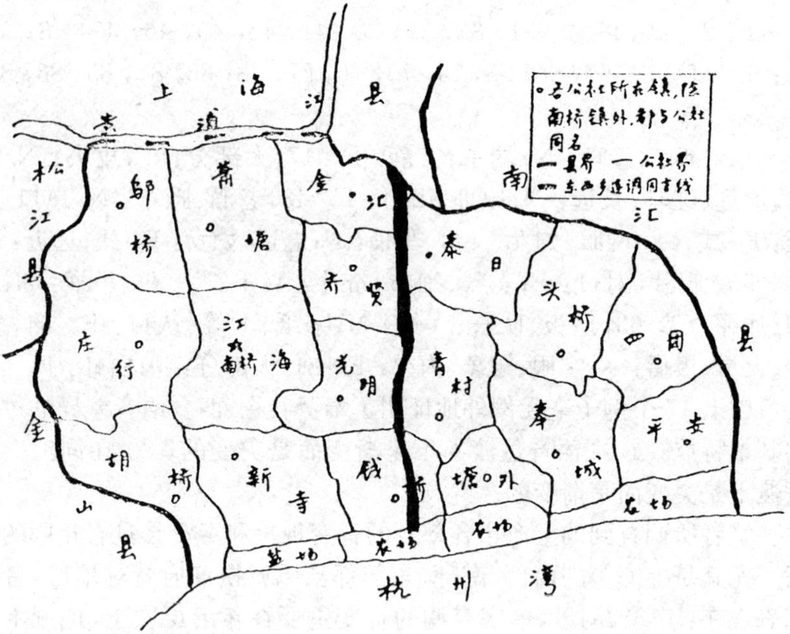
各公社所在镇，除南桥镇外，都与公社同名
县界
公社界
上海县
金汇
南汇县
松江县
金山县
邬桥
萧塘
齐贤
泰日
头桥
四团
庄行
江海
南桥
光明
青村
奉城
平安
胡桥
新寺
钱桥
塘外
农场
盐场
杭州湾

2. 东西乡连读变调同言线详图

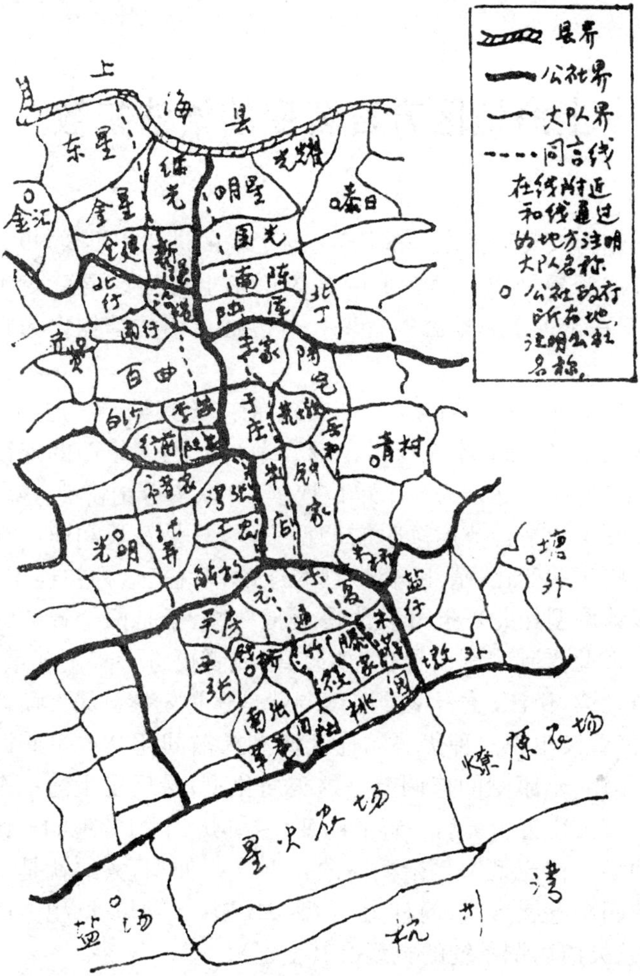

上海地区方言音变的语法扩散

01 作为人类行为之一的语言，与生物的进化相类似，也以突变和选择的方式变异进化。笔者上两篇讨论了上海地区语音变化的词扩散，本文旨在论证上海地区的音变还可以通过语法结构作为媒介进行扩散。

02 吴语地区的“连读变调”（本文称作“连读调”或“连调”）在各地点的发展是不平衡的，本文仅讨论双音节（即“两字组”）的连读调。两个音节（字）连在一起作为一个单位连读，可以读得比较松，像北京话两个去声或两个阳平音节连读时的调型一样，只是音长和前一音节的调形末尾有些小的变化，靖江、衢州型的连读调就是这种初连型式（指连调表中多数调型如此）；也可以读得紧密一些，于是两个音节的声调的曲折部分彼此受到牵制而异化，如改直，或者更进一步出现重心，非重心的音节轻读，松江、黄岩型的连读调就是这种发展到第二阶段的复杂连调型；接着又出现一种优势的连读调型扩散同化其他一些调型的简化型式，无锡、永康型的连调就是这类简化型；最后发生前一个音节的声调延伸出去覆盖包裹后一音节的变化，杭州、上海等地的连读调就是这种延伸型。初连型＞复杂型＞简化型＞延伸型，大致就是吴语地区连读调的四个发展形式，简称为 A 型＞B 型＞C 型＞D 型。详细的分析见本书《吴语声调系统的类型及其变迁》。

吴语连读调发展过程中在地域上留下的共时差异类型和吴语某一地点上连读调发展的历时差异类型是一致的。本文旨在讨论上海地区连读调从 B 型到 D 型和从 A 型到非 A 型这两个音变层次上的语法扩散现象。

03 汉语的语法结构是有紧松之分的，依紧至松的排列次序是偏正结构(定名结构)＜联合结构＜动宾结构＜数量名结构＜介宾结构＜主谓结构(这儿的"＜"表示其左面的结构较其右面的紧,偏正结构又表现为后字地位的语素最稳定而前字地位的语素相对自由一些)。我们可以从组成这些结构的语素的自由程度来证明,粘着语素"蒂"、"埃"只能出现在偏正结构的后字上("烟蒂"、"尘埃")("迹"可出现在前字上:"迹象"、"事迹");"帝"只出现在动宾、联合、偏正结构中("称帝"、"帝王"、"皇帝"、"帝位");"班"还能出现在数量名结构中(如"一个班");"兵"还能出现在介宾结构中("把兵");"笔"能出现在所有结构中(如"笔修了"——主谓结构)。"班"、"兵"、"笔"都是自由语素。结构的紧松程度相差大小是可以用计量(计算能在等类结构中单独出现的语素总数,可叫做该类结构的"容量")方法显示的(李升召,1987)。语法结构的紧松是与语言发生关系的桥梁。在上海话中,偏正结构(定名结构)的两字组只用"广用式"连读调,而从联合词组以上连读调形式就比较复杂了。

04 在讨论连读调的时候,一些论文曾使用过"广用式"、"窄用式"、"专用式"三个概念,它们是建立在字组的语法结构范畴上的分类概念。"广用式"使用范围广,对字组是词还是词组以及字组的语法结构组合关系没有限制;"窄用式"使用范围窄,只能在某些语法结构(如动宾式)中使用(许宝华等,1981)。在上海地区方言中,广用式在语音上表现为音节间没有停顿的一个语音词(在语流中每两个停顿之间的语音片断称为一个语音词,五台文,1986)的声调。所谓"窄用式"的字组,在语音上音节之间有短停顿,动宾式、后补式、主谓式、状谓偏正式和联合式的字组往往使用"窄用式"的声调。在吴语区的其他地方,广用式和窄用式的运用范围是有所不同的,如靖江多用窄用式,溧阳定名偏正式的词,也用窄用式,而衢州动宾式都用广用式。

"专用式"指的是语法结构是数量式、动趋式、动代式、名词或动词的重叠式(崇明方言还包括动补式,见张惠英,1979)的连调形式,"专用式"连调作为与"广用式"相区别的连调系统在吴语广大采用B型连调类型的地方普遍存在,上海市区老派连调和上海市南部郊县各地的连调(原属松江府所辖,连调都是松江型)都有"专用式"连调系统。

一

1.1 上海市区老派方言的连调是典型的 B 型连调，其两字组的广用式的连调表是这样的：（见表 1）

表 1

<table>
<tr><th>后字 / 连调型 / 前字</th><th>1. 阴平
52</th><th>2. 阳平
23</th><th>3. 阴上
44</th><th>4. 阳上
23</th><th>5. 阴去
34</th><th>6. 阳去
23</th><th>7. 阴入
5</th><th>8. 阳入
$\underline{12}$</th></tr>
<tr><td>1. 阴平 52</td><td colspan="2">44＋53</td><td colspan="4">55＋21</td><td colspan="2">44＋$\underline{53}$</td></tr>
<tr><td>2. 阳平 23</td><td colspan="6">23＋44</td><td colspan="2">22＋$\underline{55}$</td></tr>
<tr><td>3. 阴上 44</td><td colspan="3">33＋53</td><td>33＋53
44＋44少</td><td colspan="2">44＋44</td><td colspan="2">33＋$\underline{53}$</td></tr>
<tr><td>4. 阳上 23</td><td colspan="2">22＋53</td><td colspan="2">22＋53
22＋34少</td><td colspan="2">22＋34</td><td colspan="2">22＋$\underline{53}$</td></tr>
<tr><td>5. 阴去 34</td><td colspan="2">33＋53</td><td colspan="2">33＋53
44＋44
55＋21</td><td colspan="2">55＋21
44＋44</td><td colspan="2">33＋$\underline{53}$</td></tr>
<tr><td>6. 阳去 23</td><td colspan="2">22＋53</td><td colspan="2">22＋53
22＋34</td><td colspan="2">22＋34</td><td colspan="2">22＋$\underline{53}$</td></tr>
<tr><td>7. 阴入 5</td><td colspan="2">$\underline{44}$＋53</td><td colspan="4">$\underline{44}$＋44</td><td colspan="2">$\underline{33}$＋$\underline{55}$</td></tr>
<tr><td>8. 阳入 $\underline{12}$</td><td colspan="6">$\underline{11}$＋23</td><td colspan="2">$\underline{22}$＋$\underline{55}$</td></tr>
</table>

注：1 到 8 分别代指阴平—阳入八个调类，"X"代任何调类。

其中，3X、4X、5X、6X 包括的调型，分别举例说明如下：

31、32、33：手巾 sɤ$_{33}$ tɕiəŋ$_{53}$　酒瓶 tsiɤ$_{33}$ biəŋ$_{53}$　火腿 ɸu$_{33}$ t'e$_{53}$

34：小雨 siɔ$_{33}$ ɦy$_{53}$　表演 piɔ$_{44}$ i$_{44}$

35、36：讨厌 t'ɔ$_{44}$ i$_{44}$　草帽 ts'ɔ$_{44}$ mɔ$_{44}$

37、38：宝塔 pɔ$_{33}$ t'ɑʔ$_{\underline{53}}$　小麦 siɔ$_{33}$ mɑk$_{\underline{53}}$

41、42：奶糕 nɑ$_{22}$ kɔ$_{53}$　领头 liŋ$_{22}$ dɤ$_{53}$

43、44：户口 βu$_{22}$ k'ɤ$_{53}$　雨伞 ɦy$_{22}$ sᴇ$_{34}$

网眼 mɑ̃$_{22}$ ŋᴇ$_{53}$　偶像 ŋɤ$_{22}$ ziã$_{34}$

45、46：眼镜 ŋᴇ$_{22}$ tɕiəŋ$_{34}$　染料 ȵi$_{22}$ liɔ$_{34}$

47、48：满足 me$_{22}$ tsoʔ$_{\underline{53}}$　老实 lɔ$_{22}$ zəʔ$_{\underline{53}}$

51、52：汽车 tɕ'i$_{33}$ ts'o$_{53}$　借条 tsiɑ$_{33}$ diɔ$_{53}$

53：　要紧 iɔ$_{33}$ tɕiəŋ$_{53}$　凑巧 ts'ɤ$_{44}$ tɕ'iɔ$_{44}$　对比 te$_{55}$ pi$_{21}$

54：　创造 ts'ã$_{33}$ zɔ$_{53}$　胜负 səŋ$_{44}$ βu$_{44}$　对象 te$_{55}$ ziã$_{21}$

55、56：志气 tsɿ$_{55}$ tɕ'i$_{21}$　兴趣 ɕiəŋ$_{44}$ ts'y$_{44}$　纪念 tɕi$_{55}$ ȵiᴇ$_{21}$

贩卖 fᴇ$_{44}$ mɑ$_{44}$

57、58：货色 ɸu$_{33}$ səʔ$_{\underline{53}}$　酱肉 ts'iã$_{33}$ ȵioʔ$_{\underline{53}}$

61、62：地方 di$_{22}$ fɑ̃$_{53}$　外婆 ŋa$_{22}$ bu$_{53}$

63、64：校长 ɦiɔ$_{22}$ tsã$_{53}$　妄想 ɦuã$_{22}$ siã$_{34}$　大米 du$_{22}$ mi$_{53}$

现象 ɦi$_{22}$ ziã$_{34}$

65、66：运气 ɦioŋ$_{22}$ tɕ'i$_{34}$　豆腐 dɤ$_{22}$ βu$_{34}$

67、68：面色 mi$_{22}$ səʔ$_{\underline{53}}$　闹热 nɔ$_{22}$ ȵiəʔ$_{\underline{53}}$

1.2　上海市区老派方言中专用式中的动趋式连调型式十分简单。下面是动趋式连调型式表(表 2)。

表 2

前字 \ 连调型 \ 后字	2	3	5	7,8
1	55+21			44+$\underline{53}$
3，5	33+53			33+$\underline{53}$
2，4，6	22+34			22+$\underline{53}$
7	$\underline{44}$+53	$\underline{33}$+34		$\underline{33}$+$\underline{55}$
8	$\underline{11}$+23			$\underline{22}$+$\underline{55}$

注：后字阴平、阳上、阳去缺乏相应的动趋式字组，故表内没有后字 1、4、6 行。

举例：

55＋21 型：12 拖来 t'u$_{55}$ lᴇ$_{21}$　13 翻起 fᴇ$_{55}$ tɕ'i$_{21}$

15 拖去 t'u$_{55}$ tɕ'i$_{21}$

33＋53 型：32 走来 tsɤ$_{33}$ lᴇ$_{53}$　33 想起 siã$_{33}$ tɕ'i$_{53}$

35 转去 tsø$_{33}$ tɕ'i$_{53}$　52 送来 soŋ$_{33}$ lᴇ$_{53}$

53 笑起 siɔ$_{33}$ tɕ'i$_{53}$　55 进去 tsiŋ$_{33}$ tɕ'i$_{53}$

22＋53 型：22 抬来 dᴇ$_{22}$ lᴇ$_{34}$　23 抬起 dᴇ$_{22}$ tɕ'i$_{34}$

25 抬去 dᴇ$_{22}$ tɕ'y$_{34}$　42 上来 zɑ̃$_{22}$ lᴇ$_{34}$

43 抱起 bɔ$_{22}$ tɕ'i$_{34}$　45 下去 ɦɔ$_{22}$ tɕ,i$_{34}$

62 调来 diɔ$_{22}$ lᴇ$_{34}$　63 话起 ɦo$_{22}$ tɕ'i$_{34}$

65 调去 diɔ$_{22}$ tɕ'y$_{34}$

33＋34 型：73 捉起 tsɔk$_{\underline{33}}$ tɕ'i$_{34}$　75 出去 ts'əʔ$_{\underline{33}}$ tɕ'i$_{34}$

1.3　比较广用式连调表和动趋式连调表，我们可以看到。

(1) 在 1X 中，55＋21 调型取胜，11、12 的调型并入 13—16。

(2) 在 3X、5X 中，33＋53 调型取胜，44＋44 调型、55＋21 调型并入 33＋53 调型。

(3) 在 2X、4X、6X 中，22＋34 调型取胜，22＋53 调型并入 22＋34 调型。

(4) 73、75 的调型发生变化，由 $\underline{44}$＋44 变为 $\underline{33}$＋34，调型与 2X、4X、6X 舒声调并行，而不采取 3X、5X 中消失的 44＋44 的调型。

(5) 后字为促声的调型比较稳定顽固，动趋式与广用式相同。(1)到(4)讨论的都限于后字为舒声调。

通过比较广用式连调和动趋式连调，我们可以看到动趋式这种语法结构的连调是简化了广用式的连调的型式。

1.4　笔者在上海南市区的一些老年人中还记录到几个简化了的广用式连调表（见表 3、表 4），可以看作老派连调（B 型）向上海新派连调（D 型）转变的过渡型，如：

表 3

前字 \ 连调型 \ 后字	X
1	55+21
3，5	33+53
2，4，6	22+53
7	$\underline{44}$+53
8	$\underline{11}$+23

表 4

前字 \ 连调型 \ 后字	1	2，3，4，5，6	7，8
1	55+21		55+$\underline{21}$
3，5	33+53	33+44	33+$\underline{53}$
2，4，6	22+53	22+44	22+$\underline{53}$
7	$\underline{33}$+53	$\underline{33}$+44	$\underline{33}$+$\underline{55}$
8	$\underline{11}$+23		$\underline{22}$+$\underline{44}$

老派动趋式连调与这些过渡型广用式连调十分相近。

1.5 上海市区老派方言专用式的动代式调型最简单，比如：

14 帮我 pɑ̃$_{55}$ ŋu$_{21}$　34 打我 tã$_{44}$ ŋu$_{44}$
54 看我 k'ø$_{33}$ ŋu$_{44}$　74 杀我 sAʔ$_{\underline{44}}$ ŋu$_{44}$
24 瞒我 mø$_{22}$ ŋu$_{34}$　44 咬我 ŋɔ$_{22}$ ŋu$_{34}$
64 话我 ɦo$_{22}$ ŋu$_{34}$　84 罚我 vAʔ$_{\underline{11}}$ ŋu$_{23}$

动代式连调型就是老派单字调的延伸，上海市区老派方言声调共有六个，它们是阴平 52，阴上 44，阴去 34，阴入 $\underline{55}$，阳平＝阳上＝阳去 24，阳入 $\underline{12}$。

上海市区新派方言没有专用式，全部广用式的连调就是五个单字调的延伸，下面是上海新派广用式两字组连调调型表(见表 5)：

表 5

前字 \ 连调型 \ 后字	1，2，3，4，5，6	7，8
1	55+21	55+$\underline{21}$
3，5	33+44	33+$\underline{44}$
2，4，6	22+44	22+$\underline{44}$

续 表

前字 \ 连调型 \ 后字	1,2,3,4,5,6	7，8
7	33+44	33+44
8	11+23	11+23

注：有不少上海人“33+44”和“22+44”中的“44”常可读作“53”。

1.6 “专用式”字组的语法结构是一种一实一虚的组合结构，前字是实词或实语素，后字是虚词或虚语素（笔者认为凡是封闭性的词如趋向词、代词、量词都是虚词），虚词常用而信息含量小，在经常使用中，声韵调都可能读得含混中性化，而不影响其表意功能，于是在声调上简化合并的现象就产生了。

这种一实一虚的专用式结构最早实现向重轻型两字组的进化，因此最早发生音变，由B型调向C型调（如动趋式）以至向D型调（如动代式）跃迁。当它们已变了的时候，广用式连调型还停留在B型调的阶段上尚未发生音变（即使有的调类组合中有两种调型，但它们尚处于词汇扩散的阶段），这就是上海市区老派连读调的基本面貌，到了上海新派方言的连调型式，原来老派的广用式全部变为专用式，专用式就成为新派广用式连调了。

二

2.1 上海市区老派方言的广用式连调调型是原松江府语音系统中的一个分支，让我们离开市区稍远，再看一下原松江府语音系统的另一个分支——上海南郊奉贤县县城南桥镇的广用式连调调型。

下面是南桥音系两字组连读调调型表（见表6）。

表 6　南桥广用式两字组连读调

前字 \ 后字（连调型）	1. 阴平 52	2. 阳平 31	3. 阴上 44	4. 阳上 22	5. 阴去 35	6. 阳去 13	7. 阴入 5	8. 阳入 2
1. 阴平 52	44＋53				55＋21		53＋$\underline{21}$	
2. 阳平 31	23＋53				24＋21		42＋$\underline{21}$	
3. 阴上 44	35＋21		33＋53 44＋44		44＋44		35＋$\underline{21}$	
4. 阳上 22	24＋21		22＋53		22＋34		24＋$\underline{21}$	
5. 阴去 35	53＋21		53＋21 44＋44		44＋44		35＋$\underline{21}$	
6. 阳去 13	42＋21		42＋21 22＋34		22＋34 42＋21 少		24＋21	
7. 阴入 5	$\underline{44}$＋53		$\underline{53}$＋21		$\underline{44}$＋44		$\underline{53}$＋$\underline{21}$	
8. 阳入 2	$\underline{22}$＋53		$\underline{42}$＋21		$\underline{22}$＋34		$\underline{42}$＋$\underline{21}$	

这个调型模式显然有许多与上海市老派不同的特色，最大的不同是：上海市区老派 3X 和 5X 调型基本相同，4X 和 6X 调型完全合并了；而南桥音系 3X 和 5X 的连调行为有较大的不同（如 31 是 35＋21，而 51 是 53＋21），4X 和 6X 调型也有较大的不同，在连调中可以区分阴上、阴去和阳上、阳去，可以说南桥模式更古老一些。

但是南桥音系声调系统专用式连调中的数量式却与上海老派相同，下面是南桥数量式（表 7）与上海市区老派数量式（表 8）的对照表。

表 7　南桥数量式连调型表

<table>
<tr><th>前字＼连调型＼后字</th><th>1 2</th><th>3 4</th><th>5 6</th><th>7</th><th>8</th></tr>
<tr><td>3</td><td>33＋53</td><td colspan="2">44＋44</td><td>33＋<u>53</u></td><td>44＋<u>44</u></td></tr>
<tr><td>4</td><td>22＋53</td><td colspan="2">22＋34</td><td>22＋<u>53</u></td><td>22＋<u>34</u></td></tr>
<tr><td>5</td><td colspan="3">33＋53</td><td colspan="2">33＋<u>53</u></td></tr>
<tr><td>6</td><td colspan="3">22＋53</td><td colspan="2">22＋<u>53</u></td></tr>
</table>

表 8　上海数量式连调型表

<table>
<tr><th>前字＼连调型＼后字</th><th>1 2</th><th>3 4</th><th>5 6</th><th>7</th><th>8</th></tr>
<tr><td>3</td><td>33＋53</td><td>33＋53
44＋44</td><td>44＋44</td><td colspan="2">33＋<u>53</u></td></tr>
<tr><td>4</td><td>22＋53</td><td colspan="2">22＋34
22＋53</td><td colspan="2">22＋<u>53</u></td></tr>
<tr><td>5</td><td colspan="2">33＋53</td><td>33＋53
55＋21</td><td colspan="2">33＋<u>53</u></td></tr>
<tr><td>6</td><td colspan="3">22＋53</td><td colspan="2">22＋<u>53</u></td></tr>
</table>

注：数量式的专用式连调只在 3X、4X、5X、6X 中发生，其他调类组合下数量词组是使用广用式连调的。

从两个调型表的比较来看，上海老派只是在有的调类组合里连调有些词汇扩散现象而已，如 33、34 里有的字组读 31、32 调型，37、47 的调型取代了 38、48 的调型。

下面是举例：

		南桥	上海
31	九斤	ʔɟiɯ$_{33}$ ʔɟiəŋ$_{53}$	tɕiɤ$_{33}$ tɕiəŋ$_{53}$
33	九碗	ʔɟiɯ$_{44}$ we$_{44}$	tɕiɤ$_{33}$ ue$_{53}$
	九股	ʔɟiɯ$_{44}$ ku$_{44}$	tɕiɤ$_{44}$ ku$_{44}$
35	九寸	ʔɟiɯ$_{44}$ ts'ɐŋ$_{44}$	tɕiɤ$_{44}$ ts'əŋ$_{44}$
44	五两	ɦ ŋ̍$_{22}$ liɛ̃$_{34}$	ɦ ŋ̍$_{22}$ liã$_{53}$
	五桶	ɦ ŋ̍$_{22}$ doŋ$_{34}$	ɦ ŋ̍$_{22}$ doŋ$_{34}$
46	五样	ɦ ŋ̍$_{22}$ ɦiɛ̃$_{34}$	ɦ ŋ̍$_{22}$ ɦiã$_{53}$
	五万	ɦ ŋ̍$_{22}$ βɛ$_{34}$	ɦ ŋ̍$_{22}$ vᴇ$_{34}$
53	四股	sɿ$_{33}$ ku$_{53}$	sɿ$_{33}$ ku$_{53}$
56	四样	sɿ$_{33}$ ɦiɛ̃$_{53}$	sɿ$_{55}$ ɦiã$_{21}$ / sɿ$_{33}$ ɦiã$_{53}$
	四位	sɿ$_{33}$ βɛ$_{53}$	sɿ$_{33}$ uᴇ$_{53}$
65	廿寸	ȵiɛ$_{22}$ ts'ɐŋ$_{53}$	ȵiᴇ$_{22}$ ts'əŋ$_{53}$

南桥广用式连调 3X、4X 和 5X、6X 连调行为不同，但是在专用式的数量式连调中趋于接近，那种降调型 53＋21、42＋21 连调型式已经消失。南桥数量式连调已经相当简化。

南桥数量式与上海数量式相同，可以证明这两个同属松江音系统的方言分支语音演变是向同一方向进化的，可以预见，上海新派方言今天的连调面貌大致就是奉贤方言的明天，尽管奉贤全县方言的广用式连调目前都还处于 B 型发展阶段。

2.2 陈忠敏先生调查的上海东郊南汇惠南方言的数量式连调也与上海数量式大致相同，尽管惠南方言的广用式连调与上海、南桥各有许多不同。下面是陈忠敏记录的惠南数量式与广用式对比的连调调型表（陈，1987），个别调型笔者按照自己的调查略作调整（见表 9）。

这个现象也可进一步说明：① 专用式连调是一种简化了的连调形式，是音变的先导。② 专用式连调预示音变的方向，上海市东郊的南汇县和上海市南郊的奉贤县在连调上将具有相同的音变结果。

2.3 通过进一步的调查，我们发现南桥青年的广用式连调正在渐渐向专用式演变。比如 31、32 广用式连调应是 35＋21，现在青年中有许多词已经读作 33＋53，37、38 应是 35＋21，现在青年中有些词已经读作 33＋53。又比如 41、42 广用式连调应是 24＋21，现在青年中有许多词已经读作 22＋34，43、44 广用式连调是 22＋53，但青年中有一些词已读作 22＋34，再比如 61、62 应是 42＋31，现在青年中有部分词

表 9

<table>
<tr><th colspan="2">后字 / 连调型 / 前字</th><th>1</th><th>2</th><th>3</th><th>4</th><th>5</th><th>6</th><th>7</th><th>8</th></tr>
<tr><td rowspan="2">3</td><td>广用式</td><td colspan="2" rowspan="2">33＋53</td><td>35＋21</td><td>44＋44</td><td colspan="2" rowspan="2">44＋44</td><td colspan="2" rowspan="2">33＋<u>53</u></td></tr>
<tr><td>专用式</td><td colspan="2"></td></tr>
<tr><td rowspan="2">4</td><td>广用式</td><td colspan="2" rowspan="2">22＋53</td><td>24＋21</td><td>21＋34</td><td colspan="2" rowspan="2">21＋34
24＋21</td><td colspan="2" rowspan="2">22＋<u>53</u></td></tr>
<tr><td>专用式</td><td colspan="2"></td></tr>
<tr><td rowspan="2">5</td><td>广用式</td><td colspan="2" rowspan="2">33＋53</td><td>35＋21</td><td>44＋44</td><td>44＋44</td><td>55＋21</td><td colspan="2" rowspan="2">33＋<u>53</u></td></tr>
<tr><td>专用式</td><td colspan="3"></td><td></td></tr>
<tr><td rowspan="2">6</td><td>广用式</td><td colspan="2" rowspan="2">22＋53</td><td>24＋21</td><td>21＋34</td><td>21＋34</td><td>24＋21</td><td colspan="2" rowspan="2">22＋<u>53</u></td></tr>
<tr><td>专用式</td><td colspan="4"></td></tr>
</table>

已读 22＋53，63、64 应是 22＋34 和 42＋21，现在青年中有部分词已读 22＋53 了。请看以下比较：

	老派		新派
31	酒缸	ʔɟiɯ$_{35}$ kɑ̃$_{21}$	tɕiɤ$_{33}$ kɑ̃$_{53}$
	点心	tij$_{35}$ siəŋ$_{21}$	tij$_{33}$ ɕiɲ$_{53}$
32	果园	ku$_{35}$ ɦø$_{21}$	ku$_{33}$ ɦø$_{53}$
37	粉刷	ɸɐŋ$_{35}$ seʔ$_{\underline{21}}$	fəɲ$_{33}$ səʔ$_{\underline{53}}$
41	雨衣	ɦy$_{24}$ ij$_{21}$	ɦy$_{22}$ ij$_{53}$
42	领头	liɐŋ$_{24}$ dɯ$_{21}$	liɲ$_{22}$ dɤ$_{53}$
43	老茧	lɔ$_{22}$ tɕij$_{53}$	lɔ$_{22}$ tɕij$_{34}$
44	静坐	ziɐŋ$_{22}$ zu$_{53}$	dʑiɲ$_{22}$ zu$_{34}$
61	预先	ɦy$_{42}$ sij$_{21}$	ɦy$_{22}$ ɕij$_{53}$
62	自然	zɿ$_{42}$ ze$_{21}$	zɿ$_{22}$ ze$_{53}$
63	地板	dij$_{42}$ pɛ$_{21}$	dij$_{22}$ pɛ$_{53}$
64	疗养	liɔ$_{22}$ ɦiɛ̃$_{34}$	liɔ$_{22}$ ɦiã$_{53}$

这些音变的事实证明了各种语法结构的词的调型音变的方向和型式是与专用式一致的。

三

3.1 同时存在于上海地区(包括市区郊县的老派、新派)的方言连调中,还有一种由语法结构原因而形成的调型变化。这就是通常认为的窄用式和广用式的差异,下面仅以上海新派方言为例说明。

(1) 一部分动宾、后补、主谓、联合结构两字组,状谓性偏正结构两字组,以及其他结构(主要为定名性偏正式的全部),只能用广用式变调,它们通常是结合紧密的词。例如:

动宾式	出版 ts'əʔ$_{\underline{33}}$ pᴇ$_{44}$	描红 miɔ$_{22}$ ɦoŋ$_{44}$
后补式	撤退 ts'əʔ$_{\underline{33}}$ t'ᴇ$_{44}$	改良 kᴇ$_{33}$ liã$_{44}$
主谓式	自杀 zɿ$_{22}$ sᴀʔ$_{\underline{44}}$	地震 di$_{22}$ tsəɲ$_{44}$
联合式	安静 ø$_{55}$ ʑiɲ$_{21}$	离别 li$_{22}$ biɪʔ$_{44}$
偏正式名	晚稻 mᴇ$_{22}$ dɔ$_{44}$	绿茶 loʔ$_{\underline{11}}$ zo$_{23}$
偏正式谓	轻视 tɕ'iɲ$_{55}$ zɿ$_{21}$	好看 hɔ$_{33}$ kø$_{44}$
其他	因为 iɲ$_{55}$ uᴇ$_{21}$	两万 liã$_{22}$ vᴇ$_{44}$
	坐仔 zu$_{22}$ tsɿ$_{44}$	熬熬 ŋɔ$_{22}$ ŋɔ$_{44}$

(2) 一部分动宾、主谓结构两字组,只能用窄用式变调,它们通常是结合较松散的词组。例如:

动宾式	散心 sᴇ$_{44}$ ɕiɲ$_{52}$	修面 ɕiɤ$_{44}$ mi$_{13}$
主谓式	天怵 ti$_{24}$ tɕ'iɤ$_{52}$	心善 ɕiɲ$_{44}$ zø$_{13}$

(3) 大部分动宾、后补、主谓、联合结构两字组和大部分状谓性偏正式两字组能兼用广用式和窄用式两种变调,它们通常是一些既可看作词又可看作词组的两字组,往往在作为一个词使用时,用广用式连调;作为一个词组,则用窄用式连调。例如:

结构	字组	广用式	窄用式
动宾式	唱歌	ts'ɑ̃$_{33}$ ku$_{44}$	ts'ɑ̃$_{44}$ ku$_{52}$
	留学	liɤ$_{22}$ ɦoʔ$_{\underline{44}}$	liɤ$_{33}$ ɦoʔ$_{\underline{12}}$
后补式	打败	tã$_{33}$ bᴀ$_{44}$	tã$_{44}$ bᴀ$_{13}$
	揿牢	tɕ'iɲ$_{33}$ lɔ$_{44}$	tɕ'iɲ$_{44}$ lɔ$_{13}$

主谓式	天好	t‘i$_{55}$ hɔ$_{21}$	t‘i$_{44}$ hɔ$_{34}$
	头痛	dɤ$_{22}$ t‘oŋ$_{44}$	dɤ$_{33}$ t‘oŋ$_{34}$
联合式	高低	kɔ$_{55}$ ti$_{21}$	kɔ$_{44}$ ti$_{52}$
	进出	tɕiɲ$_{33}$ ts‘əʔ$_{\underline{44}}$	tɕiɲ$_{44}$ ts‘əʔ$_{55}$
偏正式谓	冰冷	piɲ$_{55}$ lã$_{21}$	piɲ$_{44}$ lã$_{13}$
	一吓	iɪʔ$_{\underline{33}}$ hʌʔ$_{\underline{44}}$	iɪʔ$_{\underline{44}}$ hʌʔ$_{\underline{55}}$

3.2 上述(1)、(2)、(3)三类情况是都有动宾式、主谓式两字组，(1)、(3)两类情况都有后补式、联合式、状谓性偏正式两字组，这些两字组组合情况以(1)为最紧，是词；(2)为最松，是词组；(3)为中间状态，可能是词也可能是词组。当(2)、(3)都是词组时，差别就与两字组常用和固定的程度不同有关。如：

			广用式	窄用式	音变
(1)	落魄	loʔp‘ʌʔ	11＋23		已变阶段
(3)	落笔	loʔpiɪʔ	11＋23	22＋5	变体阶段
(2)	落墨	loʔməʔ		22＋5	未变阶段

(3) 类两字组，有的以读广用式为主，有的以读窄用式为主。例如“淘气 dɔ$_{22}$ tɕ‘i$_{44}$/dɔ$_{33}$ tɕ‘i$_{34}$”，以读广用式为主，偶尔也读窄用式；“淘米 dɔ$_{22}$mi$_{44}$/dɔ$_{33}$ mi$_{34}$”，则以窄用式为主，偶尔也读广用式；“淘汤 dɔ$_{22}$ t‘ɑ̃$_{44}$/dɔ$_{33}$ t‘ɑ̃$_{52}$”，则不分主次并用。同一个(3)类两字组，有时在某一义项下读广用式为主，在另一义项下以读窄用式为主。例如“跳浜 t‘iɔ$_{22}$ pã$_{44}$/t‘iɔ$_{44}$ pã$_{52}$”在解释“跳过一段做(绒线～结)”时，以读广用式为主；在解释“跳过小河(狗急～)”时，以读窄用式为主。总的来看，(3)类两字组处于结构固定与否的中间状态。

语法结构是受语义制约的，而语音结构则直接反映了语法结构上的差异。

3.3 在新派上海话中，不存在专用式，语法结构与语音结构演变的关系从总体上看表现在：定名偏正式结构，包括语素与语素的组合，如“手心 sɤ$_{33}$ ɕiɲ$_{44}$”、“上头 zɑ̃$_{22}$ dɤ$_{44}$”，实词与实词的组合，如：“木器家生 moʔ$_{22}$ tɕ‘i$_{55}$ kʌ$_{33}$ sã$_{21}$”，都用广用式连调，虚词(如“自从 zɿ$_{22}$ zoŋ$_{44}$”，“连忙 li$_{22}$ mɑ̃$_{44}$”)、实词和虚词的组合(如“吃脱 tɕ‘iɪʔ$_{\underline{33}}$ t‘əʔ$_{44}$、鲜来 ɕi$_{55}$ lᴇ$_{21}$”、“两

只 $\text{liã}_{22}\,\text{tsAʔ}_{\underline{44}}$”、“抱来 $\text{bɔ}_{22}\,\text{lE}_{44}$”)等也用广用式连调,但是动宾结构、主谓结构、后补结构、状谓偏正式等都可用窄用式连调,有的动宾结构、主谓结构和全部数量名结构、介宾结构只用窄用式连调。从语音演变的角度来看,由语法结构作媒介的已变、正变、未变三个变异阶段覆盖了全部的上海方言语汇;从另一个角度来看,上海新派方言跃入D型连调的只是一部分语汇,而大量的(以动宾式为主)语汇正处在从A型向D型转变的过渡中,有些语汇还处于A型状态。上海话使用D型连调的那部分语汇一般来说是从老派的B型连调经过一代人的时间演变而来的,而大部分原处A型状态的语汇至今还留在A型和A、D变体中,在这里,语素自由程度的相对稳定性阻碍了A、D转变的速度以至可能性。

四

小结上海地区方言的连读调,我们现在能观察到音变在两种情况下的语法扩散:

1. 广用式和专用式并存的层次上:使用专用式的结构先变,使用广用式的结构后变。

2. 窄用式和广用式并存的层次上:使用广用式的结构先变,使用窄用式的结构后变。

调查时间:1988年。

发音人:黄焕钧74岁,住上海市南市区黄家路。

曹克望73岁,住奉贤县南桥镇。

朱建明26岁,住奉贤县南桥镇。

上海方言音变的双向扩散

一、引　言

笔者《上海方言音变的微观》一文，通过上海方言语音中正在发生音变的10个项目的考察，说明了上海话中“语音突变、词汇渐变”的词汇扩散现象，并认为：所谓“绝无例外的音变”或“条件音变”就是那种合乎演变条件的语词扩散已经最终全部完成了的音变；“文白异读”是一种特殊的词汇扩散现象；主要受生理因素影响发生的音变，常见常用字先变，主要受社会因素影响而发生的音变，常见常用字后变。1998年笔者读了王士元、连金发先生的《语音演变的双向扩散》一文，这篇文章对1972年郑锦全和王士元关于汉语潮州方言中古汉语去声浊声母字演变为阳上和阳去调的词汇扩散现象作了进一步的发挥，明确指出：音变可以是系统内部的现象，也可以是语言接触所引发的，移借、方言混合和类推都是音变的驱动力；一个语言中可以有并存的系统，词汇扩散可经由共存系统的协力达成；文白读层次可以互相交叉影响。从而提出了音变的双向扩散的论点。此论点扩展了对音变认识的视野，合理解释了方言里交叉互动中的种种复杂现象，音变是通过词汇扩散以各种方式来实现的。

本文试图通过上海方言最新音变的实例说明音变双向扩散的普遍存在，并着重说明这种双向扩散的多源互动性。

二、韵母o向u的合并

20世纪90年代以来，在上海城区青少年中形成了元音韵母/o/向

/u/的合并高潮，这是一个最新的音变项目。

由于普通话中也存在/o/和/u/二韵（如“波[po]”的韵母和“不[pu]”的韵母），并不相混，因此这股合并潮流主要是上海方言内部自己发生的，原因可能是这两个元音发音部位和音色比较接近，由生理因素为主形成的音变，所以往往是常用词先变。

25个(19岁)人的读音见附录表1。

附表1：o>u

	原读/u/的字：										原读/o/的字：										o>u变率
例字	姑	苏	搓	母	古	苦	波	婆	货	河	瓜	沙	车	磨	挂	跨	巴	爬	化	华	
宋	u	u	o	u	u	u	u	u	u	u	o	o	o	u	o	o	o	u	o	o	20
陆	u	u	u	u	u	u	u	u	u	u	o	o	o	u	o	o	o	o	o	o	10
龙	u	u	u	u	u	u	u	u	u	u	o	o	o	u	o	o	u	o	u	o	30
张	u	u	u	u	u	u	u	u	u	u	o	o	o	o	o	o	u	u	o	u	30
李	u	u	u	u	u	u	u	u	u	u	u	u	u	u	u	u	u	u	u	u	100
忻	u	u	u	u	u	u	u	u	u	u	o	o	u	u	o	o	o	o	o	o	20
马	u	u	u	u	u	u	u	u	u	u	u	u	u	u	u	u	u	u	u	u	100
鲍	u	u	o	u	u	u	o	u	u	u	u/o	o	o	u	o	o	o	o	o	o	20
刘	u	u	u	u	u	u	u	u	u	u	o	u	u	u	o	o	u	o	o	o	40
沐	u	u	u	u	u	u	u	u	u	u	u	u	u	u	u	u	u	u	u	u	100
蒋	u	u	u	u	u	u	u	u	u	u	u	o	o	o	o	o	u	u	o	o	30
周	u	u	u	u	u	u	u	u	u	u	u	o	o	u	o	o	u	u	o	u	50
张	u	u	u	u	u	u	u	u	u	u	o	o	u	u	o	o	u	u	o	u	50
胡	u	u	o	o	u	u	u	u	u	u	o	o	o	o	o	o	o	o	o	o	0
洪	u	u	u	u	u	u	o	o	u	u	o	o	o	u	o	o	o	o	o	o	10
张	u	u	u	u	u	u	u	u	u	u	u	u	u	u	u	u	u	u	u	u	100
强	u	u	u	u	u	u	u	u	u	u	o	o	o	u	o	o	o	o	o	o	10
吴	u	u	o	u	u	u	u	u	u	u	o	o	o	u	o	o	u	u	o	u	40
吕	u	u	u	u	u	u	u	u	u	u	o	o	o	u	o	u	o	u	o	o	30
陈	u	u	u	u	u	u	u	u	u	u	o	o	o	u	o	o	u	u	o	o	30
张	o	u	o	u	u	u	u	u	u	o	o	o	o	u	o	o	u	o	o	o	20
陈	u	u	u	u	u	u	u	u	u	u	o	o	u	u	o	o	o	o	o	o	20
林	u	u	u	u	u	u	u	u	u	u	u	u	u	u	u	u	u	u	u	u	100
许	u	u	u	u	u	u	u	u	u	u	u	u	u	u	u	u	u	u	u	u	100
任	u	u	u	u	u	u	u	u	u	u	o	o	u	u	o	o	o	o	o	o	20
变率	4	0	20	4	0	0	8	4	0	4	36	28	44	88	24	28	60	56	28	40	

注：原读u韵的字依次与原读o韵的字同音。调查时打乱先后。变率用%，下同。

在调查中发现 o 向 u 合并是主流，也有少数例子把 u 混读成 o。

有些人未变，有些人已变，有些人部分字变。从表中可见，原读 o 韵的字，25 人中只有 1 人全部未变仍读 o，1 人只有 1 个"磨"字变了，其他字都未变；有 6 人 o 韵字全部已变并入 u 韵，占 25 人的 24%。这 25 人中未发现介于 o、u 之间的难辨的音，即未发生二者向中间音合并的情况。

10 个例字中，"磨[mo]"字的变 u 率最高，占 88%，原因见下文。其次是"巴[po]"字，变 u 率占 60%，因为"巴"是不自由语素，通常多用于"嘴巴"的后字轻读音节上，调查时需提醒"嘴巴"的"巴"，否则多会读作文读音"ʌ"韵，既是常在后字非重读音节上，常会读得模糊而促使它容易先并入 u 韵。再次是"爬[bo]"字，这在上海话里是常用词，变 u 率高达 56%，可说明"常用字先变"的原则。"车[ts'o]"也是常用字，变 u 率为 44%。"瓜[ko]"、"华[ɦo]"都常用在后字上，如"西瓜"、"中华"，变 u 率分别为 36%和 40%。

再调查上一代人(40 岁左右)的情况。他们基本都能区分 o、u 为两个音位，即"果开一、果合一"字读 u，"遇合一"字和"遇合三非组"字读 u；"假开二"字、"假合二见系"字读 o，"蟹合二"部分字读 o。但有的人在少数字里已发生两读。这两组字是：1. "麻[mo]('假开二'字)"字旁的"果合一明母"字如"魔、磨、摩"，这些字不读 u 而读 o，或 o/u 两读。2. "莫[moʔ]('宕开一'入声铎韵)"字旁的"遇合一明母"字如"模、摹、暮、慕、墓、募"，这些字不读 u 而读 o，或 o/u 两读。以笔者语音为主要依据的《上海市区方言志》的同音字表中，这两组字已记为 o/u 两读(许、汤，1988，82 页，84 页)。

解释其原因可能是：① 由普通话语言接触引发。"魔、磨、摩"在普通话里读"o"韵，两种语言系统相混，使上海话这几个字也读起 o 来。但是，"莫"类字中只有"摹"在普通话里读"o"韵，"模"在"模仿、模范"中读"o"韵，而在"模子"中是读"u"韵的，此外的"暮、慕、墓、募"普通话都读"u"韵。"暮、慕、墓、募"四字在上海话里怎么会读成"o"韵呢？② 由形声字偏旁的类推。"麻[mo]"旁和"莫[moʔ]"旁在起类推的作用。

在汉语中，文字的偏旁类推作用也可以成为音韵扩散的起因。

普通话作为一种上海方言的外部语言系统，由于现今青年人的双语习惯，对上海话造成了共时持久的影响、干扰和渗透，在语言的某些部分率先与上海话发生混淆、交叉和融合，使人们在有的词上难以区分。“磨”、“墓”发生了混淆，但“波（普通话读‘o’韵，上海话读‘u’韵）”并没有使40岁这一代上海话的“波”由“u”变成“o”韵，“搓”在不同的词语组合中也严格区分读音（“搓麻将”的“搓”读“o”韵，“搓衣裳”的“搓”读“u”韵）。看来普通话的接触影响只是互动协力中的一个次要因素。

主要是由这几个偏旁类推字造成了上海方言中上一代人（40岁左右）甚至再上一代人中的少数字的两读混淆（“u/o”）和合并（“u>o”），这种几个字的混读可能引发了下一代人（20岁左右）o、u大合并。

不过，我们现在看到的合并却与当初是逆向的，即是o>u，而不是u>o。合并趋热在20世纪90年代青少年，其主要因素从现在看应该主要是属于音系自身即发音生理上的简化。

总的来说，我们从o、u韵的合并中，可以看到音变是多源发生的、互动的双向扩散现象。

三、文读和白读的进化

笔者曾说明过“文白异读”作为一种词汇扩散现象有四个特点：① 音变受外来的方言影响扩散而形成；② 在语言风格使用的不同中表现出异读来；③ 两读长时期并存，在许多场合内，新词常用文读，旧词常用白读；④ 共同语影响不断扩散，音变可以有历时的层次递加（参见本书第200页）。上海方言的最新发展在青少年中出现了两个新现象：① 文读字返归白读变读白读音，这是一种或称回归或称类推的逆向扩散；② 新文读渐渐扩散覆盖旧文读。

上海文、白读在新、旧词中本来就呈现复杂的交叉现象。40岁以上的新一浪未变者曾保持着60年以上在20世纪初清代末年就已形成的较稳定的文、白读词。如“学”有文读、白读两个音，在旧词“学堂、学生”中读白读音[ɦoʔ]，在新词“学校、文学”中读文读音[ɦiʌʔ]。“大”在“大菜”一词中释旧义“大青菜”时读白读音[du]，在释新义“西餐”时读文读音[dʌ]。

交叉现象也时有所见，如“大人[duȵin]”、“人家[ȵinkᴀ]”中的“大”、“人”、“家”都读白读，而“家庭[tɕiᴀdin]”、“专家[tsøtɕiᴀ]”中的“家”都读文读；有时一个词里交叉着文、白读，如“大家[dᴀkᴀ]”的“大”读文读音，“家”却读白读音；“家具[tɕiᴀ/kᴀ dʑy]”的“家”又两读。又如“学生[ɦoʔsã]、生菜[sãtsʻᴇ]、陌生[mᴀʔsã]”中的“生”都是白读，而“男生[nøsən]、女生[ȵysən]、考生[kɔsən]”中的“生”却是文读。

近年来发生的简化类推现象改变了一些词的读音，使词语严守中的文、白对立成为文、白交混，互相溢入。一种是对一些与普通话标准音有较大距离的文读音发生调整，如“学”，由白读音类推覆盖，退为白读；即使是与普通话今标准音相近的文读音，也退归为白读，实际是白读音重占优势的现象，如“驾”过去从来文读为[tɕiᴀ]，现随其他“加、家、假”音一起返归白读音读作[kᴀ]。连“专家”、“科学家”的“家[tɕiᴀ]”现已有少数年轻人读成白读音[kᴀ]。“男生、女生、研究生”即随“学生[ɦoʔsã]”类推，“生”读白读[sã]，“文学、哲学、学院”中的“学[ɦiᴀʔ]”等文读都向白读[ɦoʔ]回归。这些都是白读成分挤掉文读成分，文读向白读的逆向发展的音变。其中像“学”读音的逆变也是由于它的文读音本来是南京官话形成的，现在在普通话里没有靠傍，青少年要么读普通话音，要么就回归上海话白读音了。

另一方面，有些词却进一步向普通话语音靠拢，新文读音产生渐渐战胜旧文读音，形成了新文读、旧文读和白读三音在音变扩散中的并存和交叉使用的复杂现象，如“人、入”白读声母为[ȵ]，旧文读（中年以上）为[z]，新文读（青少年有些人）为[l]，造成了方言中多层次的社会语音面貌，人们甚至通过这些语音可以分辨出发音者的年龄层次或群体差别。

这里我们讨论“学[ɦiᴀ]、驾[tɕiᴀ]、家[tɕiᴀ]、如[zɿ]、儒[zɿ]、入[zəʔ]、乳[zɿ]、柔[zɤ]、染[ȵi]、生[sən]”几个字在词里的音变情况，40岁以上的人，读“哲学、学院、科学院”三词中的“学”都是用文读的，读作[iᴀʔ]韵，青少年向白读回归开始读[oʔ]韵，“驾驶”的“驾”、“儒家”的“家”原来都读文读音[tɕiᴀ]，现向白读音[kᴀ]发展；“医生”的“生”原读白读音[ã]韵，但“考生、男生”中的“生”原都读文读[ən]韵，现后两词中的“生”向白读[ã]韵发展；“如果”的“如”、“儒家”的“儒”、“入口”的“入”、“牛乳”的“乳”、“温柔”的“柔”原都读文读[z]声母，现向新文读“l”声母发展；“染料”的“染”原读白读音[ȵi]，现向旧文读音[zø]和新文读音[lø]发展。25 个年轻人的发音见附表 2。

附表 2：iᴀʔ>oʔ; iᴀ>ᴀ; ən>ã; ȵ>z>l

例词	哲学	学院	科学院	驾驶	儒家	如果	入口	牛乳	温柔	染料	考生	男生	医生
宋	iᴀʔ	oʔ	iᴀʔ	iᴀ	l iᴀ	z	z	l	l	z	ã/ən	ã	ã
陆	iᴀʔ	oʔ	oʔ/iᴀʔ	ᴀ	l ᴀ	l	l	l	l	ȵ	ã	ã	ã
龙	oʔ	oʔ	oʔ	ᴀ	z ᴀ	z	z	z	l	ȵ	ã	ã	ã
张	oʔ	oʔ	oʔ	i ᴀ	l ᴀ	z	z	z	z	z	ã	ã	ã
李	oʔ	oʔ	oʔ	ᴀ	z ᴀ	z	z	z	z	ȵ	ã	ã	ã
忻	oʔ	oʔ	iᴀʔ	iᴀ	z iᴀ	z	z	z	l	ȵ	ã	ã	ã
马	oʔ	oʔ	iᴀʔ	iᴀ	z iᴀ	z	z	z	l	ȵ	ã	ã	ã
鲍	oʔ	oʔ	iᴀʔ	iᴀ	z iᴀ	z	z	z	z	ȵ	ã	ã	ã
刘	oʔ	oʔ	oʔ	iᴀ	z ᴀ	l/z	z	z	l	l/ȵ	ã	ã	ã
沐	oʔ	oʔ	iᴀʔ	iᴀ	z ᴀ	z	z	z	l	z	ã	ã	ã
蒋	oʔ	iᴀʔ	oʔ	iᴀ	l iᴀ	z	z	z	z	z	ã	ã	ã
周	oʔ	oʔ	oʔ	ᴀ	l iᴀ	l	z	l	l	z	ən	ã	ã
张	oʔ	oʔ	oʔ	iᴀ	z ᴀ	z	z	z	l	l	ã	ã	ã
胡	oʔ	oʔ	iᴀʔ	iᴀ	z ᴀ	z	z	z	z	ȵ	ã	ã	ã
洪	oʔ	oʔ	iᴀʔ	ᴀ	z ᴀ	z	z	z	z	z/ȵ	ã	ã	ã
张	oʔ	oʔ	iᴀʔ	ᴀ	z ᴀ	z	z	z	z	z	ã	ã	ã
强	oʔ	oʔ	oʔ	iᴀ	z ᴀ	z	z	z	l	l	ã	ã	ã
吴	oʔ	oʔ	oʔ	iᴀ	z ᴀ	z	z	z	l	z	ã	ã	ã
吕	oʔ	oʔ	iᴀʔ	iᴀ	z iᴀ	z	z	z	z	z	ã	ən	ã
陈	oʔ	oʔ	iᴀʔ	iᴀ	l ᴀ	z	z	z	z	ȵ	ən	ən	ã
张	oʔ	oʔ	iᴀʔ	iᴀ	l ᴀ	z	z	l	l	ȵ	ã	ã	ã
陈	iᴀʔ	oʔ	iᴀʔ	iᴀ	z iᴀ	z	z	z	z	ȵ	ã	ən	ã
林	iᴀʔ	oʔ	oʔ	iᴀ	z ᴀ	z	z	z	z	ȵ	ã	ã	ã
许	iᴀʔ	oʔ	oʔ	iᴀ	l iᴀ	z	z	z	z	ȵ	ã	ən	ã
任	oʔ	oʔ	iᴀʔ	ᴀ/iᴀ	l ᴀ	z	z	l	z	ȵ	ən	ã	ã
变率	80	96	48	28	36、64	12	4	20	48	36、12	88	84	100

四、中古咸、山摄字的演变

上海话里，中古咸、山摄字(在普通话中读 an 韵)160 年来发生过四次大的变化，对上海话的发展四个历史层次具有标志性的作用，都有历史语料为证。第一期是19世纪五六十年代至19世纪末，这些字大都带有鼻化音（麦，1862），只有极少数字鼻化音已脱落（高云峰，1997）。第二期是20世纪初至30年代以前，鼻化音已全部失去，但覃韵字t系字（如：南）、h系字（如：蚕），覃、谈韵k系字（如：敢）h系字（如：庵），桓韵p系字（如：半），k系字（如：官）h系字（如：欢），仙韵ts系字（乳：专）还保留读/e/韵。这是旧上海话的特征。到第3期20世纪40年代至70年代由于外部方言主要是苏州话的影响/e/并入/ø/音位。现今45岁以上的人比较权威的中派音系里，“ᴇ”、“ø”、“uᴇ”、“uø”4个韵母所包含的字还比较稳定，可参见《上海市区方言志》（许等，1988）第87—90页。但进入第4期后的上海话这些字又出现了混杂交叉的情况，一部分ø韵字回归读ᴇ韵（扩散并入/ᴇ/，因为现在无e韵而只有开口度较大的ᴇ韵），带介音u的桓韵k系字（如：官）h系字（如：欢）有的从uø回归uᴇ，也有的随另一条词汇扩散的音变规律从uø并入ø韵；另外，原读uᴇ韵的删、山韵k系字（如：惯）、h系字（如：还）变读uø或ø韵。其他多数的咸、山摄字（如：反、难、三、斩、晏、间）原从/ε̃/变为/ᴇ/的，有的字转变读为ø韵。两读的情况很多（这次调查中为获得最自然语言现象，未启发调查对象有无两读）。这些对流混杂的词汇扩散情况充分说明，音变扩散可以是多源的，不同的层次参差互动的，双向以至多向的。

25人在一些咸、山摄字上的读音情况见附表3。

附表3：e＞ø＞ᴇ，ᴇ＞ø，ue＞uø＞ø/uᴇ，uᴇ＞ø

	原读e后读ø的字：																			原读ᴇ的字：					
例字	男	贪	潭	参	蚕	含	感	勘	甘	沾	占	闪	般	盘	判	满	钻	专	船	赞	灿	刊	攀	盼	盏
宋	ø	ø	ø	ᴇ	ø	ø	ø	ø	ø	ᴇ	ø	ᴇ	ᴇ	ø	ø	ø	ø	ø	ø	ᴇ	ᴇ	ᴇ	ø	ø	ᴇ
陆	ø	ᴇ	ᴇ	ᴇ	ᴇ	ø	ø	ᴇ	ø	ᴇ	ø	ᴇ	ᴇ	ø	ø	ø	ø	ø	ø	ᴇ	ᴇ	ᴇ	ø	ᴇ	ᴇ
龙	ø	ø	ᴇ	ø	ø	ø	ø	ø	ø	ø	ø	ø	ø	ø	ø	ø	ø	ø	ø	ᴇ	ᴇ	ø	ø	ø	ø
张	ø	ø	ᴇ	ø	ø	ø	ø	ø	ø	ø	ø	ᴇ	ø	ø	ø	ø	ø	ø	ø	ᴇ	ø	ø	ø	ø	ø
李	ø	ø	ᴇ	ø	ø	ø	ø	ø	ø	ø	ø	ø	ø	ø	ᴇ	ø	ø	ø	ø	ø	ᴇ	ø	ᴇ	ᴇ	ᴇ
忻	ø	ᴇ	ᴇ	ø	ᴇ	ø	ø	ᴇ	ø	ø	ø	ø	ø	ø	ø	ø	ø	ø	ø	ᴇ	ᴇ	ᴇ	ᴇ	ᴇ	ø
马	ø	ø	ᴇ	ø	ø	ø	ø	ø	ø	ø	ø	ø	ᴇ	ø	ø	ø	ø	ø	ø	ø	ø	ᴇ	ø	ø	ø
鲍	ø	ø	ᴇ	ø	ø	ø	ø	ø	ø	ᴇ	ø	ø	ø	ø	ø	ø	ø	ø	ø	ᴇ	ø	ᴇ	ø	ø	ᴇ

续　表

	原读 e 后读 ø 的字：																			原读 ᴇ 的字：					
例字	男	贪	潭	参	蚕	含	感	勘	甘	沾	占	闪	般	盘	判	满	钻	专	船	赞	灿	刊	攀	盼	盏
刘	ᴇ	ø	ᴇ	ø	ø	ø	ø	ᴇ	ø	ᴇ	ᴇ	ᴇ	ᴇ	ø	ø	ø	ø	ø	ø	ᴇ	ø	ø	ø	ø	ᴇ
沐	ø	ø	ᴇ	ø	ø	ø	ø	ᴇ	ø	ᴇ	ᴇ	ø	ᴇ	ø	ø	ø	ø	ø	ø	ᴇ	ø	ø	ø	ø	ø
蒋	ø	ᴇ	ᴇ	ø	ø	ø	ø	ᴇ	ø	ᴇ	ᴇ	ᴇ	ø	ø	ø	ø	ø	ø	ø	ᴇ	ᴇ	ø	ø	ø	ᴇ
周	ø	ø	ᴇ	ø	ø	ø	ø	ø	ø	ø	ø	ø	ᴇ	ø	ø	ø	ø	ø	ø	ø	ø	ᴇ	ø	ø	ø
张	ø	ø	ᴇ	ø	ᴇ	ø	ø	ø	ø	ø	ø	ᴇ	ø	ø	ø	ø	ø	ø	ø	ᴇ	ᴇ	ø	ø	ø/ᴇ	ø
胡	ø	ø	ᴇ	ø	ø	ø	ø	ø	ø	ᴇ	ø	ø	ᴇ	ø	ø	ø	ø	ø	ø	ø	ø	ᴇ	ø	ø	ø
洪	ø	ø	ᴇ	ø	ø	ø	ø	ᴇ	ø	ᴇ	ø	ø	ᴇ	ø	ø	ø	ø	ø	ø	ᴇ	ᴇ	ᴇ	ø	ø	ᴇ
张	ᴇ	ᴇ/ø	ᴇ	ᴇ	ᴇ	ø	ø	ᴇ	ø	ᴇ	ᴇ	ᴇ	ᴇ	ᴇ	ø	ø	ø	ø	ø	ᴇ	ᴇ	ø	ø	ø	ᴇ
强	ø	ø	ᴇ	ᴇ	ᴇ	ø	ø	ø	ø	ᴇ	ᴇ	ø	ᴇ	ø	ø	ø	ø	ø	ø	ᴇ	ø	ᴇ	ø	ø	ø
吴	ø	ᴇ	ᴇ	ᴇ	ø	ø	ø	ø	ø	ᴇ	ᴇ	ᴇ	ᴇ	ø	ø	ø	ø	ø	ø	ᴇ	ᴇ	ᴇ	ø	ø	ᴇ
吕	ø	ø	ᴇ	ᴇ	ø	ø	ø	ø	ø	ø	ø	ø	ᴇ	ø	ø	ø	ø	ø	ø	ᴇ	ᴇ	ø	ø	ø	ᴇ
陈	ø	ø	ᴇ	ø	ø	ø	ø	ø	ø	ø	ø	ø	ᴇ	ø	ø	ø	ø	ø	ø	ᴇ	ø	ø	ø	ø	ᴇ
张	ø	ø	ᴇ	ø	ø	ø	ø	ø	ø	ø	ø	ø	ᴇ	ø	ø	ø	ø	ø	ø	ᴇ	ᴇ	ø	ø	ø	ᴇ
陈	ø	ø	ᴇ	ø	ᴇ	ø	ø	ø	ø	ᴇ	ø	ø	ᴇ	ø	ø	ø	ø	ø	ø	ᴇ	ᴇ	ᴇ	ø	ø	ᴇ
林	ø	ø	ᴇ	ø	ø	ø	ø	ø	ø	ø	ø	ø	ø	ø	ø	ø	ø	ø	ø	ø	ᴇ	ø	ᴇ	ø	ø
许	ø	ᴇ	ᴇ	ø	ø	ø	ø	ø	ø	ᴇ	ø	ø	ø	ø	ø	ø	ø	ø	ø	ᴇ	ᴇ	ø	ø	ø	ø
任	ᴇ/ø	ø	ᴇ	ø	ø	ø	ø	ø	ø	ø	ᴇ	ᴇ	ø	ø	ø	ø	ø	ø	ø	ᴇ	ᴇ	ø	ø	ø	ø
变项	3	6	24	6	6	0	0	7	0	13	7	9	15	1	1	0	0	0	0	5	9	14	22	22	12
变率	12	24	96	24	24	0	0	28	0	52	28	36	60	4	4	0	0	0	0	20	36	56	88	88	48

	原读 ø 的字：		原读 ue 后读 uø 的字：					原读 uᴇ 的字：						
例字	寒	安	官	款	欢	换	玩	惯	关	顽	幻	还	环	患
宋	ø	ø	ø	ø	ø	ø	ø	uᴇ	uᴇ	uᴇ	ø	uᴇ	uᴇ	ø
陆	ø	ø	ø	ø	ø	ø	uᴇ	uᴇ	uᴇ	uᴇ	ø	uᴇ	uᴇ	ø
龙	ø	ø	uø	uø	uø	uø	uᴇ	uᴇ	uᴇ	uᴇ	uø	uᴇ	uᴇ	ø
张	ø	ø	ø	ø	ø	ø	ø	uᴇ	ø	uᴇ	ø	uᴇ	ø	ø
李	ø	ø	ø	ø	ø	ø	ø	uᴇ	uᴇ	ø	ø	uᴇ	uᴇ	ø
忻	ø	ø	ø	ø	ø	ø	uᴇ	uᴇ	uᴇ	uᴇ	ø	uᴇ	uᴇ	uᴇ
马	ø	ø	ø	ø	ø	ø	uᴇ	uᴇ	uᴇ	uᴇ	ø	uᴇ	uᴇ	ø
鲍	ø	ø	uø	uø	uø	ø	ø	uø	uᴇ	ø	ø	uᴇ	uᴇ	uᴇ
刘	ø	ø	ø	ø	ø	ø	uᴇ	uᴇ	uᴇ	ø	ø	uᴇ	uᴇ	ø
沐	ø	ø	ø	ø	ø	ø	ø	ø	uᴇ	ø	ø	uᴇ	ø	ø
蒋	ᴇ/ø	ø	ø	ø	ø	ø	ø	ø	uᴇ	ø	ø	uᴇ	uᴇ	ø
周	ø	ø	ø	uø	ø	ø	uᴇ	uᴇ	uᴇ	uø	ø	uᴇ	uᴇ	uᴇ/ø
张	ø	ø	uø	uø	uø	uᴇ	uᴇ	uᴇ	uᴇ	uᴇ	uᴇ	uᴇ	uᴇ	uᴇ
胡	ø	ø	ø	ø	ø	ø	uᴇ	uᴇ	uᴇ	uᴇ	ø	uᴇ	uᴇ	ø

续表

原读ø的字：　原读ue后读uø的字：　原读uᴇ的字：

例字	寒	安	官	款	欢	换	玩	惯	关	顽	幻	还	环	患	
洪	ø	ø	ø	ø	ø	ø	ø	uᴇ	uᴇ	ø	ø	uᴇ	ø	ø	
张	ᴇ	ø	ø	uᴇ/ø	ø	ø	uᴇ	uᴇ	uᴇ	uø	uø	uᴇ	uᴇ	uᴇ	
强	ø	ø	uø	uø	uø	uø	uø	uᴇ	uᴇ	uø	uø	uᴇ	uᴇ	uø	
吴	ø	ø	uø	uᴇ/ø	uø	uø	uᴇ	uᴇ	uᴇ	uᴇ	uᴇ	uᴇ	uᴇ	uø	
吕	ø	ø	ø	uø	ø	ø	uø	uᴇ	uᴇ	uᴇ	ø	uᴇ	uᴇ	ø	
陈	ø	ø	ø	ø	ø	ø	uᴇ	uᴇ	uᴇ	uᴇ	ø	uᴇ	ø	ø	
张	ø	ø	ø	ø	ø	ø	ø	uᴇ	ø	uᴇ	ø	uᴇ	ø	uᴇ	
陈	ø	ø	ø	ø	ø	uø	uᴇ	uᴇ	uᴇ	uø	uø	ᴇ	uᴇ	ø	
林	ø	ø	ø	ø	ø	ø	uᴇ	ø	ø	uᴇ	uᴇ	uᴇ	uᴇ	ø	
许	ø	ø	ø	ø	ø	ø	ø	uᴇ	uᴇ	ø	ø	uᴇ	uᴇ	ø	
任	ø	ø	ø	ø	ø	uᴇ	uᴇ	uᴇ	uᴇ	uᴇ	ø	uᴇ	uᴇ	uᴇ	
变项	2	0	20	17	20	19	9	3	3	7	18		5	17	——变作ø的人
				2		2	14								——变作uᴇ的人
			5	6	5	4	2	1		4	4				——变作uø的人
												1			——变作ᴇ的人
变率	8	0	80	76	80	81	86	16	12	44	88	4	20	68	
			0	8	0	8	56								——变uᴇ率
								12	12	28	72	0	20	68	——变ø率

从表 3 中可见：从 e 出发受苏州音影响变为 ø 后，现在青少年中又回归 ᴇ 的，变率从 0%至 96%不等；另一方面的字从 ᴇ 出发，现又在青少年中变为 ø，变率从 20%至 88%不等。即使是原读 uø 和 uᴇ 的那 12 个字的读音，由于 ue＞uø＞ø，ue＞uø＞uᴇ，uᴇ＞uø＞ø，uᴇ＞ø 几条音变规则的驱动，又通过词汇扩散来实现，从而造成各人 12 字的读音居然无两人相同。从 ue 出发的字受苏州音影响变为 uø 后又简化为 ø，现又在青少年中回归 uᴇ，变率从 0%至 56%不等；从 uᴇ 出发的字，现又在青少年中变为 ø，变率从 0%至 72%不等。这种多元双向的词汇扩散现象是非常有趣的。

本文的调查过程完全是随听随记，不用自填表格的方法。为便于使对上海地区分区和语音比较了解的读者作进一步的细致观察，分析近郊城区和中心城区音变速度的差异，现把 25 个发音人的住址都列于下面，有的名下有第 2 个地址，都是近年迁居的。

调查日期：1998年。

宋佳琦　女　杨浦区凤南一村
陆　铭　男　普陀区曹杨九村
龙　琳　女　宝山区大华二村大华路
张　洁　女　宝山区共康五村
李成烨　女　黄浦区福建中路盆汤弄
忻尚伦　女　卢湾区黄陂南路　徐汇区浦北路959弄
马　静　女　静安区昌平路　桃浦六村
鲍菁梅　女　卢湾区成都南路　宝山区月浦四村
刘　华　女　虹口区东余杭路　卢湾区重庆南路
沐海云　女　闸北区天潼路
蒋筱怡　女　浦东杨思振兴中路
周　浩　男　溏东新村
张　莹　女　徐汇区花苑村玉兰园
胡怡琳　女　静安区大沽路　莘庄绿梅二村
洪　磊　男　普陀区志丹路
张　翔　男　闸北区恒丰路
强迪艺　男　闵行区东风一村
吴　慧　女　虹桥路693弄
吕　晨　女　静安区延安中路877弄
陈春燕　女　南市区西藏南路
张莉静　女　闵行区北巷路胡家厍
陈　强　男　卢湾区复兴中路　浦东上南七村
林　颖　女　卢湾区建国西路
许雪梅　女　杨浦区市光新村
任　华　女　虹口区凉城路

上海方言的反复体

由于汉语是一种以单音节为语音、构词和语法基本单位的语言，一个语素由一个相对独立的两边有音渡的音节构成，因此汉语的构词构形的语缀都呈音节形式表示，这就造成了汉语中特殊的助词系统。上海话与普通话一样，体的语法形态通常由音节为单位的助词形式附在动词边表示，写下来便是一个字。如用“过”表示经历体，用“了”（老派是“仔”）表示实现体，用“辣辣”（老派写作“垃拉”）在动词前表示进行体，在动词后表示存续体。除了用助词形式外，还有一个方法表示形态，即是“重叠”。上海话名词重叠表示小称，类似于普通话的“儿化”，如“袋袋、泡泡、奶奶、渣渣、角角、洞洞、豁豁、漕漕、末末”。动词重叠则表示动作行为的反复体。

一、动词重叠（VV）和重叠带受事成分（VVO、OVV）表示的意义

1. 当动词的对象是不定指或无指的事物时，动词重叠表示句子事件的动作行为长时持续进行或经常性反复进行，可能在某时即终止完成，可能一直反复进行下去。下面是一直反复进行的例子：

今朝一上半日，我辣门口头拣拣小菜。（今天一个上午，我在门口一直拣着菜。）

伊末，就辣编辑部里改改稿子呀！（他长期以来就在编辑部里干改稿子的差使。）

勿对呀，哪能吃吃呒没啦。（不对呀，怎么东西吃着吃着没啦。）

读书需要正襟危坐，看报只不过是随便翻翻。

搿两年，老张靠教教书过日脚。（搿：这。日脚：日子。）

做做临时工，赚勿着几钿。（赚勿着几钿：赚不到多少钱。）

小李跟仔先生一道调查调查方言。（小李跟着老师一起在调查方言。）

动词的不定指对象分两种，一种是有指的，一种是无指的。前四例宾语是不定指的，后三例宾语是无指的。由于动作持续时间较长，必然是做做停停再做做，有起有落，呈现反复性的特征，因此句子的语义常带有轻松自在感。

在动作对象是不定指的情况下，可以在语句中把"VV(O)"重复一次。如：

看看书，看看书，连辰光也忘记了。（书看着看着，连时间也忘了。）

敲敲，敲敲，敲下去了。（敲啊，敲啊，敲下去了。）

对象是无指的情况下，不能重复。

* 做做临时工，做做临时工，赚勿着几钿。

所谓"定指"成分，指的是发话人使用某个名词性成分（它可以在句中省略）时，如果预料能够将所指对象与语境中某个特定的事物等同起来，能够把它与同一语境中可能存在的其他同类实体区分开来。如果预料受话人无法将所指对象与语境中其他同类成分区别开来，则是不定指成分。如果名词性成分的表现对象是话语中的某个实体，则称这个名词性成分为有指成分，反之称为无指成分（陈平，1987）。

不及物动词重叠，只要不带定指的处所词语，通常也表示长时反复持续。如：

平常辰光末来来。（平时多来。）

我末每日早晨头公园里坐坐。

侬就休息休息好了，勿要管闲事了！（好了：吧。）

由此可见，长时反复是反复体的基本特征。

2. "VVO"后面连贯接着动词的句子，表示反复持续到后面动词所表示的动作开始，动作已经完成。如：

我看看报，想起一桩事体呒没做好。（我看着报，想起一件事没做好。）

伊白相白相游戏机困着了。(白相：玩。困：睡。)

伊拉两个人借借书认得了。(他们俩一起经常借书就相识了。)

天落落雨，出太阳了。(落雨：下雨。)

伊藤椅浪躺躺勿想立起来了。(他藤椅上躺躺不想站起来了。)

在这种情况下，“VV(O)”在形式上也可以反复一次，大致相当于普通话“V着V着”的意思。如：

看看，看看，倒头困着了。(看着，看着，倒头睡着了。)

吃吃吃吃，肚皮痛起来了。(肚皮：肚子。)

天落落雨，落落雨，出太阳了。

伊走走路，走走路，跌倒了。

吹吹牛，吹吹牛，立辣海勿走了。(立辣海：站在那儿。)

3. 当两个或几个“VVO”作并列结构出现而动词的对象都是不定指或无指的时，如果两个或几个动作不能同时发出，动词重叠表示动作交替持续进行。类似普通话“有段时间V……有段时间V……”的意思。如：

练练歌，跳跳舞，辰光过得倒也蛮快。(蛮：很，相当。)

伊脚伸伸，手拉拉，辣辣锻炼身体。(辣辣：正在。)

黄梅天，雨落落，太阳出出，变化多端。

天气晴晴阴阴，也吃勿准会勿会落雨。

年纪大了，重生活做勿了，只能汏汏衣裳，铡铡草，喂喂牲口。(生活：活儿。)

退休以后，打打牌，练练气功。

我看侬现在最好还是走走伊，坐坐伊，困困觉，散散心。

如果两、三个动作可同时发出，动词重叠则表示动作的伴随进行。类似普通话“一边V着……一边V着……”的意思。如：

翘起仔脚，吃吃香烟，看看电视。(仔：有“了”和“着”的意思。吃：抽。)

一头钻进小屋，螺蛳嗍嗍，蹄膀笃笃。(笃：用文火较长时间煮。)

我音乐听听，功课做做，混了一日天。(我一边听着音乐，一边做着作业，混了一天。)

大家坐坐，看看，吃吃，听听。

如果两个动词重叠是连贯发生的，则表示两个动作反复连续地进行。如：

伊无所事事，开开车，闯闯祸。

节日两天，商店去去，物事买买。（物事：东西。）

由于动作的反复交替，重叠表示动作的轻松悠闲特别明显。

4. 当动词的对象是定指的事物时，表示动作在短暂时间中进行，或在短暂时间内完成。前者是一个短时过程，可以看作是“V 一 V”的省略，相当于普通话的“V 一下”；后者短暂动作已完成，可以看作是“V 了 V”的省略，相当于普通话的“V 了一下”。如：

看看搿只封面就晓得书好勿好了。（看一看这张封面就知道这书好不好了。）

搿碗汤让我吃吃。（吃吃：喝一下。）

阿拉商量商量，再决定去不去。（阿拉：我们。商量商量：商量一下。）

介许多衣裳，侬只要拣拣好了。（这么多衣服，你只要选一下自己要的衣服就行了。注意：当例句中定指对象省略时，在注释句中补出。下文同。）

伊摇摇头讲：“呒没办法，只好拿开水冲冲了。”（他摇了摇头说：“没有办法，只好用开水冲一冲这块冰了。”）

搿个小囡碰碰就哭。（这个小孩碰一下就要哭。）

客人敲敲门就走了。（客人敲了下他家的门就走了。）

伊走过来搿张画看看，又走开了。（看看：看了一下。）

应该指出，“V 一 V”和“V 了一 V”，只要“一 V”不重读表示强义，都不是真的只有“一下”的动作，即大都不是只有“一个”动作。这里的动作也有一起一落的反复性，只是反复延续的过程很短。比如说“拣拣衣裳”并非只有一个“拣（挑）”的动作，当然是有挑这件、挑那件的两个以上的动作。这里的“拣一拣”或“拣一下”，所表达的语法意义是指“拣”的事件短。

与英语不同，汉语的句子里定指的宾语除了必须明确指示时用指示代词“这”、“那”之外，一般没有像“the”这样的定冠词等作为形式标记，如“客人敲敲门就走了”的“门”在句中是定指的，但没有形式标志，不必说“哀个(那)门”，“伊摇摇头讲”不必说“伊摇摇伊个头讲”。同样，不定指也不一定有像“a”那样的不定冠词，“我吃脱一碗汤”这句话中“汤”前的“一碗”是实数，但动词重叠式的不定指对象前没有形式标志。说汉语的人都可以从语境中区别出对象的有定和无定。

在上海话中，凡表示动作短时进行的单音动词重叠，在语音上连读调可以读成双音节连读调形式，也都可以读成第二音节为零形式的三音节连读调形式，不过，这时第一音节读成三音节连读调的第一、第二音节的合音。如：“想想”可读成“[$ɕiã_{33}$ $ɕiã_{44}$]”，也可读成“[$ɕiã_{35}$ $ɕiã_{31}$]”(“想一想”、“想了想”的连读调应为“33＋55＋31”)。但是，表示动作长时进行的单音动词重叠没有读成第二音节为零形式的三音节连读调形式。这是语音上区分短时反复体和长时反复体的一个有效方法。

由于对象定指时重叠动词只能表示短时反复(“看一下”或“看了一下”)，所以下面第二个例句要表示持续反复进行的动作(“看啊看的”)后才产生的结果或变化就不能成立，而第三个例句因为动作对象是不定指的，可以表示动作持续进行到新情况的发生，所以也能成立。

伊搿本书看看就觉着吭没劲了。(他看一下这本书就感到没劲了。)

*伊搿本书看看困着了。(困着：睡着。)

伊看看书困着了。

如果句子是表示未然动作的祈使句，动词重叠有委婉表达愿望或缓和语气的语用作用，那是因为说话人暗含祈使的动作只需短时完成不难做到的缘故。如：

搿眼钞票侬点点。(这点钱请你点一点。)

封信侬脱我去寄寄好哦？(这封信替我寄一下好吗？)

5. 当动词的对象是定指的事物时，动词重叠又能表示动作在短时间内反复进行，有时接近于普通话“V 了又 V”的意思。这里用的动词大多是瞬间动作动词。如：

伊用力气揿揿衣裳角，翘起来真难看。(揿揿：摁了又摁)

我辣跳板浪踏踏，看看会勿会坍下去。（我在跳板上踩了再踩，看看会不会塌下去。）

伊摸摸自己袋袋，摸出一只钥匙，摸出一角洋钿。（袋袋：口袋；洋钿：钱。）

想想昨日个事体，气得勿得了。（事体：事情。）

这里的"VV"，上海话还能说成"V 个 V"，如："揿个揿衣裳角"、"跳板浪踏个踏"，不过"V 个 V"的用法现多见于郊区，上海市内年轻人已很少用。

6. 当动词的对象是定指事物时，动词重叠如果也要表达较长时间的一次动作行为的持续，它只能采取外加补充的语言形式弥补，方法是：或者在句内特用文字说明所需持续时间；或者要把动词再反复重叠一次，以表示动作断断续续地完成。如：

搿篇心得我写写，写了一上半日。（一上半日：一个上午。）

我教教搿段书，要十二个教时。

我辣此地等等侬勿来，等脱两个钟头。（辣：在；侬：你；脱：了，去。）

搿眼门，关关交关辰光。（这些门，一扇一扇关要很多时间。）

我喂喂搿只鸟，喂了一上半日。

用语音来检验，这里的代词重叠可用短时反复的变调来读，以强调动作行为的一次性，所以持续长度必须另有文字随后说明。这类句子往往表达的是"原来以为在短时可能完成的事竟然或实际变成长时完成"的语感。

"我喂喂搿只鸟，喂了一上半日。"这句话，如果改成"我喂搿只鸟，喂了一上半日。"是不能成立的，因为"喂"的动作延续一上午，对一只鸟来说是不可能的。如果改成"我喂喂鸟，喂了一上半日。"是成立的，因为鸟在这儿不是定指的，动作可以持续。"我喂喂搿只鸟，喂了一上半日。"之所以成立，是因为一方面"喂喂"这个动作必然是时断时续的一项动作，另一方面已用了时段文字强调所需时间之长。

当用较长的时间自始至终地完成定指的事情一次或一个过程时，一般来说，其动作必然是做做停停、断断续续的，上海话的动词重叠在这里就表示这种反复进行状态。如:“我写这篇文章,用了一个星期。”这是一般的叙述句,重在说明写文章所需的时间。而“我写写这篇文章,用了一个星期。”这句话还表达了“写”这个动作的“写一下,又写一下”这种进行状态。

这里用的动词大多是表示持续动作的动词,这种用法往往可以造成强调一次过程所需时间很长的语感,就是因为它表面上借了长时持续的方法用于定指事物的缘故。之所以能与表示短时相区别,是因为后面说明了所需的持续时间。

把“VVO”重复一次,是另一种表达方法,用以表示一次历程中动作的反复。这里动词重叠本身负担了长时的信息,所以只能用长时变调而不能用短时变调来读。如:

我喂喂搿只鸟,喂喂搿只鸟,喂出经验来了。

我辣此地等等侬勿来,等等侬勿来。

伊搿本书看看看看,困着了。(这本书,他看着看着睡着了。)

上海话里,短时反复和长时反复的语义以对象的定指与否为区别依据,可以比较下面两句相近的话。如:

书末去看看,勿要搿样子浪费辰光。(对象“书”不定指,“看看”为长时进行,语音上不能用三字省中字的连调形式。)

搿本书去看看,考得着个。(对象“书”定指,“看看”为短时进行,是“看一下”的意思,语音上可以用三字省中字的连调形式。)

7. 上海方言中常用一种“VV伊”形式。

当“伊(他)”定指某人时,与前面的重叠动词往往分读(即分为两个语音词读),有时也可连读(即合为一个语音词读),表示短时反复。如:

侬脱我谢谢伊,勿要忘记脱仔噢!(你代我谢他一下,别忘了啊!)

大家侪去望望伊,让伊精神浪开心一眼。(侪:都;望望伊:看他一下;浪:上;一眼:一点。)

当动词前有复指对象时,“伊”的本义已经虚化,“伊”与前面的重叠动词一定连读成一个语音词。这种用法很常见。这时,整个“VV伊”结构可以表示短暂进行时间(常用作祈使句),如:

只台子搬搬伊!(把这个桌子搬一下!)

湿衣裳要吹吹伊。(吹吹伊：吹一下。)

揩揩伊呀！揩揩伊呀！(把我身上的脏东西擦一下呀！)

“VV伊”又可以表示动作在短时内反复进行，如：

被头拍拍伊，拍脱点灰尘。(被头：被子。)

药水辣厨里，摇摇伊再吃。(辣：在；吃：喝。)

搿种橘子水只要嗍嗍伊，老便当个。(嗍：吸；老便当个：很方便的。)

这里的“嗍嗍伊”可以改说“嗍个嗍”，表示短时反复进行的动作，普通话没有相对应的说法。

“VV伊”还可以表示动作反复进行一次，所需时间较长。如：

搿套书看看伊要交关辰光。(看完这套书要许多时间。)

搿瓶橘子水嗍嗍伊一歇歇，快点吃！(一歇歇：一点儿时间。)

搿双鞋子只要穿穿伊，脚就可以勿痛了。(这双鞋只要多穿，穿一段时间脚就可以不痛了。)

这里的“嗍嗍伊”表示自始至终嗍一遍直到完的过程中，“穿穿伊”表示这双鞋从紧穿到宽这一过程中，断续进行的动作。“一歇歇”、“只要”只是语境为了要强调过程快。

8. 当动词的对象是定指的事物时，很多“VV”和“VV伊”后面附上助词“看”，表示短时尝试体，附加“试一下”的语义。使用时，助词“看”常常省去。如：

今朝我要走走近路(看)了。

颜色退勿退，只要让我汏汏(看)好了。(汏：洗；好了：吧。)

机器一定要试试伊(看)灵勿灵。

让我吃吃搿块(看)，看看(看)侪好吃哦。(哦：吗。)

搿本书辣学堂里个新华书店是有个，勿相信侬去买买伊看。(个：的。)

这些例句的“VV”在没有“看”时，可以表示上面各节的意义。有没有尝试的意义，要看上下文而定，但加上了助词“看”的句子，动词一定表示尝试的意义。上海话的尝试体比普通话用得广泛得多，而且“看”可以放在宾语后面。

动词“看看”加助词“看”可以说“看看看”，现在多说成“看看叫”。

9. 当动作的对象是虚指时，动作重叠可以表示短时反复，也可以表示长时反复。如：

阿拉现在随便啥吃吃。（阿拉：咱们。这时可以是表示短时，“吃吃”是“吃一下”、“吃一会儿”的意思。）

阿拉几年来一直随便啥吃吃的。（这时表示长时反复。）

侬有得吃吃蛮好来！（有得：能得到；蛮好来：已经很好的了。）（这时可长可短。）

10. 当对举虚指时，动词重叠可以表示时间或长或短的交替进行。如：

伊辣马路浪走，东张张，西望望。

伊东家走走，西家走走。

小王搿搭立立，伊面坐坐。（搿搭：这儿；伊面：那儿。）

侬看看我，我看看侬。

闻闻搿个，碰碰伊个。

“伊东家走走，西家走走”可以是“东家走一下，西家走一下”，也可以是指长时间“走东家，串西家”，应由语境而定。

二、动词重叠带补语、带状语和紧连重叠结构表示的意义

1. 上海方言有动词重叠紧接结果补语的形式，如：“压压扁”、“吹吹干”、“卖卖光”、“想想明白”、“揩揩干净”、“做做清爽”、“揿揿着实”。使用这种形式，对象总是定指的。这时，重叠的动词与后面的补语通常要分成两个语音词来读（有时也能连读）。表示的都是将来未然的行为，动作经过短时的进行或反复而完成。这里的“VVC”老派都可说成“V个VC”。如：

牛肉烧烧熟再好吃。（烧：煮；再好吃：才可以吃。）

干脆到玉佛寺门口摆只摊头卖卖完。（摊头：摊子。省略定指对象。）

裤子要汏脱了，袋袋里摸摸清爽。（清爽：清楚。）

𠲎种辰光，阿拉要摆摆平。（摆平：公平解决。）

头发脱侬吹吹干，烫烫鬈。（脱：给。）

如果动作的对象是不定指的事物，句子就不成立。如：

* 揩揩干净黑板。

* 侬烧烧好饭。

黑板揩揩干净。

饭烧烧好。

2. 动词重叠加上唯补词（这些唯补词不能作谓语）“牢”、“好”、“着”、“脱”、“光”等，用在希望迅速做完某动作的场合。对象是定指的，动作短时进行。唯补词和前面的重叠动词要合成一个语音词连读。如：

电视机侬脱我关关脱。（你替我关一下电视机。）

侬𠲎点饭吃吃好再走。（你吃了这点饭再走。）

房门锁锁牢出去。（牢：住。）

让我𠲎眼字写写光好哦？（光：完。）

要做生活，大家讲讲好条件。

物事卖卖完关门。（物事：东西。）

让伊白相白相好大世界咾来。（白相：玩。）

墙纸贴贴脱休息。

𠲎点书阿拉一道理理好。

这里的单音节重叠动词都能用零形式的三音节连读调形式读。

3. 单音状语加重叠动词（AdVV）表示的意义。

上海话有单音节的状语紧接重叠的动词的形式，如：“乱吃吃”、“瞎做做”、“细算算”、“瞎来来”等。在语音上合成一个语音词连读。在动作对象是定指的时，表示短时反复。如：

礼物介许多，毛算算要500元。（礼物这么多，毛估一下要500元。）

介许多生活，快做做也要三日天来。（这么多的活儿，很快地做下去也要三天时间呢。）

𠲎种生活勿要啥手艺个，笨做做就做得出个。

我是弄勿来小菜个，大家乱烧烧，瞎吃吃。（在“大家”前，省略了定指成分"辩点小菜")

在动作对象是不定指的时，表示长时进行。如：

今朝夜里，大家牛皮瞎吹吹。(这里说的"吹牛"可能吹一个晚上。)

我辣马路浪瞎兜兜，用脱交关钞票。

喂，侬辣辣做啥？——勿做啥，瞎想想。

4. 重叠动词紧连($V_1V_1V_2V_2$)表示的意义。

上海方言中两个重叠后的动词可以连用，用一个语音词合读或用两个语音词分读都可。有以下几种情况，分别表示以下几种意义：

同义相加，如"哭哭啼啼"、"兜兜畔畔"，不论对象定指不定指，都表示动作持续的情貌，有"又 V_1 又 V_2 的样子"的意思。

伊辩点工作，做做弄弄半日完成了。(定指时句内必有时段表示持续时间)

侬勿要兜兜畔畔个，直话直讲么。(兜兜畔畔：躲躲藏藏)

反义相连，如"开开关关"、"做做停停"，对象定指时表示一次行为的长期断续进行，有"V_1 了又 V_2"、"V_2 了又 V_1"的意思，句中用时段词；动词对象不定指时，表示相反动作长时交替进行。如：

辩幅画，画画停停，画了勿晓得多少辰光。

伊一个夜里哭哭笑笑勿停。

电灯开开关关要坏脱个。(电灯开了又关，关了又开，要坏的。)

侬去去来来，忙得来。(你去了又来，来了又去，真忙啊！)

别义相连，如"讲讲笑笑"、"吹吹打打"，对象不定指，表示动作伴随或交替进行，对象定指时，需用时段词，有"一边 V_1，一边 V_2"或"V_1 了又 V_2，V_2 了又 V_1"的意思。

做做吃吃，到老勿会穷。

伊拉讲讲笑笑，牛皮吹了一夜天。(一夜天：一个晚上。)

三、关于动词重叠式语法意义的几个认识问题

吴语比北方话有更多的动词重叠式，尤其是表示长时反复的那种，如"蹄膀笃笃，螺蛳嗍嗍"之类。又如："日里睏拉昧勿自然，倒勿如出去

泛泛。”(土 29 页)“照箇个学生子能,因为伊年纪小咾,总要学三年工夫拉,然而不过拉印板稿子上会得着着颜色,打打稿子,换换花头,就成功者。”(松 296 页)“伊拉惯常吃点补药,如同马血咾啥,将补将补。”(布 222 页);而像“伊摇摇头讲”那样短时反复在 160 年前的老上海话中较少见,通常用“V 一 V”、“V 了 V”形式,说成“伊头摇仔摇,讲”。又如:“担包花,从栈房里,搬到天井里,细细能数一数。”(土 85 页)“烦劳侬拿一拿进去。”(布 294 页)“现在有交关人家用奶婶婶前头,先到医生搭去检查一检查。”(布 251 页)但是上海话中的动词重叠式与普通话的动词重叠式所表示的语法意义是相同的。对于动词重叠式所表示的语法意义,以前的论述中比较典型的看法是朱德熙先生(1982)的概括:有的表示时量短,有的表示动量小。后来刘月华(1983)的表述更为具体:“如果动词表示的是持续性动作,重叠后表示动作持续的时间短。”“如果动词表示非持续性的、但可以反复进行的动作,重叠后表示动作进行的次数少。”有的先生进一步认为动词重叠表明“句子所表达的事件是一个完整的短时动态事件”,称之“短时体”(如戴耀晶 1997)。与前者着眼于跟未重叠的动词来比较相异,后者是着眼于整个句子表示的事件。笔者认为当时朱先生对“表示时量短”这一条所举例的句子“他退休以后,平时看看书,下下棋,和老朋友聊聊天,倒也不寂寞”并不表示短时动态,而是表示经常性的、反复进行的动作的“长时反复”的语法意义的。

讨论动词重叠式的语法意义,必须理清以下几个认识问题。

1. “体”属于句子层面,反映整个事件。

我们承认汉语动词的重叠式是一种表示“体”的形态,其理由是它具有“体”的基本特征。首先是它表示的是许多语言和方言中都存在和可以表达的语法意义,“反复体(iterative)”在世界语言中具有普遍性。研究汉语的学者普遍认为:汉语在形态上没有“时”的范畴而有“体”的范畴,汉语的“体”范畴经常是用“体助词”(如:着、了、过)表示的,汉语的“反复体”也有形态标志,它用重叠动词的方式来表现,这对无印欧语形态形式的音节语汉语来说是很自然的。“反复体”在句子中不受“时”的限制,即它可以用于“过去时”、“现在时”和“将来时”的句子,它可以普遍用于叙述句、评议句、疑问句、祈使句。

动词是体意义的集中体现者，但不是体意义的承载单位。体意义的承载单位是句子。句子中的一些要素都可以对体意义发生影响。反复体的体意义与动词对象的有定和无定有密切关系。

如果孤立地从动词看，“看看书”是“看会儿书”，“下下棋”是“下会儿棋”，“聊聊天”是“聊会儿天”，表示的“时量”比“看书”、“下棋”、“聊天”似乎短了。但是，我们从句子层面上来看，“他退休以后，平时看看书，下下棋，和老朋友聊聊天，倒也不寂寞”这句话表达的整个事件却是“他退休以后”的长时反复的行为。

因此“体”所体现的不仅仅是动词的时量和动量问题，而是整个句子的构成事件的方式。形态也不是词，没有内在的词义，它的意义是存在于句子中，在句子里获得的。如果没有考虑到整个事件的“体”，仅把动词的重叠看成是局部动词的意义，时量和动量的观察因此都受局限，甚至出现了上例动词意义和句子意义相反的现象。

2. 句子“体”的语法意义与动词本身的意义作用不能混同。

正因为体表示的是一个句子在观察时间进程中的事件构成方式(戴，1997)，所以，句子中动词的性质也不同于句子“体”的含义。例如动词大致可以划分为静态动词(如：姓、等于、知道、相信)和动态动词两类，动态动词又可分为瞬间动作动词(如：踢、碰、咳嗽)、持续动作动词(如：看、吃、洗澡)、瞬间结果动词(如：死、醒、爆炸)和持续结果动词(如：长大、变好、走进)，还有动静兼用的(如：躺、住、戴、拿)。从动词意义来看，瞬间动词与持续是对立的，持续动词与瞬间是对立的。但是，“体”是属于句子层面的，动词的本性当然也与句子的动态有关，但它仅表现在常用这个意义上而非绝对。在句子中瞬间动词也能用于持续反复，持续动词也能用于短时反复。它们取决于句子“体”所要表达的意义。下面举例：

伊就是踢踢球，跳跳水，无所事事。(瞬间动作动词用于长时反复)

侬老是讲要死要死，侬倒去死死拨我看！(瞬间结果动词用于短时反复)

醒醒哦，醒醒哦，沉睡个人！(瞬间结果动词用于长时反复)

搿本书我看看就还侬。(持续动作动词用于短时反复)

搿桩事体老重要个,就让我晓得晓得好唻。(静态动词用于短时反复)

就让伊姓姓李有啥关系呢?(静态动词用于短时反复)

辣贫苦人家住住也无妨。(动静兼用的表姿势的动词用于长时持续)

侬就拿拿搿件衣服哦。(动静兼用的表位置的动词用于短时进行)

搿封信请侬带去寄寄。(瞬间动作动词用于短时进行)

侬上来上来又何妨!(持续动作动词用于短时进行)

如果单从动词来看,瞬间结果动词“死”怎么可以重复“死”两次呢?趋向动词也难以重复。

3. 不要把句子的语义特点、表达功能、语用意义混同于“体”的语法意义。

动词的反复体由于可以在对象定指的情况下表示短时进行或反复,于是能经常用于对象总是定指的祈使句,表示请求、命令等,如“拿沙发搬搬过来哦。”也可以用于表示致使的句子,如:“叫伊失失面子。”“致使”义是语义解释,“祈使”是句子的使用功能。动词反复体经常表示一段时间内的事件反复,变静态为动态,句子便常常有轻松、悠闲、非正式性的语感,有缓和语气、委婉表达主观愿望的作用。这些都是与语法意义(即句法意义)伴随而来的表达功能和语用意义,应该与“体”的语法意义相区别,不宜混在一起都视作反复体的语法意义。朱景松先生(1998)提出的动词重叠能“强化动作、行为、变化主体的能动性”,“表现出行为、动作主体极强的主动性和动作性”,这些作用都应看作与语法意义相联系的表达功能,涉及说话人的主观情态和言语行为的,应属语用意义。

动词的词义轻重与句子“体”的语法和语用意义也无必然关系。如:“抗议”一词词义似重,“分析”一词词义似轻,但“伊勿听侬个闲话,侬哪能倒勿去抗议抗议伊啊?”这句话句义是不重的,相反,“阿拉倒要分析分析伊个犯罪根源。”这句话的分量倒也不轻。

4. 不要把句子中的其他词语的意义作用转嫁给“体”。

在分析动词重叠所表示的语法意义时,必须排除论题外的干扰。例如动词的使用频率高低不等于动词重叠式的使用频率高低。在有限的统计资料里,有些动词本身不常使用,就难以说明使用该动词时的重叠能力。

在讨论动词重叠的作用时,要注意别将句子中其他词语的意义混入进来一起分析。比如,动词重叠式本身不会表现祈使语气,祈使的作用是使令动词"让"、"请"、"叫"和兼语句式表达出来的。祈使的语气强也好,弱也好,都是表示祈使的词语和副词形容词的作用,不是动词重叠式的语法意义。比如:"伊只出来进去,劈劈柴,看看五色梅。"这句话是一般陈述,动词重叠的体的意义因对象不定指是长时反复。而"让伊快去劈劈柴,看看五色梅!"这句话就是祈使句,动词重叠的体的意义因对象定指是短时反复。它们表示的语法意义仅此而已,别的意义和语气都是句中其他词语的作用。

上海方言的结构助词

上海方言的结构助词有四类：提顿助词、向心助词、连动助词和重叠助词。它们的共同特点是在语音上依附于前面的结构后，没有独立性。

一、提 顿 助 词

提顿助词的特点是：① 在提顿助词后形成语音上的一个小停顿，引起听者的注意；② 从广义上说，被提顿的成分都是语句中的话题。

1. 末 məʔ

“末”是上海方言中使用最为广泛和普通的提顿助词，它可以成为上海话句子中话题语的标志。其他提顿助词大致上都可用“末”去替换。

(1) 提顿名词性成分成为话题。

有把主语提为话题的，如：

我晓得，小王末，已经勿会再来上当了。

苏末，是苏东坡个苏。

伊拉末，侪十七八岁。

有在主语外另立话题的，如：

刚刚提到个问题末，大家侪可以想一想。

小生活末，伊侪呒没做过歇，大点个生活末，伊又做勿来。

话题语有三个位置。

句前位置：

一块洋钿末，一条鱼。

昨日夜里末，大家侪困得蛮好，就是伊困勿好。
主语后位置：
搿个老太婆字末只识几个，老古闲话讲讲倒一套套侪是。
阿拉戏末，唱勿来个，就唱一只歌哦。
肉，一斤末，卖三块洋钿。
伊拉就拿家生末，卖脱，拿房间末租脱。
主动词后位置：
我希望侬末勿要走，伊末，让伊自家自投门路去哦。
伊命令一排二排末，留守，三排四排末，转移。
我送拨小王末五只贝壳，小李末一只珊瑚。
我买一支笔末拨伊，一本书末拨侬。
从语义上细分，可以分以下几种：
受事式：
我勿来修钟，表末，有一只辣海要修一修。
搿种拜年片末，我送拨伊两张。
玻璃杯末，我敲碎脱了。
受事式可以没有主语或省略主语。如：
小学末，我读过；幼儿园末，呒没进过。
凳子末，可以搬出去了。
复指式：
搿块板末，我用伊来做砧凳板。
侬反正呒啥事体辣海，书末，去看看伊。
总冒式：
对于物事好咾坏末，伊是搞勿清爽个。
搿个一批货色末，我也勿晓得质量哪能。
领属式：
搿个男小囝末，面孔交关端正。
近来阿拉爷末，身体一直勿好。
时地式：
明朝上半天末，我脱侬侪要去检查身体。

台浪末坐仔交关人。

范围式：

花末，我经常种月季。

松江鲈鱼末，30元一斤。

关涉式：

搿趟高考末，还好语文复习得好。

红灯末，阿拉索性穿过去拉倒！

剪刀加糨糊末，伊最内行。

(2) 提顿谓词性成分成为话题的，如：

前提式：

火气重个人末，勿好吃人参；吃仔末，身体里要勿平衡个。

侬，背书背勿出末，勿要介神气！

生肝炎末，只好请假辣屋里了。

范围式：

唱绍兴戏末，伊是交关赞。

骑仔摩托车兜风末，倒也可以跟伊一坎。

(3) 提顿小句成为话题的，如：

主语式：

三元一斤末，好味！

伊肯读书末，总归是好个。

承接式：

侬签好仔末，阿拉接下去再签。

闲话讲光末，转身就走。

虚拟式：

要买末就来，勿买末算数。

假使伊勿肯去末，我也吪没啥办法。

直推式：

一眼也勿睬伊了末，伊也只好跑了。

我做仔娘舅了末，总归要买点礼物去个。

条件式：

侬摆出证据来末，我再会相信。

山随便哪能险末，我侪要上去个！

让步式：

搿种能个事体，侬再急得双脚跳末，也呒没用场！

生活重纵重末，伊也勿会叫一声苦。

因果式：

伊身体好末，做得动。

年纪大仔点末，闲话总归多点。

(4) 提顿其他词语成为话题的，如：

万一末，伊倒勿来，我就呒没办法想了。

大家勿要响了，总而言之末，阿拉侪上当了。

一则末，伊要参加；二则末，别人也勿反对。就介定了哦。

伊亲自末，勿去，只派个代表去听听。

还有一样末，侬回来个辰光，勿要忘记脱，得我衣裳带带转来。

(5) 提顿拷贝式话题的：

拷贝式话题的提顿，总的来说有强调的作用。在重复词语之间的“末”字也能省，用一停顿代之。

可放在重复的名词性成分之中，如：

侬面孔末、面孔邋里邋遢，手末、手勿汏，像个野蛮小鬼！

侬末侬讲生病，伊末伊有事体，我看去个人勿会多个。

俪种牡丹花末牡丹花，勿要再种芍药了。

可放在重复的动词性成分之中，如：

真叫拉末拉勿着伊，眼看伊滑仔下去。

吃饭末吃仔交关，做生活末老是叫做勿动，像个废人！

伊承认末勿承认，心里还是服气个。

可放在重复的形容词性成分之中，如：

笨末笨得来，一眼也勿会转弯个！

侬吃管吃，要紧、勿要紧个。

搿个小囡，我欢喜末欢喜煞，宝贝末宝贝煞。

可用于并列关系，如：

今朝辛苦、辛苦煞，吃力、吃力煞。

伊屋里是，电脑末、电脑也有，VCD末、VCD也有，样样侪赅。

看末也看脱一歇，困末也困脱一歇。

可表示转折关系，如：

伊敲末敲仔交关，用场末一眼也呒没用场！

事体大家讲末、讲起过，商末、还呒没商量过。

伊戆末戆个，叫戆进勿戆出个。

可表示顺推关系，如：

搿点课，我上末也上得动个。（如果……就）

搿种脑筋，叫伊动末动勿出个。

伊高兴唱两只末，就唱两只好了。（既然……就）

可表示确认，如：

语文考试，伊及格末及格个。

伊个人，懒末有点懒。

侬，乡下人末乡下人咪，勿要冒充上海人。

读法都是“XX末”和“XX”分读。

2. 是 zɿ

(1) 提顿一般话题，带有“说到”义，往往用于接过对方的话题来说，如：

今朝个行情是，我也讲勿出。（在对方说到“行情”时接着说）

老王是，大家拿伊呒没办法！（在某人提及“老王”时说）

伊离婚搿种事体是，阿拉插不上嘴个。

(2) 提顿承接话题，带有“至于”义，往往用于并列提及另一人或另一事，如：

小官人，生得矮小勿像样；婆妈是，凶来像只雌老虎。

哪能介贯彻是，阿拉还呒没研究过。（前面说到这件事是已经传达过了。）

伊个闲话是，常常要豁边；搿种能个事体是，我想勿大会做个。

(3) 提顿假设话题，如：

车子勿来是，我只好走得去了。

昨日勿落雨是，我老早就拿辩点草拔光了。

侬早一点通知是，我昨日就好来了。

(4) 提顿转折话题，如：

天浪向云多是多，雨是还勿会落辣海。

伊个名字记还记得起，面孔样子是，已经忘记脱了。

人是，已经放出来了，事体还吃没完结咪。

(5) 提顿拷贝式话题，表示强调，如：

英文是英文，中文是中文，写得整整齐齐。

任务忒多，今朝做是做勿完。

辩块地方，静是静得勿得了。

侬吃饭起来，慢是实在慢！

常用于表示转折的“虽然……”句，如：

伊上海人是上海人，不过脾气像北方人。

物事好是好个，勿晓得侬要勿要？

还可以用于假推关系，表示“如果……”，如：

辩点老酒，我吃是吃得脱个。

我白相是白相得动个，侬勿要担心。

这种用法，“是”前的动词和“是”用两个语音词读或连成一个语音词读，“是”后的整个在逗号前的结构都连成一个语音词读。

(6) “是”与“末”可作对称用，表示“承接”或“轻微转折”，有“至于……”或“不过……”义，如：

廿五岁末，别人介绍，还勿急；到三十了是，看得出伊有点急溜溜了。

卖力点末，还好勉强通过；勿卖力是，我看是一脚去了！

吃白酒末，勿来事；吃黄酒是，还马马虎虎。

伊懒末懒，聪明是聪明个。

辩种事体，伊愿意末愿意个，起劲是勿起劲个。

3. 呢 ȵi

(1) 提顿一般话题，比“末”语气略重，带有“要说”义，如：

坐呢，吃没坐相；立呢，又吃没立相：懒散惯了！

(2) 提顿特指话题，比“末”语气略重，带有“至于”义，如：

伤是，已经好了；身体呢，还有眼虚。

勿晓得伊拉答应哦，我呢，总归答应个。

(3) 提顿特设话题，带有轻微设问味，如：

下一趟呢，挨到伊拉举办了。

佳佳人呢，我觉着还是老实个。

(4) 提顿假设话题，如：

去呢，对伊也勿起啥作用；勿去呢，倒好像阿拉侪勿关心伊。

饿了呢，就到冰箱里拿点烧烧吃吃。

(5) 提顿拷贝式话题，如：

伊书呢，书呒没一本，还有啥个劲！

做呢做煞，想屋里想煞！

(6) 表示停顿，接着要说下去，如：

其实呢，我也勿一定要伊来。

完勿成个，一来呢，准备勿充分，二来呢，大家呒没信心。

4. 哦 VA

(1) 提顿迟疑话题，带有轻微猜测味，如：

写哦，想想勿好；勿写哦，又勿好。

买点补品拨伊哦，勿晓得伊吃呢勿吃。

讲拨伊听哦，怕伊会勿开心。

(2) 提顿拷贝式话题，表示带有列举和提示的强调，如：

吃哦，吃勿落了；做哦，又做勿动。

菜哦，菜呒没买，地哦，地呒没扫，介许多辰光侬辣做点啥？

唱歌哦可以唱个两只。

5. 啊 A

(1) 提顿罗列话题，如：

书啊，报啊，簿子啊，带来仔交交关关。

伊是欢喜啊，激动啊，担心啊，侪拥到了心头。

(2) 提顿强调话题，下面内容要停一下再说，有时是因为想不出，难以接续，如：

我讲啊，侬是一定要去个！

今朝开会啊，是想听听大家意见。

还有啊，侬勿好来个。

(3) 提顿感叹话题，如：

侬啊，忒戆！

做人啊，真叫难。

(4) 提顿假设话题，口气较重，不会实现怕实现，如：

万一伊坚持勿来啊，乃末讨厌了！

要是下半日落起雨来啊，葛书侪要淋得湿光味！

(5) 提顿拷贝式话题，如：

屋里地浪啊地浪一塌糊涂。

我想啊想煞，又吃没办法。

6. 啦 lᴀ

(1) 提顿罗列话题，口气较“啊”重，如：

娘舅啦，爷叔啦，伊侪叫来了。

我买小菜啦，汏衣裳啦，抱小囝啦，侪做个！

(2) 提顿强调话题，口气较“啊”重，如：

从前头啦，到搿种能个地方我想也勿要想。

面皮再老啦，也吃没用！

今朝啦，叫大家来，是随便来死个。

(3) 提顿假设话题，如：

高兴啦，就再吃一杯！

假使勿想去啦，侬最好先讲一声。

7. 了/仔 ləʔ/tsɿ

(1) 提顿假设话题，用于可能实现的假设，如：

我死脱了，侬哪能办？

房子借好仔，侬就有得住了。

等伊学聪明仔，还会得用交关人来求教侬。

(2) 提顿承接话题，表示此时以后发生，如：

阿拉饭吃了，就开路。

小熟收起仔末，就要种大熟的下去。

侬想好仔，再讲。

伊个朋友听见仔，吓得半条命也险点落脱！

8. 倒 tɔ

8、9 两词正处于前置性的副词到后附性的助词进化之间，这里都是助词用法。

(1) 提顿逆料话题，有跟预期情况不同的含义，如：

王小波倒，办法蛮会想个。

踏脚踏车倒，来得反而晏。

平常辰光，看伊交关空；礼拜日倒，伊忙煞味！

(2) 提顿转折话题，带有"至于"义，如：

自己写文章，伊勿来三；组织起人家来倒，伊老有办法。

别样戏，伊侪勿欢喜听；滑稽戏倒，伊还要听听。

9. 也 ɦʌ

(1) 提顿强调话题，与"连"义相近，如：

伊拉介小个事体也，勿会得自家处理个。

侬看，一块饼干也，伊勿吃。

我书包也，忘记脱带！

(2) 提顿承接话题，如：

小张末，今朝吃勿落辣海；小王也，吪没吃几口就走个。

垃圾也，伊勿晓得扫出去个。

(3) 提顿拷贝式话题，如：

用于动词或形容词之中，表示强调，语义常带抱怨，如：

家生搬也搬勿动。

辩种能个辰光，侬急也急勿出个。

辩张画，画得难看也难看煞！

我衣裳收也收进来了，地扫也扫好了，等侬来是，来也来勿及了！

偶用于某些名词或名词性固定词语之中，表示强调"已是事实"，如：

我脱伊末，老朋友也老朋友味，辩眼事体也勿碍啥个！

新时代也新时代味，勿要再用老脑筋办事体。

班长也已经班长味，侬还要升啊？

10. 咾 lɔ

(1) 提顿罗列话题，如：

布票咾，油票咾，粮票咾，香烟票咾，弄仔交交关。

扫地咾，揩台子咾，理房间咾，伊侪会做。

(2) 提顿承接话题，如：

我写仔信咾，叫伊去寄脱。

伊冒了雨咾，到我屋里来。

(3) 提顿虚拟话题，如：

等伊再用心点咾，望先生送一样奖品拨伊。

我是侬咾，老早去味。

(4) 提顿因果话题，如：

拨台风一吹咾，树倒脱仔交关！

伊年纪大仔点咾，闲话总归多眼。

11. 是哦 zɿVA/ 对哦 tEVA

"是哦"和"对哦"是带有语塞时后煞口头语色彩的提顿助词。

(1) 提顿一般话题，如：

老爸是哦，今朝早晨头忘记脱叫我起来了。

橘子对哦，黄岩蜜橘最好吃。

(2) 提顿假设话题，如：

侬勿到上海去是哦，我也只好勿去了。

假使天气好对哦，侬拿被头要晒出去。

12. 做/纵 tsu /tsoŋ

带拷贝式话题，放在重复的名词、动词、形容词之中，表示让步关系，如：

弄得清爽做清爽，伊还是勿满意。

伊现在想纵想，也想勿出啥个法子来。

老朋友做老朋友，还是亲兄弟明算账。

13. 要 ʔiɔ

带拷贝式话题，放在重复的动词和形容词之中，表示强调，有时用于祈使。如：

坐要坐端正，立要立得挺，勿要软皮搭拉个！

清爽要清爽个，便宜要便宜个，搿种旅馆难寻个。

有时带有些微“说到……”或“如果……”的语义，表示愿望或应当，如：

吃末要吃山珍海味，着末要着时髦衣裳。

我乘火车，困要困软卧。

今朝吃鸡粥，到要到“小绍兴”去买。

野鸡野鸭，杀要杀活个！

二、向心助词

这类结构助词是把一个修饰补充性的成分介绍给核心成分的，形成一个向心结构，从引介的角度来看，可以说是一种广义的介词。

1. 个 gəʔ/ɦəʔ

(1) 引进定语，构成定名偏正结构

把名词性成分引作定语的，如：

侬先生个闲话也勿听，听啥人个？

书浪个记号末勿看，看点啥？

我前两日个日脚也勿晓得哪能混过来个！

这里的“个”都能省去，如：“小家伙屋里弄得一地(个)水。”

把形容词性成分引作定语的，如：

一个黑不溜秋个人倒生了个白白胖胖个儿子。

侬湿塔塔个衣裳勿要轧过来！

好好叫个地方勿坐，坐辣烂泥地里！

啥人要看侬痴头怪脑个样子！

单音形容词的重叠式在口语中用得很少，偶用于书面语色彩重的语句中，可能原来是不用的。如：

连牢三只小摇篮，胖胖囡囡淡红衫，再要拨开来，白白个屁股两半

爿。(旧儿童谜语)

侬看,水面浪已经有薄薄个一层冰了。

小小个年纪,就要随便回嘴,真是呒没长幼大小了!

这里的"个"也能省去,如:"侬湿塔塔(个)衣裳勿要轧过来!"

把动词性成分引作定语的,如:

侬写好个稿子快点寄出去。

闯拉个祸自己去盖屁股!

买个纸头辣啥地方?

勿要相信搿种卖野人头个人!

辣屋里养病个辰光,店里有一个伙计,偷仔伊几百两个银子。

这里的"个",只要不会引起歧义时都可以省去,如:"伊辣学发豆芽菜(个)技术。"但"买个纸头辣啥地方?"中的"个"不能省。

把小句引作定语的,如:

做事体一门心思个人,人人欢喜个。

伊常常去拾人家掼脱个电器。

这里的"个"不能省去。

用"个"联系修饰语和核心语,其核心语偶尔也能是谓词,如:

搿本书个出版是,拖了长长远远!

搿个出老个小气是,少有少见个。

这里的"个"可以省去,如:"搿个人(个)老实,是出名个。""是"限定了前面是名词性结构。

结构助词"个"的来源,有以下两个途径:

第一种是"个"的量词用法的虚化。"个"的基本用法是作量词,如:"昨日,伊屋里来了个陌生人。"句中的"个"作量词用。另一种是"个"的定指用法,如:"我为仔侬个冤家吃仔几化苦!"句中的"个"作定指"那"用。这两种用法虚化,都可以变作结构助词"的"。如:"伊走到我个床前。"句中"我个床前"可以理解为"我那床前",也可以理解为"我的床前";又如:"阿拉个楼浪有论千论百个人出进。""阿拉个楼浪"可以理解为"我们那个楼上",也可以理解为"我们的楼上";"论千论百个人"可以理解为"成千成百个人",也可以理解为"成千成百的人"。

上海话中有量词代“个”作定语标记的情况。如：“我支钢笔落脱了。”意思像“我的钢笔掉了。”完整的说，这是“我的那支钢笔掉了”的意思，量词“支”起定指的作用。“侬个人跑到啥地方去了？”句中的“侬个人”是“你这个人”的意思。这里“侬”和“个人”是同位语。所以量词作定语标记的情况，不能用于同位语的场合。“我个电脑”有两个意思，一是“我的电脑”，那时“我个”和“电脑”分读为两个语音词，另一是“我那个电脑”的意思，这时“我”和“个”、“电脑”分为三个语音词读，“个”读成如同量词在句首表示定指时那种读法。“大红件衣裳”、“我买点物事”也必须这样分为三个语音词读法，才是“大红的那件衣裳”或“大红的衣裳”、“我买的那点东西”或“我买的东西”的意思。它们实际上都是处于如前述的量词定指用法正向结构助词“的”的转化之中的状态。

(2) 作为转指标记，形成“个”字结构，部分相当于关系代词的作用。

附在名词性成分后，如：

锅子用勿锈钢个好。

生活大家侪有，侬做侬个，我做我个。

附在谓词性成分后，如：

去个交100块洋钿。

买勿起火腿个只好吃咸肉。

有个哭，有个跳。

伊讲个是上海话。

急吼吼个，勿拨！让伊先定定心。

伊勿要旧个。

花个勿要，要雪白雪白个！

(3) 引进状语，构成状谓偏正结构。

在状态词后用，如：

机器侬要好好叫个用，勿要瞎来来！

侬勿要心急来死，慢慢叫个走好唻。

水辣的答的答个流。

只听见笃笃笃个敲门。

侬末，慢点个讲，我末，静心个听。

在副词性成分后用，如：

听勿清爽，侬脱我一个字一个字个读。

侬看伊一声勿响个辣写。

伊拿搿桩事体一五一十个讲拨我听。

侬走好了，让伊一个人有心有想个做到明朝。

一般情况下，上海话状语用得很少，通常不连带两个。以上的几种情况用得较多些。上面的例句都可以不用“个”表示状谓关系，用“个”的情况可能是在官话的影响下形成的，都可省去不用。如：

老人看起来邪气(个)高兴。

搿个小囝长得交关(个)漂亮。

我随便(个)看看。

侬笔直(个)朝前走，一歇歇就到了。

搿篇课文已经认真(个)读过两遍。

伊有意(个)脱我打朋。

官话里的语义指向谓语的描写性状语，上海话通常是在动词后用补语或用小句补说，如：

喇叭里辣广播紧急通知，一遍又一遍(个)。(官话：喇叭里在一遍又一遍地广播紧急通知。)

大家欢迎伊，邪气热烈(个)。(官话：大家很热烈地欢迎他。)

伊吃饭，吃得慢吞吞(个)。(官话：他慢吞吞地吃饭。)

雨辣落勿停(个)。(官话：雨不停地下着。)

马上就到，一歇歇(个)。(官话：一会儿马上就到。)

官话里的语义指向主语的描写性状语，上海话通常是跟在主语后面作谓语，与后面的成分断开，分为两句说，如：

伊高高兴兴，从屋里走了出来。(官话：他高高兴兴地从家里走了出来。)

伊一点也勿犹豫，点了点头。(官话：他毫不犹豫地点了点头。)

有时也用补充形式说，如：

伊点了点头，一点也勿犹豫(个)。

(4) 引进数量补语或一种情态补语，有“V它个”的意思。如：

橡皮图章敲个五、六趟也呒没用！

做勿来末，侬学个两遍。

侬既然来了末，就坐个两个钟头再走。

我来尝尝味道，吃个两只。

让雨落个停当仔再走。

侬看伊吃个勿停。

搿两只沙发拨伊坐个适意。

搿眼个家生，让侬用用个畅，享受个足！

(5) 用在作补语或谓语的状态词语后，如：

花开得血红血红个。

侬看，馒头压了扁塌塌个，饼末压了粉粉碎个。

小菜场里个青菜碧绿生青个。

我个老婆百依百顺个。

(6) 插入重叠的动词中，表示动作短时反复进行，旧上海话多用，现已少用。如：

勿要介要紧勿煞，坐个坐再走末味。

侬一根绳末，要缚个缚紧，当心松脱！

(7) 连接两个数量结构，表示相加和相乘。

搿点料作，5 尺个 7 尺，共总 12 尺。

8 只个 10 只是 18 只。

搿张纸头，7 寸个 5 寸见方。

(8) 助词“个”进一步虚化为语气助词。

表示确实、肯定的语气，如：

搿眼馒头侪是绷绷硬个。

伊个妹妹蛮好看个。

表示申明、表白的语气，如：

我是勿会得随便拿侬个字典个。

搿点道理我懂个。

表示提醒、警告的语气，如：

搿种能个事体，侬管勿好个。

乱穿马路要轧死个！

表示禁止的语气，如：

搿搭地方勿许发出声音来个！

表示最近过去的语气，如：

今朝我看见王先生个。（相当于“来着”。）

表示让步复句的正句煞尾，如：

打纵打，骂纵骂，也拿伊吪没办法个。

2. 介 kA

引进副词性成分，构成状谓结构。如：

侬勿要心急，慢慢叫介走。

现在侬一定要老老实实听话，好好能介做人。

侬要轻轻能介走，勿好发出大声音。

这里的“介”都能改为“个”，可见“介”和“个”在此是同义相通。还可以说成“慢慢介”、“好好介”和“轻轻介”。“能”的本字即“恁”，“恁”和“介”是“这样”的意思，这里虚化作助词用。

“能介”还能合用，与“像”结合为“像……能介”，并都可省作“……能介”，如：

侬只要(像)平常能介写好了。

伊面孔冻得(像)苹果能介红。

3. 得 təʔ

(1) 引进可能补语，构成谓补结构。如：

侬看，我还做得起来。

搿桩生活，我勿晓得做得动还是做勿动。

勿管哪能，搿面旗子还是立得牢个。

(2) 引进程度补语，构成谓补结构。如：

侬面孔红得勿得了。

我搿趟火发得老厉害。

两个字写得一塌糊涂！

(3) 引进情态补语，构成谓补结构。如：

天浪照得锃锃亮。

地扫得干干净净。

冻得伊像个木头人。

我讲得伊交关难过。

(2)、(3)项的“得”在老上海话中经常是用“来”的。

(4) 动词后加“得”，表示主观情理上的许可。如：

掰种蘑菇吃得个。

掰能样子写，写得写勿得？

黄色书看勿得。

生水吃勿得。

现今上海话中，肯定式“V得”已退化，基本上不用，如第一句说成“掰种蘑菇好吃个。”“V勿得”还常用。

4. 来 lE

引进情态补语，构成谓补结构。如：

侬看伊画来好哦？

我看伊写字写来一眼也勿认真。

引进程度补语，构成谓补结构。如：

伊两个字写来一塌糊涂！

只面孔难看来要命。

“来”在今上海话中趋于退化，偶尔听闻，如：

珠子小来真真一滴滴！

掰眼字侬排来蛮好，下趟还要侬排。

受官话影响，“来”渐为“得”取代，如：

掰眼字侬排得蛮好，下趟还要侬排。

只面孔难看得要命。

其中间过渡状态“了”(ləʔ，用“来”的声母和“得”的韵母)、“得来”(叠用)在现今上海话中也常说，如：

掰眼字侬排了蛮好，下趟还要侬排。

掰眼字侬排得来蛮好，下趟还要侬排。

如果是形容词用“得来”和“来”带程度补语，可以把补语都省去，语意未尽，成为省略句。这时“得来”或“来”就成了“得很”一样的程度补

语,“来”须重读成一个语音词。如:

珠子小得来真真一滴滴!

珠子小得来!

珠子小来!

在上海话中区分情态补语和可能补语。

带可能补语的说法的肯定式、否定式和疑问式分别是:

伊 跑得快。伊 跑勿快。伊 跑得快跑勿快?/伊 跑勿跑得快?

带情态补语的说法的肯定式、否定式和疑问式分别是:

伊 跑了 快。伊 跑了 勿快。伊 跑了 快呢 跑了 勿快?/伊 跑了 快勿快?

伊 跑得 快。伊 跑得 勿快。伊 跑得 快呢 跑得 勿快?/伊 跑得 快勿快?

空半字是语音词的分段,从语音上和语法上都能区分清楚其肯定式。

上海话老派疑问式可能补语还能说:“伊 阿 跑得快?”,情态补语还能说:“伊 跑得 阿快?”

5. 脱 tʻəʔ

引进数量结构作补语,强调动作的量。如:

让我再吃脱一歇。

我骂脱伊两声,伊也吮没还口。

困脱三个钟头再讲。

6. “介”、“来”的进一步虚化,成为语气助词。如:

“介”在句尾表示劝说、商量的语气,如:

侬倒去动员动员伊介。

侬去看看搿个老阿哥介,寻寻伊商量商量看介。

“介”在旧上海话中还有多种表示语气的用法,现都已退化仅在郊区用。

“来”表示称赞、羡慕等语气。如:

搿幢洋房顶漂亮来!(称赞)

伊末,已经是大老板来!(羡慕)

三、连动助词

1. 来 lᴇ

“来”用在句子的两个动作之间表示连接，是近于连词的结构助词。

(1) 使前一动作表示后一动作的方式，如：

溺点花生米要炒来吃。

肥料要用箩筐装来运。

(2) 使后一动作表示前一动作的目的，如：

敲只凳来坐坐。

写张字来挂辣墙头浪。

阿有家生来拨我用？

(3) 联系处置成分和动词，如：

伊拿印子钿来拨拉我。

拿钞票来存起来。

(4) 连接前后两件事，如：

我烧来我吃。

自家买来自家用。

日里困来夜里做生活。

2. 仔 tsɿ

(1) 表示后一动作伴随前一动作后进行，如：

生活做好仔，可以去吃饭了。

巴黎去过仔，我还要去伦敦。

我饭吃仔就来。

(2) 表示后一动作随前一动作推出，如：

一点也勿睬伊仔，伊自然勿会来了。

收条留仔，就勿会出问题了。

四、重叠助词

重叠助词，都是嵌在两个重叠的实词之间的助词。

1. 个 gəʔ

用于重叠动词中，表示动作短时内反复进行，如：

伊拿晒好个被头拍个拍，再收到屋里去。

菠菜一定要烧个烧熟，再吃。

“V个V”与“VV”或“V一V”不同，后者是“V一下”的意思，前者有个短时持续（如前例）或“V个几下”（如后例）的意思。

2. 咾 lɔ

用于重叠动词中，表示动作一下一下连续进行，如：

“不倒翁”摇咾摇，老好白相。

侬勿要脚翘咾翘，派头一落！

“V咾V”可以连读，也可以分读为“V咾”和“V”，分两个语音词读时动作更为缓慢。

3. 记 tɕi

分别用于两个重叠动词后，表示动作一下一下连续进行，如：

侬作啥轧记轧记，难过勿啦！

坐要坐好，勿要一歇勿停动记动记。

“V记V记”可以连读，也可以分为“V记”和“V记”两个语音词读，分读时动作更为缓慢。

4. 发 fʌʔ

(1) “V发V发”：动词不及物，表示动作长时缓慢持续，如：

一个人无所事事，辣马路浪荡发荡发消磨辰光。

好好叫服服帖帖，勿要犟发犟发！

“V发”和“V发”分读时动作更缓慢些。

(2) “V发V发V”：动词不及物或所带对象是定指的，表示较长的持续动作。如：

搿只洋钉，敲发敲发敲进去了。

画发画发，画好了一张画。

物事忑多，理发理发理勿光。

5. 一 ʔiɪʔ

(1)“V 一 V”：表示动作短时进行，是“V 一下”的意思，如：

搿点苹果先摆一摆此地，我去一去就来。

介许多麻烦个事体，让我想一想。

(2)“一 V 一 V”：表示动作缓慢地、间隔较长地一下一下连续，如：

侬看，搿只乌龟个头，一伸一伸个，真好白相！

鼻涕一缩一缩，像瘪三样子！

“一 V 一 V”可连读，也可“一 V”和“一 V”分读，分读时动作更为缓慢。

6. 了/仔 ləʔ/tsɿ

用在两个重叠动词之中，动作对象是定指的，表示动作在短时中完成，如：

伊敲了敲门走了。

搿张报表，伊看仔看就放下来走了。

新派上海话渐渐用“了”取代“仔”。

7. 两 liã

用在两个重叠动词之中，表示动作仅几下，如：

白果只要炒两炒就熟个。

侪预备好了，只要侬辣上面勾两勾，扎两只勾。

8. 几 tɕi

用在两个重叠动词之中，表示动作仅几下，如：

药水先要摇几摇，再吃。

只看见伊辣纸头浪划仔几划，啥一张画就算画好了？

9. 啊 ᴀ

用在两个重叠动词之中，表示动作长久持续，如：

我辣外头等啊等，等仔半半六十日刚刚出来！

伊拉牛皮吹啊吹，整整一夜天勿困。

“V 啊”和“V”总是分读的。

本文不讨论体助词以及与结构助词无关的语气助词。本文讨论上海话的提顿助词在句中有三个位置和拷贝式话题等问题时，参考了徐烈炯、刘丹青的《话题的结构与功能》一书中“2”、“3”两章中的有关论述。

上海方言的否定词和否定句

一

先讨论当下上海城区上海话的否定词和否定句。

否定词有 5 个：

1. 勿(又写作“弗”)[vəʔ],单字调为阳入12,由“勿”开头的双音节语音词如“勿是”、“勿去”读阳入开头的双音节连读调11＋23(有时读阳去开头的连读调可读为22＋44);由“勿”开头的三音节语音词如“勿应该”、“勿高兴”、“勿去了”,一律读阴入开头的三音节语音词连读调33＋55＋31,“勿”的读音变为清音[ʔʋəʔ]。这是老上海话“勿”乃清音声母阴入字留在现今上海话中的痕迹。现在城区未达的原上海方言区的一些地方,“勿”仍为清声母,单字调为阴入。

“勿”的用法:(1) 否定谓词。如:我勿到上海去。/个搭勿太平!(2) 构成一些固定用语,如:“勿止”、“勿罢”、“勿及”、“勿许”、“勿比”、“勿如”、“勿论啥”、“勿见得”、“勿然介”、“勿得勿然”,其中“勿会”、“勿要”可读成合音词[vᴇ][viɔ]。(3) 用在可能补语中表示否定。如:个种生活我做勿动。/今朝我跑勿快。(4) 构成“勿得”,表示主观情理上的不许可。如:生水吃勿得。/恐怖片小人看勿得。但这种用法偏旧,现年轻人多用:生水勿可以吃。/恐怖片小人勿好看。其肯定式“V得”今已不用。

“勿”在口语中除了仅仅一个关联词“不过”外,都不读“不[pəʔ]”音。

2. 呒没[ɦm̩$_{22}$ məʔ$_{44}$]:(1) 没有。表示对“领有、具有”的否定,表

示对存在的否定。如：个本书我呒没。/屋里呒没人。(2) 不如，不及，不够，不到。如：我呒没侬脾气好。/侬来了呒没几日就要走？(3) 表示遍指的否定。如：呒没啥人会睬伊。(4) 掉，失去，不见。如：一只耳环呒没了。/伊爷娘呒没了。(5) 不能，不给。如：伊有得进去，侬呒没进去。/侬事体勿做，呒没吃！(6) 未曾，尚未。如："我呒没包庇伊。"(7) 不。表示对对方询问的否定，相当于英语的"no"。如："侬明朝要去苏州是否？——呒没噢，苏州我勿去。"老上海话是用"勿是噢"回答的。

3. 呒[ɦm̩]："呒"字单独用的场合现今已很少，但在老上海话里是常见的。现偶用于某些双音节抽象名词前表示没有，总是与该名词合读一个语音词的，可见其惯用性和凝固化；或用在固定词组内：伊真是呒用场。/伊闹得一场呒结果。/个场戏呒啥好看。/侬为啥呒要呒紧。/伊一直呒忧呒虑。以上用例除了"呒啥"一词以外，都已在老年中使用了。

4. 非[fi]：用于从北方话来的书面语词汇里，如："非但"、"非……勿可"、"非正式"。现在已在口语中使用，用法与普通话同。

5. 未[m̩i]：没有。引申为时间上的"长远"。"我要到评着教授个辰光，还未咪！" 直译是"直到现在还没有呢。"意译为："早着呢。"

这5个否定词中，"呒"已基本不用，还留在"呒啥"和一些固定用法里；"非"是从普通话来的，并非上海土词。现在在上海话中经常通用的实际上只有两个否定词："勿"，"呒没"。

如果把上海话是非问句的"语气词""否"(常写作"哦"，是"勿＋啊"的合音)也算作一个否定词的话，则现今上海话的否定词共有6个了。

否定句：

上海方言中的否定句的用法现已与普通话相近。

1. "勿"相当于"不"，用于一般时态的否定句，表示一般否定。

如："伊是好学生否？——伊勿是好学生。"

"讲大话个人我勿欢喜。"

2. "勿"用在"正反问"里，作一般询问。

如："西湖个桃花侬去勿去看？"

“伊今朝来呢勿来?”

“侬自己帽子有勿有呢?”

“打个比方好勿好?”

正反问的用法经常用在单音节谓词中,有时也能用于常用的双音节谓词中。

如:“个朵花漂亮勿漂亮?”

“箇个问题侬到底研究勿研究?”

在上海话中,用“正反问”的形式在可以用点头或摇头来代替答问的“是非问句”的表达中所占比例很低,土语层和通常使用的是“V 否”形式,如:“西湖个桃花侬去看否?”“伊今朝来否?”上海话溯源来自嘉兴话,嘉兴话也是“V 否”形式。

上海话中有“上勿上”、“动勿动”、“走勿走”、“起勿起来”、“回勿回来”等“V 补”句形式,如:“车子忒轧,我上勿上了。”“我忒吃力,现在动勿动了。”“今朝辰光已经晏脱了,我晓得他回勿回来了。”(今天已经晚了,我知道他回不来了。)连读调与正反问“V 勿 V”也相同,但不会被听作是正反问,可见正反问形式还未排挤掉字面相同的动补式。

3. “勿”用在句子的某个成分里。

如:“伊玫瑰花种得勿哪能好。”

“我勿晓得伊去还是勿去。”

“勿去总归勿好。”

“我寻来寻去寻勿着小王。”

4. “勿”用在是非问句里,与“啦”合用。有时表示不太愉快的强调。

如:“侬苏州去勿啦?”

“个种能个小菜侬要吃勿啦?”

吴语中是非问句有 4 种表示法,通常一地只用其一,有些大城市杂用一二。上海海纳百川,4 种都用。这 4 种是:“侬是学生否?”“侬是学生勿?”“侬是勿是学生?”“侬阿是学生?”(注:“否”即“哦”)其中第 2 种“你是学生不?”问法最古,见于甲骨文。上海今尚有“侬是学生勿啦?”的用法,但要加“啦”字。此外,上海还用混合式,如:“侬阿是学生否?”

"夜里阿有床铺否?"

5."勿"用在"是勿是"格式里,放在停顿后,表示确认问。

如:"伊明朝到上海,是勿是?"

"伊勿肯去,是勿是?"

这种用法,更多的场合是用"是否"或"阿是"。如:"伊勿肯去,是否?""侬去个,阿是?"

6."勿"用在比较句中表示逆比,有"勿比"、"勿如"、"勿及"、"勿过"、"比勿过"、"及勿上"几种用法。

如:"新办法勿比老办法好。"

"侬勿如我想得明白。"

"乘汽车反而勿及走路快。"

"我吵伊勿过。"/"我吵勿过伊。"

"拉技术浪我总归比勿过伊拉两家头。"

"说死话阿拉及勿上伊。"

"我勿比伊高。"也能说"我呒没伊高。"

7."勿"与"要"合成相当于普通话的"别"。

如:"侬勿要相信伊。"

"勿要乱踏草地!"

"呒没"在否定句里的用法是:

1."呒没"用在名词前,否定有该人物或事物。

如:"教室里呒没伊。"

"金鱼缸里呒没鱼。"

"今朝呒没啥吃。"

2."呒没"用于谓词前,表示实现体的否定形式,相当于"未曾"。

如:"阿拉饭侪呒没吃过。"

"今朝电影根本呒没放。"

3."呒没"用于实现体问句的答句前表示否定。

如:"侬考试通过了否?——呒没,我差一分及格。"

"侬饭吃过了否?——呒没噢,到现在肚子还饿辣海。"

"侬买了一只电视机是否?——呒没噢,我呒没买。"

4. “呒没”单独用在一般是非问的答句前，表示否定，但仅用于过去发生的事。

如：“侬昨日看电视大概看到 11 点钟否？——呒没，我看了个通宵！”

“侬刚刚来个是否？——呒没噢，我 2 点钟就来了。”

但是，在将来发生的事和一般用“是”作谓语的判断问句后作答，只能用“勿是”，不能用“呒没”。

如：“侬是大学教师否？——勿是个，我是中学教师。”

“侬吃过饭再走是否？——勿是噢，我现在就走！”

在老上海话里，没有此种“呒没”的用法，以上的例句都只能用“勿噢”或“勿是”来回答。

5. “呒没”在虚拟的表示意愿的句子里，可以表示“不可以”和“不给”的意思。

如：“个点山楂，侬有得吃，伊拉呒没吃！”

“啥人讲拨侬看个？呒没看！”

上海方言中原来是极少用“双重否定句”的，现在受普通话书面语的影响，少数场合也能说双重否定句。如：“我恨得非打伊两记勿可。”“我想伊勿会勿来个。”只有在表达对比意义的惯用形式里较常见，如：“勿 V 勿……，一讲……”形式：“勿讲勿晓得，一讲倒也明白了。”但这种“双重否定”不包括一个句子是在不同场合下各用否定词的情况。如：“勿讲伊是勿晓得个。”

二

下文讨论“上海方言区”（以原有的阳平调 22 为标志）中的今城外郊区和 150 年前今城区地域的否定词和否定句。

老上海话里“勿”读阴入，声母是无擦通音[ʔʋ]，它与[v]的对立，有好几本外籍传教士的著作中是与鼻音、边音声母（如[ʔm]与[m]）一样记成两套。“勿”的用法大致与新上海话相同。“勿[ʋeʔ]”表示一般的否定，如：“忒勿像样。”（黄 75 页）“今朝勿是礼拜日。”（黄 49 页）“勿大靠得住。”(黄 77 页)老上海话中“勿”偶尔也可表示“没有”的意思,如:“起先伊拉要求公司加一成工钱,勿得着公司答应。”(布 138 页)今无此用法。

“勿见得”和“勿碍啥”是两个常用固定词组。如:“看起来今朝雨勿见得停。”(布 7 页)“枇杷要拣顶大个买,价钱大点勿碍啥。”(麦 112 页)今也用。

100 年前的上海话,是非问句通常是用与嘉兴方言、松江方言一脉而来的“V 否”。但由于上海地处“阿 V”和“V 否”两大片之交,因此在 1908 年上海土山湾出版法国传教士作的《土话指南》中已记到个别的“阿 V”句,如“阿是”、“阿晓得”。在 1862 年英国传教士麦高温的《上海方言习惯用语集》中记到少量的简单的正反问形式的是非问句。在《土话指南》中记到是非问反问句用“么”。

如:“有介事个。阿是阁下要想租呢啥?”(土 13 页)

“今年打拉个米,阿是比旧年多点?”(土 31 页)

“听见之箇个房钱,像煞嫌伊太多。阿晓得,箇座房子,是顶好个。”(土 14 页)

“市面上茶叶多勿多?”(麦 25 页)

“佛荡烙铁有勿有?”(麦 89 页)

“我还侬拉个行情买勿买?”(麦 31 页)

“自家肯用心,学问还怕有啥勿进境个么?”(土 8 页)

老上海话里“呒”用于否定名词,原先不能用于谓词前。

“呒 m[m̩]”可直接连接名词,如:“价钱买来忒大仔呒主客个。”(麦 35 页)今不能直接连接名词,要用“呒没”,如:“价钱卖得忒大是,呒没顾客个。”

“呒”与一些名词构成几个固定惯用结构,连读成一个语音词:“呒话头”:没什么说的。“我搭伊呒话头。”呒样色:式样不好。“第件衣裳做来呒样色。”(麦 79 页)“无叫处”:没处叫。“想叫两个耘稻个,无叫处。”(松 253 页)“无用头”:没有用。“箇块地皮,无用头个。”(土 9 页)“呒钱呒地”:“有个人家呒钱呒地,担棺材摆垃屋里。”(麦 116 页)这样的成语还有“呒形呒踪”、“呒忧呒虑”、“呒亲呒戚”(艾 143 页),还有

“不知道”称“呒数”，“非常”称“呒做”。今都必须用双音节的“呒没”，与后面的名词构成两个语音词：“呒没话头”、“呒没样子”、“呒没叫处”、“呒没用场”、“呒没钞票呒没地皮”。如：“想叫两个耘稻个人，呒没叫处。”“搿块地皮，呒没用场。”“呒数”、“呒做”都已不用。

呒啥 msa[m̩sɑ]：没什么。“我租拉伲个亲眷。——固是亦无啥。”（土 13 页）“第个海带呒啥消场。”（麦 29 页）“无啥法子。”（松 6 页）“叫几个人拉挩豆，无啥几个。”（松 253 页）相对的是“有啥”：“有啥利咾勿利？”（土 26 页）今通常作“呒没啥”，带宾语时“呒啥”也用。

呒得 mte[m̩tʌʔ]：没有。即“呒没”，然是“呒没”的早期形式。如：“中国盆碗上个山水咾花卉呒得英国能个细腻。”（麦 99 页）“随便伊担啥，我无得勿肯个。”（土 31 页）“呵，第搭再好无得，灵魂好，肉体也好，样样好。”（松 297 页）今用“呒没”。

呒得啥：没有什么。如：“第口书橱呒得啥抽头个。”（麦 113 页）今作“呒没啥”。

呒没 m meh[m̩meʔ]：没有。是最多用的。如：“第幅小照再像呒没。”（麦 118 页）“固是再好无没者。”（土 16 页）“呒没”在开埠以后的上海话里一直只能在名词性词语前表示否定。到 1928 年赵元任的《现代吴语的研究》中已在用于谓词前的表示“未曾”意义的一栏中记有“呒没”和“物曾”两个（赵 103 页）。1942 年版的黄在江著的《ポケット上海語》中，有：“呒没吃过。”（黄 38 页）“我呒没带来。”“我呒没搭伊碰头过。”（黄 39 页），现今在城区“勿曾”已淘汰，都用“呒没”表示“未曾”义，如：“搿桩事体我呒没告诉伊。”进而现今上海话中已把过去表示对对方说法否定的“勿是”或“勿”（相当于英语的“no”）也说成“呒没”，而不再用“勿是”，如：“侬昨日看电视看到半夜 11 点钟是否？——呒没噢，我看到 1 点钟。”

旧上海话有现在完成时态，其否定式用“勿曾”。其问句形式用“V 拉没”或“V 阿没”，“没”也写作“末”。“末”在 19 世纪末写作“蛮[mɛ̃]”，韵母元音上有鼻化音，像当时的大部分咸山摄字的读音。笔者认为，“蛮”是“勿曾”两个音节的合音字，声母与不少微母字如“物事”的“物”一样为“m”，韵母已成鼻化音。20 世纪 30 年代法国传教士布尔其瓦的《上海方言课本》中的一句例句，其中对“未”的注音，其声母也是“m”：“还未 e mi[e mi]拉哩。”（布 334 页）“未”、“物”都是微母字，上海话至今“味”、“尾”、“问”、“蚊”仍读“m”声母。另一旁证，如：“你吃过饭了吗？”在宜兴、常州都说成是：“你吃过饭文？”“文[vəŋ]”就是“勿曾”的合音。（钱乃荣，1992a，1044—1045 页）上海与宜兴、常州的疑问形式都和《金瓶梅》的完成体问句一样，用“V 了不曾”形式。

如：“饭侬吃阿末？——我勿曾吃。”

“侬回信收到拉末？——我勿曾收到。”

“枕头衣咾被单净好拉蛮？”（麦 42 页）

“我叫侬买个物事买拉蛮？”（I told you to buy some articles, have you bought them? 麦 53 页）

“侬早饭吃过蛮？”（Have you breakfasted? 麦 52 页）

“现在寄来伊买个货色还勿曾到。”（麦 28 页）

“账还清拉没？”（土 25 页）

“阿”是“拉”失落声母形成的，今上海郊区较多读作“阿”音。“拉”在句末表示“动作状态的延续”。肯定形式为：“我饭吃拉哉。”“哉”在句末表示“当下实现”。因此上句为上海话的现在完成时态句子，说的是事件动作到现在完成。“V 拉蛮”即“V 了不曾”，上海话必须用在句末，这类句子动词的对象都前置。

100 年前西方传教士写的上海话著作，现今在城区尚未到达的原上海方言区的东西南北郊区的老年人，都是“V 拉末”问法。在上海方言区西部的松江方言区内也是如此。

在上海的淞南以北、蕰塘以西，是嘉定方言区。在嘉定方言区里，表示实现体的否定形式是用“勿曾”的合音[ʔʋin]；疑问形式是：“阿曾V”，“阿曾”读合音[ã]。如：“侬饭阿曾吃？”

在 20 世纪二三十年代，上海话受苏州话和嘉定方言区宝山话、嘉定话的影响，疑问式和否定式一度用“阿曾 V”和“勿曾 V”，同时一般时态句用“阿 V”和“勿 V”。

如：“侬饭阿曾吃？——我勿曾吃。”

“侬阿欢喜伊？——我勿欢喜。”

这种用法依然保留在今上海城区某些孑遗的老上海口中，或用在语言相对滞后的上海说唱、滑稽或沪剧中。

老上海话也有双重否定句，如："好多回估货，无得一回勿折本个。"（土 51 页）今也如此："好多次估货，呒没一趟勿折本个。"

由此可见，老上海话从广义上看，否定词有"勿"、"呒"、"呒没"、"呒得"、"勿曾（蛮、末）"、"否"、"么"、"未"8 个。

上海方言中的虚拟句

陈述语气和虚拟语气是普通语言学中常见的一对概念。英语的虚拟句用了各种形式标志使其在表达上区别于一般陈述句，汉语里有没有这两种语气在表达形式上的对立？我在写《上海语言发展史》的时候，从找到的大量历史语料中，发现在上海方言中同样存在着陈述语气和虚拟语气在句法形式上的对立。陈述句表现的都是现实中发生的事，虚拟句表现的是可能会发生的事，它主要表现在上海话的假设句、条件句、祈使句、疑问句、意愿句、可能句中，用来表示说话人所说的话在说话时并不是一个事实，而只是一种愿望、假设、怀疑、建议、猜测、可能、祝愿等。

与英语相同，上海方言用于表达虚拟语态的形式主要有两种：一种是用同一形式在虚拟句和直陈句中表达不同的语义，如英语中的"would"在现实陈述句中是过去将来时态的第二、三人称助动词，但在虚拟句中则在各种人称中表示过去时间的"愿望"、"意志"等，或者在现在时间里表达婉转的"意志"、"请求"等；另一种是用与陈述句不同的语法形式或句式表示与陈述句不同的虚拟含义，如英语"If I were you, I should go."表示与现在事实相反的条件和结果，又如用"May you be happy."的句式表示"但愿"。上海话也有这两种情况。比如上海话中的"仔"在陈述句中是实现体的体助词，但在虚拟句中则表示假设将来发生某事；又如上海话用不设主语的兼语句式"祝侬称心如意"表示"但愿"。我在下文中的例句多数引自19世纪中叶的上海话，也有的是20世纪三四十年代的上海话。在现今的新上海话里，不少形态正在衰退，换用别的词汇形式表达，这说明上海话在继续向孤立语发展。下面分述上海方言中的虚拟语态。例句后用括号注明引自某书某页，有的接着用不加引号的句子作普通话翻译。

（一）陈述句中表示实现体的体助词“仔”，在虚拟语态中表示将来行为趋势，或带假设话题。

在表达现实中的陈述句中，体助词“仔”（又写作“之”）表示句子的事件必须在说话前或某参照时间之前实现或完成，相当于普通话的“了”。如：“箇个人就到衙门里去，担伲舍弟告之一状。”（土 82 页。这个人就到衙门里去，把我的弟弟告了一状。）“到明朝早上起来，晓得贼偷之物事者。”（土 77 页。到明天早上起来，知道被贼偷了东西了。）用在“VC”后，如：“拿着之笔，七搨八搨，房子者，火轮船者，搨来有点因头个。”（松 295 页。拿到了笔，东涂西涂，房子啊，轮船啊，画得有点儿来由的。）“仔”也能用于虚拟句中，“仔”的语法意义与在陈述句中完全不同，事件均未发生，不可能“已经实现”和有“实现过程”，而是：

1. 表示事件将来发生和落实。句子表述的事件在说话之后发生，到落实并没有参照时间。如：“格末十两银子，倻担来称一称咾，一齐换之现钱末者。”（土 91 页。那么你们拿十两银子称一下，一起去换现钱吧。）“箇个银子，换拨拉倻之罢。”（土 90 页。这个银子，换给你们吧。）“跑堂个钱，搭之戏钱，明朝侬去拨之末者。”（土 119 页）“担银子咾衣裳，领之出来，一齐担去，送拨拉伊个姊妹之。”（土 78 页）“铜钱放拉身边，随手要用脱之个，勿如存拉帐上罢。”（松 301 页。钱放在身边会用掉的，不如存在账上吧。）今老派仍用“仔”，如：“葛末侪一道换仔钞票好咪。”年轻人和大部分中年人“仔”失落，如：“葛末十两银子，倻拿来称一称，一道去换现钱好了。”“铜钱放拉身边，随手要用脱个，勿如存拉帐浪好咪。”“仔”在这儿的虚拟用法失去，虚拟语气已由语气助词“好咪”或“好了”来承担。或者用表示将来的副词“要”来替代“仔”，如上面书上的例句“随手要用脱之个”已经是“要……个”和“之”的同义叠用过渡形了，再早可以说“随手用脱之”的，即“铜钱放拉身边，随手用脱之，勿如存拉帐上罢”。

2. 带假设话题，表示假如有此回事出现，或表示与现在事实相反的条件和结果出现。如：“砚台上墨勿要忒浓，浓之搨勿开，也勿要忒淡，淡之要化。”（松 297 页。砚台上的墨不要太浓，如果太浓就涂不开来，也别淡了，淡的话要化开来。）“比方侬做仔东家，亦要动气唔？”（麦58页。If you were master would you not also be angry.）“斤两轻仔，担去退还。”（麦70页。要是分量轻的话，拿去退还。）“我勿相信坐轿子，因为我坐之轿子，就要头眩。”（布32页）“价钱买来忒大仔呒主客个。”（麦35页）后来北方话书面语的关联词语进入上海话，说成：“要是价钿买了忒大，呒没买个人个。”在转换替代之间也存在两者叠加的过渡形式，如：“要是价钿买了忒大仔，呒没买客个。”今还在上海话中使用。

3. 与“过”连用：表示假设有过此事。如：“诸位来买过之一趟，就晓得有意想勿到个便宜。”（布151页。诸位如果来买一次的话，就知道有意想不到的便宜。）此句在动词前已有表将来含义的“来”，与表示假设的“之”叠加，原来也可说成：“诸位买过之一趟，就晓得有意想勿到个便宜。”今往往用有假设意义的关联词“个闲话（的话）”等代“之”，如：“诸位来买过一趟个闲话，就晓得有意想勿到个便宜。”

4. 带条件分句，表示具有某种的条件。如：“箇是年纪忒小，总要十一二岁之末，学起来容易点。”（松295页。那不行，年龄太小，总要到十一二岁，学起来才容易些。）“隔两日，让我寻着之，我亲自送到宅里来罢。”（土46—47页）“总要”已经是用副词表示了“条件”，上例已是“总要”和“之”叠用的过渡形式，更早一点的句子形式是：“箇是年纪忒小，十一二岁之末，学起来容易点。”这句话现今也说，“之末”直接表示假设条件的将来落定。

（二）存续体体助词“拉”在虚拟句中强调将来事件要去做。

在陈述句中，“V拉”表示存续体，表示动作发生后其状态在延续或存在。如：“伊听见之，就记拉。”（麦98页。他听到后，就记着。）“厅堂上一个人，手里担之一个包裹咾坐拉。”（土21页。厅里有一个人，手里拿着一个包裹坐在那儿。）“拉”也能用在动词的结果补语后：“皮用竹头撑开拉，日头里仔咾晒干个。”（麦114页。皮用竹子撑开在那儿，在太阳底下，所以晒干的。）“V拉”和“哉”合在一起，构成“V拉哉”，在陈述句里表示现在完成时态，表示句子的事件延至当下完成。如：“一百块洋钱我已经收拉哉。”（麦51页。I have already received one hundred dollars.)“小囡睏起拉哉。”(麦 52 页。The child has gone to sleep.)但是“V 拉”、“V 拉哉”都可用于虚拟句,表示将来意义。

1. 表示对将来行为的强调和预认。通常要与“要”联用。如:“修补第只船银子要费脱大拉。”(麦 84 页。修补这条船要花费很多银子。The expense of refitting this ship will be very great.)“蜡烛火要吹隐拉。”(麦 39 页)“第间房子里物事要出空好拉。”(麦 40 页)“我起码要到八点钟到拉。”(布 222—223 页)又如:“上海城里我要明朝去拉哉。”在这句话里,“拉哉”不再是表示“现在完成”,而是表示对未来行为的确认,现今上海话这样说:“上海城里我要明朝去拉海唻。”比起“上海城里我要明朝去”来,加上了此话的确认义。

2. 表示祈使义,表示必须准备好接受某动作的意思。如:“听好拉!一定有旨味个。”(土 97 页。听着!一定有滋味的。)“听拉,一命之荣,称得,两块竹爿,拖得。”(土 98 页)“再去通知各个典当叫伊拉留心好拉。”(布 118 页)

(三) 经历体体助词“过”在虚拟句中表示重新再来一次。

体助词“过”在陈述句里表示事件已完成并与参照时间已脱离。如:“侬早饭吃过蛮?”(麦 52 页。你早饭吃了没有?)“迪只台子揩过末?”(黄 62 页)“我读过十七年书。”(黄 65 页)还有表示“过去以后”的用法,如:“后来骚老子死过,骚娘招了刘打鬼来家。”(《何典》。后来骚老子死了,骚婆娘招了刘打鬼来家。)

但“V 过”在虚拟的未来行为中则表示“再重复一次”、“重新”的意义。如:“菜忒生哉!——烧过端来。”(菜忒生了!——重新煮了端来。)现今的上海话“过”的这个形态意义减弱了,于是用副词来补足,说成:“重新烧过端来。”或“再烧过端来。”年轻人进而把“过”再丢落,“过”的形态完全被副词代替,空位可被“了”代替,如:“重新烧了端来。”“再烧了端来。”现今中青年基本上都已用后两句说法。

(四) 虚拟行为用“V 脱仔”、“V 脱伊”、“V 伊”特殊形式表示。

在一般陈述句里,“脱”附着在“V”后表示事件的结果,指的都是以前发生的事。如:“灯火隐脱哉。”(麦 53 页。灯火熄了。)“眼睛一杀一样物事勿见脱哉。”(麦 189 页。眼镜一眨,一件东西不见了。)“发条断

脱哉。”(麦 102 页)

1. “脱”在虚拟句中构成“V 脱仔”形式,表示动作未来趋向。如:“手骱跌脱仔可以上。”(麦 117 页。手关节脱臼以后可以上上。)“第块壁有点摇动,要拆脱子咾再砌。”(麦 91 页)用上“V 脱仔”,句子一定是未然形的。

2. “拿……V 脱仔”,用于祈使句,表示要求进行某一行为。如:“场上个乱柴,拿粪箕来畚脱之。”(松 255 页)“插个二三日,拿个桃树个头截脱之,乃末拿来接。”(松 274 页。插它二三天,把那桃树的顶芽截了,然后拿它来接。)

3. “V 伊 V 脱”或“V 脱伊”,表示命令、驱使实行。“伊”在陈述句里是第三人称单数,然用于虚拟句中,充当虚化的论元共指成分。如:“因为井水太阴,花容易死,后来只管要浇水,勿要放伊干脱。”(松 268 页。接下去一定要浇水,别使它干了。)这里的“伊”复指“花”。“花咾长者要摘脱点正头,花头咾勿多,正头也可以勿要去摘脱伊。”(松 267 页。长的花要把顶芽摘掉一些,花芽如果不多,也可以不去摘顶芽。)又如:“管子拿伊拆脱!(拆掉管子!)”“搿眼钞票用脱伊。(用掉这点钱。)”有了“伊”作论元共指,一定是未然形的表示祈使的句子。

4. 用“伊”复指话题,后接动词短语,总是表示虚拟语态。如:“马放伊到草地上去吃草。”(麦 43 页)“刻字店里每干字刻伊要几钱?”(麦 108 页。刻字店里刻一个字要多少钱?)“箇个学生子,神父应当赏赏伊。”(松 315 页)又如:“侬个朋友叫伊来。”“旧书卖伊勿合算。”

以上 4 种形式,只能用于虚拟句。

(五) 在虚拟语境中,句子使用“STV”(又称“SOV”)等句式。

在一般陈述句里,上海话通常使用“SVO”句式。如:“我买了两本书。”“伊垃拉吃中饭。”

1. 是非问句。如果有受事成分或处所成分,是非问句都用 TV、STV 或 TSV 句式。如:

TV 句:如:“要端正种花,空地有否?”(松 264 页。要准备种花,有空地吗?)这句话,“空地”为 T(topic),“有”为 V。又如:“饭吃得落哦?——吃勿落。”(麦 28 页)“折头有哦?”(黄 36 页)下面三句是完成体问句："票子上收印，打拉没？"（土 87 页。在票上打了收印没有？）"回音来拉末？"（黄 44 页）"上个月个工钱用完拉末？"（黄 63 页）

TSV 句：如："厚底鞋子，侬喜欢着个哂？"（麦 86 页。你喜欢穿厚底鞋子吗？）这句话，"厚底鞋子"为 T，"侬"为 S，"喜欢"为 V。又如："伊块地方生意好做哂？"（麦 28 页）"第个疔疮，侬用过歇啥个药？"（麦 117 页）

STV 句：如："侬卡片有哦？"（黄 36 页。你有卡片吗？）这句话，"侬"为 S，"卡片"为 T，"有"为 V。又如："第根绳粗细正好哂？"（麦 7 页）"侬爷娘有哦？""侬铜钿带来哦？"（黄 44 页）在"日语"、"国语"、"上海语"三对照的《中日会话集》里，国语"您抽烟吗？"对应的上海话是"侬香烟吃否？"（丁 68 页）国语"用过饭了没有？"对应上海话"饭用过吗？"（丁 62 页）"你爱打猎吗？"对应"侬打猎相信否？"（丁 69 页）又如："第个小囡痘子种过歇拉蛮？"（麦 118 页。这个小孩种过痘了没有？）这句是完成体的疑问式。STV 句形式现今仍普遍用，如："侬饭吃过哦？（你吃了饭了吗？）""伊掰部片子看了哦？"

20 世纪 40 年代以后，是非问句中开始受北方话影响，上海话是非问句已开始有用"VO"、"SVO"的形式。如今虽然"TV"式仍占上风，但也有"VO"形式的句子在口语中出现，如："要准备种花，有空地哦？""侬欢喜穿厚底鞋子哦？""侬吃过饭了哦？"

2. 正反问句。上海开埠时少量出现的正反问句一定是 TV 句或 TSV 句，受事对象都在句前做话题语。如："我还侬拉个行情买勿买？"（麦 31 页。我还你们的价，卖不卖？）这句话，"我还侬拉个行情"为 T，"买勿买"为 V。又如："第种能个货色僚荡有勿有？"（麦 31 页。你们那儿有没有这种货？）"市面上茶叶多勿多？"（麦 25 页）"第个裁缝手脚好勿好？"（麦 78 页）用在经历句中，如："伊个人去过勿曾去过？"（麦 52 页）用在小句里，如："小姐肯拨勿肯拨，丈人丈婆做主。"（麦 127 页）现今正反问句在是非问中所占比例已比以前高，"V 勿 V"已经经常出现在"VO"句中了。如："僚掰搭有勿有掰种货色？"

以前带"呢"的正反选择句也用 TV 句，如："诗堂要加呢勿加，预先说定。"（松 309 页。要不要加诗堂，预先说定。）"侬仔细想想看，倘然实介，自己身分对呢勿对？”（松 313 页）“跟之镳车一淘动身，就此咾免脱箇个大难，想想看，险呢勿险？”（土 75—76 页）“伲一淘到庄上领银子去，看伊假呢勿假？”（土 85 页）“问声别人看，我吃呢勿曾吃？”（土 97 页）现今不用“呢”，如：“侬仔细想想看，假使搿能，自家身分对还是勿对？”但不能改为“VO”句。如果要用“呢”，则要用反义词表达，如“假呢真”、“对呢错”、“多呢少”、“走呢留”，多用于形容词相对，如：“如果搿能样子，侬自家身分对呢错？”近年来也用得少了。

3. 拷贝式话题的问句。这里的拷贝式，是指动词重复一次，都用 TV 句。如：“读书读过歇几年？”（松 295 页。读过几年书？）“读书”为 T。又如：“写字写得好否？”（松 295 页）“还有配套子箇部书，配好没？”（土 48 页）现今经常如此用，然又常用非拷贝式，如：“书读过几年？”

4. 如果用 SVO 形式，须化成小句而用“是否”、“好否”问。如：“阁下就是何二老爷是否？”（土 5 页。您就是何二老爷吗？）“府上住拉城里是否？”（土 1 页）“除出之我登拉几间以外，剩拉多化，求阁下替我招租好否？”（土 13 页）“教教我好哦？”（黄 93 页。即“能不能教我一下？”）“下个月还拨侬好哦？”（黄 93 页）“SVO，V 否”形式的句式也有派生，如 20 世纪 40 年代的：“迪个送拨侬，要哦？”（黄 54 页）现今基本上也如此，“侬住垃对马路，对哦？”“我买新一点个，可以哦？”但如是短句子，现今已可变为“SVO 否”句式，如：“侬就是何二哦？”“侬好教教我哦？”“好下个月还拨侬哦？”

5. 特指问句。150 年前特指问句也常用话题语，常用“TSV”和“STV”句。如：“侬厨师做仔几年哉？”（麦 36 页。即“侬做了几年厨师了？”）“第个帽子侬几化铜钱买个？”（麦 87 页。即“你买这个帽子多少钱？”）“今年丝色比往年那能？”（麦 23 页）“丝现在买啥行情？”（麦 23 页）“第只船行到英国约归几日？”（第 21 页）今除了仍可用此说法，如：“侬书买了几本了？”多用 SVO 形式，说：“侬做仔几年厨师了？”“侬买搿个帽子几化铜钱？”“搿只船大约几日开到英国？”“侬买了几本书了？”SVO 形式用于问句是从特指问句中先突破的。可能是“数量”加“名”的结构先于建立稳定结构的缘故。

6. 表示意愿的否定句。受事成分也要前置，用 TSV、TV 句。

如:“第种能个帽子我勿爱带。”(麦 87 页。我不爱戴这种帽子。)“第个物事我勿要买。”(麦 3 页。我不要买这东西。)“有小铜钱个我勿要,要兑双段个。”(麦 111 页)“第个是老光眼镜,我带勿对个。”(麦 112 页)“我要买干个炭,着水炭勿要。”(松 108 页)今常用也如此,但也已有改为“VO”式的,如:“我要买干个炭,勿要着水炭。”“我勿欢喜戴辩种能个帽子。”“我勿要有分头个。”

7. 能愿语态句。对自己愿望或可能的虚拟表达,也用 TV 句。如:“第个生活会做哦?”(麦 7 页。会做这活吗?)“阴凉点末,夜快浇一回有者。”(松 267 页)“刻字司务,刻花会刻个否? 刻花勿会刻个。”(松 123 页)从 20 世纪 30 年代起,已开始有 VO 句式,如:“堂里应当要干净个,所以勿可以痰吐开来,果子皮咾壳甩开来,圣堂里向勿可以吃物事。”(布 85 页)现今已常用“SVO”句,如:“会做辩个生活否?”也保留 TV 句的说法。

8. 祈使句。用 TV 句,须带补语。如:“绒单上个蓬尘拍脱点!”(麦 9 页)今已能说:“绒单上拍脱点灰尘!”“拍脱点绒单上个灰尘!”

9. 表示意愿的“要”字祈使句。用 TSV 或 TV 句。如:“早晨头房间侬要收作。”(麦 41 页)“第个物事我勿要买。”(麦 3 页。我不要买这东西。)“担去净个衣裳侬要点一点。”(麦 41 页)“被面子要买有花朵个。”(麦 9 页)“衣裳要净得潫沥。”(麦 41 页)“里外房子要打扫打扫。”(麦 38 页)“第块壁上龌龊要粉刷粉刷。”(麦 90 页)受事成分作话题的句子,现今两种表达法已经都用了。如:“早晨头房间侬要收作。”“早晨头侬要收作房间。”“辩个物事我勿要买。”“我勿要买辩个物事。”

10. 带趋向等补语的句子。是虚拟语态的,都用 TV 式。如:“伊张纸头拾起来。”(黄 43 页)“货色堆起来。”(黄 84 页)“衣裳着起来。”(黄 84 页)今主要也用此形式,但也可有限地用 VO 式,如:“着起衣裳来!”

11. 在 TV 后加“快哉”,表示即将发生的事件。如:“三刻到快者,小菜齐好拉末? 好快者。”(松 236 页)“领头要用着快者。”(松 111 页)“V 快”是即将体的基本形式,相当于普通话的“快 V”。但是后来发展为动词前要加上表示将来的“要”,与“V 快”一起联用,如:“旧年我听见话：伊个官要坏快者。我勿那能相信。现在倒真个坏者。”（土 55 页）“主教要到快哉，倗去登拉钟楼上望拉。”（布 83 页）再接下去变为用“要”而不用“快”，如：“三刻到快了。”>“三刻要到快了。”>“三刻要到了。”表示将来的“要 V”包含了即将的含义，不过与“V 快”语义有些差异，须加上副词“马上”才与“V 快”对当：“三刻马上要到了。”“V 快”的用法一直用到现今，“哉”已变为“唻”或“了”。如：“火车开快唻。”但年轻人已少用。与表示将来的“要”（我要到苏州去）联用成了主要的形式，如：“辰光要到快了，阿拉好走唻。”或者说“辰光马上要到了，……”又出现了“VO”形式，如：“快要用到头了。”

以上 11 项，都是虚拟句，它用“STV”、“TSV”的句型，与一般陈述句的“SVO”句型相区别。但是，主要是受了普通话的影响，在近几十年来，在上海话中，纷纷出现了频率较低的“SVO”形式。这说明，虚拟句的特殊表现形式今在消退中。

（六）虚拟前提，都用提顿助词提出话题形式表达。

凡是普通话中表示虚拟意义的假设分句、条件分句，在上海话中原来都是用助词提顿虚拟话题的形式表达的。笔者的《上海话语法》（1997）和徐烈炯、刘丹青的《话题的结构与功能》（1998）都论及，下面详论。

1. 条件话题，用“末”提顿。如：“等伊再勿用心末，告伊跪之咾画。”（松 314 页。等他只要再不用心，就叫他跪着画。）“木行要大本钱末，开得起。”（麦 110 页。木行只有用大本钱，才开得起。）“不过，学之稿子末，好学油画。”（松 296 页）“圣像画来好末，最是动人个热心。”（松 316 页）提顿助词“末”在此引进条件。现今的上海话也用旧式，新式是转用书面语的关联词语来表示条件关系，如：“木行只有要本钱大，再开得起。”“不过，只有学了稿子，再好学油画。”

2. 假推话题，用“末”、“仔”、“是”、“咾”提顿。这是虚拟假设推论复句。最多见的是用“末”、“仔”、“仔末”提顿话题，如：“一干子担勿起末叫干人来相帮。”（麦 40 页。要是一个人拿不起，就叫个人去帮忙。）“侬居去末，叫个替工来。”（麦 40 页。如果你回去，叫个替工来。）“侬来末，我候侬。”（丁 253 页。要是你来，我就等你。）“来末，一道来。”（丁

254页。来的话一起来。)“要末拿去,勿要末拉倒。”(黄41页)“假使倗用个货色勿照末,拨我看出来之,我完全要叫倗拆脱咾换个。”(布195页)“钟头到之,叫我一声。”(丁256页)“坐之侬开个汽车末,恐怕要触眉头。”(布37页)“买好之末,早点转来。”(松265页。如果买好了,就早点回来。)“开幕日脚到之末,请诸位过来参观参观。”(布150页)

假推提顿还能用拷贝式。如:“要末要,勿要末拉倒。”(黄54页。如果要,就要;如果不要,就拉倒。)“要用末,用眼胶水来研和之,就好用者。”(松302页)“保人是总要个,自家寻得着否咾?——寻是寻得着个。”(土14页。……如果去找,能找到的。)

假推话题也能用“是”、“咾”提顿,如:“侬早一点通知是,我昨日好来了。(你早点通知的话,我昨天就可以来了。)”“我是侬咾,老早去咪!(我要是你,早就去了。)”“等伊再用心点咾,望神父赏一尊圣像拉里伊。”(松314页)“万一咾有个一个蚊子拨伊飞进来之,我可以射一射杀蚊虫药水,或者点一眼蚊香,好哉。”(布183页)

现今的上海话也用旧式,不过“仔”变为“了”,如:“勿好忒热忒冷,热了要爆脱,冷了转勿动。”新式是改用“假使……就”、“如果……就”、“要是……就”、“……个闲话,就”等新关联词语,如:“要是买好了,就早点回转来。”“假使侬回去末,叫个替工来。”“我是侬个闲话,老早去咪!”“万一个话,有个一只蚊子拨伊飞进来之,……。”

上海话原来用提顿助词可以区别“可能实现的假设”(用“末”、“仔”或“是”)和“不可能实现的假设”(只能用“末”或“是”,不能用“仔”)。如:“明朝勿落雨仔,阿拉就到公园里去。(如果明天不下雨,我们就去公园。)”“昨天呒没落雨是,阿拉就到公园里去了。(如果昨天没下雨,我们就到公园去了。)”现今都用“如果……就”,在形态上就分不出这两种区别,只能从时间词等方面去加以区别。

在助词被连词渐渐更替时,常见新旧叠用的形式,表现了过渡中的现象。如“倘使……末/若使……末 /倘然……之末/倘使……咾/假使……末”:“倘使有人来游花园末,勿好看。”(松264页)“倘使市面勿好末,慢慢教看风头咯再话吧。”(影山101页)“若使要末,来担。”(麦59页)“倘然弄坏脱之末要赔个。”(黄155页)“假使冷天做起来末,灰沙咾啥要冰胶。"(布 190 页)"假使铜钿收勿着末那能?"(黄 156 页)"若使虚话咾骗人,拨人看穿破之,自家坍坑。"(土 3 页)"若使平常落下来果子咾勿多,让伊落拉地上歇。"(土 34 页)直到现今,还常听到这种混杂现象,如:"假使侬来末,我就等侬。"

3. 连贯分句,用"末"、"是"、"仔末"提顿以后发生的事。如:"讨之来末,就要种个。"(松 265 页。要来以后,就要种的。)"花秧活之末,要浇点清水粪。后来末,只管要拔拔草。"(松 267 页)"顶头摘脱之末,让伊窜开来。"(松 267 页)也能换用"是"。现今也能用旧式,新式是用"(了)以后",或不用词,呈流水句,如:"讨来以后,就要种个。"如:"花秧活了以后,要浇点清水粪。""顶头摘脱,让伊窜开来。"

4. 让步话题,用拷贝式"V 做 V"表达。如:"小坭干,强做强勿要,一碰就坏个咾。"(松 310。小泥干儿,即使再便宜,也不要,因为一碰就坏的。)"着之迭件大衣,冷做冷个天,勿冷个者。"(丁 292 页。穿了这件大衣,即使很冷的天,也不冷的了。)"本事大做大,机会勿好,也勿成功个。"(丁 291 页)"就是后首用心做用心,画出画来总勿得法。"(松 317 页)最后一句,已经是"就是(即使)"与"V 做 V"叠用大句子。现今上海话仍用拷贝式。也作"V 纵 V",如:"任务重纵重,也勿叫声苦。""骂做骂,打做打,拿伊呒没办法!"但是更多的是被"即使……也"替代,如:"奈是懊恼也来勿及者。"(丁 288 页)"即使伊反对,我也要去。""再跌,也跌勿过 5 元了。""即使是老朋友,也是亲兄弟明算账。"

一个明显的趋势是,上海话的虚拟假设话题句,在 150 年中逐渐被一套与普通话大致相同的新的关联词语引导复句形式所取代。

(七) 短时反复用 TV 句。

1. "VV"、"V 一 V"形式

凡是动词的受事对象或处所对象是定指的,动词重叠表示短时反复,即"V 一下"的意思。在老上海话中,定指事物或处所是前置做话题的。如:"里外房子要打扫打扫。"(麦 38 页)"第块壁上龌龊要粉刷粉刷。"(麦 90 页);"是拨拉我朋友个底下人大家分分个。"(土 14 页);"我先领一半银子,担伊来买点石头石灰,开销开销。"(土 28 页)

另一种表达方式是"V 一 V",在老上海话里定指对象也是前置的。

如："一具锁上钥匙失脱哉，要叫铜匠来开一开。"（买 89 页）"第个绵衣裳侬从第面摊过去，摊到过面。——吅，我想到日中性里翻一翻。"（土 116 页）"担包花，从栈房里，搬到天井里，细细能数一数。"（土 85 页）"十月里末引小春，多化树齐要发一发。"（松 276 页）用了"一"后，强调了"一次性"。

在老上海话的大量"VV"、"V 一 V"句中不见"VVO"、"V 一 VO"的形式。

2. "VVC"形式

总是用于未然形的句子中，表示希望产生某种结果的短时反复。如："第双鞋子担去刷刷亮。"（麦 39 页）"到睏快前后门要关关好。"（麦 41 页）"第双鞋子我嫌忒紧要排排宽。"（麦 86 页）"一把茶壶跌扁哉，要担去敲敲好。"（麦 89 页）

下面几句，虽无"第个"等词明显表示定指，但从上下文中看，事物实际上都是定指的："衣裳昧，叠叠好。"（土 126 页）"米粒头，弄弄碎，勿要太薄咾太厚，中中教顶好。"（土 110 页）"空地上先要浇粪，歇之几日末要拉拉平，削削细。"（松 266 页）"担包袱盖拉上头，四面挨挨紧。"（土 117 页）"痰盂满拉起者，担去倒脱之，弄弄干净再放拉搭。"（土 104 页）"担树放拉当中，小心勿要歪。然后四面放泥，拿根木头敲敲结实。"（松 275 页）都用"TV"形式。

"V 一 VC"也表示将来的短时反复。如："第本书要担去切一切齐。"（麦 103 页）

3. "V 个 V"形式

用来表示将来的短时反复。"V 个 V"有"一 V 再 V"的意思，与"V 一下"有点不一样，但也是短时内的反复。如："阁下想几时去看房子呢？——我想过个两日，同阁下一淘去看个看。"（土 14 页）"啥多化忙耶，坐个坐咾昧者。"（土 26 页）"我搭伊到园里去看个看，乃昧商量价钱那能。"（土 34 页）"墙上个缝尘要拍脱，塥子揩揩干净，窗上玻璃亦揩个揩。"（土 124 页）"勿错，要去叫裱匠来，糊个糊拉哩。"（土 123 页）"噢唷，看看侬个袖子看。碗打翻者，快点担揩台布来，揩个揩。"（土 107 页）"侬担晒空拉个箱子拍个拍。"（土 117 页）用"个"后，强调短暂动作的反复性。也能带补语，如："我要办个办清爽。"（艾 151 页）但现今上海话中"V 个 V"用法已淘汰。

(八) 语气助词在虚拟语态句子中都有不同于陈述句中的意义。

1. 语气助词"哉"在虚拟语态句子中的特殊意义

哉，又写作"者"。在一般陈述句中表示：(1) 当下实现。如："东家出门去置货哉。"（麦 26 页。The master has gone out of town to buy goods.）"十二点钟敲过哉。"（麦 53 页。It has struck three o'clock.）(2) 过去式叙事，表示发生。如："伊去寻马者，伲舍弟因此归来之，等之勿多歇，箇个人转来者。"（土 81 页。伊去寻马了，阿拉弟弟所以回来了，等了勿多歇，辩个人回来了。）"伊看见姊妹哭，就赌气咾，出去避开者。"（土 76 页）(3) 已然。"现在日短哉。"（麦 161 页）"自从绑票案子发生，一总有铜钱人家，侪用保镖哉。"（布 35 页）"侬今年几岁哉?"（麦 102 页）总之，表示的都是过去已经发生的事。"哉"今已变为"了"（又写作"勒"）替代，如："现在日短了。""花开足了。"

但是，① **在虚拟假设语句结尾表示未来必然结果。**如："若使喉咙好，声气清爽，自然字眼着实咾勿含糊者。"（土 4 页。假如喉咙好，声音清楚，字眼自然就着实不含糊了。）"实盖能末，别人喜欢到花园里来跑跑者。"（松 266 页。如果这样，别人就喜欢到花园里来走走了。）"要相信主耶稣基督盖末侬就可以得救哉。"（麦 153 页）② **在将来发生的事里表示将行。**如："叫伊来！——噢，来者。"（松 264 页。叫他来！——哦，就来。）③ **表示以后发生。**常与"要"联用，作"要……哉"，如："风停哉末，就要落雨哉。"（布 6 页。风停的话，就要下雨了。）"老爷要搭李家拆亲哉。"（布 60 页）"伊乃末要讨三填房哉。"（布 64 页）④ **在可能句中强调可以。**如："剩个五六个正头末有者。"（松 269 页。剩下五六个顶芽就可以了。）"夜快浇一回有者。"（松 267 页）"八九个末有者。"（松 13 页）⑤ **在条件句正句中表示以后的必然结果。**如："伲叫着八个散工束稻咾挑稻，想起来末一日天稻堆也做得好哉。"（布273 页）

个哉：在陈述句中表示不久前实现："伊话上礼拜写个哉。"（麦 53 页。他说上星期已经写了。）"松江已经克复个哉。"（麦 130 页）但**在虚拟句中表示确实将发生。**如"第只表走停哉，又要开个哉。"（麦 102 页）

“伲两家头，只得饿煞个者。”（土 4 页）“哉”现今用“了”，很少用“个了”，如“箇只表停脱了，又要开个了。”通常只说：“又要开了。”

好哉：只用在虚拟句中，**表示从便从易建议。**如：“问问开电梯个人：草帽部，拉啥地方好哉。”（布 153 页）今用“好了”或“好咪”。如：“到外滩，侬乘 126 路电车好了/咪。”

表示“建议”的语气助词“好咪”，与表示事件“完成”的“好咪”在语音上有区别。如：“今朝夜里开个会好咪。”（表示建议）“好咪”的连读调是“33＋31”；而“今朝生活做好咪。”（表示完成）“好咪”的连读调是与动词连读的，“做好咪”的连读调是“33＋55＋31”。

末哉：又写作“末者”。在陈述句中表示“罢了”的意思，如：“此地可以写意点末者，不必客气。——承阁下多情，我已经写意得极者。”（土 3 页）今用“罢了”。如：“此地可以写意点罢了，勿必客气。——承侬多情，我已经老写意咪！”

在虚拟句中，“末哉”**用在对方的动作，则表示劝听和将可行。**如：“乃末勿要怕得者，放心勃转来睏末者。”（土 75 页。这下不用怕了，放心转过身来睡吧。）“先去淘淘看咾来买既哉。”（麦 27 页）**用于说话者的动作上，表示承诺、许可、答应。**如：“勿碍个，我来教侬末者。”（松 267 页。没关系，我这就教你好啦。）；“正介末者，一定勿话，我勿弄坏俚个事体末者。”（土 5 页）“晓得者，我等老爷个信拉末者。”（土 136 页）今用“好咪”或“好了”，如：“乃末勿要怕得了，放心睏好咪。”“箇眼小菜侬吃好了。”“就箇能介好了，一定勿讲出去，我勿弄坏俚个事体好了。”

2. 语气助词“仔”、“起来”、“拉去”在虚拟语态句子中的特殊意义

仔：在祈使句句尾：(1) 表示催促、命令：“脱下来个草挪脱之。”（松 120 页。把脱下来的草拿掉！）“布个丝绺勿要撦歪仔。”（麦 97 页）“马桶倒脱之。”（松 71 页）**(2) 表示提醒、警告：**“用麻线扎住之，再用泥四周围涂没之。”（松 271 页）“去叫船末，船钱讲定当仔。”（麦 110 页）这些都是用在句尾“VC 仔”的格式里，今也常用。如果在非虚拟的一般陈述句里，根据“仔”的体助词意义，“仔”是不可能用在句末的。**(3) 表示愿望。**如：“我想勿出缺啥物事，请老爷话之罢。”（土 106 页）这类“仔”的用法今已衰退，今已都不用“仔”，如：“我想勿出缺啥个物事，请侬讲哦。”**(4) 表示强调。**如:“来呢还是勿来现在话定当之。”(黄163页)“今朝要交脱个,当心忘记仔!”现今“仔”用“要”或“会”代之,如:“来勿来现在要讲定当。”

起来:在一般的陈述句中表示趋向,如:“货色推起来。”“抽屉锁起来。”(黄84页)“担货色起之起来。”(土50页)等。但在虚拟句中,**(1) 表示“如果要”:**“第轴是古时间个名画,卖起来要多好铜钱?”(麦118页。这轴是古时候的名画,如果要卖,要多少钱?)“下回来起来呢担来昧者。”(土48页)还可以放在动宾式惯用语后,如:“触眉头起来末,摸着一条水蛇。”(布174页。如果倒霉,就要摸到一条蛇。)在丁卓1936年的《中日会话集》中还记着:“来起来”是“来的时候”的意思,“有起来”是“有的时候”的意思,“无没起来”是“没有的时候”的意思。这些用法现今仍用。如:“搿眼家伙,呒没起来真生活势劲。”(这些家伙,如果没有,真够受的!)**(2) 在祈使句中表示催促,**又写作“去来”,如:“客会间收作好去来!”(麦9页。会客室快收拾好!)“先担物事,照旧摆好起来罢。”(土115页)今不用于补语后,只用于动词后,如“大家走起来!”“票买起来!(快来买票!)”“起来”用于祈使句中表示催促语气,但是它用于一般陈述句则表示事件开始,如:“大家走起来了。”“火车开起来了。”句尾须有“了(哉)”。

拉去:又写作“**拉起**”。上海开埠时,在陈述句中,还保持其原始义“在一起,在其中”的意义。如作动词用:“六百铜钱,饭钱亦拉起者。”(土110页。六百块钱,饭费也在内了。)“牙粉拉那里?——拉账桌抽屉里,牙刷亦拉去。”(土104—105页)后来语法化,附着于动词后,也留有“在其中”义:“伊拉本地方,有只水神庙,有个客人住拉起。”(土95页);继续虚化在动宾后,也还有点“在其中”的含义,如:“什介真是对我胃口者。阿是厨师,贴正放之云耳拉去,是否?”(土106页)“拉起”在城区20世纪30年代已不用了,今有此意,用“垃海”代之,如:“牙膏垃台子个抽屉里,牙刷也垃海。”

但“拉去”用于虚拟语态却有以下的意义:**(1) 在祈使句中表示愿望和催促,**也有轻微“在一起、在其中”义。如:“花田沟里,种点大豆拉去。”(松252页。棉花田沟里,种点毛豆在那儿。)“快点加眼油拉去!”

老上海话中,“拉去”用于虚拟语句表示未发生的事,与已发生的事的“拉海”相对立。今已无此对立,都用“垃海”来说。**(2) 强调去做,有“管他怎样也不妨”的意思**,如:“反正勿是自家个钞票,大家多用点(拉)起!(反正不是自己的钱,大家多用点算了!)”“用点拉起”,“吃点拉起”。今改用“垃海”。如:“反正用爷娘个钞票,吃点用点垃海勿要紧!”已没有“管他去”的意义了。

3. 语气助词“拉”在虚拟语态句子中的特殊意义

拉[lɑ]:“拉”原在动词后表示存续体,退至句尾后成语气助词。用于一般陈述句:(1) 表示到现在为止的现状。如:“茶叶有几等样咾几等样行情拉。”(麦 31 页)“去脱之皮,风干拉。”(松 305 页)(2) 表示程度高,如:“傢傢生生办齐伊,少不可缺二三十千铜钱拉。”(松 308 页)“听得话第张片子拉美国做个辰光,门票卖到十个美金拉。”(布 164 页)(3) 表示存在:“第趟末,完全是开汽车个人差个,因为有红灯拉,车子勿能够开过个。”(布 115 页)“拉”今还在郊区用,城区用“垃海”,也能表达这些语气。

“拉”也可用于虚拟句,**表示对将来行为的强调和确认。**如:“侬明朝担只锡拉,恐怕挩完之花,还要锡稻拉里。”(松)“我想要造念幢拉,造十五幢末,损失好多地皮。”(布 192 页)今用“垃海”来说,多数是失去这个形态而不表示。如“侬明朝拿只锡垃海,……”“侬明朝拿只锡,……”

要……拉:在陈述句中表示程度高的语气。如:“中国有顶宝贝个书,要买几百洋钱一部拉。”(麦 114 页)“五六千是勿肯个,要一万拉。”(松 11 页)以上的句子都是表示当下的。今用“垃海”:“五斤肉十块洋钱垃海!”或不用:“五斤肉要十块洋钱!”

“要……拉”用于虚拟语句,不同于现实陈述句,**(1) 用于未然语态,表示预先确认和强调程度高、时间长,有时有夸张口气。**如:“修补第只船银子要费脱大拉。”(麦 84 页)“照箇个学生子能,因为伊年纪小咾,总要学三年工夫拉。”(松 296 页)“五六千勿肯个,要一万拉。”(松 11 页)“小个建筑,如同十几万洋钱末,要两成拉。”(布 193 页)今用“垃海”,如“总要学三年辰光垃海。”新派则不用,如:“总要学三年工夫!”**(2) 用于确认将来发生的事。**如“蜡烛火要吹隐拉。”(麦 39 页)“房子要开年分拉。"(土)今用"垃海",如:"房子要明年分垃海。"新派或说"房子终要明年分。"用"副词"来替代形态。

4. 语气助词"哩"、"个"、"歇"在虚拟语态句子中的特殊意义

哩:又作"**裏**"。"拉里"的简缩。在陈述句中,(1) 表示现状。如:"现在十点半勿能满哩。"(麦 162 页。现在十点半还没到呢。)"大个姑娘已经出嫁,小个姑娘还垃拉屋里里。"(麦 127 页)(2) 表示"近过去"的语气,相当于北京话的"来着"的一个义项。如:"我转来得勿多几日里。"(土 60 页。我回来没几天来着。)今用"垃海"代之,如:"我回转来呒没几日垃海。"新派则说:"我回来了呒没几日。"

用于虚拟句,**(1) 表示"指明"的语义。**与"末"一起构成"**末哩** mele [mili]",是"It is not yet. 早着呐"的意思。如:"十二点还末哩。"(麦 164 页)"末"在这里是表示还有很长时间。"末哩"表示还有很长时间的现状。现今也说:"论到侬评着教授,未咪!"**(2) 用于虚拟将来行为中,表示确认或强调。**如:"等两日我还要到宝号里来,候候哩。——勿敢当。"(土 16 页)"侬今朝来垃忒早,还要晚点哩。"(麦)**(3) 表示意愿,**如:"兄台请上坐,去要拜一个年哩。"(土 18 页)"去拉第个几日里向,还要到府上来,替老弟送行哩。"(土 18 页)现今都能用"垃海"代之,如:"现在十点半勿到垃海。"年轻人此语貌多已退失,如只说:"现在十点半勿到。"

个哩:在陈述句中是表示"现状"语气。如:"伊勿曾起身个里。"(土 70 页)"老爷啥叫热炭耶? ——侬正真是个糊涂人,连热炭还勿曾晓得个哩。"(土 103 页)但在虚拟的可能句和否定句里,"哩"与表示"确实肯定"的"个"一起,**表示对行为的确认和强调,**如:"一幅画旧之,还好裱个哩。"(松 310 页。一幅画旧了以后,肯定还可裱。)"伊个生意,还可以撑得住个里。"(土 58 页)今说"一幅画旧了以后,还好裱个。""伊还呒没起来垃海。"今改用"咪"或"垃海",如"伊个生意,还可以撑得住咪/垃海。"

个:在陈述句中:(1) 表示确实、肯定。如:"倗荡行里麻咾夏布买个唔?"(麦 26 页。你那儿行里,麻和夏布卖不卖的?)"做过歇啥生意? ——我开过歇药栈。——拉城外个是否?"(土 16 页)(2) 表示近过去。如:“老弟今朝是头一日出来是否? ——我昨日出来个。”(土 18 页)“箇多化事体,啥人话拨阁下听个?”(土 42 页)

“个”在虚拟句中,(1) 与“要”、“会”联用**表示预言**:“伊板要坍坑个,索性勿要去管。”(土 45 页。他一定会害羞的,干脆别去管。)“勿要换得新个。”(土 37 页)“阿要写啥纸张个?”(土 37 页)(2) **让步句的正句结尾**。如:“倘使花子无得,花秧也好个。”(土 265 页。即使没有花子,有花秧也可以的。)今也用。如:“多用勿会坏脱个。”“要是呒没近个,远一点也可以个。”

歇:又作“唏”,“唏”是“歇”的舒声读法,形成原因像“一会儿”一样,“歇”的儿化“歇儿”失落儿化尾后将喉塞音带走,成“唏”。表示经历。如:“中国郎中身体里五脏六腑勿曾看见唏。”(麦 164 页。身体里的五脏六腑中医都没有见过。)

“歇”的虚拟用法,与“拉去”、“去”的“**管他怎样也无妨**”意义一样。如:“若使平常落下来果子咾勿多,让伊落拉地上歇。”(土 34 页)这里的“歇”,也能读作“唏”,今经常用“好唻”代替。如:“假使平常落下来个果子勿多,让伊落垃地浪好唻。”

拉唏:又写作“拉嘁”。在虚拟句中**表示强调语气,有“才好呢”的意思**。“总要教郎中来看个看好拉嘁。”(土 2 页。总要叫医生来看看才好呢。)“安心调养调养味,好拉嘁。”(土 2 页)今用“再好垃海”,如:“总要叫医生来看一看再好垃海。”也能省去:“总要叫医生来看一看再好。”

石毓智先生也认为汉语中存在着陈述语气和虚拟语气的句法差异,请参见石《语法的形式和理据》(2001)一书。

上海方言150年来授受类双及物结构形式的变迁

物品授受的动词带双宾语句式，在上海话150年来快速发展中，发生了许多变化。

动词双及物（一个是与事，即 O_1；一个是客体，即 O_2）结构的句子，从语义上分，一种是"给予"类的，另一种是"接受"类的。从形式上来看，一种直接用"给"作动词的，另一种是由其他动词作句子核心的。上海话的"给"在19世纪中叶读 peh [peʔ]，现今读[pəʔ]，写作"拨"。和与事对象联系的介词在19世纪中叶读[leʔ]或[lɑ]，分别写作"垃"或"拉"，现今读[lʌʔ]，写作"辣"或"拉"，从读音和书写形式来看，是由经常作"在"或"到"用的"垃拉"中延伸而来的。

1. 优势语序"拨 O_2 拉 O_1"

150年前，"拨"字句用"拨 O_2 拉 O_1"是最常见的形式，如："多**拨点铜钱垃伊**。"(Give him a few more cash. 麦46页)"卖仔地皮要**拨方单垃我**。"(麦75页)"**伊拨船钱拉侬**，打发侬转来。"(土134页)。这种表达形式也是此类结构的优势语序。

用其他动词的"**VO_2 拉 O_1**"句，有用作"给予"类的，如："难朝后日多**挑点水垃浴缸里**。"(麦39页)"侬要**发三百钱轿钱垃伊拉**。"(麦40页)"等伊再用心点咾，望神父**赏一尊圣像垃伊**。"(松314页)"我常怕一时上头租勿出，每月倒要**出完全房钱拉房东**。"(土13页)有用作"接受"类的，如："**借只犁拉我**。"(松254页)"若使伊是**存银子拉我**搭昧，总有凭据个。"(土41页)"只要**写一张借票拉我**，并勿要啥利钱个。"(土80页)

在20世纪30年代丁卓的《中日会话集》中，"给我"在上海活中有两种读法：**“拨拉我”**，**“拨我”**。（丁 101 页）在无“O_2”的情况下，“拉”可用可不用；而在有“O_2”的时候，当时 O 前已常用“拨”，即出现两个“拨”，如“给我一点儿凉水”这句话，上海话译为**“拨一眼冷水拨我”**，（丁 102 页）一方面已经不用“拨一眼冷水拉我”的句式，另方面“O_2”还是在“O_1”的前头。这些已都与现今的上海话的情况相同。现今“拨 O_2 拉 O_1”式已经不用，改说“拨 O_1O_2”或“拨 O_2 拨 O_1”。如：“多拨伊点铜钱。”或“多拨点铜钱拨伊。”；“卖了地皮要拨我清单。”或“卖了地皮要拨清单拨我。”

2. “拨 O_2O_1”

老上海话中，在较短的句子中另一常用形式是**“拨 O_2O_1”式**。如：“几时可以等回信者？——后日，我**拨回信侬**。”（土 28 页）“若使要**拨利钱我**，我勿借者。”（土 26 页）“我现在，要到某老爷屋里去，若使有人寻昧，**拨信我**。”（土 105 页）这种双宾语位置与北方话正好相倒的形式是南方话如江南吴语的特点。**“VO_2O_1”式**也有，如：“伊总勿是白白里一眼勿谢侬个，总**送几两银子侬**个。”（土 20 页）“后来我又**借拨银子伊**，做生意。”（土 79 页）比较以下两句：“请记念老朋友个情分咾，**借一百两银子我**，转去做盘费。”（土 79 页）比较下句：“伊**借一百两银子拉我**，做盘费咾转去。”（土 80 页）可见当时这两种形式都用。在老上海话向新上海话转变之间的 1936 年，“给我一个”，上海话还在用**“拨一个我”**。（丁 102 页）“给我一点好吗？”为**“拨一眼我好否？”**（丁 102 页）“给我两三张吸墨纸好吗？”丁氏书上翻成上海话是：**“拨两三张吸墨水纸我好否？”**（丁 103 页）但在现今的上海中年人和年轻人口中，这种用法已极少听到，只有 60 岁以上的老年人偶说。尤其是那种挺长的“O_2”，现今难以听到，只有两三音节的，有时还说。如丁氏书上的国语“那种手套，给我一副。”翻成上海话为**“伊个手套，拨一副我。”**（丁 103 页）现今的替代式是“VO_2 拨 O_1”，如现在这样说：“伊个手套，拨一副拨我。”“请侬记得起老朋友个情分，**借一百两银子拨我**，回去做路费。”

3. “拨 O_1O_2”

老上海话中，**“拨 O_1O_2”式**使用率很低，如下面一例在一句话中用了两种形式：“侕肯**拨铜钱我**，我领侕去寻着个个人，庄上管帐个，**拨伊**

一百铜钱。”(土 91 页)后面句即用“拨 O_1O_2”式。**“VO_1O_2”式**也是次要的形式,如:“个回我**欠侬二三百铜钱**拉哩。”(土 70 页)“若使伊要等拉老店里做生活,**出还伊工钱**,搭伙计一样。”(土 37 页)用例能找到的很少。到 20 世纪 40 年代已多起来,如:“只要侬巴结点做朝后**加侬薪俸**。”(黄 165 页)

“拨 O_1O_2”式有时取消述谓的独立性,把“拨 O_1”作“O_2”的定语,形成名词性结构,如:“我**送拨伊个药**味,勿敢吃。”(土 65 页)这种用法因与普通话同,现今常用,如:“我送拨伊个药,伊勿敢吃。”

4. “V 拨 O_2 拉 O_1”

150 年前,上海话中已有“V 拨(V 给)”两字连用的形式,如:“果真几日前头个个人,**卖拨个只马拉姓赵个**彀,话定当八两银子。”(土 82 页),构成“V 拨 O_2 拉 O_1”,现今则没有此用法,只能说成**“V 拨 O_1O_2”**,现在说:“真个几天前个个人,**卖拨姓赵个个只马**。”

5. “V 拨 O_2O_1”

当时,“VO_2O_1”也能用作“V 拨 O_2O_1”。如:“伊前头穷苦个时候,我担铜钱咾米相帮伊,后来又**借拨银子伊**做生意。”(土 79 页)今也稍有听闻。多数则说:“后来又**借银子拨伊**做生意。”

6. “VO_2 拨 O_1”

原来的常式“VO_2 拉 O_1”,后来“拉”被“拨”代替,变成“VO_2 拨 O_1”,在 150 年前的著作里,只能找到个别用例,如:“老弟我**讲一件可笑个事体拨侬**听。”(土 63 页)是因为后有动词“听”的缘故。20 世纪 30 年代以后,此用法得以发展,后来因受国语渗透影响,变“拉”为“拨”,“借给我”、“还给伊”、“交给伊”在 1936 年时都已说“**借拨我**”、“**还拨伊**”、“**交拨伊**。”(丁 104 页),而不说“还拉伊”、“交拉伊”。如“**借一枝毛笔拨我**好否?”(丁 105 页)已不再说成“借一枝毛笔拉我好否?”又如:“对物住,**借一枝铅笔拨我**好哦?(黄 94 页)现今通用“VO_2 拨 O_1”,或用“VO_2 拨拉 O_1”,如“**借一枝铅笔拨拉我**”,更常用“我**买一只戒指拨侬**。”

7. “O_2V 拉 O_1”

将 O_2 移到主语地位,是吴语的常见用法,尤其是在是非问句中。

如：“**辛俸付过拉侬**垃哉。”（麦 53 页）“阿是侬有两只官帽是否？**一只借拉车夫戴之**。”（土 110 页）尤其是需要把那个“客体”转为话题主体叙述的时候。又如：“**第块地皮**原主**卖垃侬**啥行情？”（麦 75 页）“**一尊翠来死个凿花圣像**，我本来端正拉，为**赏拉顶用心个学生子**个。”（松 315 页）

还有些“**(O_2) V 拉 O_1**”形式即“O_2”在前面提到或隐含的句子，如“格味，**租拉啥人**？——我租拉伲个亲眷。”（土 13 页）“估之后来，典当里**卖拉伊**，伊就可以赚好价钱。”（土 51 页）“虽然**送垃我**，我亦勿要。”（麦 33 页），也是老上海话里常见的。现今“拉”已变为“拨”或“拨拉”。如：“**一本书送拨拉伊**，侬看好否？”

像北方话“把那个辣酱油给我。”那样的“把字句”，翻成上海话一般是把“O_2”转为主语的，成为“O_2 V 拉 O_1”形式。如：“县里查清爽之，就**教伊占我拉个田，退还拉我**。”（土 32 页）“教伊占我拉个田，退还拉我。”即“教他把已占我的田，退还给我”。上海话过去一般不用“把”字句的形式。这句话前面用了兼语式，“教伊”的“伊”是个兼语，构成“教兼 O_2 V 拉 O_1”。“教”读[tɕiɔ]或[kɔ]。现今说法一般是改用“拿”字相当于普通话用“把”，这么说：“县里查清爽以后，就叫伊拿占我个田，退还拨我/退还拨拉我。”现今上海话“拉”只能与“拨”联用，且以单用“拨”为主。

在 20 世纪 30 年代，用“拨”替换“拉”带出 O_1 已普遍使用，如：“**伊个辣酱油拨我**。”（丁 102 页）又如：“**对勿住，伊把茶壶授授拨我好否**？”（丁 105 页）今“拨”、“拨拉”两用，如：“伊个辣酱油拨/拨拉我。”经常用相当于“把”的“拿”来说，如：“拿伊个辣酱油拨我。”但“拿”的动作味比北方话“把”重。

8. “VO_2 拨拉 O_1”

当“O_2”移至动词“拨”前时，“**拨拉**”连用的结构就此形成，并用在连动式“VO_2 拨拉 O_1”的结构中。如：“教伊随便那能，总要想法子，赶紧**凑满五千两银子**来，**拨拉伊**。”（土 56 页）“**出个茶钱**，并勿是我落个，亦勿是我个朋友得个，是**拨拉我朋友个底下头人**大家分分个。”（土 14 页）现今上海话新派经常把“拉”省去，变成“拨 O_1”，如：“叫伊随便哪能，总归要想办法，快点**凑满五千两银子拨伊**。”

9. "$V_1O_2V_2$ 拨拉 O_1"

与 8 同时,"V 拉 O_1"也变成"V 拨拉 O_1",如:"我**无得铜钱借拨拉伊**。"(土 80 页)20 世纪 40 年代起"拉"字落去,多用"VO_2V 拨 O_1"的句式,如:"我要想请张先生替我**做一副挽联送拨伊**。"(布 71 页)至今常用:"**我买一只戒指送拨侬**。""**我呒没铜钱借拨伊**。"

10. "拿 O_2V(拨)拉 O_1"

相当于普通话"把"字句的形式,上海话用介词"拿"把 O_2 提到动词前,可构成"**拿 O_2V 拉 O_1**"式,如:"乃昧伊就教我,**担银子衣裳,交代拉伊**之昧者。"(土 78 页)"近来几年,**担树包拉别人**。"(土 33 页)"**担一百两银子来,借拉伊**,教伊拨拉穷人。"(土 80 页)。"**担银子咾衣裳**,领之出来,一齐担去,**送拨拉伊个姊妹**之。"(土 78 页)到 20 世纪 30 年代还有单用"拉"连接 O_1 的,如:"王家老爷要**拿李家个二小姐攀拉伊个儿子**,因为李小姐交关做人家个。"(布 61 页)"所以咾我爷十分相信自伊咾**拿一总事体侪信托垃自伊**。"(布 286 页)"拿 O_2 拨拉 O_1"式也已开始用了,如:"伊要想**拿伊个儿子过房拨拉伊个最好个朋友王先生**。"(布 50 页)又以"拨"代"拨拉",如:"拿茶给客人"译成"**拿茶拨客人**。"(丁 106 页)现今沿用"拿 O_2 拨拉 O_1"和"拿 O_2 拨 O_1"式,如:"**拿张一寸照片拨垃男朋友**。"又如:"我**拿昨天买个礼物拨伊**。"也能用"拿 O_2V 拨 O_1"式,如:"我**拿昨天买个礼物送拨伊**。"

在 19 世纪中叶,上海话"拿"读[nɔ],但通常是用"担[tɛ]",现今上海原松江府地域的农村仍用"担[tᴇ]"。今城区上海话最常见读作[nᴇ]阴平声,年轻人重新回到 150 年前说[nɔ]。

下面两句,是 O_2 已提前,后接"拿"加"来/去"和"V 拉 O_1":"我昧就托朋友,拉上海买**几块洋钱戒烟药,担去送拉伊**。"(土 65 页)"阁下可以自家登之几间,**多下来**昧,**担来再租拉别人家**个宛。"(土 13 页)现今的用法是:"侬可以自家登几间,多下来(个房子)末,拿来再租拨人家个。"除"拉"改"拨"外,句式不变。

相当于普通话"把"字句的形式,上海话用介词"拿"把 O_2 提到动词前,可构成"拿 O_2V(拨)拉 O_1"式,如:"乃昧伊就教我,**担银子衣裳,交代拉伊**之昧者。"(土 78 页)"近来几年,**担树包拉别人**。"(土 33 页)

"担一百两银子来，借拉伊，教伊拨拉穷人。"（土 80 页）**"担银子咾衣裳，**领之出来，一齐担去，**送拨拉伊个姊妹之**。"（土 78 页）

还有一种常用的形式，是"担 O_2 V 拉处所（take …… to ……）"，如：**"担烙铁放垃火炭**上。"（麦 10 页）"**担衣裳晾拉日头里**。"（麦 11 页）。又如加"教兼"的"拿 O_2 教兼 V 拉处所"："开手**拿云青咾洋绿，教伊放拉盂钵里**，研细起来。"（松 302 页）一直沿用至今。

从 150 年来上海话授受类句的变迁，可以归纳以下几点：

1. 常用式从"VO_2 to O_1"向"VO_1O_2"转化，实际上后种形式比前种更有标记更受限制，（具体分析见刘丹青，2001）但是这是由于吴语的南方话形式受强势的北方话普通话影响的结果。

2. "V 拉 O_1"受普通话影响变为"V 给 O_1"以后，上海话为保持"给 O_2 to O_1"形式因而产生"给 O_2 给 O_1"的句式沿用至今。

3. "VO_2 to O_1"的简化式"VO_2O_1"是东南方言的特色，但一旦"O_2"太长，便受到"重成分后置"规律的作用，在后来采用"VO_1O_2"式之前，更多地使用"话题前置"式"O_2VO_1"，因此老上海话中"话题前置"式出现率甚高。现今随着"VO_1O_2"式的广泛运用，新上海话不但大大降低了"O_2VO_1"式的使用率，而且"VO_2O_1"式也随着褪谢了。

上海的洋泾浜语

华人和洋人互相交际的频繁，在上海外滩附近的洋泾浜地带，曾产生过一种夹杂上海话的变形英语，被称为“洋泾浜语”。“洋泾浜”在当时上海县城的北郊，是旧英、法两租界交接处的一条河，1915 年已填没，今为延安东路。19 世纪末叶起曾是外国商人聚集之地，也是洋人华人相处最为热闹的通商地，当时上海道与租界签订的一些协定也自然常冠以“洋泾浜”名。华人执业洋行之中，下层百姓为做生意或打杂，必须与洋人打交道，于是一种带有浓重上海口音、用上海话语法拼缀的简单英语语句就此产生并流行，成为举世闻名的“洋泾浜语”。这些洋泾浜语在当时是很实用的语言，连从英国来的洋人也必须学了它才能通话。外国人对中国的“洋泾浜”很有兴趣，根据中国人发英语“business”这个词的洋泾浜音，给这种语言现象定名为“pidgin”，于是又有“别琴语”、“鸽子语”的别称。

19 世纪末 20 世纪初流行于上海洋泾浜地区的“上海洋泾浜语”有以下几个特点：

1. 在语音上受上海话影响。把辅音“r”说成“l”，如：“all light(all right)”、“loom(room)”；把英语词尾的辅音加上“ee[iː]”，延伸成一个音节，如：“Talkee he.（Tell him.）”“My wanchee walkee.（I want to go for a walk.）”“What side catchee?（Where is that from?）”；把辅音“t”读成“chee”，如：“My no wanchee.（I don’t want it.）”

2. 语法上用自由形式取代了词尾变化，放弃了数、格、人称等形态变化。如“I”、“me”、“my”、“mine”都用“My”表示，像“My no savvy.（I don’t understand.）”“Pay my.（Give me that.）”“This b’long my.（This is mine.）”又如不用冠词：“My wanchee bath.（I want a bath.）”

不用动词时态形式："No likee. (I don't like that.)""No can do. (That will not do.)"

3. 受汉语量词的影响，泛用"piecee(piece)"当量词用。如："Catchee my one piecee rickshaw. (Get me a rickshaw.)""Pay my two piecee. (I will take two of them.)"

4. 泛用"time"表示时间，"side"表示空间。如："another time (again)" "What time? (What o'clock is it?)" "Time bye. (Afterwards.)""This side. (Here.)""all side(around)""What side? (Where is it?)""Go topside. (Go upstairs.)""top-side(above)""Go bottomside. (Go downstairs.)"

5. 用"belong"表示"属于"，泛用代替系词"to be"。如："That b'long bad pidgin. (That is a bad job.)""What this b'long? (What is this used for?)"

6. 用上海话语法和语序组装英语词语成句。如："Barber have got? (Is there a barber in the hotel?)""Hotel side can sendee? (Can you send this to my hotel?)""Can do. (That will do.)""What thing? (What is that?)""You look see talkee my. (Go and see, and come back and tell me.)""No can do. (Stop that.)""No have got. (He is not at home.)""Talkee he come this side. (Tell him to come back.)" "Too muchee dear. (That is too dear.)""Talkee my. (Please let me know.)""Pay my look see. (Just let me look.)"

7. 词汇基本上来自英语，也用英语俚语，如："Savvy? (Do you understand?)"也有来自上海话及印度带来的词语。如："Man man. (慢慢 Wait a bit.)""Auso. (豪燥 Be quick.)""Auso di. (豪燥点 Go quicker.)""Dang sing. (当心 Be careful.)""Faung au lay. (放下来。Put the rickshaw (黄包车) down.)"Chin-chin. (请，请。How are you; Good bye.)""Doo-maloo. (大马路 Nanking Road.)""chit(信、账单)" "godown(货栈)"。

8. 常用词的使用范围比英语大得多，这是对生词的回避策略。如："Come chop chop. (Come at once.)""Catchee tea chop-chop. (I

want some tea at once.)”又用“numa one(number one)”引申表示“顶呱呱”,用“catchee(catch)”表示“得到”,用“Man-man”表示“stop”。

9. 简化的表达,这是用缩略弥补口拙。如:“Can do? (Can you do this for me?)”“Talkee true? (Do you mean it?)”“What fashion? (What do you mean by that?)”“Wanchee all same. (I want it like that.)”“Pay my hot water. (Get me some hot water.)”“Can secure. (Will you see to do it?)”“Talkee cook three piecee man dinner. (Tell the cook to prepare dinner for three to-day.)”

10. 换话表达。“What side my room? (Show me my room.)”“No can cuttee? (Is that the lowest price?)”“Can puttee book? (Is the bargain settled?)”“You can lolly my? (Can you make an allowance on damaged goods?)”“S'pose no do, my makee largee bobbery. (If you don't do this, you will get into trouble.)”

以上的例子主要来自 1902 年出版的《上海旅客和居民手册》。1912 年上海出版的英文版的《上海旅游指南》里也列举了一些洋泾浜话,如把“Do you understand?”说成“Savvy?”,把“stop”说成“Man-man (慢慢)”,把“Can you tell me what this is?”说成“What thing this b'long?”,把“Can you do this for me?”说成“Can do?”,大致与 1902 年书相同,可见当时的上海洋泾浜语还是比较稳定的。

在下层群众中,还流行一些洋泾浜色彩浓郁的外来词和俗语,有的一直流传至今。如把“管门人”叫“抛脱(porter)”,把“蠢人”叫“阿木林(a moron)”,把“找机会”说成“混腔势(chance)”,把“办法、窍门”说成“挖而势(ways)”,称“摩登”为“发噱(fashion)”,把“全部”说成“骨碌三姆(gross sum)”,把钞票多说成“麦克麦克(mark mark)”,身无分文说成“毕的生司(pitty cents)”,把“非常感谢你(thank you very much)”说成“生发油卖来卖去”。把“让我看看(let me see)”说成“来米西一西”,把“Never mind”说成“Marskee”(“笃定马思开”一语就从此而来)。又如把“一只船有两只眼睛,没有眼睛,如何能看见?不能看见,如何能够走?”说成“A boat has two eye, No eye, how can see, No can see, how can go.”(见于曹聚仁《上海春秋》)上海人称“寿头码子”、“小刁码子”的“码子”来自“moulds”。

朱大可先生曾列举现今上海方言中有不少比较活跃的词语，认为皆来自当时的“洋泾浜”。比如：“嗲”是“dear”，由亲爱的、可爱的引申为娇柔的、媚态万千的；“轧朋友”的“轧”是“get”，搞到的意思，“轧朋友”为搞女人、结交异性；“拉三”是“lassie”，由少女、情侣引申为妓女或不检点的青年女子；“大板”的“板”是“banker”，由大银行家引申为大老板、富豪；“退灶水”是“退 juice”，本为流氓退还敲诈得来的油水，引申为丢脸、失面子；“克拉”是“colour”，由色彩引申为时髦的、衣着光鲜的；“接领子”是“接 leads”，接提示或接暗示；“着台型”是“着 dashing”，由穿着很漂亮引申为出风头、自我炫耀；“噱头”是“shit”，由大便、胡说、大话、蹩脚的商品或表演引申为引顾客上当的骗局或华而不实、哗众取宠、引人发笑的手段；“嘎三壶”是“gossip”，聊天闲谈；“邋遢”是“litter”，由杂乱、四下乱扔废物、东西引申为杂乱、凌乱和不修边幅；“蹩脚”是“bilge”，由船底污水引申为肮脏的、下三滥的、劣质的；“大兴”是“dashy”，由浮华的、华而不实的引申为假的、冒牌的、劣质的；“肮三”是“on sale”，由二手货贱卖引申为垃圾货或人品低劣；“瘪三”是“begsir”，乞丐先生，用来形容叫化子、难民、逃荒者等以及泛骂用语；“戆大”是“gander”，傻瓜、呆鹅、糊涂虫；“赤佬”的“赤”是“cheat”，本义是欺骗；“小开”的“开”是“kite”，由骗子之意引申为对有钱人的泛称；“门槛精”是“monkey 精”，由猴子精引申为聪明的、精明的；“混枪势”是“混 chance”，由混机会引申为浑水摸鱼（朱大可，2000）。

上海的洋泾浜语一时十分活跃，以至有些人把它编成顺口溜，下面一则洋泾浜歌诀选自汪仲贤的《上海俗语图说》（汪，1935），笔者配上了英语。这则歌流传很广，笔者父亲一辈至今还有老年人会用带宁波口音的上海话哼上几句：“来是‘康姆（come）’去是‘谷（go）’，廿四块洋钿‘吞的福（twenty-four）’，是叫‘也司（yes）’勿叫‘拿（no）’，如此如此‘沙咸鱼沙（so and so）’，真崭实货‘佛立谷（fully good）’，靴叫‘蒲脱（boot）’鞋叫‘靴（shoe）’，洋行买办‘江摆渡（comprador）’，小火轮叫‘司汀巴（steamer）’，‘翘梯翘梯（tee）’请吃茶，‘雪堂雪堂（sit down）’请侬坐，烘山芋叫‘扑铁秃（potato）’，东洋车子‘力克靴（rickshaw）’，打屁股叫‘班蒲曲(bamboo chop)’,混账王八‘蛋风炉(daffy low)’,‘那摩温’(number one)先生是阿大,跑街先生‘杀老夫(shroff)’,‘麦克麦克(mark)’钞票多,‘毕的生司(pitty cents)’当票多,红头阿三‘开泼度(keep door)’,自家兄弟‘勃拉茶(brother)’,爷要‘发茶(father)’娘‘卖茶(mother)’,丈人阿伯‘发音落(father-in-law)’。”

到2000年再来话说“洋泾浜”,许多陈迹已成为笑话。8月24日范敬宜老先生在《新民晚报》上说了那时的几个例子：外国主人回家,见玻璃窗打碎了,问仆人缘故,仆人很流利地用“洋泾浜”回答:“inside 吱吱吱,outside 喵喵喵,glass 克郎当!”洋主人一听便知是猫抓老鼠闯的祸。洋行老板让中国司机到大光明买电影票,司机空手而归,说：“Man mountain man sea, today no see, tomorrow see, tomorrow see, same see.”这些“洋泾浜英语”外国人都是听得懂的。范先生还说到“洋泾浜中文”：圣约翰大学的老校友如今还回忆起他们的老校长美国人卜舫济,这位中国通一次在大会上讲:“兄弟今朝有两个屁——放(譬方),一个屁——放在中国,一个屁——放在美国”,引起哄堂大笑。我想,当时卜校长一定是在说上海话,因为他也是研究上海话的专家,上海话里原来“比方”一直是说“譬方”的。这些当然只能说是洋华人之间交际中的洋泾浜现象,而不是“洋泾浜语”。

我们不能轻视洋泾浜语的历史作用,任何语言即使是在初胚期也应是平等的,洋泾浜语对上海早期的商业起步和国际交流有积极意义,对当时促进经济繁荣和商业交际是有贡献的。

然而,“洋泾浜”毕竟有食而不化之嫌。随着上海人的英语水平提高,上海的洋泾浜语在20世纪20年代以后衰落消失。惟有那些中外杂交产生的洋泾浜色彩的词语,还有不少流传至今。19世纪末的20年和20世纪初的20多年,是上海经济发展迅速的年代,也是思想最活跃的时代,因此新词新流行语表现得蓬蓬勃勃。有人惊呼市井新语这么多,殊不知,那时候各方面产生的新词新语也呈高潮期,如：共产党、社会、哲学、文化、艺术、图书馆、博物馆、报馆、自来水、电灯、铅笔、卡车、摩托车、足球、篮球、洋房、钢琴、明星、马路、影戏等等 ,只是这些词语已经成为今天的日常用语,人们视而不见而已。

上引的洋泾浜顺口溜到20世纪50年代还留在人们口中回味。50年代以后，上海话中夹杂洋话的现象已成绝迹。在把听美国之音的人定为“现行反革命”的岁月里，“English”用上海话被贬成了“阴沟里去”！但是，上海毕竟是上海，随着20世纪80年代重新开放以来，中西融合重新活跃起来。如今，年轻人中尤其是文化层次较高的白领阶层里，在上海话对话中夹带一两个英语词语，如说“请侬拿报表Fax出去”，“去copy两份”，“到W.C去趟就来”，“去叫office小姐”，“借我see see”，“开party”，“打kiss”，“摆pose”，“侬哪能介fashion啦（你怎么这么时髦）”这样的用法已很常见，在襄阳路、城隍庙等处的小商品市场的交易中，也时常听到有中国语法的蹩脚英语。因特网上的群众语言更是推波助澜，如2000年《上海电视周刊》第17期的“本周视点”中记下了“最近最时髦”的用语：“Hi，你好呀，This morning，我们对你的case进行了discuss，我们发现，这对我们没什么benefit。所以我们不得不遗憾地告诉你：与这件事相关的所有project都将被cancel掉。”作者称“这就是目前最为引人注目的中国IT人时髦、标准的说话方式”。当今在上海知识阶层和群众中，说方言时夹国语词说普通话时夹英语词，自由自在，似都已司空见惯、见怪不怪。在这经济全球化、网络全球化的21世纪，外国都用“APEC”、“WTO”，你非得用意译中文名词吗？保守派不必担心，中文中夹几个外文，像夹几个阿拉伯数字一样，不会影响她的“纯洁”，只会使她表现力更丰富，20世纪初上海进口了那么多的外来词语现今都已用惯便是明证。

上海方言词语中的商务气息

上海社会自开埠起，迅速从农业社会走出，到 20 世纪二三十年代已建设成了很成熟的商业社会，就连上海语言中也处处渗透着商务气息。这反映在两个方面。一种是日常用语用到商业方面去，赋予商务专门意义；另一种是商务词语的词义扩大为一般用语经常使用。

先讲赋予商务专门意义的日常用语。上海人最先把商业范围中的职业称作“饭碗头”，“铁饭碗”指稳定的职业，“吃饭家生”即工作的用具。又把没有经济收入叫作“吃死饭”。“有饭大家吃”，就是提倡生意一起做，有福同享。“吃进”用于不合算的交易上，如说“辩点剩货我只好吃进”。“敲碎饭碗”，指失去了职业。还有一种据说是“橡皮饭碗”，敲来敲去敲不碎的，指的是那种甚为稳固的职业，过去指邮政、银行等职业。上海人把不少习惯用语用于商业行为。如“孵豆芽”指无工作或不参加工作呆在家中，坐待时机。用“卷铺盖滚蛋”表示被辞退而离职的意思。“开眼乌龟”喻见钱或见物眼开的家伙，“钱”就叫它“孔方乌龟”。“塞狗洞”喻把钱花到无用之处。“垫台脚”指行贿、找靠山。“卷地皮”指席卷财物而光。“敲竹杠”指借端要索或故意抬高物价。“拉皮条”原指从中勾引男女相识而成暧昧行为，后来就泛指介绍双方相识促成商业行为。用“拿摩温(No. 1)”指工头。“螺丝壳里做道场”，形象描绘即使在局促的寸金之地也办厂做精密仪器的聪明才智和适者生存的能力。“一拳来，一脚去”，反映利益争夺的白热化。“大鱼吃小鱼，小鱼吃虾米”，描绘商场上竞争兼并的你死我活景象。

近年来，这类词又有新的发展。人们讽刺请客送礼风，于是有“烧香”喻指行贿、“进贡”喻为利用他人而送礼两词。“撬边”指从旁帮腔助阵，怂恿买者购物的行为。“割肉”喻股价下跌而忍痛抛出。“斩一刀”

指敲一个竹杠，原先在个体户中使用，现已通用，被敲诈或被骗钱称“被人家斩”。“下海”原指京剧“票友”自己上台去唱戏做戏，后又指去做舞女，现在也用到商业上去，指改变职业去经商。“跳槽”原指牲口到别的槽头吃食，后用于嫖客更换妓女，现在却指离开原职自动改变职业。“承包”、“加盟”两词也主要用于商业活动了，如说“名家加盟创作”。“立升”一词原是度量词，常用于说冰箱的容量，现在可用作指“资本的充足程度”、“实力的雄厚程度”。

由于人们的商务活动频繁，使很多原来在商业范围里使用的词语扩散到群众的生活领域，成为大众生活中的常用语。

“买卖”是商业行为，但上海人在日常生活里把“买”和“卖”引申得出神入化。如用“卖相”称人的外表。给人情通融说“买面子”或“卖人情”。会做而故意不做不说来要挟，说书说到紧要处不说称“卖关子”，行贿叫“买关节”。承认对方的长处表示服从说“买账”。使劲称“卖力”。拼命干叫“卖命”。用“拚血本”指不顾性命拼着命去干。以娇媚诱惑人称“卖俏”。摆老资格叫“卖老”。装作精通，实际弄假骗人，叫“卖野人头”。有的商务词语已经一般词语化，如“卖狗皮膏药”现指自我吹嘘，弄虚作假，本义已不用。

“货物”也用到指人品上去。如用“好货”讥讽品质不好的人，用“宿货（因滞销而积存的货物）”讥讽或詈骂胆怯易屈服的人。用“大路货”喻很普通的人。用“推扳货”称品质差或胆小、能力低的人。用“蹩脚货”喻品质差、能力差的人。用“次货”、“次品”、“处理品”称等次低下不合格或淘汰下来的人，有时指生活上有污点的女人。还有直接把对人品的特征用于类词缀“货”上，如骂“浪荡子”为“浪荡货”。骂“粗鲁的人”为“粗货”。称“不涂脂抹粉的妇女”为“清水货”。用“一票里货色”称一丘之貉。把“不懂”、“搞不清”或“没眼光”称作“勿识货”。

算账也翻新扩用到日常生活上。如“出账”、“进账”用于广义的支出和收获。“倒扳账”用指事情结束后又重新翻出来计较。“翻老账”是把过去的事情抖搂出来。“勿关账”就是不管的意思。对人与事不服或不给面子，常说“勿买伊个账！”把事情做糟了，理不清头绪，称“一笔糊涂账”。还有说说一段时间做了些什么，叫“报报流水账”。骂人时说真是“混账王八蛋”。一事当头，就要讲究“合算勿合算”，算账的观念人人皆备。有的人是“一分洋钿拗两半”，说它节约；有的人是“戆进勿戆出”，说它“门槛精”。

上海人的生活也老像在做生意，“叫人勿折本，舌头打个滚。”把“不折本”这个商业行为用于讲礼貌会有好处。上海人把看不入眼不像话的行为都斥责为“勿是生意经”，表达坚决不答应或不妙了的意思也用“勿是生意经”来说。抢事干，也叫“抢生意”。推介，也叫“兜生意”。足见“生意”在上海人心目中的重要地位。用“放伊一码”表示饶他这一遭。在江湖上用“放生意”指设圈套。用“耳朵打八折”怪罪对方没听清自己的话，用“闷声勿响大发财”比喻因沉默而得利。用“一分行情一分货”称货真价实。如果很看不起某个人，喻人差劲无价值，就说他“一钿勿值”。用“勿值铜钿个”形容地位轻贱、受人鄙视或毫无用处，甚至说“一个屁钿也不值！”而用“吃价”称赞人的有能耐、与众不同。“价钱”用于“心理”称“心理价位”，则不仅指你买货物时的价格承受度，也扩用指对许多事情的评价了。以生意买卖作话题的，还有“买空包”指受骗上当。“掂斤两”指试探估计对方人或事的力量或重要作用。“讲斤头”也是从买卖用语比喻而来的，一斤一斤死扣地谈，现移用作日常生活中的各不相让地谈条件。“有还价”原指可以还价钱，现指有商量余地或有条件需议。以交易票据为议题的，如“打回票”即退回的意思。“打包票”原是写下保证成功的单据，现就指保证、包在身上的意思。“空头支票”、“远期支票”指不能兑现的虚空允诺。“地方粮票”是在特殊年代使用的一种证券，上海知识界把它引申到享受限于某范围中承认的职称及其有关的利益中去。女子出嫁，一切依赖男方，即把此男子称为“长期饭票”。“三下五去二”是打算盘的口诀，喻作事干脆利索。“三一三十一”用作一分作三的意思。“肮三(源自 on sale)”原是大减价的意思，现在用作令人失望不快或不正派。“勿管三七廿一”，其词源出自赌场，骰子六面共 21 点，与孤注一掷是同出一源的，现在指不顾一切的意思。“拨侬一只五分头”更是用形象作比喻，实是“打你一个耳光”的意思。

“洋盘”一词在 20 世纪 20 年代诞生于上海商场上，从指商品行情的“盘子”开始引申而来，“盘子”来自计算价钱的“算盘”，开店老板就拿出算盘来摇上几摇曰“开盘”，打烊就说“收盘”，清理存货就说“盘点”。从旧上海交易所直到现今股市上还在用此两词。后来“盘”字就变成“价额”的意思，“今天定什么盘子?”商店大减价称“大放盘”，此词现今也已复活，并又有“爱心大放送”、“旺情大派送”的新引申。那时的“盘”又活用形成“红盘”、“明盘”、“暗盘(暗中抬高物价敲竹杠)”、“客盘(对客边人即外地人利用他的地生人不熟开大价)”，对“洋人”当然用“洋人加倍”的“洋盘”，有人不知其诈，于是有“洋盘末切勿要去买个”(1941年出版的法国传教士布氏《上海方言语法》91页)之类的忠告。上当的人多了，不仅是外国人，那些花冤枉钱的人便冠之以“洋盘”的称呼(可参见汪仲贤的《上海俗语图说》6—7页)。从“算盘”到“洋盘”的词义发展，我们可以看出在商业行为发达的都市上海，市民思路的开阔，造词不拘一格的灵活性。现在“洋盘”已广指不内行、不识货、对事物缺乏经验的人，常指在都市里遇事上当又不觉察的人；它还可作为形容词，称不内行、不识货。

许多商业行为被赋予常用意义，在上海话特多的三字格惯用语中有不少。如“开码头”后指出门去外地闯荡。“闯市面”指闯荡打开局面。“上台面”指很体面。“现开销”指当场以言语直率对付、不留情。“照牌头”喻依靠别人的力量作靠山办事。“堨便宜”原指讨便宜或占便宜，后指轻佻地打人或抚摸女人某些地方的侮辱行为。“摆摊头”原是小贩设摊卖货，现引申为东放一些，西放一些。以钱财为对象的，如“捞外快”，本义指捞取额外的收入，引申为捞到意外的好处。“讲价钱”原指做买卖时的讨价还价，后喻指接受任务时提出要求的条件和报酬。凡一事要新开张，上海人称“新开豆腐店”。“生活”在吴语里有一义是指“工作”，即“活儿”。但“吃生活”在上海话里引申作“挨打”。“真生活”原来是指“非常花力气花时间的活儿”，后来变成形容词，从“真吃重”和“功夫真实”变成“真棘手真够呛”的意思，又说“真叫生活势劲!”“套牢”原用于股价下跌资金被困，现可活用作结婚后想离婚却不成，以及被某事情牵绊。另外像“打小算盘”、“装门面”等都是商务词汇的引申。某人非常会为自己利益着想，说他“算盘珠拨了勿要忒响噢”、“算盘珠打得滴笃转”。某人思想不合时尚，就说他是“勿领市面”。

到20世纪90年代，上海商业大发展，社会活力增强，思维更趋活跃，有些词语出现了连续蔓延式的扩义运用。群众用“移就”的修辞方法，渐渐形成了不少短语格式，在日常生活中把商务词语翻新用到各个地方去，如感情“赤字”；“热门”专业；“亏空”精力；“损耗”元气；“消耗”脑力；智力“消费”；“花费”精神；“支出”感情“本钱”；“支出”时间（精神、情感）；“付”了不少“学费”；“欠”了感情“债”、“养育债”、“孽债”；“储蓄”感情；在她身上“投”了点“资”，“搞”了点“基本建设”；在争权夺利上“讨价还价”；用漂亮的“牌照”，要名大学的“牌子”，打红色“招牌”……“包装”一词扩用，用于“行业包装”、“名人包装”、“形象包装”、“评语包装”，“新登场”（来自日语）、“大放送”，这两个词是一般词语专用于商务，“爱心大放送”、“旺情大放送”、“感情大拍卖”又把它转用于生活。上海商业的繁荣催使一些原本用于其他场合的词语带上生意场上的气息。如“敲定”原出自男女谈恋爱，“拍板”出自政治会议的集体决定，现在都常见用于商业谈判。“白板”用作没做成任何生意。“拗断”指朋友之间的绝交，现在也用在商务关系上说断绝关系。反之，又把“清仓”、“割肉”等词用进股市。一时间里，新词新语纷纷出笼，商业用词和生活用语大杂交，如“资金短路”、“名人包装”、“离婚解套”、“联手炒作”、“盘活无形资产”、“进行功能开发”、“玩价格魔方”、“开发感情资源”、“抓菜篮子工程”、“再就业工程”等等，旧词新用，“瞎七搭八”，新意层出不穷，充分反映社会思想的活跃。有的词并迅速变成类后缀，如“价”字一下子构成了“启动价、起板价、探底价、成本价、让利价、热销价、倒贴价、优惠价、奉献价、牺牲价、跳楼价、黄牛价、绝版价”等一族词语。原来喝酒的店上海称之“酒吧”，“吧”是英语“bar”的音译词，20世纪末，上海人注重工作后的休闲，应各种休闲情调而生的场所先是有咖啡吧，又叫“咖吧”，后一发不可收地有了“茶吧、冰吧、陶吧、瓷吧、画吧、布吧、琴吧、奇石吧、怀旧吧、歌剧吧、球迷吧、漫画吧、玩具吧、书吧、迪吧、渔吧、氧吧、网吧”等，生活艺术中都有“吧”了。

商业社会真是个无底洞，推来变去，而词语在这方面即时反映其存在的真面目，是最忠实的。有的词语如“卖身投靠”、“身价百倍”，在前些时候已淡忘了它们的原始本义，如今其原来的本义重新复活。“吃青春饭”的含义也延伸扩大。欲责罪于词语的出现或流行，不如责罪于社会事物的本身。

上海是一座商品经济高度发达的城市，其程度远远超过了同时代下中国内陆任何一个城市，我们从民间使用的层出不穷的商业词语里也能寻觅到这种商业繁荣的深刻痕迹。

从上海话流行语中看到的

上海是国际性的大都市，上海话又是我国汉语第二大方言区吴方言的代表。会说上海话的人不但遍布太湖片，而且已跟随着上海人的足迹流传各地，不但在大陆处处可闻，而且远布我国港台地区及欧澳日美，传播着大上海的民风和文明，各方面的人来到上海，要与上海人深入沟通，都要学点儿上海话，因此上海方言的整理和研究对于建设一个开放性的远东大都市有着现实的意义。其实，自从上海在19世纪中叶刚开埠以来，就有外国的传教士和学者十分认真地编写过不少上海话的词典和语法书，最早的有1853年Edkins氏的《上海口语语法》等，成为用现代的语言学方法记录研究我国方言的第一批著作。我国的学者也曾写过一些书，其中以收录上海方言俗语或称流行语的著作最为有名，如1924年严芙孙著的《上海俗语大辞典》和1934年汪仲贤著的《上海俗语图说》。这两本书记写了20世纪二三十年代上海作为远东金融中心和文化中心的全盛时期中的方言俚语，现在我们经常提到的许多颇有特色的当时留下来的词语如红头阿三、洋行小鬼、白相人嫂嫂、掮客、小白脸、三脚猫、半吊子、拆白党、外国火腿、戳壁脚、吃牌头、看脚路、拉皮条、出锋头、卖野人头、捞锡箔灰、吃讲茶、仙人跳、十三块六角、驼子跌跟斗、拆空老寿星、叫花子吃死蟹、崇明人阿爹等，在这两本书中都有详细的记录和生动的描绘，究本寻源，为我们今天研究当年的社会面貌、历史文化民俗保存了一份珍贵的资料。

半个世纪以来，这方面的书一直没有出版过。现在，上海又进入了一个全面改革开放的新时代，大批外来人口（包括外地人和外国人）重新涌入大上海。继《上海方言俚语》、《上海方言词汇》等书在近几年出版之后，近来由汉语大辞典出版社出版的阮恒辉、吴继平编著的《上海话流行语辞典》又是一本值得注意的、广收上海话流行语的新作。两位先生不辞辛劳，煞费苦心，深入到社会各个角落调查，甚至充扮角色进入一些圈子里去收集词语，集得流行语 1 073 条编入此书，为我们反映了当代上海社会语言变化的真面貌，这些流行语是我们深入一步研究上海话不可多得的活材料。

市民社会天生具有产生流行语的土壤，因为流行是一种时尚，而都市文明的特点便是多元多变。考察上海方言的流行语，大致有以下几个特点：

1. 流行性。许多词语反映了一种流行的时髦的概念，如“大兴”一词就是在一个时期里有的人上冒牌货当多了而流行起来的词。又如“地方粮票”（只限本地通行的利益）一语在各校评定只限本校承认的教授等职称时便在大学范围里流行开来。再如“斩”（敲诈）、“斩一刀”（敲一笔竹杠）则起于有些个体户等坑害顾客行为的泛滥。“吃青春饭”因时装模特、礼仪小姐、宾馆服务员以至陪酒女郎的兴起在 20 世纪 90 年代的女青年中流行。

2. 方言性，社区性。流行语是从一个地区一群人中先用起来的，由于大多数人的母语和日常用语是方言，所以它很自然是起自方言。如“火爆”来自粤语，现在也流行于上海。有些词语迅速反映了某社会阶层中的新的行为特征，如“套牢”（股价下跌资金被困）一语出自上海股市，它随着全民购买股票热兴起而在股民中流行。又如“托福党”用于指称那些为去美国而准备应付托福考试的人。同是粤语，也有社区的不同，如“炒鱿鱼”来自香港，原来广州不用。

3. 俚俗性。流行语产生于闾巷民间，往往只在上海本地流行，是道地的上海土产的俗语和俚语。如“马大嫂”指称每天忙于家务事的妇女，用的是上海话“买、汏（洗）、烧（做饭）”的谐音。又如用“差头”称出租汽车，就取其“差来差去”之意。“西宝兴路报到”隐指死，用的是火葬场所在的路名。“筋搭错”常用于女性骂人思路不正常，神经错乱，男性则多用“短路”。“死蟹”形容完蛋、没希望，起自上海有特色的熟语“死蟹一只”。有小部分的词语还带有隐语性质，为某一圈子里的人通用。如“敲玻璃杯”指找陪酒女玩，在一些经常出入酒吧、个体餐厅的人中使用；“挑上山”用于激起别人干事时，则起源于有流氓习气的人。

4. 惯用性。不少词语具有惯用语的特征，即词组结构比较定型，意义有所引申，常用特定的比喻义取得一定的习用性。如“劈硬柴”指“AA制”；“大眼睛”指汽车，因两个大光灯而来；“软脚蟹”比喻胆小无用、没有魄力的人；“开荤”先指开眼界，后又指初得性经验，都用首次尝试之义；“帮帮忙”则词义转用到对别人所作所为婉言表示不满，有“别难为我，跟我过不去”和“你省点儿事吧，别瞎说”的意思；“空米袋背米”则指无本买卖。有些词语有常用性，如用“瞎嗲”表示“极好，极精彩”；用“乒乓响”称赞“非常出色，响当当”；用“一只鼎”指“最好，最优秀的”；用“戆脱了”指对方“太傻了”，指自己“一时糊涂了”；用“不要忒……噢”表示“不亦……乎”的意思，经常出现在群众口头。

5. 阶层性。一些流行语往往在某一层次的人群中使用。有的流行范围大，如“下只角”（市区中条件差、较边缘的居民区）、“垫刀头”（替死鬼，代人受过的人）、“喇叭腔”（事办得很不像样）、“一帖药”（克星，使人服帖的人）、“毛毛雨”（数量极少，小意思，无足轻重，不在话下），这些词语上海人几乎都能明白它的含义，与一般的上海熟语已难以划界。有的流行范围小，只在某一群人或某一场所中使用，如“门汀”（1 000元）在黑市场中用，“过元宵”（发生婚外性关系）在社会层次较低的商贩中用，“叉白板”（白吃白占便宜，黑吃黑）在流氓团伙中使用，“砌墙头”（搓麻将）在热衷搓麻将的人圈中通用，“充电”（上业余学校学习）在中青年干部、职工中流行，“人气”（对股市前景的信心）在股民中使用。有的词语原来只在小圈子里产生和使用，或在社会层次较低的人群中形成，后来使用范围开始扩大，同时这些词语也开始脱黑和脱俗，如“一张分”原起用于黑市隐语，现在用于称呼10元钱似乎说于各种人的口中。这样的词语还有“开大兴”（说大话）、“斩冲头”（敲诈不在行的人）、“立升”（财力，本领）、“拎勿清”（笨，不能领会）等一批。语言本质上是没有阶级性的，各个社会阶层都会创造流行语，某个阶层造的词语可能会被其他阶层接受使用，流行与否，关键在于词语的可接受性，词义的生动形象是在群众中流行的必要条件。好在上海的社会从来就是雅俗同乐、兼收并纳，吸收词语也不拘一格、不问出身。其实，现在上海人常用的“轧苗头”、“讲斤头”、“照排头”、“戳壁脚”、“装榫头”、“避风头”、“空心汤团”等熟语都见于旧时黑社会帮会流氓中的切口，由于这些词语的核心义素比较生动概括，后来使用范围渐渐扩大开来，同时词语意义经历了空心化或曰外壳化的变化，词语的语义场发生了变化，于是词语也就脱黑脱俗成为全民通用的惯用语。如“讲斤头”最初是黑势力以非法举动、恐吓手段借端敲诈勒索财物时用，现指讲条件，讨价还价，词义扩大化了。又如“孵豆芽”原指英雄落难卧待时机，是从瘪三升到大亨的应有过程，现在词义引申扩大到无工作或不参加工作呆在家中。这类情况在词语发展史上是经常发生的。

6. 时间性。大量词语有一定的流行时期。《上海话流行辞典》中收有的一部分流行语是从 20 世纪初期起就流行至今的，如“轧头寸”（做账拉平收支）、“吃生米饭”（说话态度生硬）、“连裆模子”（同伙）、“捉扳头”（找茬儿）、“11 路电车”（两脚步行）、“远开八只脚”（相距很远）等，流行时间一长，便家喻户晓，不过上海人也往往把这些词语视为海派词语，即新派的俗语，以区别于开埠前的俗语。其中，有的旧词已经转义，如“小三子”旧指听差的，现指小人物、打杂的；“瘟生”旧指无社交经验又自作聪明、吃了亏还冥然不知的人，现骂不讲人性不通人情的人；“好户头”旧指妓院里出手大方的嫖客，现指老实人、老好人；又如“放白鸽”旧指假以女子嫁于某人，然后卷走对方钱财逃走的拐骗行为，今指空应诺，开空头支票。再如“红派司”原指党证，现指结婚证书。有的词语曾淡忘过一个时期，而今重又复活起用，如“小老公”指婚外勾搭上的年轻男子，“开房间”指与情人在旅店幽会。“康密兴”是来自英语的音译词，指佣金。还有一些词语缺乏稳定性，只是在短时期中流行，不久就退潮。如“偷电”（偷窥男女之事）一词产生于 20 世纪 60 年代末青年学生中，以后使用者渐寥；“6 点 05 分”谑称喻头歪向一边者，50 年代在青年学生中流行，现在就很少用了。“大团结”（10 元人民币）在 70 年代使用较多，80 年代中期起就被“一张分”替代。

7. 青春性。年轻人最具青春活力，勇于追赶时代潮流，为了表达他们的新生活新时尚，他们最会在语言上突破。如 20 世纪末的“新新人类”，遇到的新鲜事物太多，体味更美妙，想像更丰富，过去的人是形容词形容得越细微越好，如“严格”不同于“严厉”不同于“严肃”不同于“严谨”等等，须用双音词来写仔细，区别了才是好，现在年轻人则喜欢用单音词来概括，表现它的模糊的、从中心义素发散开互有联系的、便于想像的含义。模糊有模糊的美，这样的流行词除了“酷”，在上海还有“爽”（痛快、舒服、过瘾、太好了）、“跳”（衣着前卫、鲜艳触目、与众不同、自己感觉好、莽撞嚣张）、“巴”（土气、不入时、不活络）、“牛”（兴旺、精神、有冲劲、有好兆头、态度强硬）、“草”（差劲、无能、没用）、“妖”（奇特、有趣、有意思、想法新奇怪异使人难以入手）、“戆”（傻、笨拙、差劲、不伦不类、不登大雅、糊涂）、火（风行）、媚（长得甜或很嗲）、派（有气派、神气模样）、菜（土气、愚昧）、逗（表示委婉否定，荒唐乖戾）、炫（耀眼）、惨（糟糕）、够 in（很另类、很新潮）、嫩（年轻、没经验）等。

8. 形象性。生动形象是流行语的一大特色。流行语来自生活，民间的生活本身生动活泼，幽默诙谐，宽松不加讳饰，流行语也往往因其生动性而取得流行资格。词语创作者发挥了海派的奇思妙想，巧妙幽默地表现生活。比喻、借代、夸张、通感等是常用的修辞手法。如：“脱底棺材”喻吃光用光身无分文者，“童子鸡”、“毛蜞”喻未有性经验的男青年，“排门板”戏称肥硕者，“柏油桶”谑称腰粗者，“羊脚骨”指腿细体弱者，“打电报”喻“眉目传情”，“跷跷板”喻摆不平，“方向”借代事情的头绪、眉目、恋爱的对象，“黑猫警长”代“警察”和“门卫”，“插蜡烛”指不知趣地处于两个恋爱者所在的地方，“开听头”指酒足饭饱后的打嗝或呕吐，“烂污泥底牌”指不光彩的老底，用“垃圾股”喻指不理想的恋爱对象。以形通义的词语也不少，用“808”称手铐，以“手榴弹”代礼酒，“A 型干部”指头尖向上爬无肩不负责任的干部，“皮（B）拆开”隐指十三点，“倒派爱（π）”指夫妻恋人女比男身高高，“对口型”指接吻。利用谐音也能使语言生动活泼，如称健忘者为“王伯伯”；故意说反话触人的霉头称“丢（音笃）煤球”；讨厌人话多，说烦得像“饭泡粥”；“135”指酒，取三数相加为 9 的谐音。利用歇后语的方式构成的，如“城隍老”歇后“爷”字，自称父亲；“猪头三”歇后“牲”字，骂人畜生。有些词语造得幽默诙谐，充分表现了创造者的聪明才智和生活情趣，如“电灯泡”喻光头，“外国礼拜”指法定假日以外的意外或临时休息日，“11 点 8 刻”戏谑十三点，“马路天使”称跑外勤的供销员，“量地皮”指把人强行平放地上，“开脱排”喻溜走，“掼烂山芋”指糊弄、瞎蒙、欺骗性唬人，“克林顿（家里蹲的谐音）大学”讽不需去上课能发文凭的野鸡大学，“567（音谱读法为扫垃圾的谐音），保密厂”指环卫所或清洁管理站，“学习144号文件”指玩麻将。值得注意的是，流行语在构词方式上也有创新，除了新造不少音译或半音译词（如“番司”指脸，来自face；“大令”指亲爱的，来自darling；“开许”指现金，来自cash；“飞阳伞”指未婚妻，来自法语fiancée；“打开司”指接吻，来自kiss；“搭壳子”指追求女性时的仪态举止，来自colt；“大妹苔丝”指不行，不正宗，来自日语だめです）外，直接使用英文字母或英文缩写的新词也产生了，如：“T恤”指T形领子的衬衫，“W.C”指厕所，“BF”指男朋友，“GF”指女朋友，“A收”暗示警察来了快收摊，“F1F2”指因嫉妒而利用各种问题作支点阻碍别人成功的人，出自物理学力点、支点；“24K”指最黄色的录像带。这些词语的产生预示着在开放的年代里汉语词中一种更为开放的字母直接介入构词的新形式将会大量采用，先产生在口语中，后形成文字。

由于上海话流行语具有以上这些特色，它就成为上海方言语汇中一个活跃和敏感的成分，为社会所关注。有不少外国人初到上海很快就学会了某些流行语，他们感到要与上海人打成一片，这些词语才是真正具有上海地方色彩的土语。但是上海的一些人对这类词语的看法并不一致，该不该通用这些敏感的词，常常要发生争议。典型的一次是1962年4月《新民晚报》“街谈巷议”栏中对“嗲”（词义为“好、精彩”）字的一场争论，一连登载了6篇文章，恶之者欲其死，爱之者欲其生。笔者当时是初生牛犊，写了《为“嗲”字一辩》一文，只是为当时年轻人中广为流行的“嗲”字辩护了几句，想不到引来了一片围攻声。这次辩论几乎集中了双方对这类词语看法的全部观点。总括来说，反对的意见有这么几点：① 出身低劣论。“嗲”一类词为一小圈人中的“行话”，最初出自“小流氓”之口，哪可随便登大雅之堂？帝王将相怎么可以由陈平、韩信、刘邦、朱元璋来做呢？② 词汇贫乏论。青少年开口闭口把什么好的东西都说成是“嗲”，难道不是说明他们没有学会丰富优美的祖国词汇吗？③ 有碍文明论。“嗲”的批准会使它的孪生弟兄都猖獗起来，如果大家满口听不懂的黑话，岂不有伤风化吗？④ 语言规范论。中国已经有着那么厚的词典上的那么多规范好了的词语还不够你用？干吗非得要去拣起那些名不见经传的词语呢？真不可思议！

可以预料这样的争论今后还会继续发生下去，但是语言的发展自有它固有的规律，不以人的主观好恶为转移。上海话是一千万上海人天天在说的话，谁也无法左右它的发展趋势，某个词的取舍也不可能靠行政命令，而是取决于说上海话的人的民俗、社会心理、文明程度诸因素的变化，时间倒是考验新词生命力的惟一尺度。“嗲”字的这场争论至今已近半个世纪，“嗲”字仍活跃于上海人的口中，而且“嗲”的两个义项都已载入了1996年出版的修订本《现代汉语词典》。

与“嗲”字相似的情况在北京的报上有“盖了帽”和“的士”的争论。曾几何时，当《人民日报》上出现了“中国女排盖了帽”的标题（1981—3—30）时，有人高声疾呼出身大为不雅的“盖了帽”居然登上大雅之堂，太不严肃了！现在不也收进《现代汉语词典》了吗？

这里就用得上从语言学的基本原理去予以解释。语言归根结底是约定俗成的习惯体系。有人说语言的规范是“典范的现代白话文著作”，是词典上的用语，事实是书面语来源于第一性的口语，口语是书面语产生和发展的基础和源泉，不但规范应是先在口语中形成然后才有人在书面语中运用编进词典明确用法，而且要检验某词是不是这样用法，某个句子是不是符合语法符合规范，世界上语言学家通用的常识是得问使用这种语言的人们说不说用不用。语言又是呈动态变化着的。从社会语言学的角度来看，不断地系统化的语言也不断地表现出它的某些不规则性，社会各阶层在使用全民语言中也表现出一定的差异。社会上各个阶层里新出现的那些流行语正是民间产生的反映各阶层新动态的生动活泼的口语，这些流行语的整理正是语言学家需要深入调查社会语言并分析研究其规律的有意义的课题。例如隐语的产生及其流传扩散的方式和条件就是一个颇有兴味的课题。我们有两个不同的立足点，是通过从社会环境中对语言直接考察来了解语言，还是以书面材料如词典上的有无作为标准和出发点来了解词语？《汉语大词典》上的一半以上词语我们今天已经不用了，我们天天都在产生新词语，这就是推陈出新。有的人津津乐道地考释两三个在古代文献上偶尔露面两三次的已死词语(这也有必要),却对今天大众正在使用的词语不感兴趣,或嗤之以鼻,这才叫怪呢!新词语是新生活的见证,它们又不见于词典,人家查不到,这就是语言文字工作的滞后。新时代必须有新鲜语言与之对应,新词当然未必都是好的,就像旧词未必都是好的一样。语言的发展也自有择优除劣的功能。我们规范语言的目的,应该是使我们使用的语言摆脱墨守成规干瘪无力而大量吸收新鲜活泼的口语创造性地健康发展下去。

我们可以透过这些流行语,了解各种不同的生活方式、不同的文化区域、不同的文化群体是如何组成复杂多层次的社会行为的。从人类行为学的眼光看,不同层次的人创造不同的流行语,反映着他们不同的行为生态。老年人中有“开荷兰水”(喝倒彩),孩子们里有“赖学精”(讽逃学者),文人中有“爬格子”(写稿子),流氓中有“对开”(一对一较量),教师中有“背猪猡”(收学生补课赚钱),学生中有“吃鸭蛋”(得零分),营业员中有“拍半身照”(站柜台),顾客中有“冲头”(被商家敲了竹杠的人),干部中有“校路子”(纠正、开导、做思想工作),职工中有“天勿亮”(指无精打采、眼皮惺忪的样子),五七干校中有“屁股架子”(指凳子),农场职工中有“外国礼拜”,个体商贩中有“打底脚”(指包水果时在袋底放上劣质水果),驻沪机关中有“坐庄客人”(外地、外商驻沪办事机构的工作人员),警察中有“拉网”(大规模搜捕罪犯),小偷中有“打样”(侦察、窥探动静)……。我们可以从中窥察不同人的不同经历和行为特点。不同阶层的人的流行语又是相互影响的,什么情况下互相接受又说明某种人的社会心理影响着另一部分人。老年人和以教育者自居的人往往自己也说着些流行语,却又对年轻人说流行语持反感和压制态度,青年人和下层民众的心理喜欢追求特色刺激,常对以说新词为时髦持积极接受的态度,这本身就反映不同年龄层次或不同地位的人的或保守或稳重或创新或猎奇的生活态度。低层次的流行语带有庸俗性,但低格调的词语往往却又粗鲁坦直,可以是我们观察人类行为的一个窗口。例如性行为是最基本的人类行为,你不说,装作“高雅”,像不食荤腥一样,老百姓还是要说的。人类的性行为较隐蔽一点,但从不少描写性方面的流行语中却可以研究性心理。因此,分析流行语言实际上也就是分析人们的各种流行行为,是人类行为学的一个研究课题。

社会的发展使流行语产生和发生变化。有不同的社会层次才构成了复杂多元有趣的社会,社会生活的丰富性决定了流行语的形象具体生动性,流行语多角度地提供了我们各阶层社会风貌的真实信息。比如20世纪80年代,随着自由交易和黑市场的兴起和活跃,涌现了一批新词语,像“一笼”(100元)、“扒分”(赚取额外收入,也泛指挣钱)、“大兴货”(低劣冒牌货)、“礼拜三(衫)”(穿一星期就坏的衣服)、“肉里分”(血汗钱)、“跑秤”(缺斤两)、“大放盘”(慷慨出让,大降价)、“起板价”(讨价还价的最低价)等。90年代,随着股市的兴起,又出现了一批新词语,像“牛市”(交投量活跃、股价持续上涨的股市)、“盘子”(股票发行的规模,又指二手证券交易市场)、“跑道”(成交机会)、“多头”(买进股票作为筹码等待抛出)、“火棒”(价位已很高、风险很大的股票)、“卖盘”(委托申请卖出股票的人数和股票量)、“刮盘”(买进股票的量和势头)、“调位”(对股票交易行情进行行政干预调整)、“割肉”(因股价下跌而忍痛抛出)等。人们讽刺请客送礼风,于是有“烧香”(行贿)、“进贡”(为利用他人而送礼)、“手榴弹”(两瓶或四瓶一扎的瓶酒)、“炸药包”(方盒网装的蛋糕水果等礼物)等词出现。人们痛恨缺德的人,于是有“撬客”(因嫉妒而在背后作梗设障说坏话的人)、“茄勾”(扑克牌中的J牌,转指心胸狭窄暗地损人的人)、“翘反边”(指暗地里说某人坏话,损害某人的利益)等词出现。生活中需要调侃,就有“11点8刻”、“6点05分”、“四只眼”(戴眼镜的人)、开棚(开门营业)、上班(玩麻将)等词流传,流行语里表现出日常生活中的丰富情趣。《上海话流行语辞典》对大部分的流行语都说明了其开始流行的大致年代,这对我们观察不同时期的社会动态无疑是有利的。社会学研究的是社会的真实面貌,社会语言的动态发展直接反映着社会现状,它也反映了社会生活的活跃多彩性,青年认识生活的创造性,下层社会的俚俗性,所以流行语是社会学研究的好材料。对于社会学来说,对社会既要有宏观的调查,也要有微观的察访,越是微观对社会生活了解也就越是深入细微。社会的客观存在是,文化水平、社会层次高的人的语言不断地影响感染着文化水平、社会层次低的人，同时，文化水平、社会层次低的人的语言也时时影响着文化水平、社会层次高的人。社会对某个新词的普遍接受程度正反映着这个社会的人们的道德风尚的水准、思想面貌和文明程度，它是受该时期社会文明水准的制约的。语言反映的是客观的社会现实，流行语中也有相当一部分低格调的词语。污秽的词语来源于污秽的社会存在，社会现实中有光明面也有阴暗面，回避阴暗面的社会调查是不全面的调查，不会得出正确的结论。《上海话流行语辞典》不避里巷猥辞，也收集了诸如“公车”（指可随意跟任何男子发生性关系的女性）、“敲煤饼”（嫖女人）、“轧轮子”（在公交车上做扒手）、“赤脚”（输完赌本）、“上山”（加入团伙，被捕）等词语，对我们认识各层次的社会、克服交际障碍也有一定帮助。正如编者在“前言”中所说，大力发展教育，社会的进一步改革开放，才是提高社会文化素质和文明程度从而克服流行语中不文明因素的必备条件。

值得引起注意的是，到20世纪末，新词新语的产生和流行形成了高潮期。因特网给流行语领域带来了许多颠覆性的大突破。这主要表现在：① 从底层到高层。过去的流行语往往产生于较低层次的群众，文化程度不太高的人群；如今网上的层出不穷的流行语主要从青年白领、知识阶层产生，俚俗性大为降低，流行语的文明水平顿时提升很多，而且还常常领时代之先，带来科技、文化的新潮流。② 从社区性到全球性。过去的流行语往往在一个社区中流行，通行地域小；现今的流行语在世界华人圈里都流行，有些词语还直接从英语流行语中借来。③ 从方言性到普通话性。在网上流行的都是用拼音输入的共同语流行语，有的原在方言区中的方言流行语也流通到全国。④ 从阶层性到全民性。因特网使流行语的阶层性模糊了，凡上网者全民通用。⑤ 从口语性到书面语性。网上流行语不需要“批准”，一方面具有更彻底的语言约定俗成性，另一方面它一开始就在网上“写”成，其语义定型和文字定形要比以前快得多。网络时代使流行语发生那么大的变化，然而流行语的青春性依然不变，更加动人，因此流行语还是流行语。有关这方面的论述，已有另文详述。（钱，2002b）

社会流行语又是民俗学研究民俗文化的桥梁。方言和民俗有着密切关系，过去的方志总把一地收集的方言编入民俗章卷。民俗是社会各阶层各行业的生活、文化、历史、习惯，民俗学家可以从方言俚语中获得大量的时尚风俗信息，无论是经济的民俗、社会的民俗，还是信仰的民俗、游艺的民俗，都用众多的词语记录了下来。从大的方面来看，上海地区具有海派特征的流行语特别多，土气重的词语特别少，这反映了上海这个有着160年开放传统的社会的民风喜欢创造和兼收并蓄。越是收集俚俗的词语便越能了解本地深层的民俗文化。这里又要讨论俚俗和典雅之间的关系。人类的文明史本身就是一部俗雅轮环史，雅俗之争贯穿着整个社会史、文化史、文学艺术史。宫廷贵族为雅，陋巷贫民为俗，庙堂文学为雅，引车卖浆之徒说的话为俗。也许人们感到太雅了也并不舒服，于是有孔子整理国风，汉帝搜集乐府，唐宫殿中群胡齐舞，宋儒去勾栏谱词，冯凌编《山歌》和三言二拍；于是有人出来疾呼向贵族文学、谬种妖孽宣战，申明高贵者最愚蠢，卑贱者最聪明。语言中也有俗雅，总有人要面向下层，从俚俗中窥见真谛，去了解在满目充耳的浮辞华语高论范文装饰下的民众生活的真相。阮、吴两位先生愿意这样做，为我们提供了一份社会风貌的忠实记录。

关于苏州方言连读变调的意见

《方言》季刊上先后发表了叶祥苓的《苏州方言的连读变调》(1979.P30—46)、《再论苏州方言上声和阴去的连读变调》(1979.P306—307)、张家茂的《苏州方言上声和阴去的连读变调》(1979.P304—306)、谢自立的《苏州方言两字组的连读变调》(1982.P245—263)等四篇论文，讨论苏州方言的连读变调。本文提出一些看法，向三位先生和读者请教。这里谈两个问题：一是对谢自立文章中关于广用式两字组连读变调的个别描写提出商榷意见；二是探讨苏州方言广用式和窄用式连读变调的规律。为行文方便起见，本文提到以上三位先生的文章时，一律简称叶文、张文和谢文。附带谈谈读了汪平的《苏州方言两字组的连调格式》(1983.P286—296)一文后的几点看法。

为便于比较，本文的音标和单字调符号、代码与谢文相同。本文变调格式命名的原则是：前字舒声类，某调的单音动词构成重叠式时所用的变调格式就称为某式，如阴平动词重叠时的变调格式称为1X式，阳平动词重叠时的变调格式称为2X式。前字入声的两字组连调比较复杂，我们除了按前字阴入或阳入命名外，再细分为7XA式、7XB式等。为避免与“两字组的声调组合”1X(前字本调阴平，后字任何调类的两字组)等相混起见，变调格式一律用“式”字。现在把变调格式的名称和谢文中的编号对照如下。末了一栏加括号的两字组3XC和6XC表示用例很少。

变调格式			名　称	谢文编号	包含的声调组合(ABC据谢文)
[˥ ˨˩]	55	21	1X式	① ②	1X　(3XC)　5XA　(6XC)
[˥˨/˦˩ ˨˩]	52	21	3X式	⑨ ⑩	3XB　5XC
[˦˩ ˧˦]	41	34	5X式	⑦ ⑧	3XA　5XB

[├ ┌]	22 44	2X 式	③ ④	2XA 6XA
[˨˦ ˨˩]	24 21	6X 式	⑤ ⑥	2XB 6XB
[ʔ┐ ˧˦]	<u>55</u> 34	7XA 式	⑪	71—76（以 71 72 为主）
[ʔ┐ ˥˨/˥˨]	<u>55</u> 52	7XB 式	⑫	73—76（以 73 76 为主）
[ʔ┐ ˦˩˨/˦˩˨]	<u>55</u> 412	7XC 式	⑬	73—76（以 75 76 为主）
[ʔ┐ ʔ┐/┌]	<u>55</u> 55	7XD 式	⑭	77 78
[ʔ˨˧ ˥˨]	<u>23</u> 52	8XA 式	⑮	81—86
[ʔ˧├ ├]	<u>22</u> 44	8XB 式		81—88
[ʔ˨˧ ʔ┐/┌]	<u>23</u> <u>55</u>	8XC 式	⑯	87 88

还要指出，苏州话舒声单音动词重叠式的变调格式完全由该动词的本调决定，本调不同，变调格式也不同，没有交叉相混的现象，例如：

11 [┤┌ ┤└]	扳扳 pᴇ pᴇ	帮帮 pã pã	烧烧 sæ sæ
22 [˧├ ˧┌]	陪陪 bᴇ bᴇ	防防 bã bã	潮潮 zæ zæ（把它）弄弄湿；（使它）受受潮
33 [˥˨ ˥˨└]	板板 pᴇ pᴇ 面孔～	绑绑 pã pã	扫扫 sæ sæ
55 [˦˩˨˥˨ ˦˩˨├]	绊绊 pᴇ pᴇ	放放 fã fã	罩罩 tsæ tsæ
66 [˨˩˨˦ ˨˩└]	备备 bᴇ bᴇ	碰碰 bã bã	造造 zæ zæ

一

苏州方言的连调方式有两大类：广用式和窄用式。对于广用式两字组连读变调，以前的文章探讨较为详细，我们的认识与谢文基本相同，只有以下几点意见，提出来商榷：

1.1 关于 1X 式前字变调的调值

1X 式的前字变调调值定[┌]55 较妥。比较阴平本调和 1X 式前字变调调值，尤其是比较作为前一后二窄用式三字组里头第一、二字阴平的调值（关于窄用式，详见第二节），就能发现，1X 式前字变调调值要比阴平本调高一度。例如：

风 foŋ┤　风车 foŋ┤┌ ts'o┤└　风凉 foŋ┤┌ liã˧└

春 ts'ən┤　春卷 ts'ən┤┌ tɕiø˥˨└　春节 ts'ən┤┌ tsiəʔ┐└

“风、春”读本调阴平是[┤]44 调，但作为两字组的前字读变调[┌]55 调。再比较：

"烘山芋"广用式(体词)[hoŋ˦꜒ sᴇ˦꜒ jy˨˩]≠"烘山芋"窄用式(谓词)[hoŋ˦ sᴇ˦꜒ jy˨˩]

"天花板"广用式(体词)[t'iɪ˦ ho˦꜒ pᴇ˨˩]≠"添花板"窄用式(谓词)[t'iɪ˦ ho˦꜒ pᴇ˨˩]

"烘山芋"的"烘"作为广用式三字组首字，变调为[꜒]55调，作为窄用式三字组首字，读本调阴平[˦]44调。"天花板"和"添花板花板指中式家具上的雕花装饰板"声母韵母相同，首字"天"变调为[꜒]55调，"添"仍读本调阴平[˦]44调。在苏州口语里还说"我揩揩布，倷拖拖畚我用抹布抹，你用拖把拖"，"揩揩布[k'ɑ˦ k'ɑ˦꜒ pu˨˩]""拖拖畚[t'əu˦ t'əu˦꜒ fən˨˩]"，重叠的两个字不同音（不是上文说的动词重叠式）。可以说明1X式前字的变调调值是[꜒]55调。

1.2 关于6X式前字变调的调值

6X式的前字变调调值谢文是[˩˨]12，我们认为定为[˨˦]24较妥。下面用声母韵母相同的字，比较阳平本调调值，5X式、7XA式的后字变调调值以及6X式前字的变调调值：

阳平([˨˧]23)	馋 zᴇ˨˧	𪸩瘫软无力 zəu˨˧
5X式(后字[˧˦]34)	蠢材 ts'ən˦˥ zᴇ˧˦	宝座 pæ˦˥ zən˧˦
7XA式（后字[˧˦]34）	发财 faʔ꜒ zᴇ˧˦	客座 k'ɑʔ˥ zən˧˦
6X式(前字[˨˦]24)	残酷 zᴇ˨˦ k'oʔ˥˩	坐坐 zəu˨˦ zəu˨˩

"馋、𪸩"读阳平本调，先平后升，如谢文描写的[223：]。5X式、7XA式的后字("材、财、座")调值起点较高，升程却不大，记[˧˦]34是确切的。与这两类相比较，6X式前字("残、坐")的变调调值则介于其间，它的起点与阳平本调同，升程较大，终点与5X式、7XA式后字同，应记作[˨˦]24。

1.3 关于8X类的变调格式

8X类的变调有三种格式：8XA式应记作[ʔ˨˧ ˥˨]<u>23</u> 52，谢文记作[ʔ˨˧ ˨˩]<u>23</u> 21；8XB式是我们补充的，记作[ʔ˨˨ ˦]<u>22</u> 44；8XC式即谢文的⑯，记作[ʔ˨˧ ʔ˥/꜒]<u>23</u> <u>55</u>。下面说明8XA、8XB式。

① 8XA式的后字变调调值起点高，降程也大，与阴上本调相似，和7XB式后字相同，而比1X式、3X式、6X式的后字变调调值[˨˩]21则要

高得多。试比较下列三栏两字组后字的调值：

1X 式/3X 式/6X 式	7XB 式	8XA 式
11 冬瓜 toŋ˧˦ ko˧˨˩		81 木瓜 moʔ˨ ko˧˥˨
12 风头 foŋ˧˦ dʏ˨˨˩		82 实头 zəʔ˨ dʏ˧˥˨ 实在
13 钢板 kã˧˦ pE˥˨˩	73 铁板 t'iəʔ˥ pE˥˨	83 石板 zɑʔ˨ pE˥˨
35 火气 həu˥˧ tɕ'i˥˨˩		85 力气 liəʔ˨ tɕ'i˥˥˨
36 三妹 sE˥˦ mE˥˨˩	76 黑妹 həʔ˥ mE˥˥˨	86 白妹 bɑʔ˨ mE˥˥˨
	76 雪亮 siəʔ˥ liã˥˥˨	86 月亮 ŋəʔ˨ liã˥˥˨
65 罪过 zE˥˨˨ kəu˥˨˩	73 结果 tɕiəʔ˥ kəu˥˨	83 白果 bɑʔ˨ kəu˥˨

左栏 1X 式等三式的后字变调调值为[˨˩]21。7XB 式和 8XA 式两栏中的后字变调调值完全相同，其中“气板妹果”四字跟单用的阴上字“起[tɕ'i˥˨]板[pE˥˨]美[mE˥˨]果[kəu˥˨]”读音没有什么差别。因此，我们认为 8XA 式后字变调调值应与 7XB 类后字一样，记为[˥˨]52。

② 阳入起头的连调组，还有一种变调格式，主要用于以指示代词“搿[gəʔ˨]”开头的字组，变调调值为[ʔ˨˨ ˦˦]22 44 或[ʔ˨˨ ʔ˦˦]22 44，我们定为 8XB 式。谢文、叶文 1979.30—46 都没有把这种变调格式列为专用式，我们把它归入广用式连读变调。举例如下：

81 [˨˨ ˦˦] 搿摊 gəʔ t'E 这儿	搿星 gəʔ sin 这些	十三 zəʔ sE	搿张 gəʔ tsã 这张
82 [˨˨ ˦˦]	搿年 gəʔ ȵiɪ 那年	搿条 gəʔ diæ 这条	搿排 gəʔ bɑ 这排
83 [˨˨ ˦˦]搿种 gəʔ tsoŋ 这种	搿点 gəʔ tiɪ 这些	搿本 gəʔ pən 这本	搿顶 gəʔ tiɪ 这顶
85 [˨˨ ˦˦] 孛相 bəʔ siã 玩儿	搿倒 gəʔ tæ 这倒是	搿块 gəʔ k'uE 这一块	搿句 gəʔ tɕy 这句
86 [˨˨ ˦˦] 实梗 zəʔ gã 这样	搿件 gəʔ dʑiɪ 这件	搿里 gəʔ li 这里头	搿是 gəʔ zɿ 那
87 [˨˨ ˦˦] 搿搭 gəʔ taʔ 这儿	搿个 gəʔ kəʔ 这个	搿 隻 gəʔ tsɑʔ 这只	搿格 gəʔ kɑʔ 这一格
88 [˨˨ ˦˦]搿勒 gəʔ ləʔ 因此	搿末 gəʔ məʔ 那么	搿日 gəʔ ȵiəʔ 那天	搿粒 gəʔ liəʔ 这颗

一般情况下，“搿”既可以代替近指代词“哀个[E˧ kəʔ˧˨˩]”或“该个[kE˧˦ kəʔ˥˨˩]”，也可以代替远指代词“弯个[uE˧˦ kəʔ˥˨˩]”或“归个[kuE˧˦ kəʔ˥˨˩]”。

8X 式前字不用“搿”字的，目前我们只发现“孛相、实梗、十三”三个，前两个也能读 8XA 式变调：孛相[bəʔ˨ siã˥˥˨]；实梗[zəʔ˨ gã˥˥˨]。

1.4　两字组声母的变化

对广用式两字组连读时声韵母的变化，叶文 1979.30—46 和谢文都曾谈及，我们着重讨论浊流[ɦ]的问题，再举一些比字的例子。

苏州话阳调字都带有浊流[ɦ]，阴调字都没有浊流[ɦ]。苏州话的阳平、阳入都是升调，阳去开始也有一个很短的上升的过程。这样看来，浊流[ɦ]似乎与升调有关。

在广用式连读变调时，前字阴阳不混，所以有浊流[ɦ]的声母不会失去浊流，不带浊流的声母也不会加上浊流；后字不分阴阳，就会发生带不带浊流[ɦ]的问题。具体说明如下：

(1) 苏州话声母[m n l ȵ ŋ ∅]实际上有清浊对立，清声母都带紧喉[ʔ]，浊声母都带浊流[ɦ]，严式标音举例如下：

闷 ʔmən˦≠门 mɦən˩˧　　囡 ʔnø˦≠暖 nɦø˩˧　　溜 ʔlʏ˦≠留 lɦʏ˩˧

扭 ʔȵiʏ˦≠牛 ȵɦiʏ˩˧　　我 ʔŋəu˦≠鹅 ŋɦəu˩˧　　衣 ʔi˦≠移 ɦi˩˧

这一类声母的连读变调也仅限于后字。后字变调的调形是平调或降调时，声母[mɦ nɦ lɦ ȵɦ ŋɦ]变成[ʔm ʔn ʔl ʔȵ ʔŋ]或[m n l ȵ ŋ]；后字变调的调形是升调时，后字声母[ʔm ʔn ʔl ʔȵ ʔŋ]变为[mɦ nɦ lɦ ȵɦ ŋɦ]或[m n l ȵ ŋ]。例如：

门 mɦən˩˧　　城门 zən˩˧꜔ ʔmən˩˧꜓　　zən˩˧꜔ mən˩˧꜓

面 mɦiɪ˨˧˩　　店面 tiɪ˥˩˧꜒ ʔmiɪ˨˧˩꜔꜖　　tiɪ˥˩˧꜒ miɪ˨˧˩꜔꜖

偶 ʔŋʏ˨˧˩　　配偶 p'ᴇ˥˩˧꜕꜒꜔ ŋɦʏ˨˧˩꜔꜓　　p'ᴇ˥˩˧꜕꜒꜔ ŋʏ˨˧˩꜔꜓

再举几个比字的例子：

焖 ʔmən˦≠门 mɦən˩˧　　油焖＝油门 ɦiʏ꜔ mən꜓

鸣 ʔmin˦≠名 mɦin˩˧　　争鸣＝真名 tsən꜒ min꜔꜖

囡 ʔnø˦≠男 nɦø˩˧　　好囡＝好男 hæ꜓꜒ nø꜔꜓

鲁 ʔləu˦≠罗 lɦəu˩˧　　小鲁＝小罗 siæ꜓꜒ ləu꜔꜓

后字声母[ʔ]和[ɦ]([j])变化比较自由，有[ʔ ɦ ∅]几种变体，一般情况下，声母[ɦ]逢变调是平调、降调时变为[ʔ]，逢升调时仍为[ɦ]；声母[ʔ]逢变调是平调、降调时仍为[ʔ]，逢升调时变为[ɦ]。或者，零声母后字都读为[∅]。叶文、谢文已经指出“青蛙、清华”等例子有不同读法。

下面补充几个例子：

苇 ɦuᴇ˨˦ 芦苇 lɦəu˨˦˧ ʔuᴇ˨˦˧≠(— uᴇ˨˦˧ ，— ɦuᴇ˨˦˧)
影 ʔin˥˨ 电影 tɦiɪ˨˩˧ ʔin˨˩˧ ≠(— in˨˩˧ ，— ɦin˨˩˧)
河 ɦəu˨˦ 小河 siæ˦˥˩ ɦəu˨˦˧ （— əu˨˦˧ ）
应 ʔin˦ 接应 tsiəʔ˥ ɦin˥˧ （— in˥˧ ）

再举几个比字的例子：

屋 ʔoʔ˥≠学 ɦoʔ˨˦ 小屋＝小学 siæ˥˩ ɦoʔ˧ (— oʔ˧)
汪 ʔuɑ̃˦≠王 ɦuɑ̃˨˦ 小汪＝小王 siæ˥˩ ɦuɑ̃˧ (— uɑ̃˧)

② 苏州话声母[b d g v dʑ z]出现在单字或多字组前字里，实际上都不是真浊音，而是清音浊流，按严式音标标音应为[pɦ tɦ kɦ fɦ tɕɦ sɦ]，与清声母[p t k f tɕ s]对立。严式标音举例如下：

包 pæ˦≠跑 pɦæ˨˦ 刀 tæ˦≠桃 tɦæ˨˦ 闺 kuᴇ˦≠葵 kɦuᴇ˨˦
夫 fəu˦≠扶 fɦəu˨˦ 皎 tɕiæ˦≠桥 tɕɦiæ˨˦ 收 sʏ˦≠揉 sɦʏ˨˦

在多字组的后字里，凡变调为平调、降调时，才读为真浊音[b d g v dʑ z]，凡变调为升调时，仍读作清音浊流[pɦ tɦ kɦ fɦ tɕɦ sɦ]。例如：

头 tɦʏ˨˦ 码头 mɦo˨˩˧ dʏ˨˦˧ 鼻头 pɦəʔ˨˦ dʏ˨˦˧ 纸头 tsɿ˥˩ tɦʏ˨˦˧
树 sɦʮ˨˩ 桃树 də˨˦˧ zʮ˨˩˧ 松松 soŋ˦˧ zʮ˨˩ 果树 kəu˥˩ sɦʮ˨˩˧

这一类字声母变真浊音时，虽然与清音声母字同调值，阴阳调相混而清浊声母的对立仍然存在。例如：

兵 pin˦≠平 pɦin˨˦ 天兵 t'iɪ˦˧ pin˦˩ ≠天平 t'iɪ˦˧ bin˨˩
水 su˥˨≠树 zʮ˨˦ 大水 dəu˨˩˧ sʮ˨˩˧ ≠大树 dəu˨˩˧ zʮ˨˩˧

谢文和叶文对苏州话广用式两字组的连读变调举例甚详。下面再举一些比字的例子：

22A[˨˦˧ ˨˦˧]≠22B [˨˦˧ ˨˩] 重来≠从来 [zoŋ lᴇ]
33A [˥˩ ˥˧]≠33B [˥˨ ˥˩] 嫂嫂≠扫扫 [sæ sæ]
宝宝≠饱饱 [pæ pæ]俗语：面皮老老，肚皮饱饱
56A [˨˧ ˨˩]≠56B [˨˥ ˥˧] 四面四处≠四面表数量 [sɿ miɪ]
66A [˨˩˧ ˥˧]≠66B [˥˧ ˨˩] 两面两边儿≠两面表数量[liã miɪ]
67A [˨˩˧ ˥˧]≠67B [˥˧ ˥˩] 像煞似乎≠像煞挺像 [ziã saʔ]

二

分析苏州话句子的语音结构，除语调外，根据有无或可否停顿进行分割，可以得到一个个小的片断。这些片断，有的是广用式连调组，有的是窄用式连调组，还有的是单字。下面分别讨论广用式和窄用式连调组的一些变调规律。

2.1 广用式的连读变调规律

广用式是这样一种组合：一个连调组的各音节之间关系极为紧密，内部没有停顿。苏州话广用式连读变调的大多数格式都有这样一个显著特点：前字定式，后字附着，即在一个连调组里（不论两字或多字），第一字以后的字都失去本调，而与前字一起共用一个固定的变调格式，从而形成一个结构紧密的语音结合。

在两字组中，前字的变调调型确定之后，整个字组的变调格式能决定的有：1X 式、3X 式、5X 式、2X 式、6X 式、8XB 式和后字舒声的 8XA 式。当前字的变调调值是[꜒][꜔꜒] [꜓]时，后字一定是[꜔] [ʔ꜕]；前字是[꜔] [ʔ꜔]时，后字是[꜓] [ʔ꜓]；前字是[꜔꜒]时，后字是[꜓][ʔ꜓]；前字是[ʔ˧]时，后字是[꜔꜒]。下面用两字组举例，每行开头先记前字和后字的变调调值。

[꜒ (ʔ) ꜔] 聪明 ts'oŋ˧꜒ min˧꜕　冰肉 pin˧꜒ ȥioʔ˧꜕　本来 pən˥˩꜒ lɛ˧꜕　表壳 piæ˥˩꜒ k'oʔ˥꜕
　睏裤 k'uən˩꜒ k'əu˩꜕　暗室 ø˩꜒ səʔ˥꜕　友好 iɤ˥˩꜒ hæ˥˩꜕

[꜔꜒ (ʔ) ꜔] 吵醒 ts'æ˧ sin˥˩꜕　九百 tɕiɤ˧ paʔ꜓　记认 tɕi˥˩꜔꜒ ȵin˥˩꜕　裤脚 k'əu˩꜔꜒ tɕiaʔ˥꜕

[꜓ (ʔ) ꜔] 冷讯 lã˥˩꜓ sin˩꜕　下日 ɦo˩꜓ ȵiəʔ˧꜖　承认 zən˧꜓ ȵin˥˩꜕　严肃 ȵi˧꜓ soʔ˥꜕

[꜔ (ʔ) ꜓] 馄饨 ɦuən˧꜔ dən˧꜓　房客 vã˧꜔ k'ɑʔ˥꜓　浪头 lã˥˩꜔ dɤ˧꜓　技术 dʑi˥˩꜔ zəʔ˧꜓

[ʔ꜔ (ʔ) ꜓] 孛相 bəʔ˧꜔ siã˩꜓　搿末 gəʔ˧꜔ məʔ˧꜓

[꜔꜒ (ʔ)꜓] 赛过 sɛ˩꜔꜒ kəu˩꜓　报复 pæ˩꜔꜒ foʔ˥꜓　好婆 hæ˥˩꜔꜒ bu˥˩꜓　好日 hæ˥˩꜔꜒ ȵiəʔ˧꜓

[ʔ˧ ꜔꜒] 舌头 zəʔ˧ dɤ˩꜔꜒　热络 ȵiəʔ˧ loʔ˩꜔꜒

但是，前字变调调值的选择往往难以从多字组内部语音上的关系去分析，有时与意义有关，比如"报"字作为两字组的前字，作"报纸"的意义解释时，读 1X 式。如：

1X式　报纸 pæ˨˩˥ tsɿ˨˩˧　报社 pæ˨˩˥ zo˨˩˧　报馆 pæ˨˩˥ kuø˨˩˧　报浪 pæ˨˩˥ lã˨˩˧　报上

其他用“报”起头的连调组，有用1X式的，也有用别的变调格式的：

1X式　报销 pæ˨˩˥ siæ˧˩˧　报到 pæ˨˩˥ tæ˨˩˧　报应 pæ˨˩˥ in˨˩˧

3X式　报告 pæ˨˩˦ kæ˨˩˧

5X式　报复 pæ˨˩˧ foʔ˥˨　报酬 pæ˨˩˧ zʏ˥˨

苏州话的广用式两字组中，前字是入声时，连调往往由后字决定。

① 7XD式、8XC式都是由两个入声字构成的连调组，后字不论是阴入或阳入，都读作[ʔ˥]55。跟后字为舒声的其他各类没有不同，我们拿7XA和7XD作比较，拿8XA和8XC作比较：

7XA式　北瓜 poʔ˥ ko˧˨　赤豆 ts'ɑʔ˥ dʏ˨˩˨　7XD式　作孽 tsoʔ˥ ȵiəʔ˧˦

8XA式　舌头 zəʔ˧ dʏ˧˦　力气 liəʔ˧ tɕ'i˨˩˦　8XC式　目的 moʔ˧ tiəʔ˥

② 前字为阴入的两字组，凡后字是平声的，都用7XA式，后字为上声去声的，则用7XB式、7XC式。例如：

7XA式　黑心 həʔ˥ sin˧˨　阿婆 aʔ˥ bu˧˨

7XB式　作死 tsoʔ˥ si˨˧　恶棍 oʔ˥ kuən˨˩˦　得罪 təʔ˥ zᴇ˨˩˦

7XC式　鸽蛋 kəʔ˥ dᴇ˨˩˦　吃相 tɕ'iəʔ˥ siã˨˩˨吃东西时的样子（贬义）

但是，正如谢文指出的，在后字为仄声的两种变调中，有一部分两字组可以有两读，即后字又读作[˨]，用7XA式。这反映了7XB式和7XC式有并入7XA式的倾向。

③ 使用3X式变调格式的5XC类两字组，后字只能是去声字。例如：

兴趣 ɕin˨˩˦ ts'i˨˩˧　布告 pu˨˩˦ kæ˨˩˧　漂亮 p'iæ˨˩˦ liã˨˩˧　顾问 kəu˨˩˦ vən˨˩˧。

苏州方言广用式连读变调格式是可以扩展的。属于同一变调类型的多字组可以看成是同类型两字组的扩展或延伸。也就是说三、四、五字组的连调是前字相同的两字组连调按一定方式扩展或延伸的结果。变调情况请看表一。表中不再列出每种变调格式所包含的连调组类型，请参看上文341—342页。

表 1　广用式连读变调总表

式	两字组	三字组	四字组	五字组
1X	꜒55 ꜕꜖21	꜒55 ꜒55 ꜕꜖21	꜒55 ꜒55 ꜔33 ꜕꜖21	꜒55 ꜒55 ꜔33 ꜔33 ꜕꜖21
3X	꜒꜕52 ꜕꜖21	꜒꜕52 ꜕22 ꜕꜖21	꜒꜕52 ꜕22 ꜕22 ꜕꜖21	꜒꜕52 ꜕22 ꜕22 ꜕22 ꜕꜖21
5X	꜓꜖41 ꜔꜓34	꜓꜖41 ꜔꜓34 ꜕꜖21	꜓꜖41 ꜔꜓34 ꜓44 ꜕꜖21	꜓꜖41 ꜔꜓34 ꜓44 ꜔33 ꜕꜖21
2X	꜕22 ꜓44	꜕22 ꜒55 ꜕꜖21	꜕22 ꜒55 ꜓44 ꜕꜖21	꜕22 ꜒55 ꜓44 ꜔33 ꜕꜖21
6X	꜕꜓24 ꜕꜖21	꜕꜓24 ꜓44 ꜕꜖21	꜕꜓24 ꜓44 ꜔33 ꜕꜖21	꜕꜓24 ꜓44 ꜔33 ꜔33 ꜕꜖21
7XA	ʔ꜒55 ꜔꜓34	ʔ˥55 ꜔꜓34 ꜕꜖21		
7XB	ʔ˥55 ꜒꜕52	ʔ˥55 ꜒꜕52 ꜕꜖21	ʔ˥55 ꜔꜓34 ꜓44 ꜕꜖21	ʔ˥55 ꜔꜓34 ꜓44 ꜔33 ꜕꜖21
7XC	ʔ˥55 ꜓꜖꜕412	ʔ˥55 ꜓꜖41 ꜔꜓34		
7XD	ʔ˥55 ʔ꜒55	ʔ˥55 ʔ꜒55 ꜕꜖21	ʔ˥55 ʔ꜒55 ꜓44 ꜕꜖21	ʔ˥55 ʔ꜒55 ꜓44 ꜔33 ꜕꜖21
8XA	ʔ˨˧23 ꜒꜕52	ʔ˨˧23 ꜒꜕52 ꜕꜖21	ʔ˨˧23 ꜒꜕52 ꜕22 ꜕꜖21	ʔ˨˧23 ꜒꜕52 ꜕22 ꜕22 ꜕꜖21
8XB	ʔ꜕22 ꜓44	ʔ꜕22 ꜒55 ꜕꜖21	ʔ꜕22 ꜒55 ꜓44 ꜕꜖21	ʔ꜕22 ꜒55 ꜓44 ꜔33 ꜕꜖21
8XC	ʔ˨˧23 ʔ꜒55	ʔ˨˧23 ʔ꜒55 ꜕꜖21	ʔ˨˧23 ʔ꜒55 ꜓44 ꜕꜖21	ʔ˨˧23 ʔ꜒55 ꜓44 ꜔33 ꜕꜖21

从表一可以看出多字组变调与两字组变调之间的关系如下：

① 多字组的首字与两字组前字变调相同。多字组末字都变低降的[꜕꜖]21 调，只有 7XC 式三字组例外，末字变为中升[꜔꜓]34 调。

② 多字组的第二字变调基本上与两字组后字的变调相同，只有 1X、3X、6X 三式的第二字分别变为平调[꜒]55、[꜕]22、[꜓]44，和两字组的后字变调[꜕꜖]21 调不同。

③ 四字组的第三字和五字组的第三字、第四字都变为平调，两者的第三字调值相同。第三字调值为[˨]22 调和[˧]33 调时，第四字调值同第三字。第三字调值为[˦]44 调时，第四字为[˧]33 调。六字组第五字调值同第四字。

请注意：多字组的连读变调格式中间，有个别交叉的现象。3X 式的两字组扩展为多字组时，有一部分改用 5X 式；6X 式的两字组扩展为多字组后，有一部分改用 2X 式；7XB 式和 7XC 式的两字组扩展为三字组后，B、C 两式可以互用，还有一部分和四字组、五字组一样，基本上改用 7XA 式。这里不详细举例。

因为前字调类相同的两字组跟多字组的广用式连读变调有共同特点，所以我们可以用两字组变调格式的名称来指称表一同行的多字组的变调格式。这样，在指出该字组的变调格式以后，也就能知道多字组中每一个字的具体变调调值了。下面用 3X 式和 5X 式举例说明。

3X 式包括谢文的 3XB 和 5XC，及其扩展。其中一部分 3X 式可以用 5X 式：

① 3XB 剪剪 tsiɪ˦ tsiɪ˦˨

3X 式 剪一剪 tsiɪ˦ iəʔ˥˧ tsiɪ˥˨ 剪法剪法 tsiɪ˦ faʔ˥˧ tsiɪ˦˧ faʔ˥˨

剪剪看末哉 tsiɪ˦ tsiɪ˦˧ k'ø˨˧ məʔ˧˧ tsE˧˨ 试着剪剪吧

② 3XB 小气 siæ˦ tɕ'i˨˨

3X 式 小气煞 siæ˦ tɕ'i˨˧ saʔ˥˨ 小气得来 siæ˦ tɕ'i˨˧ təʔ˥˧ lE˨˨ 真小气

小气煞快哉 siæ˦ tɕ'i˨˧ saʔ˥˧ k'uɑ˨˧ tsE˧˨ 小气死了

5X 式 小气鬼 siæ˦˥ tɕ'i˨˦ tɕy˦˨ 小气户头 siæ˦˥ tɕ'i˨˦ ɦəu˨˦ dY˨˨ 小气家伙

小气鬼式气 siæ˦˥ tɕ'i˨˦ tɕy˦˦ səʔ˥˧ tɕ'i˨˨ 小气鬼似的

③ 3XB 九十 tɕiY˦ səʔ˥˨

3X 式 九十岁 tɕiY˦ səʔ˥˧ sE˨˨ 九十岁哉 tɕiY˦ səʔ˥˧ sE˨˧ tsE˧˨ 九十岁了

九十岁快哉 tɕiY˦ səʔ˥˧ sE˨˧ k'uɑ˨˧ tsE˧˨ 快九十岁了

5X 式 九十几 tɕiY˦˥ zəʔ˧˦ tɕi˦˨ 九十几岁 tɕiY˦˥ zəʔ˧˦ tɕi˨˦ sE˨˨

九十七八岁 tɕiY˦˥ zəʔ˧˦ ts'iɑ˧˦ poʔ˥˧ sE˨˨ "七"韵母变读，表约数

④ 5XC 破坏 p'u˨˥ ɦuɑ˦˨

3X 式 破坏脱 p'u˨˥ ɦuɑ˨˧ t'əʔ˥˨ 破坏起来 p'u˨˥ ɦuɑ˨˧ tɕ'i˦˧ lE˧˨

破坏仔一点 p'u˨˥ ɦuɑ˨˧ tsɿ˦˧ iəʔ˥˧ tiɪ˦˨

5X 式 破坏分子 p'u˨˥ ɦuɑ˨˦ vən˨˦ tsɿ˦˨

破坏分子勒啥 p'u˨˥ ɦuɑ˨˦ vən˨˦ tsɿ˦˧ ləʔ˧˦ sɑ˨˨ 破坏分子什么的

⑤ 5XC 故事 kəu˨˥ zɿ˨˨

3X 式 故事里 kəu˨˥ zɿ˨˧ li˨˨ 故事里向 kəu˨˥ zɿ˨˧ li˨˧ ɕiɑ̃˨˨ 故事里

故事当中个 kəu˨˥ zɿ˨˧ tɑ̃˧˧ tsoŋ˧˧ kəʔ˥˨

5X 式 故事会 kəu˨˥ zɿ˨˥ ɦuE˨˨ 故事会浪 kəu˨˥ zɿ˨˦ ɦuE˨˦ lɑ̃˨˨

故事会勒星 kəu˨˥ zɿ˨˦ ɦuE˨˦ ləʔ˧˦ sin˧˨ 故事会等等

从以上例子看到，用 3X 式变调的两字组扩展后仍能保持原变调格式的，一般是实词跟附加成分(如“得来|起来|浪|里”等)的组合、谓词的重叠式(如“小气煞|剪一剪”)；可以用 5X 式变调的多字组，一般是实词与实词的组合(如“小气户头|故事会”)；6X 式的扩展用 6X 式或用 2X 式的情况也大致相同。

5X 式包括谢文的 5XB 和 3XA，以及它们的扩展，都用 5X 式变调：

⑥ 5XB 破破 p‘u˥˩˧꜓꜒꜔ p‘u˥˩˧꜒

破一破 p‘u˥˩˧꜓꜒꜔ iəʔ˥꜒ p‘u˥˩˧꜖　破好快哉 p‘u˥˩˧꜓꜒꜔ hæ˥˩꜒ k‘uɑ˥˩˧꜒ tsE˧꜖

破一破末哉 p‘u˥˩˧꜓꜒꜔ iəʔ˥꜒ p‘u˥˩˧꜒ məʔ˧꜒ tsE˧꜖

⑦ 5XB 烫杀 t‘ɑ̃˥˩˧꜓꜒꜔ saʔ˥꜒ 烫死

烫杀脱 t‘ɑ̃˥˩˧꜓꜒꜔ saʔ˥꜒ t‘əʔ˥꜖ 烫死掉　烫一烫杀 t‘ɑ̃˥˩˧꜓꜒꜔ iəʔ˥꜒ t‘ɑ̃˥˩˧꜒ saʔ˥꜖

烫杀脱快哉 t‘ɑ̃˥˩˧꜓꜒꜔ saʔ˥꜒ t‘əʔ˥꜒ k‘uɑ˥˩˧꜒ tsE˧꜖

⑧ 5XB 试试 sɥ˥˩˧꜓꜒꜔ sɥ˥˩˧꜒

试试看 sɥ˥˩˧꜓꜒꜔ sɥ˥˩˧꜒ k‘ø˥˩˧꜖　试一试看 sɥ˥˩˧꜓꜒꜔ iəʔ˥꜒ sɥ˥˩˧꜒ k‘ø˥˩˧꜖

试试看末哉 sɥ˥˩˧꜓꜒꜔ sɥ˥˩˧꜒ k‘ø˥˩˧꜒ məʔ˧꜒ tsE˧꜖

⑨ 3XA 剪刀 tsiɪ˥˩꜓꜒꜔ tæ˧꜒

剪刀头 tsiɪ˥˩꜓꜒꜔ tæ˧꜒ dY˩˧꜖　剪刀袋袋 tsiɪ˥˩꜓꜒꜔ tæ˧꜒ dE˩˧꜒ dE˩˧꜖ 装剪刀的口袋

剪刀厂里向 tsiɪ˥˩꜓꜒꜔ tæ˧꜒ ts‘ɑ̃˥˩꜒ li˩˧꜒ ɕiɑ̃˥˩˧꜖

⑩ 3XA 比较 pi˥˩꜓꜒꜔ tɕiæ˥˩˧꜒

比较级 pi˥˩꜓꜒꜔ tɕiæ˥˩˧꜒ tɕiəʔ˥꜖　比较比较 pi˥˩꜓꜒꜔ tɕiæ˥˩˧꜒ pi˥˩꜒ tɕiæ˥˩˧꜖

比较比较看 pi˥˩꜓꜒꜔ tɕiæ˥˩˧꜒ pi˥˩꜒ tɕiæ˥˩˧꜒ k‘ø˥˩˧꜖

2.2　窄用式的连读变调规律

窄用式是苏州方言连读变调的另一种表现形式。与广用式相比，窄用式字组内部结构比较松散，可以分成两段或几段，各段之间下文用[·]隔开。

广用式的应用范围广，几乎各种语法结构关系的字组都能使用，包括语素和语素的结合(语言|动宾式)、实词和实词的结合(眼衣裳|木器家生|金银铜铁锡)、实词和虚词的结合(看仔|做光勒)。窄用式的应用则有一定的范围，大多是主谓式、动宾式、补充式和谓词性偏正式的字组，其中最常见的是主谓式和动宾式。例如：

主谓式	布好 pu˧˩˧꜒· hæ˥˧	食仓饭量大 zəʔ˨˧ ts'ã˦꜒· dəu˩˧
动宾式	动气 doŋ˩˧꜔· tɕ'i˧˩˧	烫头发 t'ã˧˩˧꜒· dɤ˨˧꜔ fɑʔ˥꜒
补充式	记牢 tɕi˧˩˧꜒· læ˨˧	忘记光 mã˩˧꜔ tɕi˧˩˧꜔· kuã˦
联合式	好㑊hæ˥˧꜒· tɕ'iɤ˦	打打闹闹 tã˥˧꜒ tã˥˧꜔· næ˩˧꜓ næ˩˧꜖
偏正式	穷崭极好 dʑioŋ˨˧꜔· tsE˥˧	生生青 sã˦꜒ sã˦꜔· ts'in˦
	哈哈笑 ha˦꜒ ha˦꜔· siæ˧˩˧	两家人家 liã˩˧꜓ kɑ˦꜔· ȵin˨˧꜔ kɑ˦꜒
其　他	礼拜一 li˩˧꜔ pɑ˧˩˧꜔· iəʔ˥	勿得了 fəʔ˥ təʔ˥꜔· liæ˩˧

以上例子表示，窄用式一般是由两段组成的。其中每一段可以是单字，也可以是一个广用式连调组。前一段（称“前段”）单字或广用式的末字变调规律见表二。后一段（称“后段”）如果是单字则读本调，如果是字组就用本字组的广用式变调格式。

四字组以上的窄用式也有由三段组成的。其中一、二两段（称“前段”）可以是单字，也可以是一个广用式连调组。这时，第一、二段的单字或广用式末字都变调，第三段（称“后段”）如果是单字则读本调，如果是字组就用本字组的广用式变调格式。但请注意：这类窄用式又常常可合并为两段或一段，要是合并为一段，就读为广用式。下面举几个例子，括弧内表示又读：

八仙过海 poʔ˥ sɪ˦꜔· kəu˧˩˧꜒· hE˥˧ ([ʔ˥ ˦꜔ ˧˩˧꜒ ˥˧꜖])

覅夹嘴舌别搬弄是非 fiæ˧˩˧꜒· kaʔ˥꜔· tsɥ˥˧꜒꜔ zəʔ˨˧꜔ ([˧˩˧꜒· ʔ˥ ˥˧꜒꜔ ʔ˨˧꜔])

烧香望和尚～，一事两便当 sæ˦꜒ ɕiã˦꜔· mã˩˧꜔· ɦəu˨˧꜔ zã˩˧꜒ ([˦꜒ ˦꜔· ˩˧꜔ ˨˧꜒ ˩˧꜖])

中华人民共和国 tsoŋ˦꜒ ɦo˨˧꜔· zən˨˧꜔ min˨˧꜔· goŋ˩˧꜔ ɦəu˨˧꜒ kuəʔ˥꜖ ([˦꜒ ˨˧꜒ ˨˧꜒ ˨˧꜔· ˩˧꜔ ˨˧꜒ʔ˥꜖])

窄用式的变调规律如表二。表中列的是窄用式前段的单字或广用式的末字的变调。

表 2　窄用式变调表

	1	2	3	5	6	7	8
单　　字	˦44	˨˧꜔33	˥˧꜒53	˧˩˧꜒53	˩˧꜔33	ʔ˥꜔44	ʔ˨˧23
广用式末字	꜔33					ʔ꜔33	

从表中可见，单字在窄用式前段时，阳平、阳去变调相同，都是[꜔]

33调；阴上、阴去变调相同，都是[˥˧]53 调。例如：

赔 bE˧≠背 bE˧˩	赔书 bE˧˧· sʮ˥=背书 bE˩˧· sʮ˥
瓶 bin˧≠病 bin˧˩	瓶好 bin˧˧· hæ˥˩=病好 bin˩˧· hæ˥˩
顶 tin˥˩≠钉 tin˧˩˧	顶牢 tin˥˩˥· læ˧=钉牢 tin˧˩˥· læ˧
点 tiɪ˥˩≠店 tiɪ˧˩˧	点多 tin˥˩˥· təu˥=店多 tiɪ˧˩˥· təu˥

2.3　广用式和窄用式的连读变调的使用情况

在苏州话中，广用式和窄用式在两字组和多字组中的分布大致有三类情况：

① 一部分动宾、主谓式的字组，只能用窄用式变调，例如：

煸菜 piɪ˥ ts'E˧˩˧｜心善 sin˥ zø˧˩˧｜拍台球 p'ɑʔ˥˦ dE˧˨ dʑiʏ˧˨｜身体犍 sən˥˦ t'i˥˩˨ dʑiɑ˧

② 大部分体词性偏正式和一部分谓词性偏正式的字组，只能用广用式变调，还有一部分其他结构的字组，也用广用式。例如：

饼干 pin˥˩˧˥˧ kø˥˧˨｜热昏 ȵiəʔ˨ huən˥˧｜日光灯 zəʔ˧ kuã˥˧ tən˥˧˨｜忘记脱 mã˧˩˨ tɕi˧˩˧˥ t'əʔ˥˧˨

③ 大部分动宾、补充、主谓、联合式的字组和大部分谓词性的偏正式的字组能兼用广用式和窄用式两种变调，它们一般是一些既可看作词又可看作词组的字组。往往在作为一个词使用时，用广用式变调；作为一个词组时，用窄用式变调。例如：

		广用式	窄用式
动宾式	坍台	t'E˥˦ dE˧˨	t'E˥· dE˧
	有喜	jiʏ˩˧ ɕi˥˩˥	jiʏ˩˧· ɕi˥˩
	掸檐尘	tE˥˩˥˧ jiɪ˧˧ zən˧˨	tE˥˩˥· jiɪ˧˧ zən˧˦
补充式	烫平	t'ɑ̃˧˩˥˧ bin˧˦	t'ɑ̃˧˩˥· bin˧
	长大	tsã˥˩ dəu˩˨	tsã˥˩˥· dəu˩
主谓式	肉痛心痛	ȵioʔ˧ t'oŋ˧˩˥˧	ȵioʔ˧· t'oŋ˧˩
	耳朵软没主见	ȵi˩˧ təu˥˦ ŋø˩˨	ȵi˩˧ təu˥˧· ŋø˩
联合式	门窗	mən˧˧ ts'ɑ̃˥˦	mən˧˧· ts'ɑ̃˥
偏正式	难懂	nE˧˧ toŋ˥˩˥	nE˧˧· toŋ˥˩
	慢点走	nE˩˦ tiɪ˥˩˥ tsʏ˥˩˨	mE˩˦ tiɪ˥˩˧· tsʏ˥˩
	螺蛳壳	lən˧˧ sɿ˥˦ k'oʔ˥˨	ləu˧˧ sɿ˥˧ k'oʔ˥

其他	三年	sᴇ˧꜒ ȵiɪ˧꜔	sᴇ˧ ȵiɪ˨
	重里重很重	zoŋ˩˧꜔ ɪi˩˧꜔ zoŋ˥꜔	zoŋ˨꜔ li˩˧꜔ zoŋ˩˧

大多数广用式和窄用式两读的字组，反映着结构关系的紧松，没有意义上的差别。有的广用式和窄用式对立，能反映语法组合上的差异，因而表达的意义不同。例如：

	广用式	窄用式
做好	tsəu˨˩˧꜒ hæ˩˧꜔ 做完	*tsəu˨˩˧꜒· hæ˩˧ 做得好
斲肉	tsᴇ˧꜒ ȵioʔ˧꜔ 肉末	*tsᴇ˧· ȵioʔ˨ 剁肉末
炒米	ts'æ˩˧꜔ mi˩꜔ 爆米花	*ts'æ˩˧꜒· mi˩ 炒大米
有种	jiʏ˩꜔ tsoŋ˩˧꜔ 有一种	*jiʏ˩꜔· tsoŋ˩˧ 有胆量
想起来	siã˩˧꜔ tɕ'i˨˩˧꜒ lᴇ˧꜔ 想起	siã˩˧꜒· tɕ'i˨˩˧꜒ lᴇ˧꜔ 想起床
拍两张 拍照	p'ɑʔ˥ liã˩꜒ tsã˧꜔ 照几张(虚数)	p'ɑʔ˥꜒· liã˩꜒ tsã˧꜔ 照两张(确数)
做人家	tsəu˨˩˧꜒ ȵin˧꜒ kɑ˧꜔ 节俭	tsəu˨˩˧꜒· ȵin˧꜔ kɑ˧꜒ 组织家庭

作左栏意义解释的，只能用广用式，没有窄用式读法；但作右栏意义解释的，凡加 * 号的各例在实际的语言环境中经常读作窄用式，但又能读作广用式。读广用式时，读音与左栏完全相同。所以，除非是故意作对比，许多字组的不同意义，归根到底是不能从语音上的差别来区分的。前文所举的窄用式例子，许多又能读广用式。

叶文和谢文实际上也注意到了广用式与窄用式两种连调类型的差别。如叶文 1979. 39—40 页上举的"双音动宾式"，和 44—45 页上举的三音词语变调的例外，绝大部分就是窄用式变调的例子，只有少数几个字组一般读为广用式：住宿|牛肉汁|荞麦蜜|民族学(以上为 2X 式)‖教育局(5X 式)。谢文在 1982. 245 页讲的两字组四种情况，第一种不变调(我讲 ŋəu˩˧ kã˥˩)；第二种是窄用式连读变调(救人 tɕiʏ˩˧꜒ ȵin˨)；第三、四种都是广用式连读变调(先生 siɪ˧꜒ sã˥꜔|道理 dæ˩˧꜔ li˩꜒)。我们认为把连读变调的形式分为广用式、窄用式两类，有利于比较清楚地反映出苏州方言字组连调的格局。

成分相同的一句话，由于语言环境和说话的速度不同，广用式、窄用式和单字在组合的选择上往往不同。比如，大致按常见的程度排列，

"我去买拖畚柄"这句话可以有以下几种组合方式：

我去买|拖畚柄	（广＋广）	ŋəu˨ʏ tɕ'iʋɼ ma˨ʟ | t'əu˧ɼ fən˧ɼ pinʋʟ
我去|买拖畚柄	（广＋窄）	ŋəu˨ʏ tɕ'iʋʟ | ma˨꜔· t'əu˧ɼ fən˧ɼ pin˨ʟ
我去买|拖畚柄	（窄＋广）	ŋəu˨꜔· tɕ'iʋɼ ma˨ʟ | t'əu˧ɼ fən˧ɼ pinʋʟ
我|去买|拖畚柄	（单＋广＋广）	ŋəu˨ | tɕ'iʋɼ ma˨ʟ | t'əu˧ɼ fən˧ɼ pin˨ʟ
我|去|买|拖畚柄	（单＋单＋单＋广）	ŋəu˨꜔ | tɕ'iʋɼ | ma˨ | t'əu˧ɼ fən˧ɼ pinʋʟ
我去|买拖畚柄	（广＋广）	ŋəu˨ʏ tɕ'iʋʟ | ma˨꜔ t'əu˧ɼ fən˧ɼ pinʋʟ
我去|买拖畚柄	（窄＋广）	ŋəu˨꜔· tɕ'iʋ | ma˨꜔ t'əu˧ɼ fən˧ɼ pinʋʟ
我去|买|拖畚柄	（广＋单＋广）	ŋəu˨ʏ tɕ'iʋʟ | ma˨ | t'əu˧ɼ fən˧ɼ pinʋʟ

以上八种组合方式在口语中都能说，由于"拖畚柄"这个三字组又有广、窄两种说法（[t'əu ˧ɼ fən ˧ɼ pin ʋʟ]或[t'əu ˧ɼ fən ˧ɼ·bin ʋ]），"我去买拖畚柄"这句话便有十六种说法。

句子中划分为单字组的读音也会有变化，其中最常见的变调形式如同窄用式前段单字的变调格式，因本文讨论的是字组的连读变调，所以这里不作进一步的讨论。

三

汪平同志在《苏州方言两字组的连调格式》一文中，对本文以上所讨论的问题提出了一些不同的意见，对此，我们谈谈以下几点看法：

3.1 正如汪文所说，对苏州方言两字组的连读变调，我们和他的分析基本相同，只是在前字阳入即我们定为 8X 类中有点出入。我们增加了 8XB 式，主要用于以"搿"开头的两字组中。汪文没有此式，而增加了 [ʔ˧ ʋ/ʌ] $\underline{23}$ 523 式，用于某些字为阳入加去声（阴去或阳去前）的两字组合中。如"落葬、白菜、独唱"等。

汪文认为我们文中的"8XA 式是苏州话特有的，8XB 式则上海话也有"，指示代词"哀"和"弯"是苏州话特有的，"'搿'却比较特殊"，"并且搿字在上海话里也常用，读音、意义都差不多"，从而认为"搿"跟"哀、弯"的特点是不同的，"不宜搁在一块儿讨论"。

赵元任的《现代吴语的研究》中，在“这个”条目下记苏州话为“该葛|哀葛|葛葛”，其中“葛葛”可能就是今天的“搿个”。从其他几个代词看：“这火儿（这会儿）”苏州话读“姑歇|葛歇|葛轩”（现有 kəu˧˥ ɕiəʔ˥˩ | gəʔ˨˦ ɕiəʔ˥˦ | gəʔ˨˦ ɕiɪʔ˥˦的说法）；“这里”苏州话记为“该搭|哀搭|葛搭|葛面葛字低，全皆音，泛指”，“这么”记“贼梗|盛 záng|盛能”。这几组代词，除了“姑歇”今少用，“盛能”今不用外，其他在今苏州话里都有。“这里”一项注明“葛字低”，“葛歇”注明“低高”，颇似今云[gəʔ˦ ɕiəʔ˦]的变调模式，可以据此推定赵氏时苏州已有“搿”类代词。

赵氏记上海话，以上几项分别为“迭搿、迭歇、姑歇；迭搭；介 gah，实介，能；实介能，葛能样子”，当时的上海话中没有一个“搿”类的，与今上海老派相同。上海原属松江府，松江“这”是记“蝶、荡”类也没有“搿”类。其他地方用“葛葛（这个）”的，有十处，其中苏州附近的有宜兴、吴江（盛泽、黎里）三处，音下也注明“低高”，也许与苏州的“低高”类同。

关于阳入类中的[ʔ˨ ˨˦/˥˨˦]23 523 一式，汪文有例词八个“落葬、白菜、佛教、独唱、十倍、白饭、伏里、十号”，我们对这些词又进行了一次调查，确有人有此读法。几个发音人都把其中某几个读成此式，但还是以读 8XA 式[ʔ˨ ˥˨]的多。而且在连读较快时，后字都读作[˥˨]52 调。同一发音人，把这些两字组读两遍，读法也有变动。我们的看法是：① 如果原有此变调格式，至今也已在消亡之中，已归并入 8XA 了。② 也可以说变调格式应是 8XA 式，但在慢读、重读时可有另一种读法，犹如 2X 式我们记作[˨ ˦]22 44，但在慢读、重读时，有时有的两字组也可读作[˨ ˥˧]22 53 一样。③ “落葬、独唱”可能结构较松，就读成了窄用式，后字为阴去。

3.2 汪文指出我们文中两个两字组可能不是苏州话，“是上海话或别的什么话”，现说明如下：“揩布”一词在今苏州话中不如“抹布”常说，但也已普及，还有“揩台布”一说。“搿勒”实际在苏州，经常听到的是：“搿勒|盛勒[zã˨ ləʔ˦]|实梗勒[zəʔ˨ gã˦ ləʔ˦]”。

3.3 汪文中提到的一些特殊读法的两字组，是否要专列一式，这个问题我们过去也反复思考过，后来我们倾向于作为例外对待。因为各地方言中都有个别不合一般规则的、例外读音的字组，只要不成系统

的，还是不列一式为好，否则变调规则表就会搞得十分杂。苏州话中读作例外的字组，据我们发现的大致有以下几种情况：① 本调可疑的，如作 1X 式读的“儿童|儿歌|儿女”的“儿”，“粘性|粘胶”的“粘”，“讽刺”的“讽”，“母爱”的“母”，“研究”的“研”，本调一般人都读作阴平，与苏州方言古今声调演变规律不合。② 受评弹的韵白影响，如“小妍|小人|吕布|鲁肃”等都读 1X 式。评弹中的念法用到口语中来，本不自然，其中也有异读的，如“马超”按韵白念 1X 式，平时又读 2X 式。③ 有的是文读音，如本调为阳调类而读作[ʔȵ ʔl ʔ]声母的都是。如“女儿[ȵy˨˦ əl˧˦]|原旧[ȵiø˧˦ dʑiɤ˨˦]|五官[əu˨˦ kuø˥˦]|老大家伙[læ˨˦ dəu˨˦]”等。④ 还有的如谢文中举例的“欣赏[ɕin˦˨ sɑ̃˦]”等，原因不明。

（本文与石汝杰合作）

苏州方言的语气助词

语气助词是汉语中比较特殊的虚词，附着在句后表示全句的语气。一个语气助词可以表达多种语气，一种语气又可以用几个语气助词表达。语气助词的语气作用对非母语的人来说常常难以体会，对是母语的人来说也较难分析其确切语义。

语气助词按其语法化的程度不同可以分为四类。① 还带有一点儿实义的语气助词，如“勒海”在句尾还残存“在里面”或“在那里”的语义；② 在句后表示某种语气，句子依赖于该助词而具有新闻性，否则便不成句，如“出太阳哉”的“哉”表示“当下实现”的语气，句子离开了它便只是一个短语，并不能把一个刚发生的事件告诉听者。③ 除去语气助词句子能独立，语气助词附加一个较抽象的语气，没有这个语气助词，就没有某种语气。如“答应仔俚”没有“催促”语义，加上语气助词“哉宛”便附上了“催促”义，又如“我勿去个”这句话中的“个”在不同场合可表示“确实、肯定”或“申明、表白”的意义。这种情形最多。④ 表示一种收尾，即某种类型语义的句子，必用此词作为它的语气助词。如表示让步关系的复句，在正句后尾要用个“个”或“该”舒缓语气，如“勿浇水末，种子也会发芽个。”又如“老王，快点过来！”这句话本身可以“呼唤”，但如要用语气助词，必是用“啊”。双音节的语气助词的语义往往是两个单音节的语气助词意义的联合，有些助词语义偏重于其中之一，也有的表示一个新义，如“俚个事体今朝做勿完个宛”里的“个宛”表示“推测”语义。“个”与“宛”都没有“推测”义。

本文尝试穷尽分述苏州话的语气助词，调查前曾参考《上海方言的语气助词》一文（钱乃荣，1996），第一部分先列出各个助词所表示的分项语义，本文采取的是细分穷尽式，注音用新派音系，注音中有两个或两个以上音的以前面的一个为常见；第二部分以各项语义为纲，集中排列能表达该种语气的助词，接着举例说明。

例句中的常用方言词的注释列于文末，以作参考。

一

1. 啊 ɒ ① 呼唤 ② 感叹 ③ 称赞 ④ 讨厌（责备） ⑤ 反驳 ⑥ 劝听、商量 ⑦ 责怪、气愤 ⑧ 过程长 ⑨ 是非问 ⑩ 反诘问

2. 呀 iɒ ① 重申 ② 讨厌（责备） ③ 反对 ④ 反驳 ⑤ 重申 ⑥ 提醒、警告 ⑦ 劝听、商量 ⑧ 指明 ⑨ 应知、无疑

3. 个 kəʔ ① 重申 ② 确实、肯定 ③ 申明、表白 ④ 近过去 ⑤ 近延长 ⑥ 因果的结果 ⑦ 让步的结果

4. 该 kᴇ ① 羡慕 ② 敷衍答应 ③ 反感 ④ 反驳 ⑤ 重申 ⑥ 提醒、警告 ⑦ 禁止 ⑧ 指明 ⑨ 确实、肯定 ⑩ 申明、表白 ⑪ 设想、悬言 ⑫ 近过去 ⑬ 因果的结果 ⑭ 让步的结果 ⑮ 应知、无疑

5. 哉（则） tsəʔ/tsᴇ ① 感叹 ② 称赞 ③ 羡慕 ④ 劝听、商量 ⑤ 申明、表白 ⑥ 叙事将来 ⑦ 起始变化 ⑧ 正在进行 ⑨ 完成已然 ⑩ 叙事过去 ⑪ 现状 ⑫ 假设、条件的结果 ⑬ 因果的结果 ⑭ 直推的结果

6. 介 tɕiɒ ① 称赞 ② 讨厌（责备） ③ 埋怨 ④ 轻蔑 ⑤ 是非问 ⑥ 特指问 ⑦ 选择问 ⑧ 追问

7. 宛 uɐ ① 反驳 ② 告知 ③ 申明、表白 ④ 应知、无疑

8. 虐 ȵiɒ ① 催促、命令 ② 劝听、商量 ③ 催促、命令 ④ 指明 ⑤ 设想、悬言

9. 罢 bɒ ① 勉强赞同 ② 敷衍答应 ③ 催促、命令 ④ 劝听、商量 ⑤ 直推的结果 ⑥ 料想 ⑦ 是非问

10. 咊 lᴇ ① 轻蔑 ② 劝听、商量 ③ 叙事将来 ④ 转折的结果

11. 呢 nᴇ/nã/nəʔ ① 讨厌（责备） ② 指明 ③ 正在进行

④ 特指问　⑤ 选择问　⑥ 省略特指问　⑦ 设问

12. 勒 ləʔ　① 完成已然　② 延续　③ 转折的结果

13. 鞋 ɦɒ　① 叮嘱　② 确认问　③ 催问、责问

14. 噢 ɐ　① 告知　② 叮嘱

15. 嚎 ɦɐ　怀疑

16. 喏 no　威胁

17. 末 məʔ/mɒ　自然、无疑

18. 仔 tsɿ　① 催促、命令　② 现状

19. 啦 lɒ　是非问

20. 笃 toʔ　① 现状　② 存在　③ 申明、表白　④ 程度高

21. 勒海 ləʔhᴇ　① 申明、表白　② 存在　③ 现状　④ 在里面　⑤ 在上面

22. 勒浪(浪) ləʔlɒ̃/lɒ̃　在上面

23. 得味 təʔlᴇ　① 称赞　② 申明、表白　③ 程度高

24. 好味 hɐlᴇ　① 敷衍答应　② 劝听、商量　③ 任听

25. 个咾 kəʔlɐ　应知、无疑

26. 末哉　məʔtsəʔ　任听

27. 罢哉　bɒtsəʔ　为止

28. 就是哉　zøʏzɿtsəʔ　① 为止　② 承诺、许可

29. 起来　tɕilᴇ　催促、命令

30. 好勒　hɐləʔ　从易、从便建议

31. 好哉　hɐtsəʔ　① 承诺、许可　② 从易、从便建议

32. 是啊　zɐ　确认问

33. 阿是　ɒzɿ　确认问

34. 啊是啊　ɒzɿ ɒ　确认问

下面的语气助词是由上面的语气助词合成的，多数表示所合成的语素的语义之和。“个”大都表示“确实”义，“哉”大都表示“已然”义，这两个意义都是偏义，正义是第2个语素的语义。括号中的字是合音。

35. 个啊(夹)　kɒ /kəʔ ɒ　① 怜惜　② 称赞　③ 反对　④ 劝听、商量　⑤ 近延长　⑥ 是非问　⑦ 反诘问　⑧ 追问

36. 搿啊　gəʔɒ　确实、肯定

37. 个介　kəʔtɕiɒ　① 感叹　② 称赞　③ 埋怨　④ 是非问　⑤ 特指问

38. 个呀　kəʔiɒ　① 敷衍答应　② 为止　③ 赞同

39. 个末　kəʔməʔ/kəʔma　① 称赞　② 未料　③ 应知、无疑　④ 反诘问

40. 个宛　kəʔuɐ　① 应知、无疑　② 推测

41. 个噢　kəʔɐ　① 劝听、商量　② 叮嘱

42. 个嚎　kəʔɦɐ　怀疑

43. 个哉　kəʔtsəʔ　① 称赞　② 感叹

44. 个虐　kəʔȵiɒ　① 提醒、警告　② 设想、悬言

45. 个罢　kəʔbɒ　是非问

46. 哉啊　tsəʔɒ　① 反对　② 是非问

47. 哉呀　tsəʔiɒ　确实、肯定

48. 哉宛　tsəʔuɐ　① 讨厌(责备)　② 催促、命令　③ 告知　④ 求做　⑤ 应知、无疑

49. 哉噢　tsəʔɐ　告知

50. 哉罢　tsəʔbɒ　是非问

51. 哉介　tsəʔtɕiɒ　特指问

52. 好哉宛　hɐtsəʔuɐ　任听

53. 阿是嚎　ɒzɐ　确认问

54. 勒海味　ləʔhᴇlᴇ　① 现状　② 程度高

二

下面按语义为纲排列具有该语义的语气助词,并举例说明。

1. 呼唤　啊

老王啊,快点过来啊! / 我搭倷讲啊!

2. 感叹　啊　哉　(个哉　个介)

倷哀丈呒不心肝啊! /倷搿个人啊! 真拿倷呒不办法。

侬忒糊涂哉！/ 我实在呒不办法哉！

吓煞人个哉！

吓煞人个介！/真气煞人个介！（年轻人少用“个介”）

“啊”的感叹常是一种“叹息”，发自内心，语气较重。

3. 怜惜　个啊

侬穷吃力个啊！/ 哀副样子穷作孽个啊！（下加横线为合音词，“个啊”读作“夹”音）

4. 称赞　介　啊　个啊　个介　个末　哉　个哉　得味

侬蛮来三介！

几化勿容易啊！

穷勿容易个啊！

侬蛮来三个末！

侬老快个介！

侬已经做到顶哉！

哀块牌子最硬个哉！

归搭点名胜古迹有勿少得味。/俉笃做个好事勿少得味！

5. 羡慕　哉　该

俚末，已经是教授哉！/俚已经三房两厅哉！

俚老聪明该！/我比勿上侬该！

“该”带有“肯定”义。

6. 勉强赞同　罢

个末我就去罢！/既然个样子末，我就同意罢。

7. 敷衍答应　罢　该　好味　个呀

个末大家走罢！

可以该！/好该，我同意该！

可以该，侬做好味！

好个呀！/我答应个呀！

8. 埋怨　呢　介　个啊　个介

侬那夯哀丈糊涂呢！

侬那夯一点办法也呒不介！

侬那夯一点办法也呒不个啊！/个介！

9. 讨厌(责备) 啊 介 呀 哉宛 呢

啥人啊！/侬敲敲我啥体啊！

侬做啥体介！/碰碰我，做啥介！

侬跟牢我啥体呀！

侬好勿要烦牢我哉宛！/我帮侬做总好哉宛！

侬那夯老是要依靠我呢！/侬勿要搭俚吵呢！

10. 反感 该

侬老滑稽该！/俚自我感觉老好该！

11. 轻蔑 唻 介

管人家那夯说唻！/亏侬还是个大学生唻！/啥人要得侬好唻！

管人家做啥介！

这是一种“不在乎”，表示“不屑一顾”的意思。

12. 反对 呀 个啊 哉啊

俚并分去呀！/ 勿好去呀！

勿是实梗做个啊！/勿搭我搭界个啊！

勿是吃仔就算哉啊！

13. 反驳 啊 该 宛

我分答应啊！

俚讲得一点道理也呒不该！/搿种理由一点也放勿上台面该！

我分做错宛！/我分答应宛！

14. 末料 个末

侬倒蛮操心个末！/俚花头蛮透个末！

15. 怀疑 嚎 个嚎

勿要骗骗我嚎！

搿种物事勿要是假个嚎！

16. 重申 该 个 呀

我懂该！/学习要举一反三该！

我一定会来个！

我浪学习呀！/该个姑娘就是田螺姑娘呀！

判断句尾只能用“呀”表示重申。

17. 催促、命令　罢　哉宛　虐　起来　仔

走罢！要来勿及哉。/做罢！勿要捱辰光哉。

快点去哉宛！/答应仔俚哉宛！

得我介绍介绍虐！/讲虐！/吃虐！/倷看虐，再勿看要来勿及哉。

票买起来！

拉牢仔，啊！/吃仔！

“虐”、“起来”的“催促”语义比“罢”、“哉宛”重。“催促”义都兼带“命令”义，但“仔”只有“命令”义。

18. 劝听、商量　哉　唻　罢　啊　好唻　虐

勿要吵哉！/勿要去哉！

去吃饭，辰光还早唻！

我伲到岸浪向去走走罢！/走罢，今朝勒浪伲屋里住一夜天罢！/个末，我先搭小王打个电话罢！

倷快点讲好唻！

勿要哭，啊！/乖，啊！/勿要紧个，啊！

勿要急虐！慢慢叫来虐！/倷吃虐！勿要省哉！

“啊”在此是“劝听”中带“命令”而无“催促”义；“虐”在此是“劝听”中带“催促”义而无“命令”义。

19. 告知　噢　宛　哉宛

谢谢倷噢！/月票噢！（在公交车上出示时对售票员叫）/马上就好噢！

谢谢倷哉噢！/马上就好哉噢！

勿晓得放啥地方宛！/倷成绩勿好宛！

勿晓得放啥地方哉宛！

“宛”、“哉宛”多带“勿”句里。

20. 提醒、警告　该　噢　个噢　虐　个虐　呀　啊　个啊

乱穿马路要轧煞该！

勿要出事噢！

勿好出去个噢！

倷看虐！该个是东湖呀！

要出事体个虐！

哀个家伙是个老实人呀！

我并分答应啊！

倷要去个啊！/当心点啊！

21. 设想、悬言 虐 个虐 该

倒勿要弄龌龊仔虐！

个倒蛮危险个虐！

俚是个妖怪，要来捉倷该！

“该”疑为“个”与“唉”的合音，故此“个虐”与“该”对等。

22. 责怪、气愤 啊

倷还是个人啊！/倷老早忘记脱我哉，现在还想来寻我啊！

23. 威胁 喏

倷再敢来碰一碰我喏！/倷再嘴硬，当心拨倷吃生活喏！

24. 禁止 该

勿好进去该！/勿许做该！

25. 叮嘱 鞋 噢 个噢

书包带好，鞋！/倷要当心点鞋！（“鞋”是“啊”的浊音开头读法，写的是同音字）

倷要当心点噢！/来白相噢！

倷要下决心个噢！/倷要当心点个噢！

26. 求做 哉宛

派啥用场，请倷介绍介绍哉宛！/请伲爷搭医院联系联系哉宛！/啊呀，就得我讲一遍哉宛！

“哉宛”带随意顺便义。

27. 指明 该 虐 呢 呀

我倒有办法该！/衣裳要汏汏该！

倷看虐，该个是昆明湖呀！/倷看俚哀副腔调虐！

倷看呢！又忘记脱勒啰搭哉罢？/倷看俚哀副腔调呢！

月亮勒海天浪响呀！

“虐”、“呢”、“呀”三词与“该”不同处在于“指点出在那儿”。

28. 任听　好哉宛　好俫　末哉

随便俚末好哉宛！/让俚去好哉宛！

随便俚那夯好俫！/等一歇去好俫！

晏歇点去末哉！（老派说）

29. 为止　罢哉　就是哉　个呀

勿过讲讲罢哉！

听听就是哉，用勿着记下来该！

勿过讲讲个呀！又勿去做。/屋里讲讲个呀！勿会到外面去瞎讲个！

30. 确实、肯定　个　该　𡛷啊

今朝节目蛮赞个。/是真个。

是真该。/我到飞机场去该。/吪不丈大该。/哀个是勒八达岭拍该。（“该”比“个”语气重）

好去𡛷啊。/勿𡛷啊，伲是从各个地方来该。

31. 赞同　个呀

是个呀！/好个呀！/我南京去个呀！

32. 申明、表白　哉　个　该　勒海　笃　得俫　宛

俚双鞋子忒小哉。/我忒吪不用哉。

我勿去个。/是我带得来放勒海个。

我写勿来该。/题目勿是我出该。

有三十万笃。/阔得野笃。（老派说）

我跑勿进勒海。/俚有五万藏书海。

有三十万得俫。/俚自家讲起来是个老苏州得俫。

喏，搭伲阿嫂一道来望望我宛。/我勿会去碰俚个，只是讲讲宛。

这里有各种“申明、表白”，内中还可细分，如“勒海”和“笃”是同类，“得俫”的语气较重，用于存在判断句。

33. 叙事将来　哉　俫

天要亮快哉。/以后看仔书就晓得哉。/我勿去哉。

俚也想去味。/啰搭介,我还弥味。

“叙事将来”表示的是事件将要发生的语气。

34. 叙事过程

(1) 起始变化　哉

落雨哉。/就哇啦哇啦喊起来哉。

(2) 正在进行　哉　呢

来哉,来哉。/吃哉。/是小伙子勒浪来哉。/落下来哉。

俚勒浪看报纸呢。

(3) 完成已然　哉　个哉　勒

月亮掉勒井里向哉。/ 几岁哉? /我搭小工讲好哉。/该本书我看过哉。

我侪忘记脱个哉。/弄坏脱个哉。

倷阿曾听明白勒? /倷阿吃饭勒? (“阿曾”是合音)

“起始变化”表示事件从未发生到发生,从变化前到变化开始;“正在进行”表示事件正在进行;“完成已然”表示已经完成。“勒”是“勒海”系统里的词,不是类普通话语气助词“了”的词,“勒”与“阿曾”联用表示完成体的疑问。其实表示完成体的问句只要说“倷阿曾听明白?”便可,“倷阿曾听明白勒?”即是“倷阿曾听明白勒海?”的简略,“勒海”表示“现状”或“延续(到现在为止)”义。“阿曾听明白勒?”在昆山可简作“阿听明白勒?”上海老派则用“勒拉”的“拉”,说“听明白拉末?”

35. 叙事过去　哉

后来我去困哉。/一歇歇俚又出去哉。

“叙事过去”用在叙述过去的事或故事时。

这里,从表现过去的叙事直到表现将来的叙事,都可用“哉”,这是表明像“天要亮快哉”、“来哉”、“月亮掉勒井里向哉”、“后来我去困哉”这些句子要成句,后面都要用语气助词“哉”,并不是说“哉”本身兼具“将来”、“进行”、“完成”、“过去”时体义,它实际上只是辅助表示了一个“当时实现状态”的意义。前边的短语已经含有时体的因素,“哉”加上去表示前面说的事在前面说的时间里“实现”,使句子成为特定的一件事，具有新闻性告诉听者。

36. 延续　勒

要吃勒？分吃勒。/阿曾讲好勒？还分讲好勒。/还来事勒。/现在分到辰光勒。

37. 近过去　个　该

今朝看见王先生个。/我昨日又出城个。

倷那夯学得丈好法子该？/今朝看见王先生该。

"近过去"指在最近的过去发生的事，相当于普通话中的"来着"一义，如"今天看见王先生来着"。

38. 近延长　个　个啊

俚勿睬我个。/日里讲得清清爽爽个。

倷又浪哭个啊？/俚老高兴个啊。

"近延长"表示较近的延续，相当于普通话中"来着"的另一义项，如"他不理我来着"。

39. 存在　勒海　笃

买仔交关物事勒海。/养仔交关鲫鱼勒海。

买仔交关物事笃。/还有交关闲话笃。（老派说"笃"，是"勒笃"的简式）

"存在"语气是存续体"在那儿"的虚化，用于句尾宾语后，有时如同普通话"哪"的语气。

40. 现状　哉　勒海　笃　勒海味　仔

眼睛弹出来哉。/个倒希奇哉。/小伙子饿煞哉。/实头希奇哉。

汗衫拖出勒海。/俚肚皮里明白勒海。

俚浪吃饭笃。/还会弹琴笃。/分去勒，还勒浪笃。（老派说）

俚肚皮饱勒海味。/个末辰光也早勒海味。

裤子落下来仔。

41. 程度高　得味　勒海味　笃

五斤肉十块洋钿得味。

还早勒海味。

还早勒浪笃。/远勒浪笃。(老派说)

42. 在里面　勒海

我倒看勿出,倷有一肚皮学问勒海。/屋里有交关古董勒海。

"在里面"原是动词存续体"勒海"的本义,在明清吴语小说中都表示"在里面"义,后来进一步中性化扩义为"在那儿",现在有时用在句尾还有"在里面"的语气。

43. 在上面　勒浪　浪　勒海

等我拆开来看看有啥个勒海。/李白题仔字勒海。

等我拆开来看看有啥个勒浪/浪。

"浪"是"勒浪"的合音,原是存续体"在上面、在表面"的意思,后来进一步虚化扩义作"在那儿"的意思,退至句尾作语气助词有时还保留"在上面"的语义,"勒海"也可扩义作"在上面"。

44. 过程长　啊

写啊写啊,到现在还勒写咪。/ 走啊走啊,走仔一日天。(须重叠)

45. 假设、条件的结果　哉

只要风一吹,地浪就干哉。/再勿去就晏哉。

45 至 49 的语气,都是语气助词用于复句的正句尾,表示与前句的提顿助词或连词引导的偏句相呼应的结句语气。

46. 因果的结果　哉　个　该

勿去看末,毛病重哉。/多读几遍仔,记牢哉。

去看医生勒毛病会好个/该。

47. 让步的结果　个　该

勿浇水末,种子也会发芽个。

即使倷再有办法也勿会成功该。

48. 直推的结果　哉　罢

勿浇水末,种子就勿会发芽哉。/告诉俚末,俚就逃脱哉。

俚讲马上来个末,就等俚一歇罢。/俚一来,伲就开会罢。

49. 转折的结果　勒　咪

小妹虽然已经 16 岁,还是个小囡勒。/天尽管冷哉,还用勿着开空调勒。

天尽管冷哉，还用勿着电热毯咪。/虽然还嫌勿好，用用可以咪。

50. 应知、无疑　该　末　宛　个宛　哉宛　个末　呀　个呀

我又呒不办法该。/搿个本生勿来事该。

搿个本生勿来事末。

搿个也勿是我个错宛。/今朝天气总算是勿错宛。

我老早想到个宛。/倷个文章像抄得来个宛。/总归去个宛。/好个宛。/穷伟大个宛。我钞票呒不哉宛。/来勿及哉宛。

我老早想到个末。/本来末，勿会错个末。

个个又勿是我个错处呀。

哀个要拿滚水冲个呀。/哀个报表我老早肯定看过个呀。

51. 推测　个宛

倷个事体今朝做勿完个宛。/今朝俚会来个宛。

52. 承诺、许可　好哉　就是哉

拨我吃好哉。/倷去好哉。

我告诉倷就是哉。/倷勿要急，我答应倷末就是哉。

53. 从便、从易建议　好勒　好哉

以后就去报馆领工资好勒。/个点物事对过买买好勒。

只要乘 5 路电车好哉。/随便吃点啥好哉。

“好勒”是“好哉”的新派说法，已常见，疑自上海用来。

54. 料想　罢

我想车子还分来罢。/我看未必罢。/我先搭小王打个电话罢。

55. 是非问　介　啊　啦　罢　个介　个啊　哉啊　个罢　哉罢

俚阿来介？/昆明湖阿比杭州西湖阔介？

倷阿是到街浪去啊？/倷阿是勿吃生鱼片啊？/唔笃侪到一个地方去啊？

现在倷还想看啦？/俚以前是干部，现在还是啦？
俚上海勿去罢？
离城里阿远个介？
阿是勿吃生鱼片个啊？/小王阿是也参加个啊？
唔笃阿哥到上海来哉啊？/倷勿好去哉啊？
唱词终蛮难懂个罢？/倷还是去个罢？
亦忘记脱勒啰搭哉罢？

56. 特指问　介　呢　个介　哉介

啰搭介？/阿有啥办法想介？/来作啥介？/两日天好到几个场化介？
唔笃阿嫂是那夯样子一个人呢？/那夯办法呢？/我告诉俚啥呢？
倷昨日到啰搭去个介？
唔笃阿哥今年几化年纪哉介？

57. 选择问　正反问　呢　介

倷是大学生还是研究生呢？/倷自家来勿来呢？
俚乃是苏州人，还是上海人介？/哀场考试，倷想通过还是勿通过介？

58. 确认问　是啊　阿是　阿是啊　鞋

我告诉俚勒是啊？
倷勿肯去阿是？
俚勿来上课哉，阿是啊？
大家来试一试，鞋？/倷勿去哉，鞋？

59. 反诘问　啊　个啊　个末

倷难道勿高兴啊？/个场勿是蛮好啊？
倷真个满意个啊？/个点道理勿是蛮清爽个啊？
倷勿是有两枝蛮好个末？/俚勿是答应个末？

60. 省略特指问　呢

人呢？（人在那儿呢）/我个帽子呢？

61. 设问　呢

人呢？人还勿错。/吃饭呢？辰光还早唻！

62. 催问、责问　鞋

侬啥个意思，鞋？/讲，鞋？

63. 追问　介　<u>个啊</u>

侬到底到啰搭去介？/俚到底阿是老师介？

真<u>个啊</u>？/啥<u>个啊</u>？

附：例句中常用词的注释

侬：你　倍笃：你们　伲：我们　俚：他　俚笃：他们

呒不：没有　哀个：这个　搿个：这个（定指）　归个：那个

勿：不　哪夯：怎么　哀丈：这样　搭：哪儿　老、穷：很

个：的　拨：给　忒：太　分："勿曾"的合音　蛮：很，相当

方言合作人：

邵尔希（上海大学中文系学生）

邵敏（复旦大学外文系学生）

调查时间：1999 年

注：文中用"介"字代"吤"，用"宛"字代"啘"，用"虐"代"嚯"。

苏州方言动词“勒浪”的语法化

现今苏州方言中通常写作“勒浪”的词，是“在上”二字语音演变而来的。“在”和“上”的声母发生流音化，由原读[z]变为[l]，在以前的书面印本上，有时写作“在上”，有时写作“来浪”；随着“来浪”语法化成为虚词，语音继续轻声化和中性化，“来”读作促声的“勒”或介于“来”、“勒”中间的读音。于是“在上”便写作“勒浪”，这在下面所列的例句中是可以得到证实的。

一、动词和介词的用法

目前我们能见到的最早的苏州话较丰富的书面资料是明末冯梦龙的《山歌》，随后还有清乾隆时代盛行的南戏集子《缀白裘》，刻于清嘉庆辛酉(1801)年的弹词《三笑》等。从这几部书中可以看到苏州方言“勒浪”的较早用法。

1. “在”作动词用

口虽说丢心还<u>在</u>，荷包收口未收心。(山歌卷10第442页)

2. “在”作介词用

姐儿立<u>在</u>北纱窗，分付梅香去请郎。(山歌卷1第279页)

新生月儿似银钩，钩住嫦娥<u>在</u>里头。(山歌卷10第441页)

“在”虚化作介词，经常与表示方位的方位词(可认为是后置介词)“里”、“上”、“前”等构成介词结构“在……里”、“在……上”、“在……前”等。如：

郎<u>在</u>门<u>前</u>走十八遭，姐<u>在</u>门<u>前</u>只捉手来摇。(山歌卷1第283页)

姐担子竹榜打樱桃，打子四九三十六个樱桃安<u>来</u>红篮<u>里</u>。(山歌卷

7 第 377 页）

二十姐儿困弗着在踏床上登，一身白肉冷如冰。（山歌卷 1 第 278 页）

骨稜层，瘦乖乖，霍在肉上箇样东西在上缴了缴。（山歌卷 9 第 408 页）

丝网捉鱼尽在眼上起，千丈绫罗梭里来。（山歌卷 1 第 271 页）

在“二十姐儿”和“骨稜层”两句里，“在……上”的“上”意义较实，是“上面”或“表面”的意思；在“丝网捉鱼”一句里的“在……上”意义就较虚了，“在眼上起”仅是“在网眼中拉起”，双关比喻“从眼睛看开始”的意思。

在同一本书里，既见“在……上”，又见“来……上”，有两种可能：一是有的时候或有的地方读“在”，有的时候或有的地方读“来”；二是当时“在”可以读成“来”，或者已经读作“来”音，在文字记录时则按其义或按早期音写作“在”字。如：

一双白腿扛来郎肩上，就像横塘人掮藕上苏州。（山歌卷 2 第 20 页）

当初只道顶来头上能恩爱，如今撇我在脑后边。（山歌卷 6 第 362 页）

阿奴奴便打杀来香房也罢休。（山歌卷 1 第 287 页）

姐见郎来推转子门，再来门缝里张来门缝里听。（山歌卷 2 第 303 页）

从后来的《缀白裘》、《珍珠塔》和《三笑》中，我们可以看到：“来”即“在”字；“浪”即“上”字，并见与“下”相对的例句；“来”后来又轻声化元音模糊读成“拉”、“立”或“勒”。

（末白）大老爷在哪里？（花旦白）来楼浪。（珍珠塔 21 回 187 页）

诲弗拿个扫帚来地浪打扫打扫。（缀白裘 10 集 2 卷 62 页）

我闻得倍拉天门街浪唱得好听，唱几句拉我里听听看。（缀白裘 10 集 2 卷 86 页）

阿就是小时节坐拉门槛浪，看见子一堆鸡糖屎认子蛤蜊酱了，只管捞来吃个个大姐？（缀白裘 7 集 2 卷 97 页）

大老官想想介，快活勿立朵酒浪，勒朵酒下吓。（三笑2回7页）

老秋介勒朵动气头浪，听见太太到来。（三笑34回379页）

后两句的“勒朵”即“勒”，它是“勒……朵”虚化抽去中间的内容，形成了与“勒”同义的“勒朵”，“勒朵”再作介词用，形成“勒朵……浪”。

3. “勒浪”作动词用

“勒……朵”原是“在……那儿”的意思，在经常使用后，抽去了里面的名词性词语，形成了固定的“来”字结构“勒朵”，“勒朵”也读作“来搭”，先是表示远指“在那儿”的意思，后来虚化表示中性的“在那儿”。同理，“勒……浪”原是“在……上面”或“在……表面”的意思，抽去里面的名词性词语，形成了“勒浪”，即“在上”，先是表示“在上面”或“在表面”的意思，后来也虚化表示中性的“在”或“在那儿”。

下面几句，“勒浪”作动词用，都是表示“在”或中性的“在那儿”的意思。

须臾，阿招还报：“马车来浪哉。”（海上花列传35回）

阿金道：“勒浪第几号房间里介？”（九尾狐9回）

俚叫王佩兰，就勒浪兆贵里，本底仔倪也勿认得俚。（九尾龟42回309页）

样式事体，有倪勒浪，决不会亏待耐的。（官场现形记8回116页）

有辰光耐勿来浪，就是俚末陪陪我。（海上花列传35回）

4. “勒浪”作固定介词结构用

作为一个固定的“来”字结构，“勒浪”可用在动词的前面或后面，先是有“在上面”的意思，如：

买尺白绫来铺底，只要我郎来上帮，心肝莫说短和长。（山歌卷10第441页）

等我情哥郎来上做介一个推车势，强如凉床口上硬彭彭。（山歌卷2第309页）

咦，个是榻床哉，必定睏来上。（缀白裘4集2卷86页）

“来上做介一个推车势”是“在上面做个推车姿势”的意思，“必定睏来上”是“必定睡在上面”的意思。

后来，“来上”变成中性的“在那儿”的意思，如：

倪自办菜烧好来浪，送过来啊好？（海上花列传 42 回 358 页）

等我拆开来看写个哆哈啥拉浪。（缀白裘 4 集 4 卷 223 页）

“倪自办菜烧好来浪”是“我们自己办菜烧好在那儿”的意思。

5. “勒浪”作介词用

“勒浪”固定结合后，“浪”义虚化黏着在“勒”后，“勒浪”可以相当于“勒”用，表示介词“在”的意思。

昨日仔格个客人，吃醉仔酒，坐勒浪格间房间里，一动才勿肯动。（九尾龟 133 回 892 页）

耐搭仔俚笃三位来浪倪搭坐歇，大家讲章讲章。（九尾龟 132 回 886 页）

倪叫老二，刚刚来浪上海来，今朝十点钟到格。（九尾龟 148 回 983 页）

倪像煞有几几化化格闲话来浪心浪要搭耐说。（九尾龟 48 页）

从最后一例可见，“来浪”已经没有“在上面”或“在那儿”的意思，已虚化为与“来”同义，可以再与“心浪”（即“心上”）形成介词结构“来浪心浪”，是“在心上”的意思。

二、进行体用法

“勒浪”进一步语法化，用在动词前面可以表示进行体。苏州话的进行体使用范围比普通话广。

1. 表示事件正在进行

壮罗多，油碌碌，新出笼馒头能箇样物事，在上游了游。（山歌卷 9 第 408 页）

倪勒浪讲正经闲话，耐咿要来瞎三话四哉。（九尾龟 19 回 148 页）

张大少今朝阿到倪搭去佬？倪先生勒浪牵记倷呀。（九尾狐 21 回）

格几个铜钿，豪燥点拨仔俚笃，省得俚笃一径来浪板面孔。（九尾龟 131 回 880 页）

否定式和疑问式如下：

格个嫁人是一生一世格事体，勿是勒浪弄白相。（九尾龟23回175页）

倪应酬格面格客人，归面格客人咦来浪勿高兴，应酬仔归面格客人，格面格客人咦勒浪说闲话。（九尾龟133回894页）

阿是原来浪勿适意？（海上花列传35回）

耐阿是来浪骗小干件？（九尾龟186回1205页）

阿是来浪打瞌铳？（海上花列传44回）

“勒浪”也有与“正”连用的：

格位财主心里正来浪得意，亦走仔半里把路。（九尾狐13回）

上面这些例句中，“勒浪”表示“正在”的进行体语法意义，用法与普通话同。

2. 表示事件正在实现（与“哉”联用）

下面一类句子，句尾可以用相当于普通话“了”的语气助词“哉”，这个句尾助词在此表示的是“当下实现”的语义。

“秋云呢？”那些做手道：“来浪来哉，来浪来哉。”（商界现形记2回15页）

小菜勒浪烧哉，酒末我带仔上来，请大少笃阿要先用罢？（九尾狐26回）

子富问：“耐无女每呢？”小阿宝说：“来浪来哉。”（海上花列传59回）

“勒浪……哉”表示的语法意义，是某件事正在实现中。

3. 表示一段时间里持续进行或实现

勿壳张耐当时末来浪答应，骗得倪欢喜煞，到仔故歇原是放仔倪个生。（九尾龟45回330页）

一径邱邱好好，赛过常来浪生病。（海上花列传36回）

戏台浪个电灯慢慢叫勒浪亮哉。（方珍珠1集）

看见娘本来闭拢个眼睛现在勒浪张开来哉。（方珍珠1集）

这类语义是从“在那儿”发展来的，因为“在那儿”的语义里可引申出“有一段持续”这样的语义。“当时末来浪答应”是“那个时候一直在答应”的意思，“赛过常来浪生病”是“好像一直在生病”的意思。“慢慢叫勒浪亮哉"是说慢慢地从不亮到全亮的一段持续实现的过程。英语的进行体也有此种用法，如："It was growing colder day by day.(一天天冷起来了。)"(宫田一郎，1988)用苏州话说，就是："天一日日勒浪冷。"或者"天一日日勒浪冷哉。"

4. 事件正在准备着不久发生

马上来浪来哉，倪出俚格堂唱坎坎转来。(商界现形记7回56页)

玉甫是自家来浪要生病！嗽芳生仔病末，玉甫竟衣不解带个服侍嗽芳。(海上花列传42会351页)

格个断命客人来浪要困快哉，倪勿去管俚。(九尾龟3集2卷)

这类句子在普通话里只能用"将"、"要"、"快……了"等表示将来发生，但英语的进行体有此种用法，如："I'm going to read this book.(我要读这本书了。)"(宫田一郎，1988)用苏州话来说，是："我勒浪要读该本书哉。"或者"我勒浪读该本书快哉。"

5. 否定某种进行状态

耐勿要来浪假痴假呆，搭我去坐来浪。(九尾龟44回312页)

耐勿要来浪搭个浆，晚歇弄出点事体，大家无趣相。(海上花列传56回)

好哉好哉，勿要勒浪像煞有介事哉。(九尾龟92回653页)

倪上海是定规要去格，耐勿要勒浪扭结固结。(九尾龟24回182页)

在普通话里，表示否定的"别"后面是不能用进行式的。

苏州方言中用"勒浪"表示进行体，是从"勒浪"的介词结构表示"在那儿"语法化而来的，从下面一些句子中可以看到其过渡状态。

霍在肉上箇样东西在上缴了缴。(山歌卷9第408页)

有一个陌生客人，转奴格局，也是广东口音，赛过勒浪敲铜鼓，奴有半把听勿出笃。(九尾狐14回)

别人家真真勒浪牵记倷，倒惹倷说客套话，阿要气数！(九尾狐30回)

黄老碰和罢，三位大少勒浪心急哉。(九尾狐59回)

外头人为仔耐搭我要好末，才来浪眼热。(海上花列传34回)

俚嘴里说勿要，心里来浪要。（海上花列传 44 回）

这些话中，“勒浪”的“在那儿”味即实义更重一点。如“赛过勒浪敲铜鼓”可以理解为“好像在那儿敲铜鼓”，当然也可以是“好像正在敲铜鼓”。

三、存续体用法

“勒浪”用在动词或形容词后面，表示动作发生后其状态在静态地延续着或存在着，我们称之为存续体，或称维持体。

这里的“勒浪”，与普通话的“着”的一部分语义相对应，但在表示动作结束后的状态延续方面，比普通话使用范围广。

1. 表示动作完成后形成的状态在延续

倪从前格熟客叫倪去替碰和，坐勒浪厌烦煞。（九尾龟 36 回 267 页）

爱珍道：“耐自家无拨工夫去做末，只要教做好仔，自家拿来上，就好哉。”（海上花列传 11 回）

连搭自家撒出来格屎，也要留勒浪做肥料格来。（九尾狐 13 回）

而小姐再要上仔俚个当，一径等来浪，等到年底下，真真坍仔台歇作。（海上花列传 62 回）

耐勿吃，无啥人来搭耐客气，晚歇饿来浪。（九尾狐 39 回）

这些话翻成普通话，都能用“着”替代“勒浪”。

2. 表示动作的结果保持着

耐去相信俚，今朝俚又新做仔两个，故歇才叫来浪。（海天鸿雪记 2 回 199 页）

我故歇刚去看俚，落里晓得俚还勿曾来，我写仔张票头来浪，就走。（海天鸿雪记 2 回 197 页）

今年新花有点意思，我想去买点来浪。（海上花列传 58 回）

屠明珠道：“黎大人困着来浪，勿要说哉。”（海上花列传 19 回）

俚笃做惯勒浪格，教得老虎熟里熟，赛过白相一只猫，弄一只猢狲。（九尾狐 37 回）

倪自办菜烧好来浪，送过来阿好？（海上花列传 42 回 358 页）

这一节的句子不能用“着”替换。“才叫来浪”是说“都叫来了，留在那儿”；“写仔一张票头来浪”的意思是“写了一张票子，放在那儿”，“买点来浪”就是“买一点搁在那儿”，都是说明一个行为以后的结果长时保留着。

另一种情况是动词后有结果补语再附着“勒浪”，如“困着来浪”就是“睡着”的状态维持着，“做惯勒浪”就是“做惯”这样的状态维持着。

3. 表示事情已经准备好了或做好了（与“哉”联用）

先生，通商厨房叫格菜送来来浪哉，添格四个荤盆野摆好来浪哉。（商界现形记 8 回 62 页）

倪便夜饭也端整好勒浪哉。（九尾狐 31 回）

马上侯格花雕野炖热来浪哉。（商界现形记 8 回 62 页）

这种情况，“勒浪”和句尾助词“哉”一起用，表示一种“现在完成”的时态。“四个荤盆野摆好来浪哉”，就是到说话之前，“四个荤菜盆也已经放好在那儿了”。用了“哉”后，这类“勒浪”强调的是到现在事件已完成，而不是完成后的结果的延续。这类句子与英语的现在完成时态相当。如“The child has gone to sleep.”苏州说：“小囡睏着勒浪哉。”

“勒浪”用在定语里，后跟“个”（也写作“格”等）连接名词，也表示已完成、做好的行为。

倪今朝来看戏，也算修勒浪格眼福。（九尾狐 17 回）

4. 表示存在、具有状态的延续

昨日转来末晚哉，屋里有亲眷来浪。（海上花列传 18 回）

俚屋里大小老婆倒有好几个来浪。（海上花列传 18 回）

怪匆得实梗，头浪有寒热勒浪宛。（九尾狐 30 回）

你说私房小货箱中有，拿点出来，周济贫穷落难人。娘有来浪，我是女儿家那里有呢？（描金凤 5 回 46 页）

在“有”字句里，“勒浪”已经完全表示一种静态的存在，但语义还较实，“有亲眷来浪”就是“有亲戚在那儿”。“你说私房”一句的意思是：钱娘那儿有，放在那儿，而我是女儿家，哪里会有呢？

5. 表示动作的将来延续

玉甫道："耐困来浪，我去一埭就来。"（海上花列传 20 回）

学香道："啥人说嘎？搭我坐来浪！"（海上花列传 6 回 43 页）

耐替我想想看，再要活来浪做啥？（海上花列传 34 回）

前两句，动作均未发生，应该说无所谓动作发生或完成后其形成的状态延续。所以这里是对将来要发生的行为会延续的强调，常用在祈使句中，隐含着"不要动"、"不离开"、保持某种状态的意思。后一句，是过去的行为在今后还要继续延续下去。

6. 表示某种性质或状态延续着

秀姐道："耐阿想吃啥？教俚哚去做，灶下空来浪。"（海上花列传 19 回）

阿是黎大人一干仔来浪。（海上花列传 19 回）

"勒浪"经常用在形容词后，表示某种状态持续，类似"正……呢"，如"灶下空来浪"即"灶前正空着呢"。"一干仔"在此已形容词化，"一干仔来浪"即"正一个人呢"。

"勒浪"在动词后，也有从作介词结构"在那儿"甚至"在上面"解，到成为存续体助词的从实到虚的过渡。如：

小红又道："我身体末是爷娘养来浪。"（海上花列传 34 回）

上句的"来浪"理解为"在那儿"更好。

咦，个是榻床哉，必定困来上。（缀白裘 4 集 2 卷 86 页）

此句里的"勒浪（来上）"还有"在上面"的意义在。而且，直到"勒浪"再退到动词的宾语后变为语气助词，还可能有些许"在上面"的意思，如：

老亲娘，别人说点虚头拉浪勾。（报恩缘 33 出 53 页）

唔笃格几化诗，奴想裱一个小手卷，再请黄老做一篇传勒浪，勿知阿通格宛？（九尾狐 25 回）

四、语气助词的用法

当"勒浪"退到动词的宾语后，或在谓补、状谓结构以后，它就进一步向着句末语气助词转化了。

我们把句末助词分两类，一类意义相对较实，带有体貌含义，除去它，句子的意义就不完整；另一类意义很虚，仅表示语气，有的如果省去，句子也成立。这两类用法在"勒浪"一词上也是逐渐过渡的。

"勒浪"表示存在语气：

俚乃勿肯叫，勿是个吃醋，总寻着仔头寸来浪哉，想叫别人，阿晓得？（海上花列传19回）

索性搭耐说仔罢，嗣母早就看中一头亲事来浪，倒是我搭个浆，勿曾去说。（海上花列传55回）

耐心里除仔我，也无拨第二个称心个人来浪。（海上花列传34回）

比如最后一句，是说"你心里除了我，也没有第二个称心的人在"，句尾的"来浪"有表示"存在"的细微含义。

"勒浪"表示现状语气：

勿瞒耐说，要讨倪转去格人多得势来浪。（九尾龟9回72页）

奴刚刚出来格辰光，倪阿姆还蛮好勒浪。（九尾狐8回）

上海滩浪像耐实梗格客人，蛮多来浪，吰啥希奇。（九尾龟133回）

有格人家，歇仔一年二年，案才勿曾破，亦秃多勒浪。倪总算额角头高格哉。（九尾狐34回）

十大人耐自家心浪也蛮明白来浪，定规要倪说出来，是吰啥趣势捏。（九尾龟175回1143页）

俚倷格脾气，倷也蛮晓得勒浪，勿但手头吝啬，而且夹七夹八。（九尾狐13回）

比如"有格人家"一句，译成普通话是："有的人家，过了一年二年，案都没有破，也很多。我们总算侥幸的呢。"这里的"多勒浪"，有说明"现在这种情况多着"的意思。

"勒浪"表示近延长的语气：

相当于普通话"来着"的一个义项，表示较近的延续（"来着"的另一个义项表示"近过去"，苏州话用"格"又写作"个"表示）。如：

该两日定归吃酒碰和，闹忙煞来浪。（海天鸿雪记3回207页）

俚嘴里末勿说，心里是急杀来浪。（海上花列传20回）

"闹忙煞来浪"，就是这两日里"非常热闹"的场面延续着；"俚嘴里末勿说，心里是急杀来浪”，如果译成“他嘴里不说，心里却是非常急。”则其“来浪”的一段时间里延续着“急杀”的含义就没译出。

语气助词“勒浪”继续虚化就从存在、现状、近延长语气，弱化到只是表示申明、表白的语气。如：

像耐金大少一样格客人也多煞来浪。（九尾龟 36 回 269 页）

像李漱芳个人，俚晓得仔，蛮高兴看来浪。（海上花列传 36 回）

“像耐金大少一样格客人也多煞来浪”，就是申明“像你金大少一样的客人也特多呢”的意思；最后一句里，“蛮高兴看来浪”，就是“挺高兴看的”的意思，是一种表白的语气。

语法化是一个动态的发展过程。从上面整篇的分析，我们可以看到“勒浪”一词自明末至清末，由“动词－介词结构－介词－体助词－语气助词”的不断语法化的全过程。

宁波方言新派音系分析

浙江宁波市内音系可归纳为老派和新派两个，以部分老年为主的一些人用老派音系，大部分人用新派音系或向新派音系靠拢的语音。本文讨论新派音系，兼及老派语音，并对宁波语音发展变化作一些理论分析。

一

1.0 宁波新派音系有声母 29 个，韵母 41 个，声调 7 个（按音节分：单音节调 5 个，双音节调 7 个，三音节调 7 个）。

1.1 声母

p 巴布兵	pʻ 怕票胖	b 步病拔	m 妈闷木	f 夫虎福	v 胡坟佛
t 多丁懂	tʻ 透听铁	d 地同定	n 那农捺		l 捞领力
ts 猪中责	tsʻ 吹取尺	dz 茶残重		s 书三松	z 树上贼
tɕ 居酒张	tɕʻ 千厂吃	dʑ 件求直	ȵ 女年肉	ɕ 虚胸相	ʑ 谢绳食
k 公广各	kʻ 铅块空	g 葵共轧	ŋ 鹅牛岳	h 好灰瞎	ɦ 孩沿王
∅ 乌翁约					

声母 f、v 在与 u 拼时，老派为[ɸ、β]。

1.2 韵母

m̩ 呒姆	n̩你	ŋ̍五儿	əl 而儿	œʏ 头牛			
ɿ 试纸	ʮ 水书	əʊ 过大		ʏ 九周			
o 瓦家	i 低看	u 姑半	y 雨川	ã 硬朋	iã 香肠	uã 横	
a 街泰	ia 写亚	ua 拐坏		ɔ̃ 方双		uɔ̃ 光王	
e 海菜				ɐŋ 根寸	ɪŋ 金陈	uɐŋ 昏滚	
ᴇɪ 最安		uᴇɪ 块会		oŋ 龙春			yoŋ 穷荣

ɔ 包交　iɘ 桥超　ɔʔ 雪墨　yɔʔ 肉吃

ᴇ 反三　iᴇ 也谐　uᴇ 惯弯　ɐʔ 客刻　uɐʔ 划活

ø 酸短　iɪʔ 舌脚　yɪʔ 菊决

舒声韵的/ᴇ、ø、ᴇɪ/是[ᴇ˔、ø˕、ᴇ-ɪ]，y 是[yɥ]，əʊ 是[ə-ʊ]，iɘ 是[iɘ-]（[ɘ]为央半高不圆唇元音），/ã/的鼻化可很轻，/ɐŋ /是[ɐ˕ŋ]；促声韵的/ɔʔ/是[ɔ˕ʔ]。

i 韵有两个条件变体：(1) 与 p、t、k 组声母拼时为[i]，(2) 与 tɕ 组声母拼时为[iz]。iɪʔ 韵有两个条件变体：(1) 与 p、t、k 组声母拼时为[ɪʔ]，(2) 与 tɕ 组和零声母拼时为[iɪʔ]。

老派比新派多 6 个韵母："扇、敢、看"等字的韵是[ɪ]；"半、官、欢"等字韵是[ũ]，有时无鼻化；"瓜、桂、画"等字韵是[uo]；"下、家、亚"等字韵是[yo˔]，[iɘ]韵为[iɔ]，有的字并入[yo˔]韵；"忍、君、春"等字韵是[ʏŋ]；iɪʔ 韵为[ie-ʔ]，yɪʔ 韵[ye-ʔ]，有少数字如"吃、镯、轴"读[yʌʔ]。

1.3　单音节声调

阴平　51　江天对快　阳去 223　来同买道外地　阴入 ʔ55　各黑脱出

阴上　335　懂纸土口　阳入 ʔ23　欲六直绝

老派比新派多两个调：阳平　255　来同　阴去　44　对快

1.4　双音节连读调

1.4.1　双音节连读调表（见表 1）

表 1

前音节＼后音节		1	2	3	4	5	6	7	8
1	51	A. 33+51 C. 33+35	A. 33+51 B. 33+44	A. 33+51 A. 33+44 C. 33+35	A. 33+51 A. 33+44 C. 33+35	A. 33+44 A. 33+51 C. 33+35	A. 33+44 A. 33+51 C. 33+35	A. 33+5	B. 33+5
2	223	A. 22+51 C. 22+44	A. 22+51 B. 22+44 C. 24+33	A. 22+51 A. 22+44 C. 24+33	A. 22+44 A. 22+51	A. 22+51 A. 22+44 C. 24+33	A. 22+44 A. 22+51 C. 24+33	A. 22+5	A. 22+5
3	335	A. 55+33 B. 33+35	A. 55+33 B. 33+35 C. 33+51	A. 55+33 B. 33+35 C. 33+51	A. 55+33 C. 33+51	A. 55+33 C. 33+51	A. 55+33 B. 33+35	A. 55+3	A. 55+3 C. 33+5

续 表

后音节 前音节		1	2	3	4	5	6	7	8
4	223	A. 24+33 B. 33+35 B. 22+51	A. 24+33 B. 33+35 B. 22+51	A. 24+33 B. 33+35 C. 22+44	A. 24+33 B. 33+35 C. 22+44	A. 24+33 C. 22+44	B. 24+33 C. 22+44	A. 24+3 C. 22+5	A. 24+3
5	51	A. 55+33 B. 33+51 C. 33+35	A. 55+33 C. 33+51 C. 33+35	A. 55+33 C. 33+35	A. 55+33 C. 33+35	A. 55+33 C. 33+35	A. 55+33 C. 33+55	A. 55+3	A. 55+3
6	223	A. 22+44 B. 22+51 C. 22+35 C. 24+33	A. 22+44 B. 22+51 C. 22+35 C. 24+33	A. 22+44 B. 22+51 C. 22+35 C. 24+33	A. 22+44 B. 22+51 C. 24+35	A. 22+44 B. 22+51 C. 24+33	A. 22+44 B. 22+51 C. 24+33 C. 22+35	A. 22+5	A. 22+5 C. 24+3
7	5	A. 5+33 B. 3+35	A. 5+33 B. 3+35	A. 5+33 C. 3+35	A. 5+33 C. 3+35	A. 5+33 C. 3+35	A. 5+33 C. 3+35	A. 5+3 C. 3+5	A. 5+3
8	23	A. 2+51 B. 2+35	A. 2+35	A. 2+35	A. 2+35	A. 2+44 C. 2+35	A. 2+35	A. 2+5	A. 2+5

表1中横行第一行和直行第一行黑体的数字分别代表中古阴平、阳平、阴上、阳上、阴去、阳去、阴入、阳入声调(以下一律用黑体数字代表调类,以区别于表示调值的数字),表中用“+”号连接的数字符号表示五度制调值,A式是通用型式,B式在该调类组合的词中较少用,C式则偶用。

在这些调型中,55+33、24+33的后音节有些轻声化。

调类组合**41**、**42**、**43**、**44**中,部分次浊声母开头的双音节调并入**31**、**32**、**33**、**34**的双音节调,使用“33+35”的调型。

后字为促声的连读调只是后字为舒声的连读调的促声变体,但**67**、**68**并入**27**、**28**。前字为促声的连读调情况同此。

1.4.2 举例

以调型为纲举例。先列调型,后列例词和读音,例词前的数字符号为调类组合简称,前头有星号的数字组合表示该调类组合中的大多数词读前列调型。每一调型均包含其促声变体,列于后。另外,“33+44”调型也作为“33+51”的变体。

(1) 33＋51	*11 香泡 ɕiã pʻɔ 柚子	*12 沙头 so dœʏ 熟瓜瓤	*13 抽斗 tɕʻʏ dœʏ
	*14 呆脑 te nɔ 呆子	*15 衣架 i ko 个儿、身材	*16 番薯 fᴇ zɥ 甘薯
	*32 顶棚 tɪŋ bã 天花板	*33 讨打 tʻɔ tã 挨打	34 款项 kʻu ɦɔ̃
	35 板凳 pᴇ tɐŋ	51 秤钩 t ɕʻɪŋ kœʏ	52 钻头 tsø dœʏ 钻子
	*17 鸡血 tɕi ɕyɔʔ	*18 杉木 sᴇ mɔʔ	38 火着 həu dʑiɪʔ 着火
	77 阿拉 ɐʔ lɐʔ 我们		
33＋44	12 操劳 tɕʻiə lɔ	*13 甘草 ki tsʻɔ	*14 亲近 tɕʻɪŋ dʑɪŋ
	*15 翻向 fᴇ ɕiã 颠倒过来	*16 花样 ho ɦiã	
(2) 22＋51	*21 时光 zʅ kuɔ̃ 时间	*22 梨头 li dœʏ 梨	*23 头颈 dœʏ tɕɪŋ
	*24 和拢 ɦəu loŋ 搀和	*25 门串 mɐŋ tsʻø 门栓	*26 黄豆 ɦuɔ̃ dœʏ
	41 坐车 zəu tsʻo 孩车	42 眠床 mi zɔ̃ 床	61 大妈 dəu mo 伯母
	62 栈房 zᴇ vɔ̃ 旅社	63 大饼 dəu pɪŋ	64 疗养 liə ɦiã
	65 夜到 ɦia tɔ 晚上	66 豆腐 dœʏ vu	*27 人客 ȵɪŋ kɐʔ 客人
	*28 闲食 ɦᴇ ʑiɪʔ 零食	*67 料作 liə tsɔʔ 面料	*68 造孽 zɔ ȵiɪʔ 吵架
	*81 白刀 bɐʔ tɔ 菜刀	*87 六谷 lɔʔ kɔʔ 玉米	*88 活络 ɦuɐʔ lɔʔ 伶俐、灵活
(3) 55＋33	*31 水鸡 sɥ tɕi 上餐青蛙	*32 灶头 tsɔ dœʏ 灶	*33 碗盏 u tsᴇ 碗
	*34 早米 tsɔ mi 籼米	*35 早晏 tsɔ ᴇ 早晚	*36 本事 pɐŋ zʅ
	*51 细糠 ɕi kʻ ɔ̃ 糠	*52 栋梁 toŋ liã 房梁	*53 线粉 ɕi fɐŋ 粉条儿
	*54 对象 tᴇɪ ʑiã	*55 对过 tᴇɪ kəu 对面	*56 次冒 tsʅ mɔ 差
	*37 濎脚 tɪŋ tɕiɪʔ 沉淀	*38 酒席 tɕʏ ʑiɪʔ	*57 浸杀 tɕɪŋ sɐʔ 淹死
	*58 睏熟 kʻuɐŋ zɔʔ 睡熟	*71 作兴 tsɔʔ ɕɪŋ 也许	*72 发条 fɐʔ diə
	*73 屋顶 ɔʔ tɪŋ	*74 曲蟮 tɕʻiɔʔ ɦi 蚯蚓	*75 桌凳 tsɔʔ tɐŋ 桌子
	*76 失败 sɔʔ ba	*77 脚骨 tɕiɪʔ kuɐʔ 脚	*78 葛末 kɐʔ mɐʔ 那末
(4) 24＋33	*41 卵脬 lœʏ pʻɔ 女阴	*42 冷茶 lã dzo 凉开水	*43 老鼠 lɔ tsʻʅ
	*44 舅舅 dʑʏ dʑʏ	*45 有趣 ɦʏ tsʻɥ 好玩儿	*46 马路 mo lu
	22 前年 ʑi ȵi	23 和总 ɦəu tsoŋ 总共、都	25 肥瘦 vi sœʏ
	26 承认 dʑɪŋ zoŋ	61 淡包 dᴇ pɔ 馒头、无馅	62 被头 bi dœʏ 被子
	63 馅子 ɦᴇ tsʅ 馅儿	64 字眼 zʅ ŋᴇ 字	65 路数 lu su 门路
	66 命令 mɪŋ lɪŋ	*47 马夹 mo kɐʔ 马褂儿	*48 老实 lɔ dʑiɪʔ
	68 暴力 bɔ liɪʔ		
(5) 22＋44	*61 面汤 mi tʻɔ̃	*62 痰盆 dᴇ bɐŋ 痰盂	*63 候口 ɦœʏ kʻœʏ 正巧
	*64 大雨 dəu ɦy	*65 外快 ŋa kʻua	*66 下饭 ɦo vᴇ 菜肴
	21 农村 noŋ tsʻɐŋ	22 柴爿 za bᴇ 木柴	*23 鹞子 ɦiə tsʅ
	*24 河蚌 ɦəu bã 蚌	*25 咸菜 ɦᴇ tsʻe	*26 门面 mɐŋ mi
	43 老板 lɔ pᴇ	44 旅社 ly zo	45 雨布 ɦy pu

46 染料 ȵi liɘ　　*85 鼻涕 bɐʔ tʻi

(6) 33＋35　31 顶针 tɪŋ tɕɪŋ　　32 纸头 tsɿ dœʏ 纸　　33 版版 pᴇ pᴇ 钱

36 矮凳 a tɐŋ 凳子　　41 母鸡 mœʏ tɕi　　42 眼神 ŋᴇ zoŋ

43 下底 ɦo ti 底下　　44 蚂蚁 mo ȵi　　11 双生 sɔ̃ sã 双胞胎

13 科长 kʻəʊ tɕiã　　14 经理 tɕɪŋ li　　15 天架 tʻi ko 天气

16 拼命 pʻɪŋ mɪŋ　　51 背单 pᴇɪ tᴇ 背心　　52 蒂头 ti dœʏ 瓜蒂

54 屁眼 pʻi ŋᴇ　　55 睏觉 kʻuɐŋ kɔ 睡觉　　56 看病 kʻi bɪŋ

71 铁丝 tʻiɪʔ sɿ　　72 阿婆 ɐʔ bəʊ 婆婆　　73 角子 kɔʔ tsɿ 硬币

74 瞎眼 nɐʔ ŋᴇ 瞎子　　75 搭界 taʔ ka 有关联　　76 一定 iɪʔ dɪŋ

(7) 22＋35　61 被窠 bi kʻəʊ 被窝　　62 骂人 mo ȵɪŋ　　63 院长 ɦy tɕiã

66 袋袋 de de 袋、兜儿　　*81 镬焦 ɦoʔ tɕiɘ 锅巴　　*82 月头 ɦyɪʔ dœʏ 月初

*83 镬铲 ɦoʔ tsʻᴇ 锅铲　　*84 力道 liɪʔ dɔ 力气　　85 袜底 mɐʔ ti

*86 罚誓 vɐʔ zɿ 发誓、赌咒

宁波双音节儿化词的连读调用 33＋35，如：麻雀儿 mo_{33} $tɕiã_{35}$，绢帕儿 $tɕʏ_{33}$ $pʻe_{35}$（手帕）。

1.5　三音节连读调

1.5.1　三音节连读调表

宁波三音节连读调的词汇扩散现象十分普遍，绝大多数调类组合都有两种调型的读法，如“171”中的“装甲车”，读“33＋44＋55”，而“西北风”则读“33＋55＋31”，因为调类组合面大，三音节词数量并不多，在一个调类组合里只有四、五个三音节词供读的情况下，就不能判断某个调类组合中用哪个调型为主。

表 2

调类组合	调　型		
1XX	33＋55＋31	33＋44＋55	（偶用 55＋33＋31）
2XX	22＋55＋31	22＋44＋55	（偶用 24＋33＋31）
3XX	33＋44＋55	55＋33＋31	（偶用 33＋55＋31）
4XX	24＋33＋31	22＋44＋55	
5XX	55＋33＋31	33＋44＋55	（偶用 33＋55＋31）
6XX	22＋55＋31	22＋44＋55	（偶用 24＋33＋31）
7XX	5＋33＋31	3＋33＋55	（偶用 3＋55＋31）
8XX	2＋34＋51	2＋44＋55	（2＋55＋31）

1.5.2 举例

(1) 33＋55＋31

121 新郎官 ɕɪŋ lɔ̃ ku 新郎
172 肩胛头 tɕi kɐʔ dœʏ 肩膀
535 泻老酒 ɕia lɔ tɕʏ 斟酒
156 生意人 sã i ȵɪŋ
311 小包车 ɕiə pɔ tsʻo 轿车
725 压台戏 ɐʔ de ɕi 压轴戏

(2) 22＋44＋55

221 猫头鹰 mᴇ dœʏ ɪŋ
251 绒线衫 ȵyoŋ ɕi sᴇ 毛衣
432 老虎钳 lɔ fu dʑi 钳子
652 夜快头 ɦia kʻua tœʏ 傍晚
672 蛋壳球 dᴇ kʻɔʔ dʑʏ 乒乓球
842 日里头 ȵiɪʔ li dœʏ 白天
235 长板凳 dʑiã pᴇ təŋ 条凳
414 弟新妇 oi ɕɪŋ vu 弟媳
442 奶奶脯 na na bu 乳房
664 洞洞眼 doŋ doŋ ŋᴇ 窟窿
862 服务员 vɔʔ vu ɦy 营业员
872 贼骨头 zɐʔ kuɐʔ dœʏ 贼

(3) 33＋44＋55

311 手天心 ɕʏ tʻi ɕɪŋ 手掌
373 水竹管 sɥ tsɔʔ ku 水瓢
113 盯师子 tɪŋ sɿ tsɿ 蟋蟀
531 扫帚星 sɔ tɕʏ ɕɪŋ
577 背脊骨 pᴇɪ tɕiɪʔ kuɐʔ 脊柱
762 插便宜 tsʻ ɐʔ bi ȵi 捞外块
321 小娘尻 ɕiə ȵiã pi 小姑娘
111 鸡窠间 tɕi kʻəu kᴇ 鸡窝
112 拖鞋爿 tʻu ɦa bᴇ 拖鞋
564 见面礼 tɕi mi li
753 客堂间 kʻɐʔ dɔ̃ kᴇ 底层正房
782 竹篾爿 tsɔʔ miɪʔ bᴇ 竹片

(4) 24＋33＋31

431 脑子包 nɔ tsɿ pɔ 脑袋
472 脑壳头 nɔ kʻɔʔ dœʏ 前额
223 前年子 ʑi ȵi tsɿ 前年
442 李老爷 li lɔ ɦia
653 电熨斗 di ɪŋ tœʏ

(5) 55＋33＋31

525 剃头店 tʻi dœʏ ti
573 借只手 tɕia tsɐ ɕʏ 左手
333 九九表 tɕʏ tɕʏ piɔ
716 发痧气 fɐʔ so tɕʻi 中暑
788 吃勿落 tɕʻyɔʔ vɐʔ lɔʔ 吃不消
564 酱豆腐 tɕiã dœʏ vu
318 粉蒸肉 fəŋ tɕʻɪŋ ȵyɪʔ
362 写字台 ɕia zɿ de
756 脚背面 tɕiɪʔ pᴇɪ mi 脚背

(6) 22＋55＋31

623 袖头子 ʑʏ dœʏ tsɿ 袖子
658 上半日 zɔ̃ pu ȵiɪʔ 上午
242 抬老婆 de lɔ bəu 男子结婚
287 洋蜡烛 ɦiã lɐʔ tsɔʔ
841 侄女婿 dʑiɪʔ ȵy ɕi
655 兑钞票 dᴇɪ tɕiə piə 找钱
215 棉纱线 mi so ɕi
261 强盗坯 dʑiã dɔ pʻᴇɪ 强盗种
817 值班室 dʑiɪʔ pᴇ sɔʔ
876 墨笔字 mɐʔ piɪʔ zɿ

(7) 22＋34＋51

822 日菩头 ȵiɪʔ bu bœʏ 太阳
823 热水瓶 ȵiɪʔ sɥ bɪŋ
823 鼻头管 bɐʔ dœʏ ku 鼻子

二

2.0 声调的发展和归并

宁波、上海两地在近代最早开放成为商埠，由于经济发展和人口流动，在吴语地区语言发展最为迅速。宁波方言正处在急剧变化之中，许多现象扑朔迷离，以前各位学者的调查报告殊多分歧，如徐通锵先生认为宁波声调只有 4 个(见于张琨，1985)，陈宁萍女士发表的宁波方言的连读调(陈，1987)，与本文的认识也有一定差异。

2.1　单音节调：宁波与上海一样已合并为 5 个。上海先于宁波合并，现已十分稳定，而宁波正处于归并之中，老年人以 7 个为主，有的阳平字已开始并入阳去；中年人多数是 6 个，阳平已并入阳去，阴去也有不少字并入阴平；青年则 5 个，有的人有的字也会发已并的调值。宁波、上海现存的 5 个调调值已变得相同。

2.2　连读调的变化规律

2.2.1　宁波声调的多音节调调型大致是单音节调的扩展形式，见表 3。

2.2.2　宁波单音节调和双音节调中都有大量音变的词汇扩散现象，如有许多单音节调调值不稳定，一会儿读原调，一会儿读并入调，又如表 2 中的 B 式和 C 式都是词汇扩散现象，滤去这些窜调现象，再看宁波的声调系统就十分明了了。这种现象在三音节调调中更为普遍，在同一个调类组合里，有的词读这个调，有的词读那个调，已不能分别 A、B 式了，但是我们仍可以通过延伸的原则，找到它们的原调，见表 3。

表 3

调　类	单音节调值	双音节调值	三音节调值
阴　平	51	33＋51	33＋55＋31
阳　平	已合并(老派 225)	22＋51	22＋44＋55
阴　上	335	33＋35	33＋44＋55
阳　上	已合并	24＋33	24＋33＋31
阴　去	已合并(老派 44)	55＋33	55＋33＋31
阳　去	223	22＋44	22＋55＋31
阴　入	5	5＋33	5＋33＋31
阳　入	23	2＋35	2＋34＋51

2.2.3　总的来说，单音节调合并最速，调型异化也最大，如阳上调

早已合并完，阴平、阳平调值也都已不是平的了，不过单音节调中阴上调和阴入调都很稳定。相比起来，双音节调发展最慢，也最为复杂，保存较多古老形式。如保留阳上调 24＋33，从 4*X* 的调型可以推测宁波古阳上单音节调是一个升调，大致为 24（后音节 33 是轻声化的填充格），与今阴上调 335 平行。从双音节的阴平（33＋51 或 33＋44）、阳平（22＋51 或 22＋44）调值也可推测古老的阴平、阳平单音节调大致阴平为 33（或 44），阳平为 22。

2.2.4 宁波双音节连读调是典型的前重式连调，前音节定调，后音节弱化而不分阴阳。除平声和调类组合 85 外，后音节已经不分调类，成了表 2 中通用调型横行一致。

2.2.5 宁波双音节阴上、阴去、阳去、阴入和阳入调都是单音节调的延伸型式。其中阴去、阴入单音调是高平调，在延伸时第二音节就自然下降为 33，从而又抬高第一音节的平调为 55，这与苏州方言的阴平调延伸情况相类似（参见本书《关于苏州方言连读变调的意见》一文）。阴去连读调的型式又为阴去单音节调向阴平单音节调合并创造了条件。双音节阴入调已与阴去调型合并为一。

2.2.6 在双音节调类组合中，1*X* 的调型表现得最复杂一些。1*X* 曾有两个调型 33＋51 和 33＋44，正在互相扩散，33＋51 在 11、12 中较胜，33＋44 可能原是 15、16 的调型。因为这两个调型音近，一词可两读的较多，正在合并之中。我们可把它们看作一个调型的两个变体。2*X* 也有两个调型 22＋51 和 22＋44，不过 22＋44 正好与阳去调型相同，这也许就是阳平单音调向阳去单音调合并的缘由。但在双音节连读调中，阳平调尚剩 22＋51 调型，并未完全并入阳去。

2.2.7 从双音节调表中我们还可以捕捉到一些语音发展的信息。运用双音节叠音的调值可以确定该调类组合的基本调型（参见本书《关于苏州方言连读变调的意见》一文）。我们根据“版版（钱）”的读音可以把阴上双音节调值定为 33＋35。尽管阴上调 33＋35 在过去可能很重要，它扩散到 7*X*，古老的儿化词连调也用阴上调，连许多前音节为次浊阳上调的双音节词至今还用 33＋35，但是从新派双音节调使用的现状来看，33＋35 调型已经趋于衰落，取代它的是阴去的 55＋33 调，现在

3*X* 的大多数词都读 55＋33 调型。在阳调类中，阳去调型 22＋44 也有蔓延之势，2*X*、4*X* 中一些较新的书面词多用 22＋44 型，如“农村、零钱、文件、旅社、老板、染料”，在三音节词中也同此，如 251 的“绒线衫”读 22＋44＋55，而“毛线衣”就读 22＋55＋31。

2.3 宁波连读调的类型

笔者曾经把吴语地区的连读调归纳为 A 型（初连型，如靖江）、B 型（复杂型，如松江）、C 型（简单型，如无锡）、D 型（延伸型，如上海）四种形式，并认为分布在不同地域的四个类型实际上反映了吴语连读调“结合→异化→简化→单音调化”的历时发展过程。A 型为一个语音词中两个音节连读调等于或近于组成音节的单音节调之和；B 型为一个词中至少有一个音节的声调跟它们为单音节调时的声调不同；C 型前重式为前字定调，后字不论原来什么声调，全部跟在前字后面读一个调，在一些调类组合中难以找出连读调和单音节调之间的关系；D 型调为前字声调覆盖后字音节，连读调同于单音调。宁波双音节调里，85 还是 A 型调，1*X* 还带有 B 型调的特点。总的来看，表面上似乎纷繁复杂的宁波方言连读调，实际上是正处于向 D 型调进化过程中的声调模式。

主要发音人名单：

周　晖	男	17 岁	万安路		严　斌	男	17 岁	槐树路宝纪巷
李　晓	男	18 岁	中营巷		陶建新	男	18 岁	北太平巷
夏晓波	男	16 岁	双桥街		胡家杰	男	17 岁	筱墙弄
沈永廷	男	42 岁	新河路		吴其仁	男	62 岁	府桥街
施荷香	女	63 岁	公园路		潘之秋	女	63 岁	公园路
陈志清	男	72 岁	公园路					

调查时间：1985 年

杭州方言的基本面貌和语法特点

一

杭州市，在中国东南沿海浙江省的北部，钱塘江下游，大运河的南端，市区人口135万。杭州是浙江省的省会，是全省政治、经济、文化和交通的中心，杭州的丝绸和茶叶驰名世界，因湖山秀丽、林泉幽美而名闻遐迩的西湖在杭州市市区的西部。

杭州地区从秦时始置钱唐县，隋为杭州治，唐改钱塘县，五代时吴越国建都70多年，南宋迁都于此，历时150多年，并为临安府治，明清为杭州府治，1912年将原钱塘、仁和两县合并置杭县，1927年析城区设杭州市。现今杭州市的中心地段在上城区和下城区。

杭州方言归属于北部吴语的太湖片次方言区，跟吴语太湖片其他的地区（如：绍兴、宁波、湖州、上海、常州）相比较，有许多共同的特征：① 塞音声母三分，分为不送气清音、送气清音和浊音。如“端”的声母是“[t]”，“透”的声母是“[tʻ]”，“定”的声母是“[d]”。这是吴方言的共同特征。② 由于声母有清、浊之分，声调也分阴声调和阳声调两大类。如果在一个声类中阴、阳声调调形平行的话，阳声调的音高总比阴声调低一点或开头低一点。如杭州话的阴平声调是$_{323}$，阳平声调是$_{212}$；阴去声调是$_{334}$，阳去声调是$_{223}$。它们的连读调形也是平行的。③ 鼻音、边音、零声母的发音有两套，伴随阴声调的为 ʔm ʔn ʔl ʔȵ ʔ，伴随阳声调的为 mɦ nɦ lɦ ȵɦ ɦ。如“努”读“[ʔnu$_{51}$]”，“怒”读“[nɦu$_{223}$]”，“欧”读“[ʔeɪ$_{323}$]”，“喉”读“[ɦeɪ$_{212}$]”。④ 中古音（《切韵》音系）的全部入声字仍读促音的入声声调，音段的结尾是一个喉塞音“[ʔ]”。如：“发

[fɐʔ$_5$]"、"吃[tɕʻiɔʔ$_5$]"(阴入);"着[zɐʔ$_{\underline{12}}$]"、"绿[lɔʔ$_{\underline{12}}$]"(阳入)。⑤ 韵母分阴声韵(韵母为元音)、阳声韵(韵母带鼻音)和促声韵(韵母带[ʔ]尾)三大类,大致上与中古音相对应。如"且"读"[tɕʻie$_{51}$]","亲"读"[tɕʻɪn$_{323}$]","漆"读"[tɕʻiɪʔ$_5$]"。中古咸、山摄字韵母的鼻音已退化,以致消失成为阴声韵。如杭州话老年"山"读"[sɛ̃$_{323}$]",青年变读"[sɛ$_{323}$]"。⑥ 连读调的形式发展为第一音节定调,后面音节附着的形式。如阴去音节开头的双音节词都读"33+51"连读调,第二音节不分阴阳甚至不论原来是什么声调,都读一个调。如"阴平+阳平"的"教师"读"33+51","阴去+阳去"的"性命"也读"33+51"。⑦ 有一大部分吴语区共有的词汇,尤其是单音动词有一批相同的词。如"挎"、"滗"、"焐"、"缲"等。⑧ 有丰富的形容词 AXX 生动形式的词语,如"扁塌塌"、"毛失失"等。⑨ 有动词的存续体、结果体和尝试体等形态。如:"我票子买辣哈"的"辣哈";"只麻雀儿飞掉特"的"掉";"让我唱唱看"的"看"。⑩ 可用点头或摇头代替答问的是非问句只采用一种形式,杭州话和绍兴话、嵊县话相同,都采用"V 不 V"、"A 不 A"的形式。如:"他是不是学生?""你身体好不好?"不用"V 吗"或"可 V"等形式。以上这些特征是杭州方言与太湖片其他吴语的共同特点,也是与普通话不同的地方。因为在这些主要特征方面杭州话与其他吴语相同,所以它是一个地道的吴语方言。在普通人的语感上,例如从江淮官话或从浙江南部吴语区来的人听杭州话时,除了对杭州话的"儿"尾词感到比较特殊以外,总的感觉杭州话与带读书音的上海话很接近。

由于杭州在公元 1127 年到 1279 年曾为宋都,北方的大量移民改变了当时的杭州方言,使杭州话至今还带有许多官话成分,成为吴语地区中一个有点特别的方言。这主要表现在以下几个方面:① 否定副词"不"不用齿唇音声母([f]或[v])的"勿"(吴语别的地区都用"勿"),而用不送气声母([p])的"不"。如:"我不去。"② 中古音"见"系二等开口字大致上没有文白两读,都随官话读成相当于太湖片其他方言的文读音。如"加、家、嘉、假、价、架"等字只读"[tɕia]"而不另读"[kɑ]"。值得注意的是,已经有一些常用词可能主要是受周围地区方言的影响而逐渐回复了白读音。如在说话中"敲"既读"[kʻɔ$_{323}$]"又读

“[tɕʻiɔ$_{323}$]”，“热”既读“[ȵiɪʔ$_{\underline{12}}$]”又读“[zɐʔ$_{\underline{12}}$/zuɐʔ$_{\underline{12}}$]”，“问”既读“[mən$_{223}$]”又读“[vən$_{223}$]”，“番茄”既读“[fE$_{32}$ dʑiɑ$_{23}$]”又读“[fE$_{32}$ gɑ$_{23}$]”，“角”在“三角形、角落”中读“[kɔʔ$_{5}$]”，在“一角钱”中读“[tɕyɪʔ$_{5}$]”。③ 有较多套介音为 u 的韵母，与北京话大致上对应。如“堆”读“[tueɪ$_{323}$]”，“双”读“[suAŋ$_{323}$]”。④ 上声声调的归并走向与北京话相同：中古次浊声母字声调并入阴上，全浊声母字声调并入阳去。如：古次浊阳上的“老”读阴上声调“[ʔlɔ$_{51}$]”，古全浊阳上的“稻”和古阳去的“盗”一样读阳去声调“[dɔ$_{223}$]”。⑤ 有大量的“儿”尾词，“儿”尾的读音是“[ər]”，不同于其他吴语的“儿”尾读音为“[ŋ̍]”、“[n̩]”或“[ȵi]”。如“鸭儿[ʔiɐʔ$_{5}$ ər$_{31}$]”，“梨儿[ʔli$_{33}$ ər$_{33}$]”，“袜儿[mɐʔ$_{2}$ ər$_{23}$]”，“糕儿[kɔ$_{32}$ ər$_{55}$]”……⑥ 人称代词用“我、你、他”、“我们、你们、他们”，与北京话相似。⑦ 生活词汇中比其他吴语方言词汇更接近北京话。如“手帕”、“桌子”、“拐杖儿”等。不过也有的词语可能受周围方言的影响借用了与周围吴语相同的称名。如又说“洗澡”又说“汏浴”。由于杭州方言具有以上这些较接近官话的特点，造成它与周围地区（如杭州的远郊）的吴语有一些明显的差异，使人感到杭州方言具有准方言岛的某些特征。因此研究杭州方言有着特殊的意义。

二

杭州方言的主要语法特点证明了杭州方言基本上是一个吴语方言，除了“儿”尾的构造比较特殊以外，其他的语法特征大致与周围吴语相似。以下简述杭州话与普通话不同的语法形式，语法例句都是按照自然语音的实际情况标音的。

1. 名词的词尾

(1) “儿[ər]”尾

由于杭州方言在历史上受官话的影响较深，因此有许多“儿”尾词。它与普通话的不同在于“儿”尾呈独立音节形式，不是黏附在词根音节上的“儿化”；它与周围太湖片吴语不同，表现在周围地区的“儿”尾词极少，杭州“儿”尾词很多。周围地区和浙江南部方言的“儿”尾词多为[ŋ̍]

尾(如衢州的"盒儿[ʔAʔ$_{2}$ ŋ̍$_{35}$]"),有的是[ȵi]尾(如江阴的"猫儿[mɔ$_{24}$ ȵi$_{31}$]")或[n̩]尾(如金华的"侄儿[dzəʔ$_{2}$ n$_{24}$]"),都不读[ər];有许多地方[ŋ̍]尾和[n̩]尾都结合在词根音节上(如余姚的"粥儿[tsoŋ$_{52}$]",余姚的"筷儿[k'uɛn$_{44}$]"),或失落时改变了韵母(如周浦的"谷儿[kuə$_{35}$]");但杭州的"儿"尾词一律在词根后面加上一个[ər]音节。以上事实说明杭州话的"儿"尾词是直接受官话影响产生的。

"儿"尾词一般都有小称或爱称的作用,如"肉末儿、鱼圆儿、麻雀儿、小伢儿、雪花儿、勺儿",都带有小或可爱的意味。

杭州的"儿"尾词多数用和其他词一样的连读调,尤其是阴上音节开头的"儿"尾词都用一般的连读调。如:

篓儿 lou$_{21}$ ər$_{23}$　桧儿 kuE$_{34}$ ər$_{51}$　葱花儿 ts'oŋ$_{32}$ huɑ$_{23}$ ər$_{51}$

雄鸭儿 ɦioŋ$_{21}$ iɐʔ$_{\underline{23}}$ ər$_{51}$　烧饼摊儿 sɔ$_{32}$ pɪn$_{23}$ t'E$_{55}$ ər$_{31}$

耍子儿 sɑ$_{55}$ tsʅ$_{33}$ ər$_{31}$　顶针箍儿 tɪn$_{55}$ tsən$_{33}$ k'u$_{33}$ ər$_{31}$

有的"儿"尾词的连读调与其他词用的连读调一般形式不同,尤其是阳平音节开头的词;有的词"儿"尾的读音比较自由。如:

线儿 ʑie$_{35}$ ər$_{31}$(原调是 34+51)

蛐蛐儿 tɕ'Y$_{32}$ tɕ'Y$_{24}$ ər$_{31}$(原调是 32+23+51)

门闩儿 mən$_{21}$ sE$_{24}$ ər$_{31}$(原调是 21+23+51)

零食儿 lɪn$_{21}$ zɐʔ$_{24}$ ər$_{31}$(原调是 21+23+51)

肥肉儿 vi$_{21}$ ȵiɔʔ$_{2}$ er$_{55}$(原调是 21+2+51)

男伢儿 nE$_{21}$ ɦiɑ$_{23}$ ər$_{33}$(原调是 21+23+51)

蝴蝶儿 ɦu$_{21}$ diɪʔ$_{24}$ ər$_{31}$/ɦu$_{21}$ diɪʔ$_{24}$ ər$_{55}$(原调是 21+23+51)

有不少动宾结构,用了"儿"尾形式后,使该动作专称化,有时可有名词化的作用。如:

滚边儿 kuEn$_{44}$ pie$_{32}$ ər$_{23}$(这件衣服辣哈～。/他的工作是～。)

打裥儿 tɑ$_{44}$ kE$_{34}$ ər$_{51}$　赶鸭儿 kE$_{33}$ ʔiɐʔ$_{5}$ ər$_{31}$

寻事儿 dʑɪn$_{33}$ zʅ$_{24}$ ər$_{31}$　跌跤儿 tiɪʔ$_{3}$ tɕ'iɔ$_{23}$ ər$_{51}$

打架儿 tɑ$_{32}$ tɕiɑ$_{34}$ ər$_{31}$

杭州话中有的词有两种称呼,一为"儿"尾词,一为一般词。这种现象可能与这两个词形成在不同的历史层次有关,后面的词可能是后来借用周围方言的。如：

茄儿 dʑi$_{21}$ ər$_{33}$/茄子 dʑiɑ$_{21}$ tsɿ$_{33}$

洞儿 doŋ$_{23}$ ər$_{51}$/洞眼 doŋ$_{23}$ ŋᴇ$_{51}$

料儿 liɔ$_{24}$ ər$_{31}$/料作 liɔ$_{23}$ tsɔʔ$_{5}$

桧儿 kuᴇ$_{34}$ ər$_{51}$/油条 ʔiɤ$_{33}$ diɔ$_{33}$

米粒儿 ʔmi$_{55}$ liɪʔ$_{3}$ ər$_{31}$/饭米糁 vᴇ$_{22}$ mi$_{55}$ sueɪ$_{31}$

有的“儿”尾词另有不用“儿”尾的形式，可能是随周围方言影响失落了“儿”。如：

信壳儿 ɕɪn$_{33}$ k'ɔʔ$_{5}$ ər$_{31}$/信壳 ɕɪn$_{34}$ k'ɔʔ$_{5}$

精肉儿 tɕɪn$_{32}$ ȵiɔʔ$_{3}$ ər$_{55}$/精肉 tɕɪn$_{32}$ ȵiɔ$_{5}$

有的词在普通话里不用儿化，但在杭州话里用儿尾；有的词在普通话里用儿化，但在杭州话里不用儿尾。如：

杭州话	普通话
帽儿	帽子
篮儿	篮子
鸭儿	鸭子
蚕豆儿	蚕豆
黄瓜儿	黄瓜
面条	面条儿
春卷	春卷儿
馅子	馅儿
柄	把儿

杭州话里也有的词在有了“头”尾或“子”尾后，再跟上“儿”尾。如：

石头儿 zɐʔ$_{2}$ deɪ$_{23}$ ər$_{55}$

耍子儿 sɑ$_{55}$ tsɿ$_{3}$ ər$_{31}$

(2) “头[deɪ]”尾和“子[tsɿ]”尾

杭州方言中也有一些用“头”或“子”作词尾的名词，它们大都和周围吴语的称呼相同。举例如下：

“头”：

榔头 lʌŋ$_{21}$ deɪ$_{23}$　　钻头 tsuo$_{34}$ deɪ$_{51}$　　死结头 ɕi$_{55}$ tɕiɪʔ$_{3}$ deɪ$_{31}$

角落头 kɔʔ$_{4}$ lɔʔ$_{4}$ deɪ$_{51}$　　　　贼骨头 zɐʔ$_{2}$ kuɐʔ$_{3}$ deɪ$_{23}$

“子”

梅子 meɪ$_{33}$ tsɿ$_{33}$　　桌子 tsɔʔ$_{5}$ tsɿ$_{31}$　　凿子 dʑyɪʔ$_{2}$ tsɿ$_{23}$

疖子 tɕiɪʔ$_{3}$ tsɿ$_{23}$　　裁缝尺子 dzᴇ$_{21}$ voŋ$_{23}$ ts‘ɐʔ$_{5}$ tsɿ$_{31}$

2. 形容词的生动形式

杭州话的形容词有许多变式，主要有以下几种：

(1) 加叠音后缀法。如：

混——混淘淘　　老——老戳戳　　松——松绷绷

急——急失失　　瘪——瘪塌塌　　甜——甜津津

有的后缀完全虚化无实义。如：

潮——潮几几　　苦——苦搭搭　　黄——黄哈哈

有少数词根是动素或名素，也能构成形容词生动形式，如：

牵——牵煞煞　　笑——笑咪咪

雨——雨迷迷　　水——水淋淋

这类叠音后缀的形容词很多，表示“一定程度”的意思。有的形素后加不同的后缀所表示的意思和所用的范围有些不同，如：“韧吊吊”与“韧冻冻”不同，“潮搭搭”与“潮几几”不同。

(2) 加叠音前缀法。如：

硬——石石硬　　挺——笔笔挺　　碧——碧碧绿

薄——刁刁薄　　青——煞煞青　　滚——达达滚

加前缀的形容词形容程度很高，如“冰冰冷”显然要比“冷冰冰”要冷得多。

(3) 嵌缀法。如：

AXAB式：疙里疙瘩　　龌里龌龊　　啰里啰嗦　　活仑活现

嵌“七”“八”：哆七哆八　　瞎七搭八　　滑风八几遭

(4) 加后缀“兮兮”、“八腊”。如：

慌兮兮　　潮兮兮　　神经兮兮

危险八腊　　腻心八腊

(5) 扩展形容。如：

方——的角四方　　硬——石拍铁硬　　亮——金光锃亮

奘——雪白滚奘

3. 语助词

列举杭州话的语助词，先简述其语法意义，并在括号里的分号前注上普通话所用的助词，分号后注上苏州话所用的助词，以便对照；再在空两格的后面列出杭州话的助词，必要时注音，并在冒号后附上例句。加底线的词是双音节读成单音节的合音词。

领格，前置形，带定语（的；葛）	的[tiɪʔ/diɪʔ]/个[gɐʔ]：我的书。/我个书。
后置形，的字结构（的；葛）	的/个：要一朵红的。/要一朵红个。
表示肯定（的；葛）	的：是的，我也要去的。
带状语（地/的；叫）	的：好好的走。
带结果补语，表性（得；得）	特[dɐʔ]/得[tɐʔ]/勒[lɐʔ]：他走特慢。/他走得慢。/他走勒快不快？
带结果补语，表量（得；得/得来）	特/特来：吃力特（来）是眼睛也开勿开勒。
带可能补语（得；得）	特：吃特落。
表示赞叹（真……啊；得啦/得来）	得来：葛个水清得来。
表示已然（了/的；葛）	特：我昨天去看戏特。
表示起事（了/啦；哉）	特/特雷[dɐʔleɪ/dɐʔlᴇ]：不好特。要死特雷！
设想结果（了；哉）	特雷：再不去就要晏特雷！
叙事过去（了；哉）	特/特雷：后来我就去困特。/后来我就去困特雷。
表示动作完成事态改变（了；哉）	特/得雷：饭开好特。/饭开好得雷。
动作前表示时间（了；仔）	勒[lɐʔ]：吃勒饭再去。
动作前表示假设（了；仔）	特来/勒：我死特来你结个套！/我死勒你结个套！

设想正句(了;仔)	勒：等歇弄坏脱勒！(小心待会儿搞坏了！)
表示命令(了;仔)	勒：走好勒啊！
表示状态持续(着;仔)	辣哈[lɐʔha/lɐʔhɐʔ]/辣：坐辣哈比站辣哈写意。/坐辣比站辣写意。(少用)
表示方式(着;仔)	辣：骑辣马寻马。
表示假设停顿(呢;呢)	呢[ȵiɪ/ȵi]：万一不成功呢，葛末只好算特雷。
特指问(呢;呢/家[tɕiɑ])	呢：他会唱，你(会啥)呢？ 陈先生呢？陈先生来特雷。
起头问(呢;呢/家)	呢：实个何必再去呢？ 葛末你为啥去呢，啊？
问事问，稍重(啊;家)	啦[lɑ]：哪个啦？做啥啦？
是非问，中性(吗;阿……家)	啦：你去不去啦？(通常不用助词)
是非问，偏肯定(吧;阿……家)	特啊[diɑ]/号[ɦɔ]：你去特啊？/你姓凌号？
指明事实，申明有(呢;笃)	雷/辣哈：冒阔气雷。/冒阔气辣哈。
表示持续状态(呢;勒)	雷：还没光雷。辣哈落雨雷。
是非反问(吗;啊)	啊[ʔɑ]：你想骗我啊？
设问(啊;啊)	啊：你不肯啊？
称呼(啊;啊)	唉[ʔᴇ]：阿三唉！(一般不用)
感叹语气(啊;啊)	啊：你结葛人啊！
句中暂顿(啊;啊)	啊：阿三啊，我告诉你唉。
表示假设重顿(啊;啊)	啊：如果他嫁拨你啊，葛是号特雷！
警告语气(啊;啊)	号/哎[ɦᴇ]：我夷没答应过号！/我夷没答应过哎！

提醒语气(啊;啊)	末[mɐʔ]:本来应该是他的末。
劝听语气(啊;啊)	号/唉:不要哭号。乖点号!/不要哭唉。乖点唉!
试定问意见(啊;鞋)	嗄[ɦɑ]:实个倒没啥,嗄?
提醒语气(啊;呀)	的哎[diᴇ]:本来是他的哎。
反对语气(唉;呀)	的哎:不是,不是,不是的哎!
对方应知特指(么;呀)	的哎:结个是要用滚水冲的哎。
对方应知泛指(么;惑/末)	的末/末/诺[no]:我晓得不对的末。/我晓得不对末。/我晓得不对诺。
公认语气(咯;哉惑)	特雷:总算不错特雷。
提顿(么;末)	末:先末吃饭,吃好末洗脸。
假设暂顿(么;末)	末:如果落雨末,我就不去特雷。
劝令语气(罢;罢)	末:来末,吃点末。
试定语气(罢;罢)	地[di]:不见得地。
假设停顿,指行为(罢;罢)	末:不跟他说末,也不大好。
命令稍重(啊;娘)	孩:来孩!不要怕孩!
感叹带赞叹(呢;娘)	呢:葛倒危险的呢!
还没有(呢;勒)	雷:还没光雷。
表示如此而已,限制(罢了/就是了;罢哉)	就是勒:不过说说就是勒。
听任语气(得了;末哉)	末好特雷:让他去末好特雷。
催劝语气(罢了;哉惑)	末好特/末好特雷:答应他末好特。/答应他末好特雷。

4. 句子的体

(1) 完成体

表示动作已经完成或实现。体助词用“勒[lɐʔ/ləʔ]”,或作“了”。如:

我买勒本书。　　ʔŋou$_{51}$ mᴇ$_{55}$ lɐʔ$_{3}$ pən$_{31}$ sʮ$_{323}$.

他写勒一篇文章。　　t'ɑ$_{33}$　ɕi$_{33}$lɐʔ$_{4}$　ʔiɪʔ$_{3}$ p'ie$_{23}$　vən$_{21}$tsᴀŋ$_{23}$.

我去勒一趟上海。　　ʔŋou$_{51}$ tɕ'i$_{33}$ lɐʔ$_{4}$ ʔiɪʔ$_{3}$ tᴀŋ$_{23}$ zᴀŋ$_{23}$ hᴇ$_{51}$.

完成体的疑问形式是“有没有 V/有孛 V”，否定形式是“没有 V”。如：

他有没有来？　　t'ɑ$_{33}$　ʔʏ$_{55}$mɐʔ$_{3}$ ʔʏ$_{31}$　lᴇ$_{212}$？

他有孛来？　　t'ɑ$_{33}$　ʔʏ$_{55}$bɐʔ$_{\underline{31}}$　lᴇ$_{212}$？

他还没有来。　　t'ɑ$_{33}$　ɦɑ$_{212}$　ʔmɐʔ$_{4}$ ʔʏ$_{51}$　lᴇ$_{212}$.

（2）经验体

表示曾经有过某种动作或形状。体助词用“过[ku]”。如：

我吃过饭特。　　ʔŋou$_{44}$ tɕ'yɔʔ$_{3}$ ku$_{44}$ vᴇ$_{223}$dɐʔ$_{5}$.

我那边去过特。　　ʔŋou$_{44}$ ʔnɑ$_{32}$ pie$_{23}$ tɕ'i$_{33}$ku$_{55}$ dɐʔ$_{\underline{31}}$.

他做过工人。　　t'ɑ$_{33}$ tsou$_{34}$ ku$_{51}$ koŋ$_{32}$ ɹen$_{23}$.

经验体的疑问形式是“有没有 V 过/有孛 V 过”，否定形式是“没有 V 过”。如：

你饭有没有吃过？　　ʔȵi$_{51}$　vᴇ$_{223}$ ʔʏ$_{55}$mɐʔ$_{3}$ ʏ$_{31}$ tɕ'yɔʔ$_{5}$ ku$_{31}$？

你饭有孛吃过？　　ʔȵi$_{51}$　vᴇ$_{223}$ ʔʏ$_{55}$bɐʔ$_{\underline{31}}$ tɕ'yɔʔ$_{5}$ ku$_{31}$？

你上海有没有去过？　　ʔȵi$_{44}$ zᴀŋ$_{23}$ hᴇ$_{55}$ ʔʏ$_{55}$ mɐʔ$_{3}$ ʏ$_{31}$ tɕ'i$_{55}$ ku$_{31}$？

我没有去过。　　ʔŋou$_{51}$　ʔmɐʔ$_{3}$ ʏ$_{23}$ tɕ'i$_{34}$ ku$_{51}$.

（3）进行体

表示动作正在进行。体助词“辣哈[lɐʔhɑ/lɐʔhɐʔ]”或“来东[lᴇtoŋ/lɐʔtoŋ]”用在动词前。如：

我辣哈写东西。　　ʔŋou$_{51}$ lɐʔ$_{2}$ hɑ$_{23}$　ɕi$_{51}$ toŋ$_{32}$ ɕi$_{23}$.（我正在写东西。）

我来东吃饭。　　ʔŋou$_{51}$ le$_{21}$toŋ$_{44}$ tɕ'yɔʔ$_{5}$vᴇ$_{223}$.（我在吃饭。）

我来东困觉，你不要吵。　　ʔŋou$_{44}$ lᴇ$_{22}$ toŋ$_{44}$ k'ueŋ$_{44}$ tɕiɔ$_{334}$，ʔȵi$_{44}$ piɔ$_{323}$ ts'ɔ$_{51}$.（我在睡觉呢，你不要吵。）

进行体的疑问形式是“辣哈不辣哈 V/来东不来东 V”，否定形式是“不辣哈/不来东”。如：

你结本书辣哈不辣哈看？　　ʔȵi$_{44}$ tɕiɪʔ$_{3}$ pən$_{23}$ sɥ$_{323}$ lɐʔ$_{2}$ hɑ$_{23}$ pɐʔ$_{4}$ lɐʔ$_{4}$ hɑ$_{55}$ k'ᴇ$_{334}$？（你正在看这本书吗？）

我不辣哈看。　ʔŋou$_{51}$ pɐʔ$_4$ lɐʔ$_4$ hᴇ$_{55}$ k‘ᴇ$_{334}$.（我不在看。）

进行体的体助词（又称“副词”）“辣哈/来东”与动词“辣哈/来东”同形，相当于普通话的“在”。它的动词用法如下：

钱老师有没有来东？　dʑie$_{21}$lɔ$_{23}$sɿ$_{51}$ ʔʏ$_{55}$mɐʔ$_3$ ʏ$_{33}$ lᴇ$_{22}$toŋ$_{51}$？（钱老师在吗？）

来东，来东。　lᴇ$_{22}$toŋ$_{51}$，lᴇ$_{22}$toŋ$_{51}$.（在，在这儿。）

（4）存续体

表示某事物保持着某人动作的结果所造成的状态，或者表示已经实现已经做好了某事情，有准备好了的语义。体助词用“辣哈/来东”，与进行体同形，但用在动词后面。如：

窗开来东。　ts‘uʌŋ$_{323}$ k‘ᴇ$_{32}$lᴇ$_{23}$toŋ$_{51}$.（窗开着。）

木老老人站辣哈。　mɔʔ$_2$ lɔ$_{23}$lɔ$_{51}$ ɹən$_{212}$ dzᴇ$_{22}$lɐʔ$_5$ hɑ$_{31}$.（许多人站在那儿。）

我门开来东孩，你只要进来好特老。

ʔŋou$_{44}$ mən$_{212}$ k‘ᴇ$_{32}$lᴇ$_{23}$toŋ$_{55}$ɦᴇ$_{55}$，ʔȵi$_{51}$ tɕiɔ$_{44}$ tɕɪn$_{32}$lᴇ$_{23}$ hɔ$_{55}$dɐʔ$_3$ lɔ$_{31}$.（我把门开在那儿，你只要进来就行。）

照片墙上贴辣哈。　tsɔ$_{34}$ p‘ie$_{51}$ dʑiʌŋ$_{21}$zɿ$_{23}$ t‘iɪʔ$_4$ lɐʔ$_4$ hɑ$_{55}$.（墙上贴着照片。）

我票子买辣哈。　ʔŋou$_{44}$ p‘iɔ$_{34}$ tsɿ$_{51}$ ʔmᴇ$_{55}$ lɐʔ$_3$ hɑ$_{31}$.（我票子买好了。）

英文学来东，将来总归有用场。

ʔm$_{32}$vən$_{23}$ ɦyɪʔ$_2$ lᴇ$_{23}$toŋ$_{51}$，tɕiʌŋ$_{32}$lᴇ$_{23}$ tsoŋ$_{55}$kueɪ$_{31}$ ʔʏ$_{55}$ɦioŋ$_{33}$dzʌŋ$_{31}$.（英语学好了，将来总有用。）

存续体的疑问形式是“是不是 V 辣哈”、“是不是 V 来东”或“有没有 V 辣哈”、“有没有 V 来东”，否定形式是“没有 V 辣哈”、“没有 V 来东”。如：

他是不是坐辣哈？　t‘ɑ$_{33}$ zɿ$_{22}$ pɐʔ$_5$ zɿ$_{31}$ dzou$_{22}$lɐʔ$_5$ hɑ$_{31}$？（他坐在那儿吗？）

门有没有开辣哈？　mən$_{212}$ ʔʏ$_{55}$mɐʔ$_3$ ʏ$_{31}$ k‘ᴇ$_{32}$ lɐʔ$_{\underline{23}}$ hɑ$_{51}$？（门开着吗？）

他没有坐辣哈。　t'ɑ$_{33}$ mɐʔ$_{2}$ ʏ$_{23}$ dzou$_{22}$ lɐʔ$_{5}$ hɑ$_{31}$.（他没有坐在那儿。）

门没开辣哈。　mən$_{22}$ meɪ$_{212}$ k'e$_{32}$ lɐʔ$_{\underline{23}}$ hɑ$_{51}$.（门没开着。）

(5) 方式体

表示前一个动作以某种方式作用于后一个动作。体助词用"辣哈"、"来东"，有时也用"辣"。如：

我坐来东吃饭。　ʔŋou$_{44}$ dzou$_{22}$le$_{55}$toŋ$_{31}$ tɕ'yɔʔ$_{5}$ vᴇ$_{223}$.（我坐着吃饭。）

他站来东看书。　t'ɑ$_{33}$ dze$_{22}$ le$_{55}$ toŋ$_{31}$ k'ᴇ$_{34}$ sʮ$_{51}$.（他站在那儿看书。）

他困来东看电视。　t'ɑ$_{33}$ k'uən$_{33}$ le$_{55}$ toŋ$_{33}$ k'ᴇ$_{34}$ die$_{23}$ zɿ$_{51}$.（他躺着看电视。）

坐辣哈比站辣哈写意。　dzou$_{22}$ lɐʔ$_{5}$ hɑ$_{31}$ pi$_{51}$ dzᴇ$_{22}$ lɐʔ$_{5}$ hɑ$_{31}$ ɕiɑ$_{34}$ ʔi$_{51}$.（坐着比站着舒服。）

坐辣比站辣写意。　dzou$_{23}$ lɐʔ$_{5}$ pi$_{51}$ dz$_{23}$ lɐʔ$_{5}$ ɕiɑ$_{34}$ ʔi$_{51}$.（同上）

(6) 伴随体

表示前一个动作正在进行中出现了后一个动作。伴随体的形式是重叠前一个动词。如：

我吃吃吃吃吃吃困着勒。

ʔŋou$_{44}$ tɕ'iɔʔ$_{3}$tɕ'iɔʔ$_{5}$tɕ'iɔʔ$_{3}$tɕ'iɔʔ$_{\underline{31}}$ tɕ'iɔʔ$_{3}$ tɕ'iɔʔ$_{4}$ kuən$_{55}$ dzɐʔ$_{3}$ lɐʔ$_{\underline{31}}$.（我吃着吃着睡着了。）

(7) 结果体

表示动作的结果。体助词用"掉[diɔ]"。如：

葛飞机飞掉特。　kɐʔ$_{5}$ fi$_{32}$tɕi$_{23}$ fi$_{32}$diɔ$_{23}$dɐʔ$_{\underline{51}}$.（这个飞机飞了。）

只桌子坏掉特雷。　tsɐʔ$_{5}$ tsɔʔ$_{3}$ tsɿ$_{23}$ ɦuɑ$_{22}$ diɔʔ$_{55}$ dɐʔ$_{33}$leɪ$_{31}$.（一只桌子坏了。）

(8) 继续体

表示动作继续下去。体助词用"勒去[lɐʔtɕ'i]"。如：

葛本书我还要看勒去。　kɐʔ$_{3}$ pən$_{55}$ sʮ$_{31}$ ʔŋou$_{44}$ ɦᴇ$_{21}$ ʔiɔ$_{23}$

kʻᴇ$_{33}$ lɔʔ$_{5}$ tɕʻi$_{31}$.（这本书我还要看下去。）

我还要做勒去来。　ʔŋou$_{51}$ ɦɑ$_{21}$ ʔiɔ$_{23}$ tsou$_{33}$ lɐʔ$_{5}$ tɕʻi$_{33}$ lᴇ$_{31}$.（我还要做下去呢。）

（9）尝试体

表示尝试一下。体助词用“看[kʻᴇ]”。如：

你吃吃看。　ʔȵi$_{44}$ tɕʻyɔʔ$_{4}$ tɕʻyɔʔ$_{4}$ kʻᴇ$_{55}$.

你听听看。　ʔȵi$_{44}$ tʻɪn$_{33}$ tʻɪn$_{55}$ kʻᴇ$_{31}$.

看看看。　kʻᴇ$_{33}$ kʻᴇ$_{55}$ kʻᴇ$_{31}$.

5. 是非问句

杭州话里的是非问句是用“V 不 V”、“A 不 A”的形式表示的。如：

你是不是上海人？　ʔȵi$_{51}$ zʅ$_{22}$ pɐʔ$_{5}$ zʅ$_{31}$ zᴀŋ$_{21}$hᴇ$_{23}$ɹən$_{51}$？

你有没有书啦？　ʔȵi$_{51}$ ʔʏ$_{55}$ mɐʔ$_{3}$ ʏ$_{31}$ sɥ$_{32}$ lɑ$_{23}$？

你有孛书？　ʔȵi$_{51}$ ʔʏ$_{55}$ bɐʔ$_{\underline{31}}$ sɥ$_{323}$？

身体好不好啦？　sən$_{32}$ tʻi$_{23}$ hɔ$_{55}$ pɐʔ$_{3}$ hɔ$_{33}$ lɑ$_{31}$？

他晓不晓得？不晓得。　tʻɑ$_{323}$ ɕiɔ$_{55}$ pɐʔ$_{3}$ ɕiɔ$_{55}$ tɐʔ$_{\underline{31}}$？pɐʔ$_{3}$ ɕiɔ$_{55}$ tɐʔ$_{\underline{31}}$.

他愿不愿意话？　tʻɑ$_{33}$ ɦʏᴏ$_{22}$ pɐʔ$_{5}$ ɦʏᴏ$_{33}$ ʔi$_{31}$ ɦuo$_{223}$？

你是不是姓钱？　ʔȵi$_{44}$ zʅ$_{22}$ pɐʔ$_{5}$ zʅ$_{31}$ ɕɪn$_{334}$ dʑie$_{212}$？

他不来上课，是不是啦？　tʻɑ$_{323}$ pɐʔ$_{3}$ lᴇ$_{23}$ zᴀŋ$_{23}$ kʻu$_{51}$，zʅ$_{22}$ pɐʔ$_{5}$ zʅ$_{33}$ lɑ$_{31}$？

你是老师，对不对？　ʔȵi$_{51}$ zʅ$_{223}$ ʔlɔ$_{55}$ sʅ$_{31}$，tueɪ$_{55}$ pɐʔ$_{5}$ tueɪ$_{31}$？

你姓钱，对不对啊？　ʔȵi$_{51}$ ɕɪn$_{334}$ dʑie$_{212}$，tueɪ$_{55}$ pɐʔ$_{3}$ tueɪ$_{33}$ ʔɑ$_{31}$？

你去看他辣不辣哈？　ʔȵi$_{44}$ tɕʻi$_{34}$ kʻᴇ$_{34}$tʻɑ$_{51}$ lɐʔ$_{3}$ pɐʔ$_{5}$ lɐʔ$_{3}$ hɑ$_{31}$？

完成体的是非问用“有没有 V”形式，经验体的是非问用“有没有 V 过”形式。如：

他有没有来？还没有来。　tʻɑ$_{33}$ ʔʏ$_{55}$ mɐʔ$_{3}$ ʏ$_{31}$ lᴇ$_{212}$？ɦɑ$_{22}$ ʔmɐʔ$_{3}$ ʏ$_{23}$ lᴇ$_{212}$.

问者本人倾向于肯定的问句，用“V 号”的形式。如：

你是工人号？　ʔȵi$_{55}$ zʅ$_{31}$ koŋ$_{32}$ ɹən$_{23}$ ɦɔ$_{51}$？（你是工人吧？）

你姓钱号？　ʔȵi$_{55}$ ɕɪn$_{31}$ dʑie$_{212}$ ɦɔ$_{55}$？（你姓钱吧？）

倾向于肯定的完成体问句用“V 达”形式，经验体用“V 过达”形式，“达”可能是“的”和“啊”的合音。如：

他到杭州去达？　tʻɑ$_{33}$ tɔ$_{44}$ ɦAŋ$_{21}$tseɪ$_{23}$ tɕʻi$_{34}$ dɑ$_{55}$？（他去了杭州吧？）

你饭吃过达？没有吃过！　ʔȵi$_{51}$ vE$_{223}$ tɕʻyɔʔ$_{3}$ ku$_{23}$ dɑ$_{\underline{51}}$？meɪ$_{223}$ tɕʻyɔʔ$_{5}$ ku$_{31}$.（你吃过饭了吧？没有吃过。）

6. 双宾语的语序

杭州话里动词可带的双宾语有以下几种位置：

(1)“V＋人＋物”。如：

他送我一首诗。　tʻɑ$_{323}$ soŋ$_{34}$ ʔŋou$_{51}$ ʔiɪʔ$_{3}$ seɪ$_{23}$ sʮ$_{323}$.

送拨他一只蛋糕。　soŋ$_{33}$ pɐʔ$_{5}$ tʻɑ$_{31}$ ʔiɪʔ$_{4}$ tsɐʔ$_{5}$ dE$_{23}$ kɔ$_{51}$.

要写拨我信的号！　ʔiɔ$_{44}$ ɕi$_{55}$ pɐʔ$_{3}$ ʔŋou$_{31}$ ɕɪn$_{33}$ tiɪʔ$_{5}$ ɦɔ$_{31}$！

拨我回音号！　pɐʔ$_{3}$ ŋou$_{23}$ ʔueɪ$_{32}$ ʔɪn$_{23}$ ʔɔ$_{51}$！

(2)“给＋人＋V＋物”。如：

拨我来信号。　pɐʔ$_{3}$ ŋou$_{51}$ lE$_{21}$ ɕɪn$_{23}$ ɦɔ$_{51}$.

我去特以后，要拨我写信的号！　ʔŋou$_{51}$ tɕʻi$_{34}$dɐʔ$_{5}$ ʔi$_{55}$ɦeɪ$_{223}$，ʔiɔ$_{334}$ pɐʔ$_{3}$ ŋou$_{23}$ ɕi$_{44}$ ɕɪn$_{34}$tiɪʔ$_{5}$ ɦɔ$_{31}$！

(3)“V＋物＋给＋我”。如：

还五块洋钿拨我。　ɦuE$_{212}$ ʔu$_{55}$ kʻuE$_{33}$ ɦiAŋ$_{21}$die$_{23}$ pɐʔ$_{5}$ ŋou$_{31}$.

打一张报告拨我。　tɑ$_{55}$ ʔiɪʔ$_{3}$ tsAŋ$_{31}$ pɔ$_{33}$ kɔ$_{55}$ pɐʔ$_{3}$ ŋou$_{31}$.

送张纸头拨我。　soŋ$_{334}$ tsAŋ$_{33}$ tsɿ$_{55}$ deɪ$_{33}$ pɐʔ$_{3}$ ŋou$_{31}$.

(4)“给＋物＋给＋人”。如：

你要拨个回音拨我的噢。　ʔȵi$_{55}$ ʔiɔ$_{31}$ pɐʔ$_{4}$ gɐʔ$_{5}$ ɦueɪ$_{21}$ ʔɪn$_{23}$ pɐʔ$_{5}$ ŋou$_{33}$ tiɪʔ$_{33}$ ʔɔ$_{31}$.

拨张年历片拨辣他。　pɐʔ$_{3}$ tsAŋ$_{44}$ ȵie$_{21}$ liɪʔ$_{\underline{23}}$ pʻie$_{51}$ pɐʔ$_{5}$ lɐʔ$_{3}$ tʻɑ$_{31}$.

拨纸头拨我一张，让我来写封信。　pɐʔ$_{4}$ tsɿ$_{55}$ deɪ$_{31}$ pɐʔ$_{3}$ ŋou$_{23}$ ʔiɪʔ$_{3}$ tsAŋ$_{44}$，ȵiAŋ$_{22}$ ʔŋou$_{55}$ lE$_{31}$ ɕi$_{34}$ foŋ$_{51}$ ɕɪn$_{334}$.

7. 带“给”的兼语式句的语序

普通话“给＋人＋V＋物”（如：“给他吃药”）的句式，杭州话有以下几种表示法：

(1)“给＋人＋V＋物”。如：

我拨他吃药。　ʔŋou$_{51}$ pɐʔ$_{3}$ t‘ɑ$_{23}$ tɕ‘yɔʔ$_{5}$ ɦiɪʔ$_{\underline{12}}$.

他拨我吃木老老糖。　t‘ɑ$_{33}$ pɐʔ$_{3}$ ʔŋou$_{44}$ tɕ‘yɔʔ$_{5}$ mɔʔ$_{2}$ lɔ$_{23}$ lɔ$_{51}$ dʌŋ$_{212}$.

(2)“给＋人＋物＋V”。如：

他拨我木老老糖吃。　t‘ɑ$_{33}$ pɐʔ$_{3}$ ʔŋou$_{44}$ mɔʔ$_{2}$ lɔ$_{23}$ lɔ$_{51}$ dʌŋ$_{212}$ tɕ‘yɔʔ$_{5}$.

要拨他点儿颜色看看辣哈里。　ʔiɔ$_{34}$ pɐʔ$_{3}$ t‘ɑ$_{55}$tie$_{3}$ ər$_{31}$ ɦie$_{21}$sɐʔ$_{5}$ k‘ᴇ$_{34}$ k‘ᴇ$_{55}$ lɐʔ$_{3}$ hɑ$_{33}$ li$_{31}$.

(3)“给＋物＋人＋V”。如：

他拨木老老糖我吃。　t‘ɑ$_{33}$ pɐʔ$_{5}$ mɔʔ$_{2}$ lɔ$_{23}$ lɔ$_{55}$ dʌŋ$_{212}$ ʔŋou$_{55}$ tɕ‘yɔʔ$_{\underline{31}}$.

他拨钞票我用。　t‘ɑ$_{33}$ pɐʔ$_{4}$ ts‘ɔ$_{55}$ p‘iɔ$_{31}$ ŋou$_{44}$ ɦioŋ$_{212}$.

(4)“给＋物＋给＋人＋V”。如：

他拨钞票拨我用。　t‘ɑ$_{33}$ pɐʔ$_{4}$ ts‘ɔ$_{55}$ p‘iɔ$_{31}$ pɐʔ$_{3}$ ʔŋou$_{44}$ ɦioŋ$_{212}$.

我拨报纸拨他看。　ʔŋou$_{51}$ pɐʔ$_{5}$ pɔ$_{34}$ tsɿ$_{51}$ pɐʔ$_{3}$ t‘ɑ$_{44}$ k‘ᴇ$_{334}$.

(5)“物＋给＋人＋V”。如：

我葛张报纸拨他看。　ʔŋou$_{44}$ kɐʔ$_{3}$ tsʌŋ$_{44}$ pɔ$_{34}$ tsɿ$_{51}$ pɐʔ$_{3}$ t‘ɑ$_{44}$ k‘ᴇ$_{334}$.

我信拨他看。　ʔŋou$_{44}$ ɕɪn$_{323}$ pɐʔ$_{3}$ t‘ɑ$_{55}$ k‘ᴇ$_{31}$.

(6)“V＋物＋给＋人＋V”。如：

葛人弄点颜色拨他看看。　kɐʔ$_{5}$ ɹən$_{212}$ noŋ$_{22}$tie$_{44}$ ɦie$_{21}$sɐʔ$_{5}$ pɐʔ$_{3}$ t‘ɑ$_{55}$ k‘ᴇ$_{33}$ k‘ᴇ$_{31}$.

他拿钞票拨我用。　t‘ɑ$_{33}$ duo$_{22}$ ts‘ɔ$_{55}$ p‘iɔ$_{31}$ pɐʔ$_{3}$ ʔŋou$_{44}$ ɦioŋ$_{212}$.

8. 结果补语的位置

杭州话动词后单用的结果补语形式和普通话一样，用“V 得＋补”的形式。如：

他吃得冒多。　t‘ɑ$_{33}$ tɕ‘yɔʔ$_{4}$ tɐʔ$_{5}$ mɔ$_{223}$ tuo$_{31}$.

敲得他站不起来。　k‘ɔ$_{55}$ tɐʔ$_{3}$ t‘ɑ$_{31}$ dzᴇ$_{22}$ pɐʔ$_{5}$ tɕ‘i$_{33}$ lᴇ$_{31}$.

动词后既带补语又带宾语时，一般也和普通话采用一样的形式“V＋补＋宾”。如：

吃光一桌菜。　tɕ‘yɔʔ$_{3}$ kuʌŋ$_{23}$ ʔiɪʔ$_{3}$ tsɔʔ$_{5}$ ts‘ᴇ$_{334}$.

打败他们。　　tɑ$_{55}$ bᴇ$_{33}$ tʻɑ$_{33}$ mən$_{31}$.

但在宾语是人称代词时，通常用“V＋宾＋补”的形式。如：

烧它熟雷。　　sɔ$_{32}$ tʻɑ$_{23}$ zɔʔ$_{2}$ lᴇ$_{23}$.

敲它破雷。　　kɔ$_{32}$ tʻɑ$_{33}$ pʻou$_{34}$ lᴇ$_{51}$.

我打他不过。　　ʔŋou$_{44}$ tɑ$_{5}$ tʻɑ$_{33}$ pɐʔ$_{3}$ ku$_{31}$.

拨他不起。　　pɐʔ$_{3}$ tʻɑ$_{44}$ pɐʔ$_{3}$ tɕʻi$_{31}$.

留她不牢。　　lʏ$_{212}$ tʻɑ$_{44}$ pɐʔ$_{3}$ lɔ$_{31}$.

有时也能用嵌入形式。如：

我打不他过。　　ʔŋou$_{44}$ tɑ$_{55}$ pɐʔ$_{3}$ tʻɑ$_{33}$ ku$_{31}$.

留不他牢。　　lʏ$_{21}$ pɐʔ$_{3}$ tʻɑ$_{55}$ lɔ$_{31}$.

9. 趋向补语的位置

杭州话动词后的趋向补语经常放在宾语之后，用“V＋宾＋趋补”的形式，与普通话“V＋趋补＋宾”不同。如：

贴张邮票上去。　　tʻiɪʔ$_{3}$ tsᴀŋ$_{44}$ ɦʏ$_{21}$ pʻiɔ$_{23}$ zᴀŋ$_{55}$ tɕʻi$_{31}$.

塞信纸进去。　　sɐʔ$_{5}$ ɕɪn$_{33}$ tsʅ$_{55}$ tɕɪn$_{33}$ tɕʻi$_{31}$.

打电话过去。　　tɑ$_{53}$ die$_{22}$ ɦuɑ$_{55}$ ku$_{33}$ tɕʻi$_{31}$.

塞管子落去。　　sɐʔ$_{5}$ kuo$_{55}$ tsʅ$_{33}$ lɔʔ$_{3}$ tɕʻi$_{31}$.

或者用“拨(把)”或“拿”把宾语提到动词前。如：

拨管子塞落去。　　pɐʔ$_{5}$ kuo$_{55}$ tsʅ$_{31}$ sɐʔ$_{4}$ lɔʔ$_{4}$ tɕʻi$_{55}$.

拿张邮票贴上去。　　no$_{21}$ tsᴀŋ$_{23}$ ɦʏ$_{21}$ pʻiɔ$_{23}$ tʻiɪʔ$_{3}$ zᴀŋ$_{55}$ tɕʻi$_{31}$.

10. 程度副词的位置

杭州话中表示“很”、“非常”、“快”等程度副词多数用于形容词、动词之后。如：

今朝热得来。　　tɕɪn$_{32}$ tsɔ$_{23}$ ȵiɪʔ$_{2}$ tɐʔ$_{4}$ lᴇ$_{55}$.

天气热煞特。　　tʻie$_{32}$ tɕʻi$_{23}$ ȵiɪʔ$_{2}$ sɐʔ$_{4}$ dɐʔ$_{5}$.

葛两天冷煞快。　　kɐʔ$_{3}$ ʔliᴀŋ$_{55}$ tʻie$_{31}$ ʔlən$_{55}$ sɐʔ$_{33}$ kʻuᴇ$_{31}$.

到上海快特雷。　　tɔ$_{34}$ zᴀŋ$_{33}$ hᴇ$_{44}$ kʻuᴇ$_{55}$ dɐʔ$_{31}$ leɪ$_{31}$.

到快勒。　　tɔ$_{34}$ kʻuᴇ$_{55}$ lɐʔ$_{\underline{31}}$.

程度副词也用在形容词前，最常用的是“莫老老”、“冒”和“尽该”。如：

他成绩冒好。　t‘ɑ$_{33}$ dzən$_{21}$ tɕiɪʔ$_{5}$ mɔ$_{223}$ hɔ$_{51}$.

今朝热得来是莫老老个热。　tɕɪn$_{32}$ tsɔ$_{23}$ ȵiɪʔ$_{2}$ tɐʔ$_{4}$ lᴇ$_{55}$ zʅ$_{33}$ mɔʔ$_{2}$ lɔ$_{23}$ lɔ$_{55}$ gɐʔ$_{\underline{31}}$ ȵiɪʔ$_{\underline{12}}$.

今朝尽该热。　tɕɪn$_{32}$ tsɔ$_{23}$ dʑɪn$_{23}$ kᴇ$_{51}$ ȵiɪʔ$_{\underline{12}}$.

11. 处置式的构成

表示处置的动宾结构，在普通话中用“V＋宾＋补”或“把＋宾＋V＋补”的形式，而在杭州话中常用“宾＋V＋补＋它”或“把＋宾＋V＋补＋它”的形式。如：

葛只鸡杀掉它。　kɐʔ$_{4}$ tsɐʔ$_{5}$ tɕi$_{323}$ sɐʔ$_{3}$ diɔ$_{23}$ t‘ɑ$_{51}$.

葛只桌子搬掉它。　kɐʔ$_{4}$ tsɐʔ$_{5}$ tsɔʔ$_{5}$ tsʅ$_{31}$ pou$_{32}$ diɔ$_{23}$ t‘ɑ$_{51}$.

房门关掉它。　vᴀŋ$_{21}$ mən$_{23}$ kuᴇ$_{32}$ diɔ$_{23}$ t‘ɑ$_{51}$.

废纸卖掉它。　fi$_{34}$ tsʅ$_{51}$ mᴇ$_{23}$ diɔ$_{55}$ t‘ɑ$_{31}$.

香烟吃吃它。　ɕiᴀŋ$_{32}$ ʔie$_{23}$ tɕ‘yɔʔ$_{3}$ tɕ‘yɔʔ$_{\underline{23}}$ t‘ɑ$_{51}$.

我糖吃吃它号。　ʔŋou$_{44}$ dᴀŋ$_{212}$ tɕ‘yɔʔ$_{3}$ tɕ‘yɔʔ$_{3}$ t‘ɑ$_{5}$ ɦɔ$_{31}$.

你把袜儿洗洗它。　ʔȵi$_{51}$ pɑ$_{44}$ mɐʔ$_{2}$ ər$_{23}$ ɕi$_{55}$ ɕi$_{33}$ t‘ɑ$_{31}$.

你拨桌子揩揩它号。　ʔȵi$_{55}$ pɐʔ$_{\underline{31}}$ tsɔʔ$_{3}$ tsʅ$_{23}$ k‘ɑ$_{32}$ k‘ɑ$_{23}$ t‘ɑ$_{55}$ ɦɔ$_{31}$.

12. 可能补语的形式

杭州话可能补语的表示方式是“V 不 V 得 A”。如：

他走不走得快。　t‘ɑ$_{33}$ tseɪ$_{55}$ pɐʔ$_{3}$ tseɪ$_{33}$ tɐʔ$_{\underline{31}}$ k‘uᴇ$_{334}$？（他走得快走不快？）

他走不走得动。　t‘ɑ$_{33}$ tseɪ$_{55}$ pɐʔ$_{3}$ tseɪ$_{33}$ tɐʔ$_{33}$ doŋ$_{31}$？（他走得动吗？）

发音人：徐朝晖　15 岁　上城区　调查时间：1985 年；
　　　　王平平　32 岁　下城区　调查时间：1991 年。

参 考 文 献

中文部分

曹春江　1644　《合欢图》，京都大学文学部藏本

曹志耘、秋谷裕幸、太田斋、赵日新 2000《吴语处衢方言研究》，中国语学研究《开篇》单刊 No. 12，好文出版，东京

陈宁萍　1985　宁波方言的变调现象，《方言》第 1 期

陈　平　1987　释汉语中与名词性成分相关的四组概念，《中国语文》第 2 期

陈忠敏　1987　《南汇音系》，复旦大学硕士研究生论文

———　1992　上海地区方言分区及其历史人文背景，《复旦学报》第 4 期

大桥式羽　清　《雪岩外传》，《晚清文学丛钞》小说四卷，阿英编，中华书局，1961

戴耀晶　1997　《现代汉语时体系统研究》，浙江教育出版社

丁邦新　1984　吴语声调之研究，台北《中央历史语言研究所集刊》第五十五本第四分

丁声树等　1961　《现代汉语语法讲话》，商务印书馆

丁　卓　1936　《中日会话集》，上海三通书局（简称“丁”）

二春居士　1899　《海天鸿雪记》，江西人民出版社，1989

风月轩入幺子　明　《浪史奇观》，艳文学丛书，揖可磨恸集辑，名古屋鬼磨子书房影印

范敬宜　2000　话说“洋泾浜”，《新民晚报》8 月 24 日第 20 版

冯梦龙　明　《山歌》，《明清民歌时调集》，上册，上海古籍出版社，1986

———　明　《夹竹桃》，《明清民歌时调集》，上册，上海古籍出版社，1986

———　明　《警世通言》，人民文学出版社，1956

高云峰　1996　150 年来中古咸山摄舒声字在上海话中的语音变迁，《语言研究》第 2 期

宫田一郎　1988　普通话和吴语的一些语法差异，香港，“吴语研究国际学术会议”论文

韩邦庆　1892　《海上花列传》，人民文学出版社（简称“海”）
华广生编　清　《白雪遗音》，《明清民歌时调集》，下册，上海古籍出版社，1986
红心词客　清　《报恩缘》，古香林藏版
———　清　《才人福》，古香林藏版
———　清　《文星榜》，古香林藏版
黄在江　1942　《ポケット上海语》，上海，现代出版社（简称“黄”）
蒋冀骋、吴福祥　1997　《近代汉语纲要》，湖南教育出版社
蘧园　清　《负曝闲谈》，上海古籍出版社，1985
李伯元　1903—1906　《官场现形记》，人民文学出版社，1957
李升召　1987　试论成词语素和不成词语素的区分，上海X.Y讨论会《现代语言学》第10期
刘丹青　1993　苏州方言的半虚化体标志“好”，中国东南部方言比较上海研讨会论文
———　1994　唯补词初探，《汉语学习》第3期
———　1995a　无锡方言的体助词“则”（仔）和“着”——兼评吴语“仔”源于“着”的观点，《中国语言学报》第6期，商务印书馆
———　1995b　《南京方言词典》引论，江苏教育出版社
———　1996a　苏州方言的体范畴系统与半虚化体标记，《汉语方言体貌论文集》，江苏教育出版社
———　1996b　苏州方言AXA形式初探，《汉语方言语法类编》，青岛出版社
———　2001　汉语给予类双及物结构的类型学考察，《中国语文》第5期
刘　坚、江蓝生、白维国、曹广顺　1992　《近代汉语虚词研究》，语文出版社
刘勋宁　1988　现代汉语词尾“了”的语法意义，《中国语文》第5期
刘月华　1983　动词重叠的表达功能及可重叠动词的范围，《中国语文》第1期
吕叔湘　1941　释景德传灯录中在、著二助词，《华西协合大学中国文化研究所集刊》一卷三期，《汉语语法论文集》，商务印书馆，1984年
———　1944　个字的应用范围，附论单位词前一字的脱落，《汉语语法论文集》
———　1985　《近代汉语指代词》，江蓝生补，学林出版社
毛晋　《六十种曲》，中华书局，1958
梅祖麟　1979　吴语情貌词“仔”的语源，《国外语言学》1980年第3期，陆俭明译
———　1988　汉语方言里虚词“著”字三种用法的来源，《中国语言学报》第3期，商务印书馆
末延保雄　1983　《放送番组にみゐ上海方言》，《神户外大论丛》34.3

梦花馆主　1908—1910　《九尾狐》,《近代小说大系》,百花洲文艺出版社,1991
欧阳钜源、黄世仲　清　《廿年繁华梦》,华夏出版社,1995
潘悟云　1982　关于汉语声调发展的几个问题,Journal of Chinese Linguistics, June, Berkeley
钱乃荣　1981　《奉贤语音的内部差异》, 复旦大学中文系硕士论文;《开篇》Vol. 12,好文出版,东京,1994
———　1988　上海话虚词“lʌʔ”和“ləʔ”,《吴语论丛》,上海教育出版社
———　1989　《上海方言俚语》,上海社会科学院出版社
———　1992a　《当代吴语研究》,上海教育出版社
———　1992b　《杭州方言志》,株式会社好文出版,东京
———　1996　上海方言的语气助词,《语言研究》第1期
———　1997　《上海话语法》,上海人民出版社(简称“钱”)
———　2000　体助词“着”不表示“进行意义,《汉语学习》第4期;人大复印报刊资料语言文字学 2000 年第 12 期.
———　2002a　进行体、持续体和存续体的比较,《中国语言研究》第1期,香港
———　2002b　论本世纪初流行的新词新语,《上海大学学报》第5期
情颠主人　明　《绣榻野史》,艳文学丛书,揖可磨恸集辑,名古屋鬼磨子书房影印
邱园　清　《党人碑》,中华书局,1988
阮恒辉、吴继平　1994　《上海话流行语辞典》,汉语大词典出版社
上海人民出版社编　1986　《当代新学科手册续编·突变论》
沈同　1981　老派上海方言的连读变调,《方言》第2期
　　1982　老派上海方言的连读变调(二),《方言》第2期
石汝杰　1985　《川沙音系》, 复旦大学中文系硕士论文,第18页
———　1996　苏州方言的体,《动词的体》,香港中文大学中国文化研究所吴多泰中国语文研究中心
石汝杰、刘丹青　1985　苏州方言量词的定指用法及其变调,《语言研究》第1期
石毓智　2001　《语法的形式和理据》,江西教育出版社
漱六山房　1906—1911　《九尾龟》,《近代小说大系》,百花洲文艺出版社,1991,又,荆楚书社,1989(简称“九”)
汤廷池　1978　主语和主题的划分,《语文周刊》1 523 期
天赘生　1911　《商界现形记》,上海古籍出版社,1991 年版
玩花主人　清　《缀白裘》,中华书局,1955(简称“缀”)
汪　平　1983　苏州方言两字组的连调格式,《方言》第4期

——— 1984 苏州方言的“仔、哉、勒”,《语言研究》第2期(简称“汪”)
汪仲贤 1935 《上海俗语图说》,上海社会出版社
王士元 1982 语言变化的词汇透视,《语言研究》第2期
王士元、连金发 1998 语音演变的双向扩散,朗文出版公司中文版
王翼之编 1928 《吴歌乙集》,上海文艺出版社,1990
吴信天 1801 《三笑》,岳麓书社,1987
五 台 1986 关于“连读变调”的再认识,《语言研究》第1期(“五台”是汪平、钱乃荣、石汝杰、石锋、廖荣容五人合用的笔名)
夏敬渠 清 《野叟曝言》,作家出版社,1993
谢自立 1982 苏州方言两字组的连读变调,《方言》第4期
徐烈炯、刘丹青 1998 《话题的结构与功能》,上海教育出版社
许宝华、汤珍珠主编 1988 《上海市区方言志》,上海教育出版社
许宝华、汤珍珠、钱乃荣 1981 新派上海方言的连读变调,《方言》第2期
许宝华、汤珍珠、汤志祥 1982 上海方音的共时差异,《中国语文》第6期
杨振雄演出本 1983 《西厢记》,上海文艺出版社
姚荫梅演出本 1955 《方珍珠》,油印改编本,上海
叶祥苓 1979 苏州方言的连读变调,《方言》第1期
佚名 明 《肉蒲团》,艳文学丛书,揖可磨恸集辑,名古屋鬼磨子书房影印
佚名 1847 《珍珠塔》,中州古籍出版社,1987
佚名 1863 同治二年刊本 《文武香球》,文西堂藏版,京都大学文学部藏本
佚名 1870 同治庚午本 《六美图》,京都大学文学部藏本
佚名 1896 《描金凤》,中州古籍出版社,1989
佚名 1899 《圣经史记》(苏州土白),上海美华书馆重印
佚名 1923 《上海土白新约全书》,上海美国圣经会印发
佚名 《十五贯弹词》,十五贯戏曲资料汇编,作家出版社,1957
佚名 《双珠球》,黑龙江人民出版社,1988
影山巍 1935 《详注现代上海语》,东京,文求堂印行(简称“影山”)
游汝杰 1980 从汉台语比较研究中看汉语量词的历史来源,复旦大学中文系硕士论文
——— 1982 论台语量词在汉语南方方言中的底层遗存,《民族语文》第2期
——— 1995 吴语里的人称代词,《吴语和闽语的比较研究》,上海教育出版社
游戏主人 清 《笑林广记》,光明日报出版社,1993
余光中、植田均 1999 《近代汉语语法》,学林出版社

张惠英　1979　崇明方言的连读变调，《方言》第 4 期
张　琨　1985　论吴语方言，台北《中央历史语言研究所集刊》五十六本二分
张南庄　清　《何典》，北新书局，1933；人民文学出版社，1981
赵金铭　1979　敦煌变文中所见的“了”和“着”，《中国语文》第1期
赵元任　1926　北京、苏州、常州语助词的研究，《清华学报》第 3 卷第 2 期 865—918 页
———　1928　《现代吴语的研究》，清华学校研究院丛书第 4 种，北京；科学出版社，1956 年新一版（简称“赵”）
郑张尚芳　1964　温州方言的连读变调，《中国语文》第 2 期
朱大可　2000　上海语境塑造了“鲁迅精神”，“世纪中国”网，10 月 4 日
朱德熙　1982　《语法讲义》，商务印书馆
———　1985　汉语方言里的两种反复问句，《中国语文》第 1 期
朱景松　1998　动词重叠式的语法意义，《中国语文》第 5 期
朱素臣　清　《翡翠园》，中华书局，1988
祝鹏　1989　《上海市沿革地理》，学林出版社
邹依仁　1980　《旧上海人口变迁的研究》，上海人民出版社

外文部分

Anonymous　1908　Boussole du Langage Mandarin, Traduit et Romanisée en Dialecte de Changhai（土话指南），上海土山湾慈母堂第二次印（简称“土”）
Bourgeois, Albert　1939　Leçons Sur le Dialecte de Changhai, Cour Moyen, Imprimerie de T'ou-Sè-Wè（简称“布”）
——　1941　Grammaire du Dialecte de Changhai, Imprimerie de T'ou-Sè-Wè（简称“布语”）
Cheng, Chin-Chuan and Wang William S. Y.　1972　Tone change in Chaozhou Chinese: a study of lexical diffusion. In B Kachru et al.（eds）Papers in Linguistics in Honor of Henry and Renee Kahane. 99—113. Urbana, IL: University of Illinois.
Crofoot, Jay William & Rawlinson, F　1915　Conversational Exercises in Shanghai Dialect（《沪语开路》），上海美华书馆摆印
Darwent, C. E. 1902　A Handbook for Travellers and Residents, Minister of Union, M. A. Church, Shanghai Kelly and Walsh, Limited
Edkins, Joseph　1868　A Grammar of Colloquial Chinese, as Exhibited in the

Shanghai Dialect, Shanghai: Presbyterian Mission Press,初版 1853 年(简称“艾”)
—— 1869 A Vocabulary of the Shanghai Dialect, Shanghai: Presbyterian Mission Press
Labov,William 1970 The Study of Language in its Social Context, Stadium General 23
Labov. W & W. E. Inreich 1968: Empirieal Foundations for a Theory of Language Change, Directions for Listorical Linguistics
Macgowan, John 1862 A Collection of Phrases in the Shanghai Dialect, Shanghai: Presbyterian Mission Press(简称“麦”)
McIntosh, Gilbert 1906 Useful Phrases in the Shanghai Dialect, Shanghai: American Presbyterian Mission Press
Morrison, George. Ernest. 1883 Leçons ou Exercices de Langue Chinoise Dialecte de Song-Kiang, Zi-Ka-Wei, Imprimerie de La Mission Catholique, A L'orphelinat de Tou-Sè -Vè (简称“松”)
Parker,R. A. 1923 Lesson in the Shanghai Dialect Shanghai: Kwang Hsuen Publishing house (简称“派”)
Qian, Nairong 1991 The Changes in the Shanghai Dialect, Journal of Chinese Linguistics. Monograph Series Number 3 U. C. Berkeley
Wang, S -Y. William 1969 Competing Changes As a Cause of Residue, Language Vol. 45, No. 1